이슬람 연구 시리즈 14

MIDEAST BEAST

The Scriptural Case for an Islamic Antichrist

중동 짐승

이슬람 적그리스도론의 성경적 근거

조엘 리차드슨 지음 | 정진욱 옮김

기독교문서선교회

기독교문서선교회(Christian Literature Center: 약칭 CLC)는 1941년 영국 콜체스터에서 켄 아담스에 의해 시작되었으며 국제 본부는 영국의 쉐필드에 있습니다.

국제 CLC는 59개 나라에서 180개의 본부를 두고, 약 650여 명의 선교사들이 이동도서차량 40대를 이용하여 문서 보급에 힘쓰고 있으며 이메일 주문을 통해 130여 국으로 책을 공급하고 있습니다.

한국 CLC는 청교도적 복음주의 신학과 신앙서적을 출판하는 문서선교 기관으로서, 한 영혼이라도 구원되길 소망하면서 주님이 오시는 그날까지 최선을 다할 것입니다.

Mideast Beast

The Scriptural Case for an Islamic Antichrist

Written by

Joel Richardson

Translated by

Jin Wook Jeong

Copyright © 2012 by Joel Richardson
Originally published in English under the title as
Mideast Beast: The Scriptural Case for an Islamic Antichrist
by WND Books
Translated and used by the permission of WND Books,
27 West 20th Street, Suite 1102
New York, NY 10011

All rights reserved.

Korean Edition
Copyright © 2016 by Christian Literature Center
Seoul, Korea

Mideast Beast

The Scriptural Case for an Islamic Antichrist

강유남 목사
뉴욕 총신대학 학장

"정진욱 목사님은 하나님께서 사용하시는 주님의 신실한 종입니다. 신앙, 인품, 신학 모든 면에서 모두가 존경하는 이 시대의 참 목자의 표본입니다."

『중동 짐승』(*Mideast Beast*)은 그 지역 출신 저자의 관점으로 종말론을 새롭게 성경적으로 연구 해석한 책으로 주님을 사모하고 기다리는 모든 독자들이라면 한 번 읽어 볼 것을 적극 추천합니다.

특히 극단주의 이슬람의 출현으로 전 세계에 두려움을 일으키고 있는 시점에서 이슬람 지역에서 적그리스도가 나올 것이라는 것을 성경적으로 증명해 보인 시도는 아주 신선하고 새로운 충격을 주는 것으로 이 시대에 매우 필요합니다.

이 시대는 종말에 관한 봉인되었던 말씀들이 알려지는 시대이므로 종말론을 연구하는 입장에서 어느 한 관점에 집착하기보다는 연구되고 있는 말씀들을 겸손히 살펴볼 가치가 있다고 생각됩니다. 이와 같은 여러 가지 이유로 이 시대의 징조와 주님의 재림에 관심이 있는 분들에게 이 책은 반드시 읽어야 할 가치가 있기에 기쁜 마음으로 추천합니다.

이창우 목사
뉴저지 주소망교회 담임

극단주의 이슬람으로 인하여 온 세상에 이슬람에 대한 관심이 높아진 이 때에 존경하는 정진욱 목사님에 의하여 『중동 짐승』이 번역되어 한국 독자들에게 소개됨을 기쁘게 생각합니다.

이 책은 특별히 전통적인 종말론에서는 다루지 않았던 이슬람 제국의 존재를 포함시켜 연구함으로 성경 예언의 역사적 성취를 포괄적으로 다루었습니다. 원어를 철저히 분석하고 역사적인 자료들을 조사 연구하여 성경을 해석함으로써 그 깊이를 더하였습니다.

유럽이 아니라 중동에서 적그리스도가 나타날 것이라는 것을 성경적으로 증명해 보이려는 저자의 새로운 연구는 주님을 사모하고 성경 말씀을 사랑하는 이 시대의 모든 사람들이 반드시 읽어 보아야 할 훌륭한 저작임을 믿어 의심치 않습니다.

발행인 서문

이슬람 연구 시리즈 14

박 영 호 박사
기독교문서선교회 대표

    지금 우리가 가장 경계하며 기도해야 할 것은 바로 이슬람입니다. 이대로 가면 한국의 이슬람화는 시간문제입니다. 한국의 무슬림 신도들이 한국을 이슬람 나라로 만든다는 목표와 명분의 하나로 태극기를 등에 걸고 결사 기도를 합니다. 이슬람 세력의 한국 침투는 매우 전략적입니다. 2015년 현재 40만 명이지만 수년 내에 100만 명이 넘는 무슬림들이 한국교회와 동반 생존하게 될 날을 위해 이슬람을 바로 알아야 합니다. 이슬람은 2030년까지 한국을 이슬람화하여 동양의 메카로 만들겠다는 목표를 세우고 있습니다.

    영국의 많은 교회가 교인 부족으로 이슬람이 교회를 통째로 사들여 첨탑 십자가를 떼고 초승달 마크를 붙인 모스크로 변했습니다. 한국교회도 이슬람을 너무 과소평가하고 있습니다. 지난 2005년에도 한국이슬람연맹에서 출판한 『한국 이슬람 50년사』에는 무슬림들의 선교 전략이 소개되고 있습니다.

1. 사원 건립

    현재 있는 서울 중앙사원을 비롯해 9개의 이슬람사원, 4개의 이슬람센터와 50여 개의 임시 예배처소를 점차적으로 확대하고 있습니다. 서울

이태원 모스크를 재건축하는 데에 터키 정부가 모든 비용을 지급할 예정입니다. 2015년 7월 초, 전국적으로 이슬람 예배처소는 수를 헤아릴 수 없게 됐습니다. 무슬림들이 중소도시까지 점령하려고 합니다. 김해의 김해중앙교회가 이전한 터인 도심 중앙에 사원설립을 위해서 건물매입 데모를 했습니다. 이제 농촌까지 파고 들어가 비닐하우스를 만들어 예배를 드리고 있습니다.

2. 국제 이슬람학교 설립

무슬림 자녀들을 양육하기 위한 교육시설이라는 명목으로 영어로 가르치는 초등학교, 유치원 및 어린이집을 설립하여 어려서부터 이슬람교육을 받으며 자랄 수 있는 환경을 조성합니다. 최고의 시설에 저렴한 가격으로 운영된다면 많은 한국 부모들이 자녀들을 그곳에 보내려 할 것입니다.

3. 이슬람 문화센터 건립

이슬람 문화센터를 "다 와"센터라고 부릅니다. 문화센터에서는 많은 이슬람 국가들이 언어교육부터 시작하여 상설 이슬람 교리강좌 등을 통해서 한국사회에 이슬람을 뿌리내리는 데 중요한 역할을 담당하게 될 것입니다. 런던의 전통적인 기독교청년센터가 지금은 이슬람문화센터로 바뀌었습니다.

4. 꾸란 번역

꾸란을 한글로 더 완벽하게 번역하기 위해서 꾸란번역위원회들의 정기 모임이 매주 열리며 비정기적으로 연구 토론 모임도 이루어지고 있습니다. 꾸란이 급속도로 보급되고 있습니다.

5. 이슬람 대학건립

1970년대 말부터 구체화되기 시작한 대학건립 사업이 현재도 진행 중에 있습니다. 이 대학이 건립되면 한국 이슬람 대학에서 박사학위를 받은 최고급 무슬림들이 쏟아져 나올 것이며 이들은 삽시간에 한국의 정치, 경제, 사회, 문화, 교육 등의 모든 분야에 침투할 것입니다.

6. 이슬람 서적출판

서적출판위원회는 지금까지 많은 이슬람 서적들을 출간했습니다. 이들은 이에 만족하지 않고 더 많은 책들과 인쇄물들을 만들어 홍보하고자 합니다.

7. 한국 여성들과 결혼 및 출산 전략

이슬람권에서 한국으로 건너온 근로자들이 합법적인 체류 자격을 획득하기 위해서 취하는 가장 손쉬운 방법이 한국 여성과 결혼하는 방법입니다. 한국 정부는 아내가 한국인이고, 남편이 외국인이면, 남편에게 체류허가를 발급해 줍니다. 그동안 불법체류를 한 사람일지라도 합법 체류자의 자격을 얻게 됩니다.

서남아시아 남성들 사이에 통용되는 한국 영주권 취득 메뉴얼이 있습니다.

① 장애인, 노처녀, 어린 여자에게 접근하라.
② 한국 여성을 무조건 임신시켜라.
③ 한국 국적을 취득할 때까지 결혼생활 2년을 유지하라.

무슬림들은 한국 여성과 결혼해 가능하면 많은 자녀들을 낳아서 무슬림들의 숫자를 늘리고자 합니다. 이 방법은 이미 유럽에서 성공을 거두고 있습니다. 이대로 가면 유럽의 무슬림 숫자는 2025년에 이르면 지금의 두 배가 될 것이며 한국도 예외는 아닙니다. 이 출산 전략은 무서운 속도로 빠르게 진행되고 있습니다.

8. 이슬람 채권 수쿠크

이슬람 채권 수쿠크는 이자가 싸다는 이유로 무조건 쓰게 되면 그 자본을 쓰는 회사들에게 요구하는 조건들이 알게 모르게 이슬람을 이롭게 하도록 요구합니다. 항상 자본에 시달리는 많은 중소기업들에게 좋은 먹이가 됩니다. 스쿠크법은 이슬람 포교 및 영향력 확대를 보장해 주는 법입니다.

9. 할랄공장을 통한 포교

전북 익산에 세워질 이슬람의 할랄공장 규모가 50만 평입니다. 이 공장은 한국사람을 채용하는 것이 아니라 무슬림 사람을 데려와서 이슬람교 단지를 만드는 것입니다. 할랄은 이슬람 주문을 외우며, 알라의 이름으로 도축하고, 알라의 이름으로 먹는 종교적 제사 음식입니다. 박근혜 대통령이 중동 순방 때 약속한 할랄공장을 수십 개 짓겠다는 것은 큰 문제입니다. 이것은 꾸란과 근본주의 이슬람의 사탄적 힘을 너무 모르고 한 것입니다. 지금 세계 곳곳에서 일어나고 있는 테러는 모두 근본주의 이슬람들의 소행입니다. 이슬람 근본주의란 꾸란에 있는 내용 그대로 살아야 한다는 것을 뜻하는데, 근본주의자들은 꾸란대로 이슬람을 믿지 않거나 거부하는 자들을 모두 죽여야 한다며 기독교인에 대한 잔혹한 살해 행위들을 하고 있습니다.

저희 기독교문서선교회(CLC)에서 『중동 짐승』을 "이슬람 연구 시리즈 14"로 출간합니다. 무슬림들의 세계관, 역사관, 기독교와의 관계 등 또 그들의 조상과의 관계, 구약성경과 꾸란의 관계, 지난 1천 4백여 년 동안 기독교와의 갈등과 협력, 셈족의 후손들로서 장차 이원론 세계와의 관계를 생각할 때 이슬람은 한국교회와 먼 곳에 있지 않습니다.

금번 뉴욕 타임스 베스트셀러 작가 조엘 리차드슨(Joel Richardson)이 쓴 『중동 짐승』(*Mideast Beast*)을 정진욱 박사님의 번역으로 출간하게 되었습니다. 본서는 이슬람 적그리스도론에 대한 성경적 근거를 제시한 책으로 한국교회가 통찰력을 갖고 적용해 볼 귀한 자료라고 사료됩니다.

사실 한국교회가 영적인 잠을 자고 있기 때문에 이슬람이 엄청난 공격을 하고 있습니다. 한국교회의 지도자들은 물론 그리스도인들 모두 정신을 차리고 깨어 기도하고 믿음에 굳게 서서 악한 마귀 적그리스도를 물리쳐야 합니다. 잠을 깨고 일어나 이슬람 세력을 막아내고 복음을 전파해야 합니다.

조엘 리차드슨

먼저 이 책을 쓰는 동안 오래 참고 견디어준 사랑하는 아내에게 감사의 말을 전하고 싶습니다. 그리고 요셉 파라(Joseph Farah)에게 감사를 드립니다. 기독교 출판 산업은 그와 같은 용감한 선두주자가 더욱 필요합니다.

또한 정독하면서 조언과 논평 등으로 도움을 주신 조니워커(Johnney Walker), 벤 월릭(Ben Wallick), 다릴 서버(Daryl Surber), 닥스 카브레라(Dax Cabrera), 조시 가드시(Josh Godsey), 안쏘니 퍼킨스(Anthony Perkins), 빌리 험프리(Billy Humphery), 제이미 프리젠(Jamie Pridgen), 스티븐 우간(Steven Ugan), 그리고 스테판 홈즈(Stephen Holmes)에게 공로를 돌려 드립니다. 다시 한 번 감사를 드립니다.

지난 2년 동안 전적으로 뒤에서 나를 지탱해 준 스캇 와트(Scott Watts)에게도 감사를 드립니다. 내 아내의 울타리 나무들을 다듬은 후에 남은 시간의 대부분을 메시아의 왕국에 있는 당신의 저택에서 허드렛일을 하면서 보내게 될 것을 확신합니다. 그런 날을 기대합니다.

주님의 십자가와 다가오는 메시아 왕국을 분명하게 볼 수 있게 도와주신 존(John)과 리디아 해리건(Lydia Harrigan)의 우정에 감사드립니다. 또한 지난 몇 년 동안 기도로 지원해 주신 모든 분들께 진심으로 감사를 드립니다!

조엘 리차드슨

2006년도에 나의 첫 번째 책 『적그리스도: 이슬람이 기다리는 메시아』(Antichrist: Islam's Awaited Messiah)가 출판되었습니다. 그리고 그 책은 나중에 『이슬람 적그리스도』(The Islamic Antichrist)라는 이름으로 재출판되었습니다.

표면적으로는 이슬람의 종말론과 성경의 종말론을 비교한 것으로 보이기도 합니다. 그러나 영적으로는 트럼펫을 부는 최선의 시도였으며 경고의 소리였습니다. 나는 이슬람이야말로 예수님이 재림하시기 전에 교회가 당면하게 될 유일무이한 가장 큰 교회의 도전이 될 것이라고 확신합니다. 그러나 대부분은 졸고 있거나 그 사실을 부인하는 상태에 있을 것입니다.

『이슬람 적그리스도』는 다가오는 이슬람의 도전과 이슬람의 관계성은 물론 이슬람이 종말의 시대에 주된 역할을 하게될 것에 대하여 깨닫지 못하고 있는 믿음의 공동체를 일깨우려는 나의 진심 어리고 가슴 깊은 노력입니다. 이것을 넘어서 이 책은 예수님을 본받으며 십자가를 품으며 두려움 없이 우리 자신을 무슬림 세계를 위하여 내어주며 또한 몇 명이라도 불 가운데서 건져 내는 행동을 하라는 부르심입니다.

『이슬람 적그리스도』는 기본적인 성경적 종말론 내러티브를 이슬람이 말하는 종말론과 나란히 비교하여 놓은 것입니다. 결론적인 그림이 그 종교 시스템의 쇼킹한 실체를 분명하게 비추어 주었습니다. 이슬람은 바로 그 핵심이 적그리스도입니다. 이슬람의 기본적인 교리가 기독교를 정면으로 공격하고 있습니다. 성경 말씀이 거룩하고 기초가 되고 필수로 정하고 있는 교리를 이슬람은 가장 가증하고 가장 신성모독적인 것으로 선포하고 있습니다.

기독교의 믿음은 하나님 자신이 인간이 되어 메시아 예수님으로 오셨다는 믿음에 기초하고 있는 반면, 이슬람은 꾸란에 선언하기를 성육신을 믿는 자들은 상상할 수 있는 가장 가증한 신성모독죄를 지은 것이며 알라에 의하여 저주를 받았고 이 세상과 저 세상에서 중대한 형벌로 고생할 것이라고 말하고 있습니다.

더 나가서 이슬람의 종말론은 성경의 종말론과 여러 가지 면에서 대칭되는 양면의 성격이 있습니다. 여기서 모두를 요약할 수는 없지만 몇 가지 예를 통하여 충분한 그림을 보여줄 수 있을 것입니다.

첫째, 유대인 메시아 예수님의 다시 오심을 나타내는 성경 말씀들은 이슬람 적그리스도 즉 무슬림들이 말하는 알마세알 다자알(거짓 메시아)의 재림과 놀라울 정도로 닮아 있습니다.

둘째, 성경의 적그리스도는 여러 가지 면에서 무슬림들이 마흐디라고 부르는 이슬람의 메시아와 놀라운 공통점들을 가지고 있습니다.

다른 말로 하자면 우리들의 메시아는 저들의 적그리스도요 우리들의 적그리스도는 저들의 메시아입니다. 많은 독자들에게 더 놀라운 발견은 바로 이슬람이 가르치기를 예수님이 재림하시면 그들의 선지자로 나타나 기독교를 말살한다고 가르친다는 사실입니다. 이런 것들을 읽을 때 어떤 성도들이라고 할지라도 이슬람 종교의 사탄적인 기원을 정확하게 깨닫게 되지 않을 수가 없는 것입니다.

2008년도에 나는 같은 주제의 내용을 가지고 다른 저자와 공동으로 책을 저술하게 되었는데 그의 이름은 왈리드 슈바트이며 전직 PLO(팔레스타인 해방기구)의 공작원이었습니다. 『테러에 대한 하나님의 전쟁』(*God's War on Terror*)이라는 이름의 이 책은 종말 시대 있어서 이슬람의 역할에 대한 거의 백과사전적인 논의를 합니다. 뿐만 아니라 유대인에 대한 깊은 증오심을 가지고 있던 젊은 팔레스타인 무슬림에서 유대인 편에 서서 극단주의 이슬람의 위험에 대한 진리를 선포하는 기독교인으로 변화를 받기까지의 왈리드의 인생 여정이 기록되어 있습니다.

이 두 책은 연합하여 인기 있는 종말론의 혁명으로 발전하는 기초석이 되었습니다. 오늘날 나는 많은 사람들로부터 이메일과 소식을 끊임없이 받고 있는데 그들은 이 두 책이 얼마나 그들에게 영향을 주었고 그들의 종말에 대한 이해를 바꾸게 되었는지를 말하고 있습니다.

학생들과 목사들과 저명한 학자들은 많은 사람들이 믿고 있던 종말론 즉 적그리스도와 그의 제국과 종교가 바로 유럽 즉 부활된 로마 제국이라는 생각을 버렸다고 말하고 있습니다. 대신에 그들은 성경 말씀이 강조하고 있고 반복적으로 지적하고 있는 사실은 중동 지역이 적그리스도와 그의 제국이 나타나는 발판이며 진원지라는 단순한 진리임을 인정하게 되었습니다.

많은 사람들이 증거하기를 그들이 오랫동안 성경의 예언을 공부해왔지만 이 책을 만나기 전에는 그렇게 큰 의미를 찾지 못하였고 성경의 예언 말씀이 그렇게 확실해지지는 못하였다고 하였습니다.

더욱 중요한 것은 몇몇 분들은 글을 통하여 이 책들을 읽고 난 결과 자신들이 예수님을 믿는 자들이 되었으며 다시 예수님에게 헌신하기로 결단 하였다고 하였습니다. 할렐루야!

또한 다른 분들은 『이슬람 적그리스도』와 『테러에 대한 하나님의 전쟁』에 제시된 이론들이 많은 설득력이 있지만 아직도 많은 질문에 해답을 얻지 못하였다고 언급하였습니다.

이 책의 목적은 학문적이지만 그럼에도 많은 사람들이 읽을 수 있게 그리고 간략하게 이슬람 적그리스도론과 관련된 성경 말씀에 근거하여 발표하고 제기하는 데 있습니다. 사실 이슬람이 성경의 많은 적그리스도 예언의 주요 주제라는 것을 밝히는 기회가 된다면 그 가능성 자체만으로도 관련 문장들을 심각하게 연구해 볼 충분한 가치가 있는 것입니다.

이 책의 목적은 많은 사람들이 별로 관련이 없다고 느끼거나 병적인 종말론의 사소한 일들이라고 느끼는 일을 논쟁하는 데 있지 않음을 먼저 말씀드리고 싶습니다. 어느 분들은 적그리스도가 유럽에서 나오든지 중동에서 나오든지, 인본주의자든지 무슬림이든지 왜 그 사실이 중요하냐고 물을 수도 있습니다. 그러나 사실은 이 책에서 논의 되고 있는 주제들의 실질적인 파급효과는 매우 깊고 클 것입니다. 만약에 이슬람이 적그리스도의 종교임이 밝혀진다면 그 심각성은 천지개벽과도 같은 일입니다.

오늘날 많은 선교운동권을 포함하여 많은 교회들이 점점 무슬림들에게 접근하며 포용하며 연합을 시도하며 아부하고 있습니다. 이것은 전적으로 이단적인 일입니다. 나는 소위 "내부운동"(Insider Movement)이라는 것에 대하여 말씀드리고 있습니다.

예수님을 따르는 성도들이 이슬람의 근원과 성격에 대하여 분명한 입장을 취하는 것은 필수입니다.

우리가 무슬림들을 사랑한다고 하는 것이 동시에 이슬람도 사랑하자는 것입니까?

아니면 우리가 무슬림들을 열정적으로 관심을 갖으며 동시에 이슬람을 미워해야 하는 것입니까?

이슬람은 하나님과 진정한 관계를 이룩하도록 하는 믿음의 체계입니까 아니면 단순히 영혼을 파괴하는 사상(Ideology)에 불과한 것입니까?

많은 선교사들이 주장하듯이 한 사람이 동시에 무슬림도 되고 예수님도 따르는 자가 될 수 있는 것입니까?

꾸란의 알라신이 성경의 하나님과 같은 참 하나님이며 하나입니까?

이스라엘과 유대인은 어떻습니까?

강한 반시오니즘과 반유대주의가 무슬림 세계에서 시작하여 기독교 교회로 확산되고 있습니다. 그리고 선지자들은 이런 사실에 대하여 무엇이라고 말하고 있습니까?

이런 사실에 대하여 확고한 입장을 표명하며 동시에 무슬림과 유대인을 사랑하는 진정한 예수님의 제자들은 어디에 있는 것입니까?

"아랍의 봄"은 어떻게 되었습니까?

성경 말씀이 이런 무슬림 세계에서의 급격한 변화가 어디로 향하고 있는지 가르쳐 주고 있습니까?

더 나아가 많은 인구조사의 모델들이 이슬람이 곧 세계에서 가장 큰 종교가 될 것이라고 알려주고 있지만 여전히 많은 교회들은 러시아와 이슬람 세계는 연속되는 예언된 전쟁들에 의하여 파괴되고 결국 이슬람 종교는 지구상에서 없어질 것이라고 믿고 가르치고 있습니다.

그러나 성경 말씀이 진정으로 그렇게 가르치고 있습니까?

이런 질문에 어떻게 대답하고 이런 일에 대하여 어떻게 믿는가 하는 여부에 따라서 우리들의 기도와 중보와 전도와 선교에 대한 우리들의 전략이 영향을 받게 될 것입니다. 이런 것들은 교회가 잘못된 길을 가도 이겨낼 수 있는가 하는 질문이 아닙니다. 이런 질문들에 대하여 정확하게 답하기 위하여 성경 말씀을 자세히 살펴보는 것은 절대적으로 필수 사항입니다.

이번 연구가 종말에 대한 많은 질문에 해답을 주고 있으며 관련이 없거나 병적인 종말론적 사소한 일을 다루는 것은 절대로 아님을 말씀드립니다. 교회가 끊임없이 변화하는 이 세상에 대처하기 위하여 앞길을 계획하고 찾고 있는 가운데 이번 연구를 통하여 발견된 진리들을 잘 파악하는 것은 교회에 필수적입니다. 또한 여러분들이 이 책을 대할 때 기도하는 마음으로 대해 주시기를 부탁을 드립니다. 나는 기도하는 마음으로 이 책을 썼습니다. 여러분들이 읽으시면서 주님과 교통하시기를 부탁드립니다. 이 책에서 논의된 몇몇 주제들은 심각하고 임박한 것들입니다.

종말이라는 주제를 가지고 공부할 때 우리는 기도의 영안을 가지고 해야 합니다. 지구상의 주님의 몸 된 교회 전반에 걸쳐서 많은 사람들이 우리가 살고 있는 지금 이 세대가 주님의 재림을 목격할 것이라고 믿고 있습니다. 이 세대가 서로 헌신적으로 사랑하며 기도하는 공동체가 되는 의무보다 더 큰 의무가 있습니까?

> 만물의 마지막이 가까웠으니 그러므로 너희는 정신을 차리고 근신하여 기도하라 무엇보다도 열심으로 서로 사랑할지니 사랑은 허다한 죄를 덮느니라(벧전 4:7-8).

이 세대는 아마도 다니엘 선지자가 말한 것같이 굉장한 기회와 막중한 의무를 이어받은 세대일지도 모릅니다.

> 지혜 있는 자는 궁창의 빛과 같이 빛날 것이요 많은 사람을 옳은 데로 돌아오게 한 자는 별과 같이 영원토록 비취리라(단 12:3).

다니엘은 힐끗 보았지만 이 책을 읽는 많은 분들은 실제로 그것을 살며 체험하게 될지도 모릅니다. 어떤 노력을 해서라도 이번 기회를 붙잡으시기를 부탁드립니다. 시간의 급박함이 그 이하를 요구하고 있지 않습니다.

정 진 욱 박사
미국연합감리교회 목사

먼저 이 번역을 할 수 있도록 여러 가지로 은혜를 주신 주님께 모든 영광을 돌려드립니다. 2년 전에 케네디공항에서 우연히 발견한 이 책은 제 손에서 뗄 수가 없을 정도로 저의 마음을 사로 잡았습니다. 나름대로 종말에 대하여 많이 알고 있다고 생각을 했지만 조엘 리차드슨의 논리 정연한 전개 앞에 겸손해질 수밖에 없었습니다. 다니엘, 에스겔, 이사야, 스가랴 등의 예언서를 이슬람으로 꿰 뚫을 수 있는 저자의 안목은 그가 중동 지역에서 살았던 경험에서 나온 것입니다.

저는 25여 년 동안 뉴욕에 매년 두 차례 오셔서 사명자 성회를 인도해 주심으로 깊이 있는 성경 말씀들, 특별히 종말에 관한 말씀들을 헌신적으로 가르쳐주신 고(故) 김형태 목사님을 기억합니다. 그 사명자 성회를 통하여 나름 종말의 말씀들을 소화하고 확신 있게 정리하고 있었지만 이번 이슬람에 대한 조엘 리차드슨의 책『중동 짐승』은 제가 알고 있는 것에서 나타난 이 시대의 이슬람의 징조에 따른 한걸음 더 나간 역작이라고 할 수 있습니다. 책뿐만 아니라 지금 나타나고 있는 극단주의 이슬람의 정체와 앞으로 유럽이 이슬람화가 될 것이라는 인구조사 통계 등을 통하여도 알 수 있듯이 이슬람은 오늘날 교회가 당면한 가장 큰 문제입니다.

성경이 말하고 있는 적그리스도와 이슬람이 기다리고 있는 그들의 메시아 마흐디가 본질적으로 같은 자라는 사실을 밝히고 있는 책 『이슬람 적그리스도』에 이어서 이번 『중동 짐승』은 그 이론에 대한 성경적 근거를 확실히 해 주고 있습니다. 통일된 유럽에서 적그리스도가 나오고 교황이 적그리스도라고 보편적으로 믿고 있는 이 때에 이 책의 등장은 모든 것을 다시 생각하게 합니다.

저는 여러 가지 떠도는 소문이나 그럴듯한 음모론에 무게를 둘 것이 아니라 오직 성경 말씀이 우리에게 종말에 대하여 무엇을 말하고 있는지를 아는 것이 더 중요하다고 생각합니다. 특별히 알카에다처럼 테러단체가 아니라 자칭이지만 자신들을 "이슬람 국가"(IS)라고 자처하며 이슬람 제국을 재건하는 것을 목표로 한다는 것을 천명하고 나서는 극단주의 이슬람의 정체를 보고 놀라지 않을 수가 없었습니다.

조엘 리차드슨의 책 『중동 짐승』이 CLC "이슬람 연구 시리즈 14"로 한국 교계에 소개되게 되어 진심으로 기뻐하며 주님께 감사를 드립니다. 바라기는 이 책을 통하여 더욱 정신을 차리고 기도하며 사태의 심각성을 깨닫는 역사가 일어날 수 있기를 원합니다.

이 책을 읽는 모든 분들에게 주님을 사모하는 마음이 불같이 일어나 끝까지 오직 믿음을 지키고 남은 자가 되어 주님 얼굴 뵈올 때 잘 하였도다 착하고 충성된 종아 칭찬 들을 수 있기를 기도합니다.

마지막으로 추천사를 써 주신 강유남 목사님과 이창우 목사님, 이 책을 번역 할 수 있도록 격려해 주시고 신뢰 있는 CLC를 소개해 주신 류천형 목사님께 감사를 드리며, 항상 옆에서 도와주며 기도해 준 사랑하는 아내에게 감사의 말을 전합니다.

목 차

추 천 사 1 **강유남 목사**/ 뉴욕 총신대학 학장 … 5
추 천 사 2 **이창우 목사**/ 뉴저지 주소망교회 담임 … 6
발행인 서문 **박영호 박사**/ 기독교문서선교회 대표 … 7
감사의 말씀 … 12
저자 서문 … 13
역자 서문 … 19

제1장   종말론을 단순화 함 … 22
제2장   이슬람 적그리스도론의 서론 … 40
제3장   적그리스도의 통치: 절대적인가 제한적인가 … 68
제4장   해석 방법의 형성 … 89
제5장   다니엘 2장: 느부갓네살의 금속 신상 꿈 … 95
제6장   다니엘 7장: 다니엘의 네 짐승 환상 … 128
제7장   다니엘 9:26: 그 왕의 백성이 와서 … 142
제8장   다니엘 8장: 작은 뿔 … 164
제9장   다니엘 10-11장: 북방의 왕 … 179
제10장 다니엘 11장: 적그리스도 신학 … 198
제11장 다니엘 12장: 끝날 까지 봉함하라. … 218
제12장 요한계시록 12, 13, 17장: 여자, 남자아이, 그리고 짐승 … 227
제13장 에스겔 38-39장: 곡과 마곡(1) … 246
제14장 에스겔 38-39장: 곡과 마곡(2) … 279
제15장 에스겔 38-39장: 곡과 마곡(3) … 310
제16장 시편 83편 … 347
제17장 이사야와 미가 5장: 앗수르 사람 … 363
제18장 무슬림들을 사랑하는 일 … 380
제19장 주님의 자비하심: 중보자들의 소망 … 396

참고문헌 … 406

제1장

종말론을 단순화 함

　오늘날 많은 성도들은 종말이라는 주제를 대할 때 너무 높고 복잡하여 올라가 정복할 수 없는 산으로 믿고 있습니다. 결과적으로 많은 사람들은 종말론에 대하여 그들의 목사님들이나 여러 예언 전문가들에게 자기들의 믿음을 단순하게 맡기고 있습니다. 분명히 하나님은 그리스도의 몸 안에서 몇몇을 세우셔서 교사로 역사하게 하셨고 그들은 동료 성도들을 좀 더 복잡한 측면의 하나님의 말씀을 바르게 이해하는 것을 돕도록 안내하고 있습니다.

　그러나 그렇다고 해서 그것이 자기 자신들이 성경 말씀을 연구하고 진리를 찾아내는 일에 대하여 책임을 면하는 변명이 될 수는 없습니다. 교사들이 할 수 있는 가장 좋은 일은 바로 학생들 스스로가 성경을 연구하여 이해하도록 훈련시키는 일입니다. 이것이 이 장의 목적입니다. 학생들이나 조금 배운 선생님들이나 모두 분명하고 간단하며 쉽게 따라 할 수 있는 단순화된 성경 종말론의 원리를 누구에게나 제공하는 데 있습니다. 종말론이라는 주제가 보통 성도들의 이해 능력을 초월한다는 잘못된 생각은 부수어 버려야 합니다. 이 책에 설명된 원리들을 파악하기만 하면 이전에 종말론의 주제에 대하여 위협을 느꼈던 많은 사람들이 종말론이 그들의 이해의 능력을 초월하는 주제가 아님을 확신하게 될 것입니다.

아래의 일곱 가지 원리들은 앞으로 이 책 전반에 걸쳐서 성경의 예언을 이해하는 접근 방법이 될 것입니다.

1. 원칙 I : 먼저 것은 먼저 보존한다

나는 고등학교를 졸업하자마자 그리고 예수님을 믿자마자 내 집의 골격을 세우는 작업에 1년 동안 종사하였습니다. 집을 건축하기 위하여 집에 맞는 견고한 기초를 먼저 만들어야 합니다. 어디서 어떻게 시작하느냐 하는 것은 언제나 그 결과물에 영향력을 끼칩니다. 이것은 사람이 집을 건축하거나 신학을 할 때도 마찬가지입니다. 나쁘거나 약한 기초는 안전하지 않고 결점이 많고 나아가 위험하기까지 한 결과를 가져올 것입니다. 집을 지을 때 지붕부터 시작하여 기초의 순서로 거꾸로 진행한다면 그는 심각한 문제에 봉착하게 될 것입니다.

그러나 정확하게 이런 식으로 견고한 성경적 종말론을 세우려고 한 사람들이 있습니다. 그들은 성경이 종말에 대하여 무엇을 말하고 있는지를 알기 위하여 제일 마지막 책인 요한계시록으로 달려갑니다! 오해하지 마시기 바랍니다. 시대들을 위한 하나님의 계획을 이해하려면 요한계시록은 필수임을 알고 있습니다. 그러나 요한계시록에서 시작하면 안 됩니다. 요한계시록은 이전에 구약과 신약의 수많은 성경 말씀에서 게시된 예언 지식의 보고를 전제로 하고 있습니다.

아마도 신약의 어느 책보다도 요한계시록은 성경 구절의 직접인용과 언급한 것과 좀 더 모호하게 암시하고 있는 것들로 가득 차 있습니다. 심포니를 참석하였다고 생각해 보십시오. 여러분은 연주 중에 현악기와 드럼과 목관악기들의 소리를 듣게 될 것입니다. 그러나 이런 모든 악기들이 연합하여 하나의 절정에 이르게 되는 때는 바로 최종 클라이막스 때일 것입니다. 그것이 바로 요한계시록입니다. 요한계시록은 성경에서 발견되는 많은 예언들로 구성되어 있는 예언적 심포니의 장엄한 절정입니다.

그러나 장엄한 절정처럼 아름답다고 해도 최후에 나타는 이유가 있습니다. 요한계시록이 무엇을 말하려고 하는지를 이해하기를 기대하기 전에 그 구절들의 근거가 되는 구절들이 무엇을 말하고 있는지를 먼저 이해하여야 합니다. 성경 말씀은 전개되는 하나의 이야기입니다. 우리가 성경이 말하고 있는 이야기를 이해하려고 한다면 우리는 성경 말씀의 처음부터 시작하여야 합니다. 그 이야기가 쓰이는 대로, 그리고 전개되고 확대되는 대로 따라가면서 접근해야 합니다. 이것은 모두 단순한 상식입니다.

그래서 종말에 대한 성경 말씀을 이해하고자 할 때 우리가 따라야 하는 처음 원칙은 바로 처음에 온 것부터 시작하라는 것입니다. 우리는 처음에 기초부터 시작합니다. 이것보다 더 간단할 수는 없습니다. 우리는 성경을 연구할 때 토라 처음 다섯 책 즉 모세오경으로부터 시작하여야 합니다.

2. 원칙 Ⅱ : 단순하게 하라

요한계시록은 가장 맨 마지막 책인 점 외에도 우리가 성경 연구를 시작하는 책으로 삼을 수 없는 다른 이유들이 있습니다. 요한계시록은 성경 말씀 중에서 가장 상징적이고 묵시적인 책입니다. 우리는 종말에 대하여 성경 말씀이 무엇을 말하고 있는지 이해하려고 시작 할 때 가장 은유적인 구절에서 시작하지 않습니다. 여러 가지로 해석될 수 있거나 난해하거나 혼동을 가져오는 구절에서 시작하지도 않습니다.

반대로 우리는 문자적이고 직접적이며 이해하기 쉬운 것부터 시작해야 합니다. 그러므로 우리는 요한계시록에서부터 시작하지도 않거니와 다니엘이나 에스겔부터 시작하지도 않습니다. 이 두 책은 요한계시록에서는 멀리 떨어져 있더라고 꿈과 환상과 상징들로 가득 차 있습니다.

다니엘과 에스겔 두 책이 종말론을 정확하게 이해하는 데 있어서 필수적이기는 하지만 요한계시록과 마찬가지로 이 두 책에서부터 시작해서는 안 됩니다. 먼저 점검해 보아야 하는 많은 다른 구절들이 있습니다. 그것들은 다니엘이 에스겔보다 더 오래되기도 하였지만 동시에 이해하기에 쉽고 확실한 것들입니다. 그래서 두 번째 원칙은 가장 적게 혼동이 되고 적게 문제되고 적게 논쟁되며 적게 이해하기 어려운 요소들을 포함하고 있는 구절로부터 시작해야 합니다.

3. 원칙Ⅲ : 성경 전체의 사상에 근거하여 원리들을 세운다

오래 전에 내가 처음으로 예수님을 믿는 자가 되었을 때 나는 보스톤 바로 남방에 살았습니다. 그때 나는 열아홉 살 이었고 회심과 극적인 인생의 변화 때문에 대부분의 내 친구들은 나와 시간을 함께 보내기를 원하지 않았습니다. 나는 그것을 이해할만합니다. 나는 하루 밤 사이에 극단적으로 떠들고 다니는 복음주의 크리스천이 되었습니다.

그 결과 나는 나의 이 믿음을 나누어줄 수 있는 관심 있는 사람들을 찾아 토요일마다 보스톤 주위를 걸어 다녔습니다. 그 당시 보스톤 지역에서 가장 큰 준 종파(Semi Cult) 중의 하나는 보스톤그리스도의교회(Boston Church Of Christ)였습니다. 사람들은 보스톤운동이라고 불렀고 토마스 킵 맥킨(Kip McKean)이 창설자입니다.

나는 이 그룹의 제자들과 자주 마주쳤습니다. 이 그룹의 독특한 점은 세례를 받는 그 체험 자체가 사람을 구원한다고 믿고 있었습니다. 그들은 물에 잠기는 세례를 받지 않으면 절대로 구원받지 못한다고 주장합니다.

그들은 언제나 그 근거를 말할 때 사도행전 2:38을 말합니다.

> 베드로가 가로되 너희가 회개하여 각각 예수 그리스도의 이름으로 세례를 받고 죄 사함을 얻으라 그리하면 성령을 선물로 받으리니
> (행 2:38).

베레아 출신이며 초신자였던 나는 그 구절이 우리를 구원하는 일에 대하여 무엇을 말하는지 자세히 살피기 시작하였습니다. 나는 창세기부터 요한계시록까지 예수님을 믿는 믿음과 예수님이 십자가에서 이루어 놓으신 공로에 의하여 우리가 구원을 얻는다는 사실을 확실하게 보여주는 72개의 성경 구절을 찾아내었습니다. 나는 진실하고 회개하는 마음으로 이런 사실들을 믿을 때 우리는 진정으로 세례를 받은 것이요 성령으로 인치심을 받는 것임을 알았습니다.

사도행전 1:5은 말합니다.

> 요한은 물로 세례를 베풀었으나 너희는 몇 날이 못되어 성령으로 세례를 받으리라 하셨느니라(행 1:5).

에베소서 1:13-14에서도 말합니다.

> 그 안에서 너희도 진리의 말씀 곧 너희의 구원의 복음을 듣고 그안에서 또한 믿어 약속의 성령으로 인치심을 받았으니 이는 우리의 기업에 보증이 되사 그 얻으신 것을 구속하시고 그의 영광을 찬미하게 하려 하심이라(엡 1:13-14).

물론 장차 우리가 부활하여 영화롭게 될 때 우리의 구원이 완성됨이 약속되어 있습니다. 물세례는 단순히 우리가 이미 믿고 성령으로 세례를

받은 내적인 실체를 외부적으로 표시할 뿐입니다. 믿음으로 세례를 받았다고 증거를 하는 72개의 말씀들에 비추어 보고 또한 세례를 받음으로 구원을 얻는다는 단 하나의 구절을 성경적으로 볼 때 어느 것이 더욱 확실한 근거를 가지고 있는 것입니까?

물론 성경적으로 볼 때 믿음이 우리를 구원합니다. 그리고 물세례는 우리가 믿은 후에 오는 첫 번째 필수적인 순종입니다. 이런 것들을 말씀 드리는 요지는 바로 우리는 선택된 구절이나 몇 한정된 구절에만 나오는 고립된 성경 구절들로부터 어느 이론을 도출하여 내지 말아야한다는 것입니다. 여러 상황에 대하여 말하고 있는 많은 성경 구절의 부요함을 무시하지 말아야 합니다. 어떤 입장을 취하든지 간에 우리는 성경 전체의 사상과 조화가 되어야 합니다. 우리들의 입장은 성경 전체에서 관련된 많은 구절 모두를 연합하여 일관된 이야기를 보여주어야 한다는 것입니다.

고립된 몇몇 구절들이나 하나의 구절들에 의거하여 어떤 생각이나 이론을 만드는 것은 위험하고 무책임한 일입니다. 우리가 성경 전체 말씀에서 반복되어 나오고 거듭되어 나오는 주제를 보게 된다면 우리는 일관된 기초를 쌓고 있음을 알 수 있습니다. 그러므로 세 번째 원칙은 바로 우리는 반복되고 일관된 주제들에 근거하여 해석원리를 세운다는 것입니다.

4. 원칙Ⅳ : 그 배경을 기억하고 기억하고 또 기억하는 것입니다

부동산 업자에게 주택판매의 요점이 무엇이냐고 물으면 그는 대답하기를 "위치, 위치, 위치"라고 말할 것입니다. 마찬가지로 신학교에서 삼일을 보낸 사람 누구에게 든지 책임 있는 성경 해석의 필수 원칙을 물으면 "배경, 배경, 배경"이라고 대답할 것입니다.

아마도 성경의 예언을 해석하는 데 있어서 가장 쉽게 범하는 실수는 성경의 보다 큰 배경을 고려하지 않는 일일 것입니다. 특별히 미국 사람들은 세계관에 있어서 자기 중심적이기로 유명하며 따라서 우리들도 이런 공통적인 실수를 하기 쉽습니다.

미국이 지정학적으로 비교적 고립되어 있는 사실과 최근의 세계에서의 높아진 위상으로 말미암아 주변 세상에 대한 자각이 부족한 이유를 합리화하는 것 같습니다. 그러나 성경의 예언을 해석하고 이해하는 데 있어서 그런 자기 중심적인 태도는 상당히 치명적입니다. 이점을 좀 더 설명해야 하겠습니다.

오늘날 미국과 서구의 교회들은 여러 가지 문제들과 싸우고 있는데 그 문제들은 도덕적인 것이요 문화적 상대주의, 세속적인 인본주의, 다윈의 진화론, 그리고 종교다원주의, 지성적 무신론 등등입니다. 더 많은 것들을 계속 열거할 수 있습니다. 이런 반기독교적인 사상들과 세계관은 더욱 서구 문화와 사회에서 그 근거지들을 확장하여 가고 있습니다.

그래서 서구의 교회들은 성경적 세계관과 반대되는 메시지를 계속 내보내고 있는 이런 텔레비전 쇼와 영화와 대중매체에 노출되어 있는 분위기 가운데 거하고 있습니다. 똑같이 우리 자녀들이 공립학교나 세속적인 대학교에 다닌다면 선생님들이나 학생들 모두 하나 혹은 모든 반기독교적인 세계관을 공격적으로 후원하는 것이 될 것입니다. 결과적으로 서구의 성도들은 여기서 싸우고 있는 영들과 같은 영들과 세계 곳곳에서 싸우고 있다고 믿게 됩니다.

매일 우리들의 믿음과 가정들을 공격하는 이런 사상들의 뒤에서 역사하는 악령들의 세력을 우리가 바르게 분별함에 있어서 많은 사람들은 이렇게 지배하는 영은 적그리스도의 주요 영이라고 여기고 있습니다. 물론 많은 사람들은 진정한 크리스천들을 제외하고 누구나 환영하는 세계종교의 지도자가 바로 적그리스도라고 상상 하고 있습니다.

서구문화가 성경 말씀에서 종말의 말씀을 읽을 때 사람들이 아는 세상이기 때문에 자신의 세계관과 개인적인 체험을 주입하여 해석하는 실수를 범하게 됩니다. 문제는 바로 성경 말씀이 언제나 철저하게 예루살렘과 이스라엘과 중동 지역 중심적인 책이기 때문입니다. 예루살렘은 예수님의 재림이 전개되는 중심 도시입니다. 이 도시에서 예수님이 문자적으로 재림하셔서 온 세상을 통치하실 곳입니다. 이 사실을 놓치면 안 됩니다.

그래서 오늘날 예루살렘에 살고 있다면 서구를 홍수로 덮고 있는 사상들이 존재하고 있다고 해도 유대인들과 크리스천 그리고 하나님의 백성들을 파괴하려고 위협하는 주요 마귀의 영은 종교다원주의도 아니고 지성적 무신론도 아닌 철저한 이슬람입니다.

미국에서는 이슬람의 영은 중요하게 취급되지 않습니다. 따라서 미국 사람들은 이점을 파악하기에 더딥니다. 그러나 우리가 성경의 지역 배경의 진원지인 이스라엘을 볼 때 전 지역을 사로잡고 있는 영이 만인구원설이나 뉴에이지가 아닌 이슬람임을 쉽게 알 수가 있습니다. 예루살렘을 중심으로 몇 백마일에서 수천마일 반경을 확대하여 보면, 중동, 북아프리카, 소아시아, 중앙아시아 지역을 이슬람이 장악하고 있습니다. 이스라엘은 이 미움의 바다 한가운데 있습니다.

우리가 종말에 대하여 무엇이라 말씀하는지 이해하기 위하여 성경에 접근할 때 이런 네 번째 원칙은 적합한 배경을 고려해야 한다는 점입니다. 우리는 동양적인 책인 성경 말씀을 이국적인 배경인 서구적 세계관을 가지고 읽어서는 안 된다는 사실을 조심해야 합니다. 우리는 이런 중동과 이스라엘 중심의 배경을 절대로 잊어서는 안 됩니다. 성경 말씀은 미국사람들이나 서구인들을 위주로 하여 쓰여진 책이 아닙니다. 성경 말씀은 중동 지역의 중점과 세계관을 가지고 쓰여진 유대인의 책입니다.

5. 원칙 V : 예언적인 문서를 기술적인 매뉴얼로 읽지 않는다는 것입니다

이 원칙은 이전의 원칙에다 덧붙여진 것입니다. 서구인들은 대부분의 성경의 예언 말씀들이 고대 히브리 예언시 혹은 묵시적인 문서로 쓰여졌음을 인정해야 합니다. 성경을 배우는 서구의 학생들은 이런 문학 종류의 성격과 쓰여지고 있는 많은 문학적 장치들에 익숙해져야 합니다.

여기에는 히브리 속담이나 과장법 성경의 예언 구절의 이중적인 성취 등도 포함됩니다. 많은 서구적인 문화와 지식의 근원이 계몽주의에 근거하고 있기 때문에 우리는 성경에 쓰여진 방법과 상충되는 특정하게 생각하고 논리적으로 보는 방법을 가지고 있습니다. 나는 일전에 어느 모임에서 말씀을 전할 기회가 있었는데 성경을 문자적으로 읽는다는 것은 반드시 문자 그대로를 받아들이는 것을 의미하지는 않다고 말하였습니다.

시편은 문자 그대로 혹은 기술적인 문자로 읽으면 경우에 따라서 여러 가지 문제들과 잘못된 해석을 가져 오게 됩니다. 아니나 다를까 내가 그 말씀을 전한 후에 나는 제 의견에 반대하는 어느 사람과 그 교회의 문 앞에서 만나게 되었습니다. 그는 말하기를 "나는 성경을 문자적으로 읽습니다. 그것뿐 입니다."

물론 그 사람은 내가 성경 말씀을 문자적이 아니거나 약간의 자유주의적인 해석을 하는 것을 권하고 있다고 생각한 것입니다. 도전을 받은 나는 성경에서 메시아 왕국에서 유대인들에게 주어질 모든 축복을 말하고 있는 이사야 60장을 폈습니다.

"어떤 상황에도 성경 말씀을 문자 그대로 읽는 단 말씀이죠?"하면서 나는 그에게 내 성경책을 건네주었습니다. 그리고 16절을 가리키면서 소리를 내어 읽어 보라고 하였습니다.

> 네가 열방의 젖을 빨며 열왕의 유방을 빨고 나 여호와는 네 구원자,
> 네 구속자, 야곱의 전능자인 줄 알리라(사 60:16).

이 말씀을 문자 그대로 읽기에는 당황스러운 결과를 가져온다는 것을 인정하기 싫었던 그는 이 구절을 더 공부해 보아야 하겠다고 하였습니

다. 그러나 나는 그가 내가 말하려는 관점을 이해했다고 생각합니다. 나는 문자적인 해석을 주장하지만 예언적인 시는 예언적 시로 역사적 내러티브는 역사적 내러티브로 잠언은 잠언으로 읽습니다.

이런 일들은 모두 문자적인 실체를 가지고 있습니다만 그들은 문학의 다른 종류들을 대표하고 있으며 여러 가지 다른 표현 방법을 써서 그 실체를 나타내고 있고 그들만의 독특한 원칙과 성격을 가지고 있습니다. 그래서 우리가 히브리 묵시문학이나 예언적 시를 읽을 때 우리는 도요타 툰드라 자동차의 매뉴얼을 읽듯이 이 자료들을 읽지는 않습니다. 이 문제에 대하여 더 깊이 추구하기 위하여 나는 고든 피와 더글러스 스튜어트가 쓴 책 『성경을 가장 가치 있게 읽는 방법』을 권해 드립니다.

6. 원칙 Ⅵ : 최후의 강조점을 인식함, 성경 예언의 큰 이야기

많은 서구의 해석자들이 때때로 만들어 놓은 것과는 달리 성경 예언의 전반적인 성격을 이해하는 것은 그렇게 어려운 것이 아닙니다. 모든 예언들이 급박하거나 가까운 미래의 역사적인 적용점을 가지고 있는 한편 모든 성경 예언의 궁극적인 책임은 메시아의 다시 오심과 주의 날(세상에 대한 하나님의 심판), 그리고 따라야 할 메시아 왕국 등이라고 할 수 있습니다.

각 예언자들 대부분은 그 시대의 상황에 대해 예언하거나 근접한 미래에 있을 사건에 대한 것이지만 성경 전체를 다루고 있는 모든 예언자들과 사도들의 가장 큰 책임은 예수님의 다시 오심과 예수님이 이 세상을 통치하실 메시아 왕국을 세우시는 일에 대한 것입니다. 그러므로 우리는 성경의 예언은 우선적으로 가장 메시아 중심적이라고 정당하게 말할 수 있습니다.

이것은 결국 예수님에 관한 것입니다. 물론 우리가 성경의 메시아 중심 사상을 강조할 때 예수님의 초림과 재림을 말해야 합니다. 현대 크리스천들은 예언을 말할 때 예수님의 초림에 중점을 두는 한편 주님의 재림에 대하여 말하고 있는 예언에 대하여는 소홀히 취급하고 있습니다. 그러나 사실은 성경 말씀은 두 번째 오심에 주요 강조점을 두고 있습니다. 첫 번째 오심에 대한 예언 말씀보다 재림에 대한 예언이 훨씬 많습니다. 그래서 성경 예언의 세 가지 주요 강조점들이 있습니다.

① 예언자 시대 당시의 임박한 역사적 배경
② 예수님의 초림
③ 예수님의 재림/주의 날

문제는 여기 있습니다. 서구 사람들의 생각의 특징 중 하나는 우리가 모든 일들을 종류별로 나누고 조직하기를 좋아한다는 것입니다. 서구 사람들은 신학을 포함하여 모든 것을 조직화하기를 좋아합니다. 우리는 하나님의 살아있는 말씀조차도 고등학교의 과학 실험실의 개구리처럼 해부하려고 하기도 합니다. 그래서 성경을 해석할 때도 각 성경 구절이 역사적인 성취인가 아니면 미래에 성취될 것인지 어느 하나로 규정하려고 합니다.

그러나 우리는 성경 말씀은 동양의 책이며 서구적인 생각의 틀에서 쓰여진 것이 아니라는 점을 이해할 필요가 있습니다.

그래서 서구 사람들을 거의 미치게 만드는 사실은 바로 우리가 성경 말씀에서 역사적이고 미래적인 것이 한 구절 속에 잘 혼합되어 있다는 사실을 자주 발견하게 되는 일입니다. 여기 전형적인 한 구절을 예로 들겠습니다.

> 이는 한 아기가 우리에게 났고 한 아들을 우리에게 주신바 되었는데 그 어깨에는 정사를 메었고 그 이름은 기묘자라, 모사라, 전능하신 하나님이라, 영존하시는 아버지라, 평강의 왕이라 할 것임이라 그 정사와 평강의 더함이 무궁하며 또 다윗의 위에 앉아서 그나라를 굳게 세우고 자금 이후 영원토록 공평과 정의로 그것을 보존하실 것이라 만

군의 여호와의 열심이 이를 이루시리라(사 9:6-7).

이 말씀은 이 아들, 이 아이의 주요 목적이 이스라엘을 그 원수로부터 보호해 줄 것처럼 말하고 있습니다. 이 아이가 가져올 일들을 고려해 보아야 합니다. 이스라엘의 지경이 확장될 것입니다. 유대인들에게 메여진 멍에가 부숴질 것입니다. 군인들의 군화와 피는 과거의 일이 될 것입니다. 이 아이는 영원한 평화를 가져올 것입니다. 그러나 이 아이는 예언대로 왔지만 나머지 예언들은 아직 성취되지 않았습니다.

이스라엘은 아직도 억압 가운데 있습니다. 전쟁도 계속되고 있습니다. 이 구절 안에 2,000년의 공백, 멈춤이 있습니다. 표면적으로 읽으면 이 구절은 아무것도 가르쳐 주지 않습니다. 이 매끄러운 한 구절 속에서 우리는 역사적인 것(아이가 태어남)과 미래적인 것(그가 통치하며 압제자의 철장을 부수며 영원한 평화를 가져옴) 두 가지를 다 볼 수가 있습니다. 우리 서구 사람들이 한 구절을 접근할 때 역사적인 것과 미래적인 것으로 분명하게 나누는것 만큼이나 자주 이런 구절들은 서로 연결 연합되어 있습니다. 어느 때는 한 구절이 부분적으로 역사적이면서 미래의 예언을 암시하고 있을 수도 있습니다. 어느 때는 반대로 선지자가 전적으로 미래를 말하면서 동시에 약간의 역사가 강조 될 수도 있습니다. 다른 때는 한 구절이 동시에 전적으로 미래적일 수도 있고 역사적일 수도 있습니다.

그러면 우리는 어떻게 그런 구절들을 이해해야 합니까?

그 대답은 모든 예언들이 말하고 있고 밝히고 있는 보편적이고 반복되는 주제를 큰 이야기 안에서 이해하는 데 있습니다.

설명이 좀 더 필요합니다. "나무만 보다가 숲을 못 보는 짓을 하지 말라"고 하는 말을 들었을 것입니다. 이 말은 어느 주제의 예민하고 자세한 점(나무)에 집중한 나머지 보다 큰 그림(숲)을 놓치지 말라는 점입니다. 아마도 성경의 예언을 공부하는 데 있어서 이런 경고보다 더 적합한 것은 없을 것입니다. 성경에서 종말을 말하고 있는 많은 구절들을 공부할 때 우리는 특정 구절에 사로

잡혀서 전체 이야기를 놓치기가 쉽습니다.

교수들이나 학생들 모두 이런 실수를 수없이 하는 것을 나는 보았습니다. 그러나 이런 실수는 피하기 쉽습니다. 우리는 어느 한 구절로 달려가기 전에 성경의 많은 예언들을 통해 나타나고 있는 더 크고 전반적이며 결정적인 이야기를 확고하게 붙잡아야 합니다. 감사하게도 이것은 그리 어렵지 않습니다.

놀라운 일은 성경 말씀이 같은 말씀을 거듭하여 계속하여 여러 가지로 말하고 있다는 점입니다. 어느 주제가 중요하다면 성경 전체를 통하여 계속 반복 될 것입니다. 어느 것이 성경의 예언적인 관점에서 중요하다면 성경 말씀은 여러 구절을 통하여 반복하여 말씀하심으로 충분히 분명하게 해준다는 점입니다.

공통적으로 반복되는 주제들을 적어둠으로 우리는 성경 예언의 큰 그림을 파악할 수 있습니다. 이미 말씀드린 것을 다시 말씀드린다면 모든 예언자들은 예언자 당시의 상황을 말하거나 가까운 미래를 말하고 있지만 결국 최종적인 요점은 바로 메시아의 다시 오심과 주의 날과 이어지는 메시아 왕국입니다. 예수님의 다시 오심과 메시아 왕국을 세우시는 일이 바로 모든 선지자들이 말하고 있는 큰 그림입니다.

이것은 모든 성경 말씀의 강조점이기도 합니다. 다음 장에서 나는 주의 날과 예수님의 다시 오심에 대하여 기록하고 있는 몇몇 주요 성경의 예언 말씀들을 살펴볼 것입니다. 이 연구를 위하여 우리는 예수님이 다시 오실 때 심판을 행하실 정해진 나라들을 살펴볼 것입니다. 우리가 보게 될 것은 계속하여 일반적인 같은 이야기가 반복되어 나오고 있다는 사실입니다. 이 기본 그림을 확장하면 많은 부수적인 주제들이 나타날 수도 있지만 다섯 가지 주요 주제들은 분명하게 나타납니다.

① 마지막 시대에 적그리스도와 그의 제국과 그의 군대들은 중동과 북아프리카의 무슬림이 지배하고 있는 나라들로부터 등장하게 된

다는 사실입니다.
② 이 나라들은 동맹을 맺거나 연합하거나 힘을 합하여 이스라엘을 공격할 것입니다. 그리고 유대인들과 크리스천에 대한 세계적인 극심한 핍박이 일어날 것입니다.
③ 적그리스도와 그의 군대에 의한 짧지만 극히 무서운 승리의 기간이 지난 후에 예수님은 남은 유대인들을 구원하기 위하여 하늘로부터 강림하실 것입니다. 남은 유대인들의 대부분은 정복한 침략자들에 의하여 감금되어 있을 것입니다.
④ 의롭다함을 받은 죽은 자들이 깨어 일어나고 살아있는 성도들과 함께 공중으로 휴거되어 즉시 영화로운 부활의 몸을 입고 영원한 생명에 들어가게 됩니다.
⑤ 예수님은 적그리스도와 그의 군대를 멸망시키고 그의 메시아왕국을 세우시고 예루살렘에서 온 세상을 통치하실 것입니다.

우리가 앞으로 보게 될 것과 같이 여러 가지 많은 세부적인 것들을 전개해나갈 수가 있지만 이러한 다섯 가지 큰 주제들이 성경의 예언에서 가장 자주 반복되고 있습니다. 성경의 예언을 이해하려고 할 때 주의 날과 이어 나타날 메시아 왕국에 대한 큰 그림을 이해하는 것을 통하여 우리는 이전에 혼동 되었던 많은 예언서의 구절들의 의미를 분명하게 깨닫게 될 것입니다. 그들이 모두 그 당시와 가까운 미래의 사건들을 말하고 있는 동시에 그들은 모두 궁극적으로 같은 큰 이야기를 말하고 있고 같은 영광된 미래를 가리키고 있습니다.

7. 원칙Ⅶ : 전능하신 하나님이 이 지구상에 육신적인 존재로 묘사되고 있다면 그분은 바로 하나님의 아들(예수) 이심을 알아야 합니다

이 원칙은 관찰에 의한 것입니다. 그러나 메시아의 재림과 주의 날을 말하고 있는 예언서의 구절들을 바르게 이해하기 위하여 이것을 파악하는 것은 필수입니다. 하나님이 육신으로 이 세상에 계신 분으로 묘사될 때 이것은 보통 역사적인 성육신하시기 전의 하나님의 아들의 나타나심이거나 메시아 예수님의 재림하실 때의 모습을 선지자가 묘사한 것이거나 둘 중의 하나입니다.

많은 성도들이 삼위일체의 성격을 혼동하기 때문에 이 사실을 간과하고 있습니다. 하나님이라고 기록되어 있는 분이거나 여호와라는 거룩한 이름을 가지신 분 즉 보통 주님이라고 기록되어 있을 때 많은 사람들은 그분이 하나님 아버지라고 생각합니다. 그러나 성경 전체를 통하여 아버지 하나님은 성경 마지막(계 21, 22장)까지 이 지상에 강림하시지 않습니다. 하나님은 남녀 여러 사람들에게 여러 번 나타나셨습니다.

몇 구절만 살펴보겠습니다.

> 하갈이 자기에게 이르신 여호와의 이름을 감찰하시는 하나님이라 하였으니 이는 내가 어떻게 여기서 나를 감찰하시는 하나님을 뵈었는고 함이라(창 16:13).

> 그러므로 야곱이 그곳 이름을 브니엘이라 하였으니 그가 이르기를 내가 하나님과 대면하여 보았으나 내 생명이 보전되었다 함이더라 (창 32:30).

이런 말씀들과 구약의 여러 다른 하나님의 나타나심에 대하여 사도 요한은 "아들 하나님 밖에는 아무도 하나님 아버지를 본 사람이 없다"라고 말하고 있습니다.

> 본래 하나님을 본 사람이 없으되 아버지 품 속에 있는 독생하신 하나님이 나타내셨느니라(요 1:18).

> 선지자의 글에 저희가 다 하나님의 가르치심을 받으리라 기록되었은즉 아버지께 듣고 배운 사람마다 내게로 오느니라 이는 아버지를 본 자가 다 있는 것이 아니라 오직 하나님에게서 온 자만 아버지를 보았느니라(요 6:45-46).

사도 바울도 하나님 아버지는 보이신 적이 없다는 점을 분명하게 하였습니다.

> 만물을 살게 하신 하나님 앞과 본디오 빌라도를 향하여 선한 증거로 증거하신 그리스도 예수 앞에서 내가 너를 명하노니 우리 주 예수 그리스도가 나타나실 때까지 점도 없고 책망 받을 것도 없이 이 명령을 지키라 기약이 이르면 하나님이 그의 나타나심을 보이시리니 하나님은 복되시고 홀로 한 분이신 능하신 자이며 만왕의 왕이시며 만주의 주시요 오직 그에게만 죽지 아니함이 있고 가까이 가지 못할 빛에 거하시고 아무 사람도 보지 못하였고 또 볼 수 없는 자시니 그에게 존귀와 영원한 능력을 돌릴지어다 아멘(딤전 6:13-16).

그러나 선지서 여러 곳에서 하나님이 지상에 계셨음을 언급하고 있습니다. 여러 구절이 있지만 다음 몇 구절을 보시기 바랍니다.

> 모세와 아론과 나답과 아비후와 이스라엘 장로 칠십 인이 올라가서

이스라엘 하나님을 보니 그 발 아래에는 청옥을 편듯하고 하늘같이 청명하더라 하나님이 이스라엘의 존귀한 자들에게 손을 대지 아니하셨고 그들은 하나님을 보고 먹고 마셨더라(출 24:9-11).

성경 전체를 통하여 여러 개인과 그룹들이 역사적으로 나타나신 하나님을 보았지만 이 모든 구절들은 하나님의 아들의 성육신 이전의 현현으로 보아야 합니다. 따라서 우리가 앞으로 미래를 예언하는 배경 하에서 하나님이 나타나시는 것을 볼 때에 "하나님" 혹은 "주님"이라고 언급된 것을 우리는 재림하신 예수님이라고 보아야 할 것입니다.

스가랴의 말씀을 보겠습니다.

내가 열국을 모아 예루살렘과 싸우게 하리니 성읍이 함락되며 가옥이 약탈되며 부녀가 욕을 보며 성읍 백성이 절반이나 사로잡혀가려니와 남은 백성은 성읍에서 끊쳐지지 아니하리라 그 때에 여호와께서 나가사 그 열국을 치시되 이왕 전쟁 날에 싸운 것같이 하시리라 그날에 그의 발이 예루살렘 앞 곧 동편 감람 산에 서실것이요 감람 산은 그 한가운데가 동서로 갈라져 매우 큰 골짜기가 되어서 산 절반은 북으로, 절반은 남으로 옮기고(슥 14:2-4).

여기서 "여호와" 또는 "주님"께서 육신적으로 그 산에 서신 것을 보게 됩니다. 여기서 그분은 열방의 군대들과 싸우시는 분이십니다. 이것은 분명히 예수님께서 예루살렘을 침략하여 오는 나라들에게 심판을 행하시는 가운데 메시아 예수님이 감람 산에 서신 그날에 대하여 말하고 있는 메시아 예언 말씀입니다.

8. 요약

결론적으로 이번 장에서 논의했던 해석의 원칙들을 정리하겠습니다. 이런 간단한 원칙들을 적용하고 따라 감으로 누구나 성경의 예언들을 더욱 접근 가능하고 쉽게 이해할 수 있을 것입니다.

① **원칙 Ⅰ**: 먼저 나온 것부터 시작하고 맨 나중에 나온 것으로 시작하지 않는다.

② **원칙 Ⅱ**: 분명하고 직접적이며 이해하기 쉬운 것부터 시작하고 고도로 상징적이고 비유적이고 해석하기 어려운 것부터 시작하지 않는다.

③ **원칙 Ⅲ**: 성경 전체에서 일관되고 반복 되어 나타나는 주제위에 해석의 근거를 세운다.

④ **원칙 Ⅳ**: 언제나 배경, 배경, 배경을 기억한다.

⑤ **원칙 Ⅴ**: 성경을 기계적 사용설명서로 대하지 않고 동양적인 성격이 있음을 고려한다.

⑥ **원칙 Ⅵ**: 성경 예언의 최종적이고 결론적인 강조점 즉 큰 이야기를 인식하여 해석한다.

⑦ **원칙 Ⅶ**: 언제나 전능하신 하나님이 이 세상에 육신으로 나타나신 사실을 말 할 때는 하나님의 아들이 성육신 전에 역사상에 현현하신 것이거나 아니면 예수님이 재림하실 때 역사적으로 나타나신 것임을 인정한다.

제2장

이슬람 적그리스도론의 서론

이 연구를 시작하면서 우리의 목적은 주의 날과 예수님의 재림에 대한 가장 중요한 말씀들을 간단하게 살펴보는 일입니다. 이 연구는 분명히 모든 것을 포함하지는 않습니다. 우리들의 초점은 주의 날에 심판을 받기로 되어 있는 특정 나라들에 있습니다. 우리가 보게 될 것은 같은 보편적인 이야기가 반복적으로 많이 나타나고 있다는 점입니다.

1. 창세기 3장: 뱀의 머리를 상하게 하실자

우리의 연구는 신학자들이 "원시복음"이라고 부르는 창세기 제3장에 나타나있는 구절에서부터 시작해야 합니다. 비록 씨앗의 모습이지만 성경의 시작의 책에서 메시아 소망에 대한 놀라운 소식이 소개되고 있기 때문입니다.

우리 모두는 알고 있습니다. 시작부터 하나님의 창조를 설명하는 하나의 단어는 바로 "좋았다"입니다. 아담과 하와는 에덴동산에 있었고 모든 면에서 이상적인 곳에서 살았습니다. 낙원에서 하나님과 인간이 완전히 연합되어 살았습니다.

그러나 그들 자신의 악한 선택에 의하여 사탄의 시험에 동의하였고 아담과 하와가 하나님의 명령에 반역하여 인간인 우리가 현재 발견하는 이런 깨어진 상태에 떨어지게 된 것입니다.

우리는 하나님과의 깨어지지 않은 연합이 있는 낙원에서 너무 멀어져 살고 있습니다. 그리고 우리들의 육신이 죽어지고 썩어질 그 때를 향하여 떨어져가고 있습니다. 그러나 지금의 이런 상태는 우리가 살아야 하는 이상적인 상태가 아닙니다. 그리고 이 상태는 이대로 남아 있지는 않을 것입니다. 이 하나님의 구속 계획이 완성되면 죄와 사망은 과거의 일이 되어 버릴 것입니다. "하나님의 구속계획"은 바로 인간을 영생으로 돌아가게 하고, 에덴동산으로 돌아가게 하고, 낙원으로 돌아가게 하며, 하나님과의 깨지지 않는 연합과 사귐으로 돌아가게 하는 계속 전개되고 있는 하나님의 이야기입니다.

이것은 모든 창조의 회복과 구속입니다. 이것이 바로 베드로가 정확하게 사도행전 3:21에서 말한 것입니다.

> 하나님이 영원 전부터 거룩한 선지자의 입을 의탁하여 말씀하신바 만유를 회복하실 때까지는 하늘이 마땅히 그를 받아 두리라(행 3:21).

이것이 성경 전체에서 말하고 있는 큰 이야기입니다.

그래서 여기 아담과 하와 그리고 뱀 즉 사탄의 간단한 한 구절 이야기를 통하여 하나님은 구속 이야기의 전체적인 개관을 보여주시고 계십니다.

> 내가 너로 여자와 원수가 되게 하고 너의 후손도 여자의 후손과 원수가 되게 하리니 여자의 후손은 네 머리를 상하게 할 것이요 너는 그의

발꿈치를 상하게 할 것이니라 하시고(창 3:15).

온 인류의 어머니가 되는 하와가 죄를 범함으로 하나님은 그날 이후로 자신과 사탄 사이에 적대적인 관계가 있을 것을 선언하셨습니다. 더나아가서 사탄의 후손 혹은 추종자들은 사탄을 추종하지 않는 하와의 후손들과 원수 관계에 있을 것입니다. 더욱 중요한 것은 사탄의 후손들이 그 "후손" 즉 메시아와 그 따르는 자들과 전쟁이 있을 것이라는 점입니다. 이 원시 예언에 의하면 역사는 바로 사탄에게 속한 사람들과 하나님의 사람들 사이의 분쟁 이야기입니다.

그리고 사탄이 비록 메시아의 발꿈치를 상하게 하지만 결국 메시아는 사탄과 그의 추종자들의 머리를 상하게 하신다는 영광의 약속이 옵니다. 인간의 긴 역사의 처음 시작부터 하와의 씨 즉 메시아가 에덴동산에서 일어났던 슬프고 어두웠던 그날에 파괴된 그 모든 일들을 바로 잡으실 것을 하나님은 선언하신 것입니다.

그러므로 제임스 스미스(James E. Smith)와 월터 카이저(Walter C. Kaiser) 등의 학자들이 말한 대로 이 구절을 "어미 예언"(The Mother Prophecy)[1]이라고 말하는 것은 합당합니다. 이 예언에서부터 메시아에 관한 모든 성경 예언의 약속들이 생겨났습니다. 이 장의 나머지 부분들에서 우리는 이 예언적 후손이 되는 몇몇 예언들을 살펴볼 것입니다. 우리가 보게 되겠지만 각 구절들은 새롭거나 덧붙인 세부 사항들을 전하고 있지만 모두 같은 근원의 이야기의 확장들입니다.

---

1 James E. Smith, *What the Bible Teaches about the Promised Messiah* (Nashville: Thomas Nelson, 1993), 38; Walter C. Kaiser Jr., *The Messiah in the Old Testament* (Grand Rapids: Zondervan, 1995) 38.

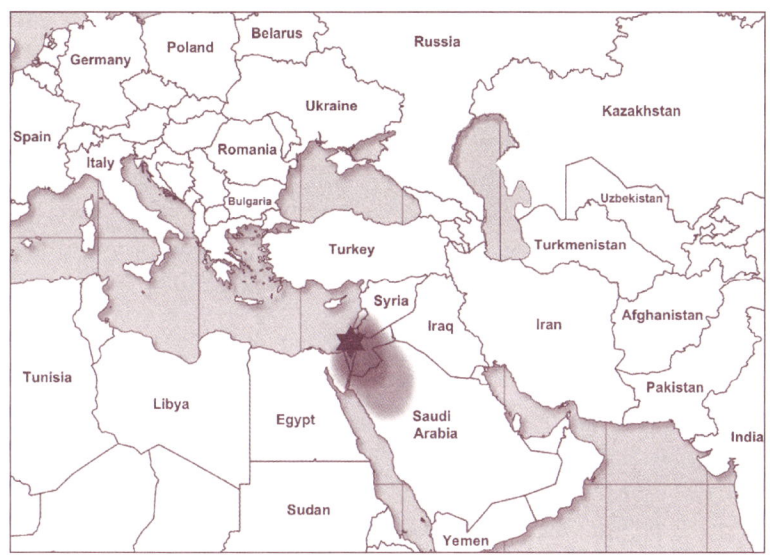

그림 1. 모압, 에돔, 아말렉

2. 민수기 24장: 이스라엘의 통치자가 모압, 에돔, 그리고 동방의 자녀들을 멸망시킨다

토라 범위 안에서 우리는 가장 초기 예언 중의 하나이며 가장 직접적인 메시아 예언들을 발견하게 됩니다. 이것은 발락 왕과 선지자 발람의 이야기입니다. 발락은 모압의 왕이었고 발람은 하나의 선지자였습니다. 장면이 전개되면서 발락과 발람은 큰 골짜기 아래 진을 치고 있는 이스라엘 즉 히브리 민족이 내려다보면서 높은 곳에 서 있습니다.

출애굽이 금방 일어났고 히브리 민족은 약속의 땅을 향하여 그 길을 전진하고 있었습니다. 발락은 그러나 이렇게 큰 민족이 자신의 왕국의 변방에 진을 치고 웅크리고 있는 것에 마음이 편치 아니하였습니다. 그는 발람에게 돈을 주어 히브리 민족을 향하여 저주를 선언하게 하였습니다. 그러나 그들이 거기 함께 서 있을 때 발람은 하나님의 성령의 감동을 받아 예언하기 시작하였습니다.

이스라엘 진을 내려다 보면서 이렇게 그는 말하였습니다.

> 이제 나는 내 백성에게로 돌아가거니와 들으소서 내가 이 백성이 후일에 당신의 백성에게 어떻게 할 것을 당신에게 고하리이다 하고 (민 24:14).

> 내가 그를 보아도 이 때의 일이 아니며 내가 그를 바라보아도 가까운 일이 아니로다 한 별이 야곱에게서 나오며 한 홀이 이스라엘에게서 일어나서 모압을 이편에서 저편까지 쳐서 파하고 또 소동하는 자식들을 다 멸하리로다 그 원수 에돔은 그들의 산업이 되며 그 원수 세일도 그들의 산업이 되고 그 동시에 이스라엘은 용감히 행동하리로다 주권자가 야곱에게서 나서 남은 자들을 그 성읍에서 멸절하리로다 하고 또 아말렉을 바라보며 노래를 지어 가로되 아말렉은 열국 중 으뜸이나 종말은 멸망에 이르리로다(민 24:17-20).

이 예언은 "먼 장래"에 히브리 민족이 모압 사람들에게 어떻게 할 것인지를 선포하고 있습니다. 이 구절을 히브리말로 하면 "아카리스 야움" (*acharyith yawm*)이며 문자적으로 "마지막 날들"을 의미합니다. 제한적인 의미에서 이 구절은 때로 어느 먼 미래를 말하고 있지만 이 시대의 마지막 때 즉 메시아 시대에 가장 완전하게 실현될 것입니다. 그래서 발람은 종말 시대에 이스라엘의 한 통치자가 일어날 것을 선포합니다. 아주 일찍부터 유대의 해석자들은 이 구절을 메시아에 대한 예언으로 이해하였습니다.

1세기의 거짓 메시아였던 사이먼 벤 코시바(Simon Ben Kosiba)는 실제로 그의 이름을 사이먼 벤 코바(Simon ben Kokhba, 시므온 그 별의 아들)라고 바꾸었습니다. 그것은 자신을 이 예언의 성취로 제시하려는 분명한 시도였습니다. 제이미슨(Jamieson), 포세트(Fausset) 그리고 브라운(Brown)의 주석에 의하면 여기서 생각되는 것은 뛰어난 통치자, 우선적으로는 다윗 그리고 이차적으로 더욱 뛰어나게는 메시아라고 하였습니다.[2] 이 예언은 다윗 시대에 완전히 성취되지 않은 것이 분명하고 그가 사망한 지 오랜 후 예레미야 선지자는 발람의 예언을 반복하였고(렘 48-49장) 그 예언의 성취를 미래의 것으로 말하였습니다. 이 예언은 또한 메시아가 베들레헴에서 태어날 것을 예언한 미가 5장과 함께 태어난 유대인의 왕(마 2:1-2)을 발견하려는 소망을 가진 동방박사들을 별을 따라 베들레헴으로 인도하였습니다.

이 예언은 결국 메시아 예수님과 그가 재림하실 때에 이루실 일들을 우리에게 가리키고 있습니다.

그러나 메시아가 재림하실 때 실행하실 일에 대하여 그 구절이 무엇을 말하고 있습니까?

성령께서 메시아가 그날에 이루실 주요사건으로 강조하셨던 것은 무엇입니까?

다시 돌아가서 메시아가 사탄의 후손의 머리를 상하게 하신다는 창세기 3장 즉 "어미 예언"의 주제를 확대해 보아야 합니다. 이번에는 그러나 사탄의 후손이 창세기 3장처럼 그렇게 모호하지는 않습니다. 여기서는 사람들이 분명하게 지정되어 있습니다.

메시아가 다시 오셔서 모압, 에돔,세일, 셋의 후손, 그리고 아말렉의 머리를 상하게 하십니다.

그러나 이런 용어들이 무엇을 의미하고 있습니까?

누구들을 지칭하고 있습니까?

모압과 에돔 사람들을 현재의 이스라엘의 동쪽 즉 지금의 요르단 나라에 살던 사람들입니다.

---

2 Robert Jamieson, Andrew Robert Fausset, and David Brown, commentary on Number 24, in *A Commentary, Critical and Explanation, on the Old and New Testaments*, vol. 1 (Hartford: S. S. Scranton & Co., 1971), 113.

세일 산은 모압의 영토 안에서 가장 뛰어난 산이었습니다.

그러므로 모압, 에돔, 세일은 역사적으로 같은 지역과 사람들을 가르킵니다. 마찬가지로 아말렉 사람들은 이스라엘 동쪽 넓은 지역에 살던 사람들입니다. 이 모든 사람들은 성경역사 전체를 통하여 히브리 사람에게 대적으로 역사하였습니다. 그러나 "셋의 자손"이라는 말은 어떤 것입니까?

학자들은 이것의 의미에 대하여 논쟁을 하였습니다. 어느 사람은 말하기를 이것을 아담의 아들 셋에 대한 언급이며 따라서 모든 인류를 뜻한다고 하였습니다.

그러나 예루살렘 타굼에서 발견된 것과 같이 고대 유대 해석은 이것은 "동쪽의 모든 후손들"이라고 번역하였습니다. 조나단 벤 우시엘(Jonathan Ben Uzziel)의 바벨론 타굼에는 더 나가서 설명하기를 이것은 "이스라엘을 공격하기 위하여 대열을 갖춘 곡의 군대"[3]라고 언급하였습니다. 이렇게 동쪽의 후손이라고 이해하는 것은 연관된 다른 단어들(즉 모압, 에돔, 세일, 그리고 아말렉)과 일치합니다.

결국 우리는 이스라엘 동쪽 사막에 살던 민족들의 이름을 모아 지칭하게 되었습니다. 그러나 여기서 단지 그 사람들의 지역만을 의미하는 것은 아닙니다. 지역을 넘어서 히브리인들을 향한 그들의 깊은 증오심으로 인하여 메시아의 재림 때 최후의 심판을 받도록 표시되어 있다는 점입니다. 여기서 예언의 최종 성취에서 어디서 누구를 우리에게 말하고 있는가 하는 점을 우리는 질문해야 합니다. 예수님이 재림 하실 때 이 구절이 말하고 있는 그가 심판하실 사람들은 누구인 것입니까?

우리가 이 구절을 액면 그대로 받아들인다면 그들은 바로 지금 현재 이스라엘의 동쪽 땅 즉 모압, 에돔, 아말렉 등이 살았던 그 땅의 주민들을 가르킨다고 해석하는 것이 더욱 우리에게 합당하고 책임 있는 일일 것입니다.

---

[3] William Smith, *Dictionary of the Bible: Comprising Its Antiquities, Biography, Geography and Natural History*, vol. 4 (New York: Hurd and Houghton, 1870), 2991.

아니면 오늘날 예언을 가르치는 많은 자들이 말하고 있듯이 이 예언이 독일, 이탈리아 그리고 영국 등을 가르킨다고 하는 주장이 더 합당합니까?

우리가 이스라엘을 증오하는 반셈족의 전통을 이어받은 같은 땅과 그 사막 민족들을 주목해 보아야 하지 않겠습니까?

대답은 확실해졌습니다.

3. 이사야 25장

많은 사람들이 장례식에 참석하여 요한계시록 21:4을 읽는 것을 본 적이 있을 것입니다.

> 모든 눈물을 그 눈에서 씻기시매 다시 사망이 없고 애통하는 것이나 곡하는 것이나 아픈 것이 다시 있지 아니하리니 처음 것들이 다 지나갔음이러라(계 21:4).

그러나 소수의 사람들만이 이 구절이 이사야 25장을 빌려온 것임을 깨닫습니다. 하지만 이사야의 이 구절 속에서 메시아는 단지 눈물을 씻어주시고 사망을 폐하시는 일만 하시는 것이 아닙니다. 이사야 25장에 따르면 하나님은 이스라엘의 수치를 지상에서 완전히 제거할 것입니다.

이때에 주님은 어떤 다른 일을 하실 것입니까?

이 구절을 살펴보아야 하겠습니다.

> 사망을 영원히 멸하실 것이라 주 여호와께서 모든 얼굴에서 눈물을 씻기시며 그 백성의 수치를 온 천하에서 제하시리라 여호와께서 이같이 말씀하셨느니라 그날에 말하기를 이는 우리의 하나님이시라 우리

가 그를 기다렸으니 그가 우리를 구원하시리로다 이는 여호와시라 우리가 그를 기다렸으니 우리는 그 구원을 기뻐하며 즐거워하리라 할 것이며 여호와의 손이 이 산에 나타나시리니 모압이 거름물 속의 초개의 밟힘 같이 자기 처소에서 밟힐 것인즉 그가 헤엄치는 자의 헤엄치려고 손을 폄 같이 그 속에서 그 손을 펼 것이나 여호와께서 그 교만과 그 손의 교활을 누르실 것이라(사 25:8-11).

고대의 라틴 주석학자 제롬은 이 구절에 대하여 하나님의 백성들의 반응을 썼습니다.

사망이 영원히 삼켜진 후에 사망의 손에서 해방을 받은 하나님의 사람들은 주님께 말할 것입니다. 보라 이것이 믿지 않는 자들이 단지 인간일 뿐이라고 말했던 우리들의 하나님이시다.[4]

이것이 지금 성취된 것입니까?
하나님이 이미 사망을 삼키셨으며 모든 눈물을 씻기셨습니까?
물론 아닙니다. 이 구절의 배경은 미래이며 메시아의 재림 때입니다. 메시아 시대에 메시아 왕국에 들어간 믿지 않는 자들은 특별한 긴 수명을 살게 될 것입니다(사 65:20). 왕국에 들어간 믿는 자들은 첫째 부활에 참여하여 죽지 않는 영원한 몸을 소유하게 될 것입니다.

또 내가 보좌들을 보니 거기 앉은 자들이 있어 심판하는 권세를 받았더라 또 내가 보니 예수의 증거와 하나님의 말씀을 인하여 목 베임을 받은 자의 영혼들과 또 짐승과 그의 우상에게 경배하지도 아니하고 이마와 손에 그의 표를 받지도 아니한 자들이 살아서 그리스도로 더

---

[4] Jerome, commenting on Isaiah 25, in Jamieson, Fausset, and Brown, *A Commentary*.

불어 천 년 동안 왕 노릇 하니 (그 나머지 죽은 자들은 그 천 년이 차기까지 살지 못하더라) 이는 첫째 부활이라 이 첫째 부활에 참예하는 자들은 복이 있고 거룩하도다 둘째 사망이 그들을 다스리는 권세가 없고 도리어 그들이 하나님과 그리스도의 제사장이 되어 천 년 동안 그리스도로 더불어 왕 노릇 하리라(계 20:4-6).

이것이 바로 모든 창조 세계가 기다리고 사모하던 그때입니다. 다시 한 번 여기 이 시대의 마지막에 주님은 시온의 자기 백성들 위에 축복과 보호하심의 손을 얹으시는 한편 그의 발은 그의 대적의 머리를 상하게 하실 것입니다. 그러나 주님은 단순히 그들의 해골을 부숴 버리는 분으로 묘사되고 있지 않습니다. 그는 그의 원수들의 뒤통수를 밟으시고 그들의 얼굴을 진흙 속에 부수어 넣으시는 분이십니다. 다시 한 번 우리는 모호하거나 보편적인 하나님의 백성들의 원수들을 말하는 것이 아니라 특정한 원수들을 말하고 있음을 주목해야 합니다.

민수기 24장처럼 모압이 바로 예수님이 재림하실 때 심판하실 대적입니다. 이 구절에 대한 많은 주석들을 참고해 보면 대부분은 모압이 단지 마지막 시대에 이스라엘의 대적들을 의미한다는 모호하고 보편적인 것을 주장합니다. 그러나 모압이라고 명시된 특정 단어의 사용이 아무런 목적도 없는 것으로 해석되면 안 됩니다. 해석자들은 영감을 받은 성경 용어를 근본적으로 의미가 없어지게 하거나 전혀 관계가 없게 만드는 그런 극단적인 비유적 접근을 해서는 안 됩니다. 그러나 이런 비유적 해석이 책임감이 없는 해석인 반면 "모압"이라고 읽으면서 "유럽"이라고 보는 것은 더욱 무모한 일입니다. 그러나 이것이 바로 정확하게 많은 유럽에서 적그리스도가 나온다고 주장하는 사람들이 우리에게 가르치고 있는 방식입니다.

내가 다시 한 번 묻겠습니다. 이 구절에 의하면 주님의 재림 시에 그의 심판을 받게 될 주요 대상이 유럽입니까 아니면 그 문서가 우리를 동쪽의 반셈족주의를 가진 후손들을 가리키고 있습니까?

다시 한 번 분명하게 후자라고 말하고 있습니다.

4. 오바댜: 에돔에 대한 주님의 심판

이 짧은 오바댜 예언의 전체적인 주제는 "에돔 산"에 대한 "시온 산"의 최후승리입니다. 산들은 성경 말씀에서 왕국들을 의미합니다. 이 예언이 역사적으로 고대에 있었던 이스라엘 왕국과 에돔 왕국 사이의 분쟁을 통하여 부분적으로 상당히 성취되었지만, 그 완전한 성취는 미래의 일입니다. 갈보리채플의 척 스미스 목사님이 바르게 말했습니다. 그는 이 예언의 최종 성취와 에돔의 심판은 "구원자가 시온에 있고 주님이 통치하시며 하나님이 다시 한 번 이스라엘을 축복하시는 주의 날에 일어날 것이다"라고 하였습니다.[5] 마찬가지로 토미 아이스(Tommy Ice)는 오바댜의 예언의 성취의 때에 대하여 말합니다.

> 오바댜의 예언이 언제 성취되느냐고요? 이 구절은 분명히 열방에 주의 날이 임박할 때 성취될 것이다. 그런 사건은 이사야, 예레미야, 에스겔, 아모스, 그리고 다른 선지자들이 말한 것같이 대환란 후에 열방이 심판을 받을 때, 즉 아마겟돈 전쟁 중에 일어나도록 분명하게 정하여 있다.[6]

주의 날의 배경은 또한 이 예언의 끝에도 나와 있습니다.

구원자들이 시온 산에 올라와서 에서의 산을 심판하리니 나라가 여호

---

5 Chuck Smith, "Obadiah & Jonah," The Word for Today, *Blue Letter Bible* (1 June 2005, 2011).

6 Thomas Ice, "Consistent Biblical Futurism Part 13," Pre-Trib Research Center, http://www.pre-trib.org/articles/view/consistent-biblical-futurism-part-13.

와께 속하리라(옵 1:21).

그리고 주의 날에 최종적으로 성취된다는 더욱 분명한 증거는 바로 이 문장이 이스라엘의 포로와 수감된 자들이 에돔 땅을 "소유하기" 위하여 해방된다고 말하는 데 있습니다.

> 오직 시온 산에서 피할 자가 있으리니 그 산이 거룩할 것이요 야곱 족속은 자기 기업을 누릴 것이며 야곱 족속은 불이 될 것이요 요셉 족속은 불꽃이 될 것이며 에서 족속은 초개가 될 것이라 그들이 그의 위에 붙어서 그를 사를 것인즉 에서 족속에 남은 자가 없으리니 이는 여호와께서 말씀하셨음이니라 남방 사람은 에서의 산을 얻을 것이며 평지 사람은 블레셋을 얻을 것이요 또 그들이 에브라임의 들과 사마리아의 들을 얻을 것이며 베냐민은 길르앗을 얻을 것이며 사로잡혔던 이스라엘의 뭇 자손은 가나안 사람에게 속한 땅을 사르밧까지 얻을 것이며 예루살렘의 사로잡혔던 자 곧 스바랏에 있는 자는 남방의 성읍들을 얻을 것이니라(옵 1:17-20).

그러나 오바댜 시대 이후로 이스라엘은 한 번도 역사적으로 에돔 땅을 "소유"해 본 적이 없습니다. 유일한 선택은 바로 이 예언의 최종적인 성취가 미래에 메시아 예수님의 통치 때에 일어난다는 사실을 인정하는 것입니다.

이 예언의 배경이 "주의 날"이라는 것을 정하였으면 이제 이 예언은 누구를 향하고 있는 것입니까?

다시 한 번 선지자 오바댜는 많은 다른 선지자들이 강조하였던 것을 반복하고 있습니다.

> 나 여호와가 말하노라 그날에 내가 에돔에서 지혜 있는 자를 멸하며

에서의 산에서 지각 있는 자를 멸하지 아니하겠느냐 드만아 네 용사
들이 놀랄 것이라 이로 인하여 에서의 산의 거민이 살륙을 당하여 다
멸절되리라 네가 네 형제 야곱에게 행한 포학을 인하여 수욕을 입고
영원히 멸절되리라(옵 1:8-10).

여호와의 만국을 벌할 날이 가까왔나니 너의 행한 대로 너도 받을 것
인즉 너의 행한 것이 네 머리로 돌아갈 것이라(옵 1:15).

모든 성경 예언의 이스라엘 중심성을 유지하면서 우리는 다시 한 번 모압, 에돔, 에서 그리고 데만에 대한 하나님의 심판의 동기적 요소가 바로 야곱/이스라엘에 대한 폭력임을 보게 됩니다. 에돔 족속은 단순히 야곱의 형 에서의 후손임을 주목해야 합니다. 오바댜가 에돔, 에서, 데만 등의 세 가지 이름을 쓰고 있는 것은 전형적인 고대 히브리 예언의 시적인 특성입니다. 이것은 강조를 위하여 한 단어를 다른 식으로 표현(제유/환유)하거나 같은 뜻을 가진 다른 이름 혹은 같은 이름의 여러 가지 변형을 사용하여 쓰고 있는 것입니다. 이 예언의 간단하고 최종적인 메시지는 바로 주의 날에 주님이 열방을 심판하시는 그때에 에돔은 완전한 최후의 심판을 받게 된다는 것입니다.

5. 에스겔 25장: 이스라엘 주변 국가들에 대한 심판

에스겔 25장에서 우리는 에돔에 대한 또 하나의 하늘의 심판에 대하여 분명한 예언을 보게 됩니다.

나 주 여호와가 말하노라 에돔이 유다 족속을 쳐서 원수를 갚았고 원
수를 갚음으로 심히 범죄하였도다 그러므로 나 주 여호와가 말하노라

> 내가 내 손을 에돔 위에 펴서 사람과 짐승을 그 가운데서 끊어 데만에서부터 황무하게 하리니 드단까지 칼에 엎드러지리라 내가 내 백성 이스라엘의 손을 빙자하여 내 원수를 에돔에게 갚으리니 그들이 내 노와 분을 따라 에돔에 행한즉 내가 원수를 갚음인 줄을 에돔이 알리라 나 주 여호와의 말이니라 나 주 여호와가 말하노라 블레셋 사람이 옛날부터 미워하여 멸시하는 마음으로 원수를 갚아 진멸코자 하였도다 그러므로 나 주 여호와가 말하노라 내가 블레셋 사람 위에 손을 펴서 그렛 사람을 끊으며 해변에 남은 자를 진멸하되 분노의 책벌로 내 원수를 그들에게 크게 갚으리라 내가 그들에게 원수를 갚은즉 그들이 나를 여호와인 줄 알리라 하시니라(겔 25:12-17).

다시 한 번 하나님께서 에돔을 심판하시려는 분명한 이유가 무엇입니까?

본문은 분명히 보여줍니다. 그들이 "유다 족속"을 취급한 방식 때문입니다. 그들이 하나님의 백성을 "크게 쳤기" 때문이며 하나님의 택하신 백성들을 쳐서 원수를 갚는 행동을 하였기 때문입니다. 이런 이유로 인하여 하나님은 그가 돌아 오실 때 책망의 진노로 유다의 원수를 갚아 주실 것입니다.

그러나 이 본문이 단지 오늘의 요르단 지역에만 한정되어 있는 것입니까?

이것보다 더 큰 것을 말하고 있습니다. 사실 에돔 심판에 포함된 것은 드단 즉 오늘날의 사우디 아라비아, 알 울라(AL-'Ula)라고 알려진 곳과 팔레스타인 영토까지입니다. 이 심판의 범위가 데만(오늘날의 요르단)과 드단(오늘날의 사우디의 북쪽 중앙)까지 포함되기 때문에 우리는 하나님의 심판이 요르단의 남서쪽에서 홍해를 따라 북 중앙 사우디아라비아까지 이른다는 사실을 주목해야 합니다.

그림 2. 블레셋, 에돔, 드단

6. 에스겔 30장: 애굽, 수단, 리비아, 아라비아, 터키 그리고 북아프리카에 대한 주의 날의 심판

우리가 보기 시작한 것처럼 주의 심판이 임하는 백성들과 지역은 이슬람이며 같은 주제가 성경 전체의 여러 구절에서 반복되고 있습니다. 아래의 에스겔의 예언도 예외가 아닙니다.

여호와의 말씀이 또 내게 임하여 가라사대 인자야 너는 예언하여 이르라 주 여호와의 말씀에 너희는 통곡하며 이르기를 슬프다 이 날이여 하라 그날이 가까웠도다 여호와의 날이 가까웠도다 구름의 날일 것이요 열국의 때이리로다 애굽에 칼이 임할 것이라 애굽에서 살륙 당한 자들이 엎드러질 때에 구스에 심한 근심이 있을 것이며 애굽의 무리가 옮기우며 그 기지가 헐릴 것이요 구스(수단)와 붓(리비아와 북아프리카)과 룻

(터키)과 모든 섞인 백성과 굽과 및 동맹한 땅의 백성들이 그들과 함께 칼에 엎드러지리라(겔 30:1-5).

역사적으로 이 예언이 부분적으로 성취되기는 하였지만 이 본문의 최종적인 배경은 주의 날 예수님이 재림하시는 때입니다. 이곳과 다른 여러 구절에서 메시아가 재림하는 것은 그의 백성 이스라엘의 원수들에 대한 심판을 행하시기 위함입니다. 심판의 대상으로 표시된 나라들은 이집트, 수단, 리비아, 터키, 아라비아, 그리고 어쩌면 북아프리카 나라들까지입니다. 다시 한 번 말씀 드리면 주의 날과 그리스도의 재림을 배경으로 하여 성경에서 심판 받기로 표시된 나라들은 모두 이슬람 국가들입니다.

7. 스바냐 2장: 이스라엘 주변 나라들에 대한 주의 분노의 날

이전의 선지자들의 발자취를 따라서 스바냐는 주의 분노의 날에 가자, 아스글론, 아스돗, 에그론, 게렛, 가나안 그리고 블레셋 땅이 완전히 멸망당할 것을 예언하였습니다(습 2:3).

이 말씀은 오늘날 가자지구를 포함한 이스라엘의 남서부 전 지역을 가르키고 있습니다.

> 여호와의 규례를 지키는 세상의 모든 겸손한 자들아 너희는 여호와를 찾으며 공의와 겸손을 구하라 너희가 혹시 여호와의 분노의 날에 숨김을 얻으리라 가사가 버리우며 아스글론이 황폐되며 아스돗이 백주에 쫓겨나며 에그론이 뽑히우리라 해변 거민 그렛 족속에게 화 있을진저 블레셋 사람의 땅 가나안아 여호와의 말이 너희를 치나니 내가 너를 멸하여 거민이 없게 하리라(습 2:3-5).

> 구스 사람아 너희도 내 칼에 살륙을 당하리라 여호와가 북방을 향하여 손을 펴서 앗수르를 멸하며 니느웨로 황무케 하여 사막같이 메마르게 하리니(습 2:12-13).

스미스(Ralph L. Smith)가 『WBC 주석: 미가-말라기』(*Word Biblical Commentary: Micah-Malachi*)에서 유다 주변국가들에 대한 심판이 이 구절의 주요 동기라고 말한 것같이 서쪽의 블레셋, 동쪽의 모압과 암몬, 남쪽의 이디오피아(실지로는 수단)와 이집트, 북쪽이 여호와의 심판을 체험 할 것입니다.[7] 이스라엘의 원수들을 심판하시는 가운데서 주님은 유다를 대신하여 간섭하시고 그의 포로들을 해방하신다는 것에 주목하는 것은 필수적입니다. 그러나 이것은 이 예언의 최종 강조점이 메시아의 재림이라는 중요한 표시입니다. 현재의 이스라엘 땅의 거민들이 적그리스도에게 포로가 되지만 예수님의 재림 때에 해방된다는 것은 종말론적 구절들에서 공통적인 주제입니다.

누가복음에서 예수님은 분명한 말씀으로 유다의 거민들에게 경고하시기를 포로가 되어 사로잡혀 가지 않으면 산으로 도망가게 될 그때가 올 것이라고 경고하셨습니다.

> 너희가 예루살렘이 군대들에게 에워싸이는 것을 보거든 그 멸망이 가까운 줄을 알라 그때에 유대에 있는 자들은 산으로 도망할지며 성내에 있는 자들은 나갈지며 촌에 있는 자들은 그리로 들어가지 말지어다 이 날들은 기록된 모든 것을 이루는 형벌의 날이니라 그날에는 아이 밴 자들과 젖먹이는 자들에게 화가 있으리니 이는 땅에 큰 환란과 이 백성에게 진노가 있겠음이로다 저희가 칼날에 죽임을 당하며 모든 이방에 사로잡혀 가겠고 예루살렘은 이방인의 때가 차기까지 이방인

---

[7] Ralph L. Smith, *Word Biblical Commentary*, vol. 32, *Micah-Malachi* (Waco: Word Books, 1984), 135.

들에게 밟히리라(눅 21:20-24).

그러나 예수님의 경고에도 불구하고 많은 사람들은 주의하지 않을 것이고 사로잡혀 갈 것입니다. 종말에는 예수님 자신이 하늘에서 내려오셔서 사로잡혀 간 나라들 중에서 포로들을 해방하실 것입니다. 주님 자신이 하늘로서 강림하셔서 유대 포로들을 주변 국가들로부터 해방하신다는 다음의 성경 구절들을 고려해 보십시오.

> 그러므로 나 주 여호와가 말하노라 내가 이제 내 거룩한 이름을 위하여 열심을 내어 야곱의 사로잡힌 자를 돌아오게 하며 이스라엘 온 족속에게 긍휼을 베풀지라(겔 39:25).

> 누구든지 여호와의 이름을 부르는 자는 구원을 얻으리니 이는 나 여호와의 말대로 시온 산과 예루살렘에서 피할 자가 있을 것임이요 남은 자 중에 나 여호와의 부름을 받을 자가 있을 것임이니라 그날 곧 내가 유다와 예루살렘의 사로잡힌 자를 돌아오게 할 그 때에 (욜 2:32-3:1).

> 주 여호와의 신이 내게 임하셨으니 이는 여호와께서 내게 기름을 부으사 가난한 자에게 아름다운 소식을 전하게 하려 하심이라 나를 보내사 마음이 상한 자를 고치며 포로 된 자에게 자유를, 갇힌 자에게 놓임을 전파하며 여호와의 은혜의 해와 우리 하나님의 신원의 날을 전파하여 모든 슬픈 자를 위로하되 무릇 시온에서 슬퍼하는 자에게 화관을 주어 그 재를 대신하며 희락의 기름으로 그 슬픔을 대신하며 찬송의 옷으로 그 근심을 대신하시고 그들로 의의 나무 곧 여호와의 심으신 바 그 영광을 나타낼 자라 일컬음을 얻게 하려 하심이니라 (사 61:1-3).

> 주께서 일어나사 시온을 긍휼히 여기시리니 지금은 그를 긍휼히 여기
> 실 때라 정한 기한이 옴이니이다(시 102:13).

> 여호와께서 그 높은 성소에서 하감하시며 하늘에서 땅을 감찰하셨으
> 니 이는 갇힌 자의 탄식을 들으시며 죽이기로 정한 자를 해방하사
> (시 102:19-20).

스바냐가 이스라엘의 원수들에 대한 주님의 분노의 날을 포로들에 대한 주님 개인의 간섭하심과 해방하심과 연결하고 있기 때문에 우리는 스바냐 2장의 최종 배경이 예수님의 재림임을 이해할 수 있습니다. 가사와 팔레스타인에 대한 심판을 넘어서 이 예언은 계속하여 모압, 암몬, 현재의 북 수단 공화국(구스)은 물론 앗시리아와 니느웨까지의 장래의 일에 대하여 경고하고 있습니다.

> 내가 모압의 훼방과 암몬 자손의 후욕을 들었나니 그들이 내 백성을
> 훼방하고 스스로 커서 그 경계를 침범하였느니라 그러므로 만군의 여
> 호와 이스라엘의 하나님이 말하노라 내가 나의 삶을 두고 맹세하노니
> 장차 모압은 소돔 같으며 암몬 자손은 고모라 같을 것이라 찔레가 나
> 며 소금 구덩이가 되어 영원히 황무하리니 나의 끼친 백성이 그들을
> 노략하며 나의 남은 국민이 그것을 기업으로 얻을 것이라(습 2:8-9).

> 구스 사람아 너희도 내 칼에 살륙을 당하리라 여호와가 북방을 향하
> 여 손을 펴서 앗수르를 멸하며 니느웨로 황무케 하여 사막같이 메마
> 르게 하리니(습 2:12-13).

우리는 이미 모압의 위치가 이스라엘의 동쪽임을 알아보았습니다. 암몬은 모압의 바로 북방 지역이며 현재의 요르단과 시리아입니다. 스

바냐 시대 주전 6세기경에 앗시리아는 오늘날의 터키와 시리아, 레바논 이라크의 국경에 걸쳐 있었습니다. 고대의 니느웨는 지금의 모술이고 이라크 북쪽에 있습니다. 그리고 다시 한 번 더 주님의 날과 그리스도의 재림을 배경으로 하여 심판의 대상으로 표시된 나라들은 모두 무슬림들이 대부분인 나라들입니다.

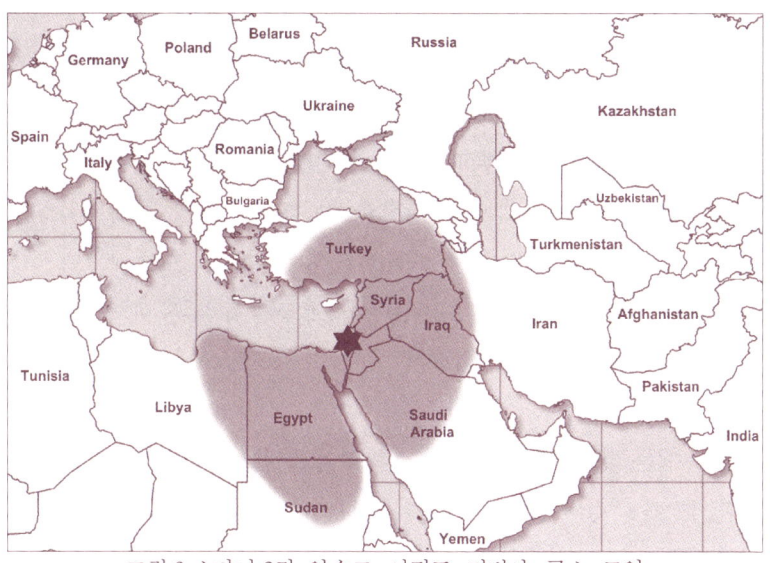

그림 3 스바냐 2장: 앗수르, 이집트, 리비아, 구스, 모압

8. 요엘 3장: 레바논과 가사가 이스라엘 땅을 나누는 것에 대하여 받게 되는 주의 심판

지난 2007년에 80명 이상의 주요 복음주의 기독교 지도자들이 서명한 하나의 공개적인 문서가 그 당시 미국의 대통령이었던 조지 부시에게 보내졌는데 그 문서의 이름은 "이스라엘과 팔레스타인에 대한 복음주의자들의 입장"이었습니다. 요약하여 말하면 그것은 더이상의 테러를 막기

위하여 이스라엘 땅을 나누어야 할 것을 전 세계의 기독교인들과 정부 지도자들에게 촉구하는 글이었습니다.

> 성경의 전적인 권위에 순복하는 복음주의자들로서 우리는 거룩한 땅에 대하여 이 역사적인 순간에 함께 하나의 입장을 표현하는 문서를 만들지 않으면 안 된다고 느꼈습니다. 이스라엘의 안전을 계속 지지하고 있는 입장에서 이스라엘과 팔레스타인 사이의 상황이 속히 개선되지 않으면 그 결과는 파괴적이 될 것이라고 생각합니다. 이에 우리는 이스라엘과 팔레스타인이 공정한 협상을 통하여 두 국가를 인정하는 방향으로 모든 복음주의자들과 모든 기독교인들과 선한 뜻을 가진 모든 자들이 우리와 함께 연합하여 앞으로 몇 달 동안 성실하게 성지의 공정하고 지속되는 "두 국가 해법"을 위해 일하고 기도할 것을 촉구하는 바입니다. 우리는 모든 관련된 정부들이 부지런히 이 목적을 위하여 일해 줄 것을 요청합니다.[8]

이 문서는 몇몇 유명 대학교와 신학교의 총장들에 의하여 서명되었습니다. 문제는 "정의"와 "평화"의 이름 하에 이 문장이 예수님이 그의 재림의 배경과 그 시간에 취하실 입장에 정면으로 반박하고 있습니다.

요엘의 예언에서 다음 부분을 고려해 보십시오.

> 그날 곧 내가 유다와 예루살렘의 사로잡힌 자를 돌아오게 할 그때에 내가 만국을 모아 데리고 여호사밧 골짜기에 내려가서 내 백성 곧 내 기업된 이스라엘을 위하여 거기서 그들을 국문하리니 이는 그들이 이스라엘을 열국 중에 흩고 나의 땅을 나누었음이며 또 제비 뽑아 내 백

---

8 Evangelical Statement on Israel/Palestine, in David Neff, "Evangelical Leaders Reiterate Call for Two-State Solution for Israel and Palestine," *Christianity Today*, November 28, 2007, http://www.christianitytoday.com/ct/2007/novemberweb-only/148-33.0.html.

성을 취하고 동남으로 기생을 바꾸며 마셨음이니라 두로와 시돈과 블레셋 사방아 너희가 나와 무슨 상관이 있느냐 너희가 내게 보복하겠느냐 만일 내게 보복하면 너희의 보복하는 것을 내가 속속히 너희 머리에 돌리리니(욜 3:1-4).

앞장에서 우리는 거의 모든 선지자들에 의하여 계속하여 반복되고 있는 주의 날에 대한 예언의 주요 주제들을 찾아내었습니다. 이 특별한 예언은 몇몇 공통적으로 반복되는 주제들을 포함하고 있습니다. 우리는 적그리스도의 열방의 연합군이 이스라엘을 공격하고 예루살렘을 포위하는 것을 발견합니다.

우리는 이스라엘 백성들이 열방에 포로로 사로잡혀가는 것을 발견합니다. 주님은 몇몇 관련된 나라들을 표시하셨는데 그들은 바로 두로와 시돈과 블레셋입니다. 이들은 근본적으로 레바논과 가자지구입니다. 그리고 주의 백성들에 대하여 이런 죄를 저지른 나라들을 쳐서 보수하시는 주님의 약속의 말씀이 있습니다.

우리가 오늘날 그 지역의 정치적인 상황을 정확하게 반영하고 있음을 또한 볼 때 이 구절이 주의 날에 대한 배경임을 부인할 수가 없습니다. 우리는 레바논과 가자 대신 히스볼라와 하마스라고 쓸 수도 있습니다. 이 구절과 우리가 조사해 본 여러 다른 구절에서의 강한 경고에도 불구하고 점점 더 많은 복음주의 기독교인들과 성경 말씀을 최고의 권위로 인정한다고 주장하는 지도자들까지 포함하여 예수님 편에 서지 아니하고 오히려 예수님이 심판하실 나라들의 편에 서고 있습니다.

팔레스타인과 이스라엘 문서에 서명을 한 복음주의 지도자들이 그 동기가 앞으로의 테러를 막고 미국과 이스라엘의 부정적인 인식을 막으려는데 있다고 주장 할 때 그들은 세상의 영의 인도함을 받은 것이지 하나님의 말씀에 인도하심을 받은 것이 아닙니다.

그들은 테러의 두려움에 의하여 인도함을 받은 것이지 주님을 두려워 함으로 인도함을 받은 것이 아닙니다.

다음의 나의 말이 몇몇 사람들에게 상처가 될 수도 있을 것입니다.

> 우리가 사는 이 시대가 예수님을 진심으로 따르고자 하는 열망을 가진 자들이 그런 맹목적으로 인도하는 지도력을 거부할 것을 요구하고 있다.

9. 이사야 34장: 주님은 보스라와 에돔에서 희생 제물을 가지고 계신다

이사야 3장 전체는 에돔 땅에서 행하여지던 희생제사 의식의 시적인 표현입니다. 여기서 주님의 진노는 특정한 사람들에게 특정한 이유로 인하여 부어집니다.

> 여호와의 칼이 하늘에서 족하게 마셨은즉 보라 이것이 에돔 위에 내리며 멸망으로 정한 백성 위에 내려서 그를 심판할 것이라 여호와의 칼이 피 곧 어린 양과 염소의 피에 만족하고 기름 곧 수양의 콩팥 기름에 윤택하니 이는 여호와께서 보스라에서 희생을 내시며 에돔 땅에서 큰 살륙을 행하심이라 들소와 송아지와 수소가 한 가지로 도살장에 내려가니 그들의 땅이 피에 취하며 흙이 기름으로 윤택하리라 이것은 여호와의 보수할 날이요 시온의 송사를 위하여 신원하실 해라 에돔의 시내들은 변하여 역청이 되고 그 티끌은 유황이 되고 그 땅은 불 붙는 역청이 되며(사 34:5-9).

주의 분노의 칼은 누구를 치기 위한 것입니까?

다시 한 번 정확하게 이스라엘의 원수 에돔 사람들입니다.

왜 예수님이 에돔을 심판하십니까?

시온을 위하시고 시온의 손을 들어주시기 위함입니다. 킹제임스성경 번역은 히브리 단어 "리브"(*riyb*)를 번역하기를 "시온의 분쟁"이라고 하였습니다. 이것은 법적인 분쟁, 싸움이라는 의미가 내포되어 있습니다. 그리고 정확하게 이스라엘이 지금 처하게 된 분쟁적 상황입니다. 그 분쟁적 상황이 조직적인 반시온주의자들과 사방으로 둘러싸고 있는 반유대주의 무슬림 나라들 때문이거나 전 세계적으로 증가하고 있는 좌파 반시온주의 선동자들로부터 온 것이든지 이스라엘은 불법적이고 정의롭지 못하며 인종차별적인 나라라고 주장하고 있는 것입니다.

진리는 물론 정반대입니다. 그러므로 이것이 바로 메시아가 오셔서 최종적으로 단 한 번에 해결하셔야만 하는 일입니다. 이 구절에 의하면 그 대적들의 불법적인 침략에 대하여 이스라엘을 방어하시기 위하여 그리고 "완전히 멸망시킨 에돔"에 대한 심판을 행하시기 위하여 예수님은 다시 오십니다.

10. 이사야 63장: 에돔에서 전능하신 하나님의 진노의 포도 즙 틀을 밟으심

요한계시록 19장은 그리스도의 재림에 대하여 성경에서 가장 잘 알려진 구절들을 포함하고 있습니다. 이 완전하고 극적인 그림에서 예수님은 백마을 타시고, 하늘의 군대들이 따르면서, 하늘로부터 터져 나오듯이 갑자기 나타나십니다.

> 또 내가 하늘이 열린 것을 보니 보라 백마와 탄 자가 있으니 그 이름은

충신과 진실이라 그가 공의로 심판하며 싸우더라 그 눈이 불꽃 같고 그 머리에 많은 면류관이 있고 또 이름 쓴 것이 하나가 있으니 자기밖에 아는 자가 없고 또 그가 피 뿌린 옷을 입었는데 그 이름은 하나님의 말씀이라 칭하더라 하늘에 있는 군대들이 희고 깨끗한 세마포를 입고 백마를 타고 그를 따르더라 그의 입에서 이한 검이 나오니 그것으로 만국을 치겠고 친히 저희를 철장으로 다스리며 또 친히 하나님 곧 전능하신 이의 맹렬한 진노의 포도주 틀을 밟겠고 그 옷과 그 다리에 이름 쓴 것이 있으니 만왕의 왕이요 만주의 주라 하였더라(계 19:11-16).

대부분의 그리스도인들은 이 구절에 익숙합니다. 그러나 오직 몇몇 사람들만이 그리스도의 피에 젖은 옷의 의미를 깨닫습니다.

나는 이 구절을 가르칠 때 습관처럼 교회에 묻곤 합니다.

이 피가 어디서 왔으며 누가 흘린 피입니까?

첫 번째 가장 흔한 대답은 예수님 자신의 피라는 것이었습니다. 많은 교인들은 그 대답에 고개를 끄덕이며 동의합니다. 그들은 이것이 예수님이 십자가에서 흘리신 피의 상징임에 틀림이 없다고 간주합니다.

만약에 그렇다면 왜 그의 옷이 그 자신의 피로 물들어 있는 것입니까?

호기심 많은 사람들은 군중을 둘러봅니다. 나는 다른 제안이 있는지 물어 봅니다.

두 번째 주어진 대답은 그 피가 대환란 때에 나가서 교회 역사를 통하여 죽임을 당한 순교자들이 흘린 피에 예수님의 옷이 젖었다는 것이었습니다. 이런 대답들의 근원은 이해할만 합니다. 하지만 사실은 모두 틀린 대답입니다.

그 대답은 바로 요한계시록 19장에 인용된 이사야 63장에 있습니다. 그 구절을 보겠습니다.

에돔에서 오며 홍의를 입고 보스라에서 오는 자가 누구뇨 그 화려한 의복, 큰 능력으로 걷는 자가 누구뇨 그는 내니 의를 말하는 자요 구원하기에 능한 자니라 어찌하여 네 의복이 붉으며 네 옷이 포도즙 틀을 밟는 자 같으뇨 만민 중에 나와 함께한 자가 없이 내가 홀로 포도즙 틀을 밟았는데 내가 노함을 인하여 무리를 밟았고 분함을 인하여 짓밟았으므로 그들의 선혈이 내 옷에 뛰어 내 의복을 다 더럽혔음이니 이는 내 원수 갚는 날이 내 마음에 있고 내 구속할 해가 왔으나

(사 63:1-4).

이 극적인 구절에서 선지자 이사야는 예루살렘에서 동쪽을 바라보고 있습니다. 그의 마음의 눈으로 그는 장엄하시고 엄정하신 분, 즉 메시아 예수님이 에돔과 보스라로부터 예루살렘에 있는 그의 보좌를 향하여 승리의 행진을 하시고 있는 모습을 보고 있습니다.

요한계시록 19:15에서 예수님이 "친히 하나님 곧 전능하신 이의 맹렬한 진노의 포도주 틀을 밟겠고"라고 말합니다. 여기서 하나님의 원수들이 밟혀서 포도처럼 부수어짐을 당하는 것으로 묘사되어 있습니다.

그러나 이사야 63장에서 우리는 이 말씀의 배경의 근원을 찾아볼 수 있습니다. 그리고 특별히 에돔에서 예수님은 그의 대적들을 밟아 부수시고 계시며 그의 옷이 그들의 피에 젖습니다. 이 구절의 때가 바로 주의 날에 정하여 있음을 주목하고 놓치지 말아야 합니다. 이 구절은 특별히 오랫동안 기다리던 메시아의 보수하시며 구속하시는 그날이 도착하였음을 언급하고 있습니다.

그리고 다시 한 번 메시아의 재림과 주의 날의 배경 안에서 예수님이 에돔 땅에 위치하여 있는 그의 대적들을 심판하심을 보여주고 있습니다.

11. 결론

　우리가 보아왔듯이 성경 전체를 통하여 반복적으로 풍성하게 주의 날에 하나님의 심판을 위하여 특정한 나라들이 지명되고 강조될 때마다, 하나님이 자신의 백성 이스라엘을 징계하시는 것을 제외하고는, 언제나 그 지역과 나라들은 오늘날 이슬람이 넓게 지배하고 있다는 사실을 가르쳐 주고 있습니다.

　오늘날 많은 성경의 예언을 가르치는 교사들은 적그리스도의 종교가 인본주의 혹은 모두를 포함하는 종교다원주의일 것이라고 주장합니다. 그렇다면 오늘날 중동 나라들을 차지하고 있는 압도적인 대다수가 이슬람에서 오늘날 서구에서는 보편적이지만 중동에서는 소수밖에 수용할 수 없는 어떤 믿음으로 개종되어야 합니다. 그러나 단 한 번도 성경에서 유럽의 나라들이 유일하게도 주의 날에 심판의 배경으로 지명된 적이 없습니다. 물론 성경은 유럽 나라들을 거론하고 있지만 주님의 심판의 배경으로는 없습니다. 그러나 대부분의 예언을 가르치는 교사들은 적그리스도와 그의 제국이 이곳 유럽에서 나타나게 될 것이라고 가르칩니다.

　여기서 우리는 어떤 결정을 할 수 있겠습니까?

　어떻게 우리가 책임감 있게 이 많은 구절들을 해석할 수 있겠습니까?

　우리가 단순히 이런 참고 구절들을 무시하고 넘어갈 수 있겠습니까?

　아니면 우리가 그 모든 구절들이 상징 은유적으로 해석하여, 에돔, 모압, 구스, 아라비아, 앗수르, 리비아, 리디아, 즉 바사 등등의 이름을 이 세상에서 하나님과 그의 백성들을 대적하는 어느 한 나라나 모든 나라들이라고 모호하고 일반적인 대적으로 주장할 수 있겠습니까?

　이런 극단적인 은유적 접근은 이런 구절들을 대할 때 많이 쓰여지는 방법입니다. 내가 이미 말씀드렸듯이 이것이 무책임할 뿐만 아니라 보수적이고 문자적인 해석을 지키지 않는 것임을 발견하였습니다.

하나님이 무슬림 나라들만 심판하시고 서구 즉 모든 비무슬림 나라들은 축복하실 것입니까?

어떻게 이런 나라들이 앞으로 나타날 적그리스도 제국과 관련이 있을까요?

우리가 선지자들의 말씀을 파악하기를 원한다면 이런 질문에 대답하는 것은 필수적입니다. 교회의 전도와 선교, 나아가 기도의 초점에 대하여 그 대답에 포함된 의미와 파장은 굉장한 것입니다. 앞으로의 두 장에서 이 질문들에 대한 대답을 시도할 것이며 이런 구절들을 해석하기 위한 굳건한 도구를 개발하게 될 것입니다.

제3장

적그리스도의 통치: 절대적인가 제한적인가

　우리는 예수님이 재림하실 때 그의 심판이 어디에 집중적으로 머무를 것일지를 기록하고 있는 예언 문서들의 표본을 살펴보았습니다. 한 가지가 두드러지게 나타납니다. 그것은 주님의 진노와 심판의 압도적인 강조가 이스라엘을 둘러싸고 있는 적대적인 국가들을 향하고 있다는 점입니다. 우리가 살펴보았던 많은 예언들이 역사적으로 부분적으로 성취되었지만 그 예언의 최종성취는 예수님이 재림 시에 이루어 질 것입니다. 그러나 문제는 바로 많은 교회들이 나타날 적그리스도의 왕국이 이 세상의 모든 나라들을 포함하고 있다고 믿기 때문에, 성경이 주의 날에 심판을 받기로 작정된 주요나라들을 아무리 분명하게 지적하고 있어도, 많은 사람들이 이런 성경 말씀들을 단순히 세상 모든 나라들이라고 은유적으로 해석할 것이라는 점입니다.
　그러므로 앞으로 나타날 적그리스도 왕국을 전 세계적인 것인지 혹은 한정된 것인지 어떻게 보느냐에 따라 해석 법이 심각하게 다르게 결정 될 것입니다. 신학의 범주 안에서 근본적으로 모든 믿음이 영향을 받거나 혹은 다른 교리에 영향을 줄 것입니다. 우리가 앞으로 보겠지만 많은 성경 예언의 주요 부분에 대한 과도한 은유적 해석의 문제는 적그리스도의 왕국 혹은 연합이 이 지구상의 모든 나라들을 포함한 절대적이고 우주적인 것이라는 믿음에서 시작됩니다.

그러므로 성경이 이 문제에 대하여 무엇을 말하고 있는지를 결정하는 것은 필수입니다.

앞으로 나타날 그의 왕국이 문자 그대로 지구상의 모든 나라들을 포함할 것입니까?

아니면 어떤 방법이든지 한정된 것입니까?

적그리스도의 제국이 절대적으로 전 세계적인 것이며 제한이 없다는 믿음은 예언을 가르치는 교사들과 학생들에 의하여 폭넓게 주장되어 왔습니다.

한 가지 예로 토마스 아이스(Thomas Ice)는 말합니다.

> 신생 로마 제국은 열 나라 연방체를 통하여 권세를 잡게 될 것이다. 이것이 적그리스도의 세계적인 제국을 위한 발판이 될 것이다.[1]

데이빗 레건(David Regan)도 예외 없이 모든 나라들의 모든 정부, 군사, 종교에 대한 적그리스도의 절대적인 권세에 대하여 비슷한 믿음을 표명하였습니다.

> 마지막 이방 제국은 세상을 정치적으로 사회적으로 경제적으로 영적으로 연합 할 것이다. 모든 나라들을 포함한다.[2]

---

1 Thomas Ice, Kosovo and the Preparation of Europe, http://digitalcommons.liberty.edu/pre\-trib_arch/73/.

2 David R. Reagan, "The Gentiles in Prophecy, Spent Glory or Future Empire?" http://www.lamblion.com/articles/articles_issues1. php.

여기서 나는 이 입장에 대하여 내가 전적으로 이해하고 있으며 많이 공감하고 있음을 말씀 드리고 싶습니다. 저도 이런 관점을 여러 해 동안 믿어 왔습니다. 그러나 이것을 읽으시는 많은 분들에게 쇼킹하게 들릴지도 모르겠지만, 성경 말씀은 적그리스도에 의하여 통치되는 전 세계적인 절대 제국을 예언하고 있지 않습니다. 많은 사람들을 그런 관점으로 인도하는 몇몇 성경 구절들이 있지만 그런 관점을 불가능하게 만드는 중요한 구절들 또한 있습니다. 이 문제를 다루고 있는 모든 관계 구절들을 철저히 조사한 후에 성경 말씀이 넓고 강력하지만 한정된 제국을 적그리스도가 통치하게 됨을 예언하고 있다는 사실이 확실하게 될 것입니다. 그 증거들을 살펴보겠습니다.

1. 적그리스도의 제국은 주로 열 나라의 연합이다

우리는 우리의 연구를 성경이 적그리스도의 왕국을 열 나라 연방으로 표시하여 반복적으로 강조하고 있음에 주목함으로 시작합니다.

첫 번째 그 구절은 모두 7장에서 발견됩니다. 그리고 미래의 제국을 "짐승"이라는 주제적 요소(motif)를 사용하여 상징하였습니다. 이 제국은 바벨론, 메대와 바사, 그리고 헬라 제국의 뒤를 이어 등장하는데 강력한 파괴력을 가지고 정복한 지역을 짓밟아 버립니다. "열 뿔"을 가졌다고 말합니다.

> 내가 밤 이상 가운데 그 다음에 본 넷째 짐승은 무섭고 놀라우며 또 극히 강하며 또 큰 철 이가 있어서 먹고 부숴뜨리고 그 나머지를 발로 밟았으며 이 짐승은 전의 모든 짐승과 다르고 또 열 뿔이 있으므로(단 7:7).

이후에 천사는 다니엘에게 이 열 뿔은 이 왕국에서 나올 "열 왕"이라고 알려줍니다. 이 열 왕들의 지도자가 적그리스도입니다.

> 그 열 뿔은 이 나라에서 일어날 열 왕이요 그 후에 또 하나가 일어나리 니 그는 먼저 있던 자들과 다르고 또 세 왕을 복종시킬 것이며 그가 장 차 말로 지극히 높으신 자를 대적하며 또 지극히 높으신 자의 성도를 괴롭게 할 것이며 그가 또 때와 법을 변개코자 할 것이며 성도는 그의 손에 붙인 바 되어 한 때와 두 때와 반 때를 지내리라 (단 7:24-25).

이 숫자에 대하여 우리가 다니엘서에서만 그 관련 구절을 찾을 수 있는 것이 아닙니다. 사도 요한도 요한계시록에서 같은 정보를 이어받고 있습니다. 사실 이 두 책 사이에서 주님은 초기 적그리스도의 제국을 구성할 특정 나라들의 숫자를 여덟 번이나 다른 곳에서 반복하셨습니다. 여기 여섯 가지 예를 들어 보겠습니다.

> 또 그것의 머리에는 열 뿔이 있고 그 외에 또 다른 뿔이 나오매 세뿔이 그 앞에 빠졌으며 그 뿔에는 눈도 있고 큰 말하는 입도 있고 그 모양이 동류보다 강하여 보인 것이라 (단 7:20).

> 내가 보니 바다에서 한 짐승이 나오는데 뿔이 열이요 머리가 일곱이라 그 뿔에는 열 면류관이 있고 그 머리들에는 참람한 이름들이 있더라 (계 13:1).

> 곧 성령으로 나를 데리고 광야로 가니라 내가 보니 여자가 붉은 빛 짐 승을 탔는데 그 짐승의 몸에 참람된 이름들이 가득하고 일곱머리와 열 뿔이 있으며 (계 17:3).

> 천사가 가로되 왜 기이히 여기느냐 내가 여자와 그의 탄 바 일곱머리와 열 뿔 가진 짐승의 비밀을 네게 이르리라(계 17:7).

> 네가 보던 열 뿔은 열 왕이니 아직 나라를 얻지 못하였으나 다만 짐승으로 더불어 임금처럼 권세를 일시 동안 받으리라(계 17:12).

> 네가 본 바 이 열 뿔과 짐승이 음녀를 미워하여 망하게 하고 벌거벗게 하고 그 살을 먹고 불로 아주 사르리라(계 17:16).

이 구절들을 모두 인용하는 것은 바로 주님이 숫자 10이 적그리스도를 기꺼이 지지하는 나라들의 숫자임을 강조하시고 계심을 증명하려는 것입니다.

이것이 적그리스도의 제국이 열 나라만 포함하고 더 이상 확대되지 않는다는 것을 뜻합니까?

아닙니다. 우리의 연구가 계속되면서 우리는 기꺼이 돕는 이 열 나라들을 기초로 하여 적그리스도는 그의 제국을 군사적으로 정복하여 확장하여 나갈 것을 보게 될 것입니다.

2. 적그리스도 통치의 한계적인 군사적 확장

몇몇 성경 구절들이 적그리스도 제국의 군사적 확장을 매우 직접적으로 다루고 있습니다. 적그리스도가 많은 나라들을 정복한다는 것은 분명합니다. 동시에 적그리스도가 문자 그대로 이 세상 모든 나라들을 정복하거나 통치하지 않는다는 사실도 매우 분명합니다. 그 증거들을 살펴보겠습니다.

다니엘 11장에서 적그리스도가 "많은 나라들을 침략"할 것이 두 차례 기록되어 있습니다. 특별히, 애굽은 그의 세력에 패하게 될 것입니다. 더 나아가 적그리스도가 "영화로운 땅" 즉 이스라엘 영토를 침략할 것이라고 말하고 있습니다(단 11:16). 그러나 이 구절을 동시에 적그리스도가 모든 나라들을 정복하지는 않는다는 사실을 암시하고 있습니다. 사실 특별하게 에돔, 모압, 그리고 암몬의 존귀한 자들이 "그의 손"에서 벗어 날 것을 말하고 있습니다.

> 마지막 때에 남방 왕이 그를 찌르리니 북방 왕이 병거와 마병과 많은 배로 회리바람처럼 그에게로 마주 와서 그 여러 나라에 들어가며 물이 넘침 같이 지나갈 것이요 그가 또 영화로운 땅에 들어갈 것이요 많은 나라를 패망케 할 것이나 오직 에돔과 모압과 암몬 자손의 존귀한 자들은 그 손에서 벗어나리라 그가 열국에 그 손을 펴리니 애굽 땅도 면치 못할 것이므로(단 11:40-42).

우리가 이 구절들이 적그리스도가 군사적 확장으로 인하여 패하게 되는 나라들을 말할 때 "많은 나라들"이라고 말했고 "모든 나라들"이라고 말하지 않았다는 사실은 주목할 가치가 있습니다. 그리고 특정한 고대의 세 나라들을 열거하여 그들이 적그리스도 "손에서 벗어난다"고 말합니다. 에돔, 모압, 암몬을 하나님의 그룹으로 언급함으로 이 구절은 현재의 요르단 하쉬마이트 왕국을 지칭하는 것 같습니다. 그리고 이 한 구절에 근거하면 요르단은 적그리스도의 권세 아래에 있지 않을 것입니다. 이것은 또한 단순히 말하여 요르단이 멸망당하지 않는다는 것을 말하고 있으며 나가서 적그리스도에게 기꺼이 항복할 것이라는 사실을 의미하는 것입니다. 그러나 우리가 보게 될 것과 같이 그의 통치 아래 들어가지 않는 나라들도 분명히 있을 것입니다.

몇 구절 후에 정복전쟁이 한창인 도중에 동북쪽에서부터 소식을 듣게 되어 그를 마음이 상하게 하고 그를 분노와 전멸의 발작적인 상태에 빠지게 합니다. 이 전체 구절이 군사 정복의 배경이기 때문에 몇몇이 번역하였듯이 "뉴스" 혹은 "소문"도 이런 배경에서 보아야 합니다. 이 소식은 적그리스도를 공격하기 위한 군사 소집을 말하는 것입니다.

> 그러나 동북에서부터 소문이 이르러 그로 번민케 하므로 그가 분노하여 나가서 많은 무리를 다 도륙하며 진멸코자 할 것이요 그가 장막 궁전을 바다와 영화롭고 거룩한 산 사이에 베풀 것이나 그의 끝이 이르리니 도와줄 자가 없으리라(단 11:44-45).

많은 주석가들은 중국(동방) 그리고 러시아(북방)를 의미할 것이라고 추측하지만 확실하지는 않습니다. 예언 전문가이며 학자인 존 왈브우드(John Walvoord)는 말합니다.

> 적그리스도가 동쪽과 북쪽에서 오는 또 다른 군대라는 소식을 들을 것이다. 이것은 분명히 요한계시록 16:12에 "동방의 왕들"이라고 언급되어 있듯이 동방에서 큰 군대가 오는 것을 의미한다. 어떤 사람들은 이것을 2억의 군대를 언급하고 있는 요한계시록 19:13-16과 연결한다. 이것은 싸움을 위한 군대뿐만 아니라 그 군대를 뒤에서 지원하는 자들까지 포함할 것이다. 중국이 오늘날 2억의 군대를 자랑하고 있는 사실은 주목할만 하다.[3]

우리는 이 문장에서 적그리스도의 세력과 연합하거나 복종하지 않는 나라들이 있을 것이라고 결론지을 수 있습니다

---

3 John Walvoord, *Every Prophecy of the Bible* (Colorado Springs: Chariot Victor Publishing, 1999), 274

3. 끝날까지 전쟁이 있을 것이다

다니엘 9장이 이 현실을 근거 있게 만들고 있습니다.

> 육십이 이레 후에 기름부음을 받은 자가 끊어져 없어질 것이며 장차 한 왕의 백성이 와서 그 성읍과 성소를 훼파하려니와 그의 종말은 홍수에 엄몰됨 같을 것이며 또 끝까지 전쟁이 있으리니 황폐할 것이 작정되었느니라(단 9:26).

간단히 말해서 절대적인 우주적 권세를 가진 왕이 전쟁을 하는 것이 아니라는 점입니다. 전쟁이 있다는 말은 적그리스도가 모든 나라들을 통치하고 있지 않으며 적그리스도를 대적하는 정부들이 있음을 확실하게 보여 주고 있습니다.

적그리스도는 그들의 군대를 통치하고 있지 않습니다. 이것은 적그리스도가 종말까지 한정적인 권세를 가지고 있다는 사실을 증명해 줍니다. 피니시 제닝스 데이크(Finis Jennings Dake)가 정확하게 말했습니다.

> 그리스도가 오셔서 통치하시기 전까지는 아무런 지상의 인간도 전 세계적인 독재자가 될 수 없다. 그러므로 적그리스도 한 사람이 기적적으로 세상의 평화와 번영을 가지고 온다는 옛날 이론은 비성경적이다. 그는 나타나면서부터 아마겟돈에서 멸망당하기까지 전쟁의 사람이다.[4]

적그리스도의 통치가 한정적이라는 사실에도 불구하고 그의 군사적 도구들은 파악해 볼만한 힘일 것입니다. 요한계시록 13장에서 지상의 사

---

[4] Finis Jennings Dake, *Revelation Expounded* (Lawrenceville, GA: Dake Publishing, 1989), 300, 303.

람들은 누가 적그리스도의 제국을 대적해서 전쟁을 일으키겠느냐 묻고 있습니다. 어느 누구도 그를 대적하여 전쟁을 치를 능력이 없는 것처럼 보입니다.

> 용이 짐승에게 권세를 주므로 용에게 경배하며 짐승에게 경배하여 가로 되 누가 이 짐승과 같으뇨 누가 능히 이로 더불어 싸우리요 하더라
> (계 13:4).

여기서 만약 모든 나라들이 그의 통치 아래 들어갔다면 이런 질문을 물을 수 조차도 없었다는 사실을 주목하십시오.

4. 성경에서 과장법의 사용

성경 예언의 말씀들을 정확하게 해석하는 데 있어서 과장법을 이해하는 것과 성경 전체에서 빈번하게 쓰이고 있음을 아는 것이 필수적입니다. 과장법은 단순히 강조를 하기 위하여 쓰는 과장입니다. 과장법은 일상생활에서 매일 쓰이고 있습니다. 예를 들자면 이렇게 외치는 것과 같습니다. 어떤 사람이 자신의 4살 먹은 손자를 몇 개월 만에 안아 들어 볼 때 나오는 말입니다.

"아이구 깜짝이야, 네 몸무게가 1톤은 되는 구나!"

물론 그 아이의 실제 무게는 2,000파운드 근처도 못갑니다. 그 할아버지는 단순히 그 아이가 굉장히 무거워졌다는 것을 표현하고 싶었을 뿐입니다. 성경 말씀을 낳은 중동 지역의 문화에서는 더욱 과장법을 좋아합니다. 성경 말씀이 이 지역 사람들이 보통 쓰고 있는 속담들을 사용하기 때문에 많은 성경 구절들을 바르게 해석하기 위하여 이런 장치를 이해하는 것이 요구됩니다.

아브라함 미트리 리바니(Abraham Mitrie Rihbany)는 그의 타고난 시리아의 문화를 논의 하는 가운데, 그의 고전적인 책 『시리안 그리스도』(*The Syrian Christ*)에 쓰기를 어떻게 한 친구가 자기 집으로 자신을 환영하였는지 중동 지역의 좀 유머스러운 말, 매일 쓰고 있는 중동의 과장법의 예를 기억하였다고 하였습니다.

> 네가 나의 거처에 들어옴으로 네가 나를 극히 존경스럽게 해 주었다. 나는 그럴 가치가 없는 사람이다. 이 집은 네 것이며 네가 원한다면 불태워도 좋다. 내 자식들을 너의 처분에 맡긴다. 나는 너의 즐거움을 위하여 이 모든 것을 희생하겠다.[5]

서구 사람들이 이런 과장법을 듣는다면 그들은 말한 사람의 의도를 오해하기 쉬울 것입니다. 어떤 사람들에게 그런 말은 상처가 되고 전적으로 오도하는 것이 될 것입니다. 물론 이 사람은 그 친구가 자신의 집이 불태우도록 버려두지 않을 것이고 자녀들을 희생제물로 바치지도 않을 것입니다. 리바니를 크게 존경하고 환영하는 것을 표현하기 위하여 이렇게 뚜렷하고 담대한 언어를 쓰는 것은 중동 문화에서는 단순히 정상적인 일입니다.

5. 성경에서 과장법의 실례들

이제 성경 말씀에서 과장법이 쓰인 몇몇 구절들을 간단히 살펴보겠습니다. 약속의 땅에 들어가는 일의 어려움들을 생각하는 가운데 히브리인들은 그들의 낙심 가운데 그 땅 사람들의 크기와 성들을 둘러쌓고 있는

---

[5] Abraham Mitrie Rihbany, *The Syrian Christ* (Boston and New York: Houghton Mifflin, 1916), 127.

성벽을 이렇게 표현하였습니다.

> 우리가 어디로 갈꼬 우리의 형제들이 우리로 낙심케 하여 말하기를 그 백성은 우리보다 장대하며 그 성읍은 크고 성곽은 하늘에 닿았으며 우리가 또 거기서 아낙 자손을 보았노라 하는도다 하기로(신 1:28).

정말로 그 성들의 높이가 말 그대로 하늘에 닿았습니까?
하늘은 얼마나 높은 것입니까?
백 피트입니까?
하늘이 천 피트 보다 높은 곳에 있습니까?
물론 그 성벽이 하늘 높이까지 문자 그대로 요새화된 것은 아닙니다.
"그것들은 위협적으로 높다."
이것이 이 표현의 진정한 의미입니다.
여기에 또 하나의 재미있는 과장법의 실례가 있습니다.

> 왕이 예루살렘에서 은금을 돌 같이 흔하게 하고 백향목을 평지의 뽕나무 같이 많게 하였더라(대하 1:15).

나는 솔로몬 시대에 평지의 뽕나무가 얼마나 많았는지 모르지만, 이스라엘에서 충분히 많은 시간을 지내 본 내가 장담할 수 있는 것은 수억 개의 돌들이 도처에 있습니다. 은과 금이 문자 그대로 이스라엘에서 돌처럼 많고 흔했다고 믿는 것은 바보 같은 일입니다. 요점은 솔로몬 통치 시대에 이스라엘이 부요했다는 것입니다.

다른 여러 가지 예를 들을 수 가 있습니다. 성경에서 과장법이 자주 쓰였다는 것은 질문의 여지가 없습니다. 그러나 우리들의 보다 넓은 상의와 관련하여 성경 말씀이 여러 이방 제국들에 대하여도 과장법을 반복적으로 쓰고 있다는 점입니다. 나타날 적그리스도의 제국의 범위를 말하고 있는 성경 구절을 바르게 해석하기 원한다면 이 사실에 주목하는 것이 절대적입니다.

6. 성경에서 왕국들에 대하여 과장법이 쓰임

우리가 이미 살펴본 구절들이 밝히고 있듯이 적그리스도의 통치 아래 있지 아니하는 나라들이 최소한 몇몇 있다는 사실에도 불구하고 성경을 배우는 자들은 다니엘 7:23을 적그리스도의 세계적인 통치의 증거로 주목합니다.

> 모신 자가 이처럼 이르되 넷째 짐승은 곧 땅의 넷째 나라인데 이는 모든 나라보다 달라서 천하를 삼키고 밟아 부숴뜨릴 것이며(단 7:23).

이런 학생들은 즉각 "천하"를 문자적으로 이 세상의 모든 나라로 간주합니다. 그러나 이 구절과 적그리스도의 한정적인 통치에는 어려움도 없고 모순도 없습니다.

이 구절 "천하"는 아람어로 "콜 아라"(*kol ara*)인데 넓은, 그러나 한정된 부분의 땅으로 합당하게 이해됩니다. 이 특별한 구절에 대하여, 글리슨 아쳐 주니어(아마도 성경무오설 교리의 주요 사도라고 할 수 있으며 성경 언어의 유명한 번역가요 학자)는 말합니다.

> 천하(*kol ara*)는 알려진 모든 주거 지역을 말하는 것이 아니고 오히려 (구약의 보편적인 용법) 성지와 관련된 근동 그리고 중동 전체 지역을 말하는 것이다. 단어 "ara"(히브리 단어로는 *eres*[에레스]와 동의어)는 반드시 "거주 지구 전체"를 의미한다고 하기보다 때에 따라서는 한 나라(*eres yisrael*[에레스 이스라엘], 이스라엘 땅) 혹은 "영토" 혹은 "지

방" 등의 넓은 지역 단위를 뜻할 수도 있다.[6]

다니엘 2:39에서 알렉산더의 헬라 제국에 대하여 똑같은 아람어가 쓰였습니다.

> 왕의 후에 왕만 못한 다른 나라가 일어날 것이요 셋째로 또 놋 같은 나
> 라가 일어나서 온 세계를 다스릴 것이며(단 2:39).

물론 어느 역사학자도 헬라가 지구 전체를 통치하였다고 주장하지는 않을 것입니다. 다니엘 7:23의 "온 천하"가 문자적으로 전체 지구를 의미한다고 주장하려면, 그 사람은 그곳과 다니엘 2:39에 나오는 원어의 뜻을 무시해야 할 것입니다. 알렉산더 대왕은 지구상의 모든 나라 마지막 나라까지 통치하지는 않았습니다.

지금 또 하나의 이 구절의 예를 생각해 보겠습니다. 이번에는 히브리어 "에레츠"(*erets*)입니다.

> 내가 생각할 때에 한 숫염소가 서편에서부터 와서 온 지면에 두루 다
> 니되 땅에 닿지 아니하며 그 염소 두 눈 사이에는 현저한 뿔이 있더라
> (단 8:5).

여기서 숫염소는 마게도니아에서 일어나서 동쪽 인도까지 휩쓸었던 알렉산더의 헬라 제국을 의미합니다. 할 수 있거든 상상해 보시기 바랍니다. 한 염소가 현재의 그리스 땅에서 뛰어 올라 공중을 날아서 인도까지 갔습니다. 이것은 의심 없이 염소로서 아주 놀라운 일입니다. 그러나 굉장한 거리를 걸쳐 갔지만 아직도 이 슈퍼 염소의 뜀박질은 문자 그대로

---

6 Gleason L. Archer Jr. *The Expositors Bible Commentary*, vol. 7, *Daniel—Minor Prophets* (Grand Rapids: Zondervan, 1985), 93.

"전체 지구"를 정복했다라고 말할 수는 없습니다. 알렉산더는 광활한 지역을 정복했지만 지구 전체를 정복한 것은 아닙니다. 여기서 전형적인 또 다른 예를 들어 보겠습니다. 이번에는 누가복음입니다.

> 이 때에 가이사 아구스도가 영을 내려 천하로 다 호적하라 하였으니 (눅 2:1).

여기서 우리는 "천하"로 다 인구 조사를 받도록 했다고 말합니다. 그러나 실상은 오직 로마 제국만 등록하도록 한 것입니다. 나머지 온 세상은 전혀 이 명령에 주목하지 않았습니다. 몇몇 학자들은 이런 구절들이 오직 "거주 세계"만을 의미한다고 말합니다. 그러나 이것은 정확한 표현이 아닙니다.

조사가 진행되고 있을 때 확실히 중국은 흥황하고 잘 조직화된 문화가 한창이었고 로마 제국의 바로 동쪽에 있던 파티안 제국도 마찬가지 였습니다. 다시 한 번 로마 제국이 장대하고 지구의 많은 지역을 통치하고 있었지만, 절대로 문자적으로 모든 세상을 포함한 것도 아니며 더욱 알려진 세계 즉 인간 거주 지역 전체를 포함한 것은 아닙니다.

또 다른 과장법의 예를 다니엘에서 찾아볼 수 있습니다. 여기서 어디든지 인간이 있고 동물들과 새들이 살았다면 지구 어디든지 느부갓네살 왕에게 그 모든 것들을 다스리게 했다라고 말하여 질 것입니다.

> 그 꿈이 이러한즉 내가 이제 그 해석을 왕 앞에 진술하리이다 왕이여 왕은 열왕의 왕이시라 하늘의 하나님이 나라와 권세와 능력과 영광을 왕에게 주셨고 인생들과 들짐승과 공중의 새들, 어느곳에 있는 것을 무론하고 그것들을 왕의 손에 붙이사 다 다스리게 하셨으니 왕은 곧 그 금머리니이다(단 2:36-38).

그러나 다시 한 번, 어느 역사학자들도 느부갓네살 왕이 놀랄만한 정도의 통치를 이룩하였지만 전 세계를 소유하였다고 받아들이지는 못할 것입니다.

느부갓네살 왕과 바로 근접하였거나 경쟁적인 나라들을 넘어서 다른 중요한 왕국들도 그의 시대에 공존하고 있었습니다. 느부갓네살 후에 바사 왕 고레스의 통치를 설명하기 위하여 과장법을 썼습니다.

> 바사 왕 고레스는 말하노니 하늘의 신 여호와께서 세상 만국으로 내게 주셨고 나를 명하사 유다 예루살렘에 전을 건축하라 하셨나니 (스 1:2).

고레스는 "세상 만국"을 소유한 적이 없음을 재차 확인하게 됩니다.

때로는 "온 세상", "전 세계", "열방" 그리고 비슷한 표현들은 성경 저자들이 단순히 광대한 지역을 마음에 두고 말할 때 모순되는 것은 아닙니다. 성경적인 관점에서 볼 때 그런 구절들은 중동, 지중해, 그리고 북아프리카 넓은 지역에서 가장 자주 쓰여집니다. 성경 말씀을 바르게 해석하기를 원할 때 서구의 독자들은 현대적이고 서구적인 고정관념을 고대 동방의 책 페이지에 적용해서는 안 됩니다.

7. 주요 목적

적그리스도가 한정적인 통치를 한다는 이론에 반대하는 가장 극단적 반대는 요한계시록 13:7-8에 근거하고 있습니다.

> 또 권세를 받아 성도들과 싸워 이기게 되고 각 족속과 백성과 방언과 나라를 다스리는 권세를 받으니 죽임을 당한 어린 양의 생명책에 창

세 이후로 녹명되지 못하고 이 땅에 사는 자들은 다 짐승에게 경배하리라(계 13:7-8).

어떻게 이 구절이 적그리스도가 전 세계적 제국을 소유했다고 믿도록 설득할 수 있는지를 이해하는 것은 어렵지 않습니다. 그러나 이 구절 "각 족속과 백성과 방언과 나라, 그리고 이 땅에 사는 자들은 다"라는 구절조차도 "어린 양의 생명책에 창세 이후로 녹명되지 못하고"라는 말에 의하여 한정되고 맙니다. 이것을 넘어서 어느 구절도 공백상태에서 이해할 수는 없습니다.

우리가 이미 살펴본 대로 전쟁들과 저항하는 나라들과 군사들이 끝까지 있다는 사실이 바로 적그리스도의 통치가 절대적으로 우주적이 아니라는 것을 증명하고 있습니다. 과거에 내가 이것을 제안했을 때 신빙성이 없다고 말하였습니다. 그러나 우리가 다니엘 5:18-19을 보면 거의 같은 구절을 발견하게 됩니다.

> 왕이여 지극히 높으신 하나님이 왕의 부친 느부갓네살에게 나라와 큰 권세와 영광과 위엄을 주셨고 그에게 큰 권세를 주셨으므로 백성들과 나라들과 각 방언하는 자들이 그의 앞에서 떨며 두려워 하였으며 그는 임의로 죽이며 임의로 살리며 임의로 높이며 임의로 낮추었더니 (단 5:18-19).

이 구절의 칠십인역은 이 구절에 요한계시록에서 쓰여진 똑같은 단어들을 사용하고 있습니다(다니엘은 *laos*, *phule*, *glossa*를 사용하고 있는 반면 요한계시록은 *laon*, *phyle*, *glossa*, *ethnos*를 쓰고 있습니다). 우리가 다니엘 구절들을 과장법이 쓰여진 것을 모르고 해석한다면, 느부갓네살 왕을 문자 그대로 모든 지구상의 인간들에 의하여 두려워 하였다고 결론지을 것입니다. 그러나 그는 전 지구 모든 구석구석의 개인들이 다 크게 두려워하기는커녕 이름을 들어본 적도 없는 사람들도 많습니다.

그러므로 역사적 지식과 상식에 근거하여 우리는 이 구절에서 과장법이 쓰였다고 인정할 수 있습니다. 마찬가지로 요한계시록 13:7-8은 이세상의 모든 마지막 사람까지 짐승을 경배하였다는 것을 의미하는 것이 아니라 오히려 많은 나라들과 민족 그룹들의 많은 사람들이 그랬다고 해야 합니다. 특별히 그들은 "죽임을 당한 어린 양의 생명책에 창세 이후로 녹명되지 못하고 이 땅에 사는 자들"입니다.

상고해볼 또 하나의 요소는 "… 를 다스리는 권세를 받아"(authority was given him over)라는 말입니다. 여기서 "over"라는 말은 헬라어로 "에피"(*epi*)입니다. 이 단어는 "over"라는 의미 외에도 "in", "on" 또는 "upon"이라는 뜻도 있습니다. 그러므로 영어 번역은 이렇게 쉽게할 수 있습니다.

> And authority was given him in (or among) every tribe, tongue, and nation.

만약 내가 개인적으로 믿고 있는 것처럼 이슬람이 적그리스도에 의해 사용되는 종교라면, 적그리스도가 실질적으로 전 지구상의 모든 나라에서 따르는 자가 있을 것이라는 말은 일리가 있습니다. 우리는 그가 모든 정부에 대한 절대적 권세를 지지는 않았음을 알고 있는 동시에 그러나 그는 지구상의 대부분의 나라들에 대하여 어느 정도의 권세와 깊은 영향력을 가지고 있는 것 같습니다. 그러므로 적그리스도의 통치가 모든 나라는 아닐지라도 그는 그의 완전한 정부의 통치아래 있지 아니한 나라들을 포함하여, 모든 나라들 "안에서" 권세를 소유할 수도 있습니다.

8. 예루살렘을 치려고 모든 나라들이 모임

적그리스도의 통치가 전 세계적일 것이라고 믿게 하는 중요한 구절들이 있습니다. 이 구절들은 "모든 나라"들이 적그리스도의 지도력 아래 예루살렘을 치려고 모일 것이라 말합니다. 이 구절들을 먼저 살펴보고 나서 논하겠습니다.

> 내가 만국을 모아 데리고 여호사밧 골짜기에 내려가서 내 백성 곧 내 기업된 이스라엘을 위하여 거기서 그들을 국문하리니 이는 그들이 이스라엘을 열국 중에 흩고 나의 땅을 나누었음이며(욜 3:2).

> 내가 열국을 모아 예루살렘과 싸우게 하리니 성읍이 함락되며 가옥이 약탈되며 부녀가 욕을 보며 성읍 백성이 절반이나 사로잡혀가려니와 남은 백성은 성읍에서 끊쳐지지 아니하리라(슥 14:2).

"열국 혹은 만국"이 여기서 이 세상의 각 나라 모두를 의미합니까?
아닙니다. 좀더 조사해보면 예루살렘을 둘러싸고 있는 나라들 그들은 의심할 바 없이 큰 동맹이며, 세상 모든 나라들을 포함하는 것은 아님을 우리는 알게 될 것입니다. 대신에 각 구절의 전체적인 배경이 정확하게 어느 나라들이 예루살렘을 공격할 것인지를 확실하게 보여주고 있습니다. 히브리말로는 "고이 카비브"(*goy cabiyb*, 주변 나라들) 그리고 "암 카비브"(*am cabiyb*, 주변 사람들)입니다. 이 구절들을 전체적으로 읽어보아야 하겠습니다.

> 사면의 열국아 너희는 속히 와서 모일지어다 여호와여 주의 용사들로 그리로 내려오게 하옵소서 열국은 동하여 여호사밧 골짜기로 올라올지어다 내가 거기 앉아서 사면의 열국을 다 심판하리로다 (욜 3:11-12).

보라 내가 예루살렘으로 그 사면 국민에게 혼취케 하는 잔이 되게할 것이라 예루살렘이 에워싸일 때에 유다에까지 미치리라(슥 12:2).

그날에 내가 유다 두목들로 나무 가운데 화로 같게 하며 곡식단 사이에 횃불 같게 하리니 그들이 그 좌우에 에워싼 모든 국민을 사를 것이요 예루살렘 사람은 다시 그 본 곳 예루살렘에 거하게 되리라(슥 12:6). 내가 열국을 모아 예루살렘과 싸우게 하리니 성읍이 함락되며 가옥이 약탈되며 부녀가 욕을 보며 성읍 백성이 절반이나 사로잡혀가려니와 남은 백성은 성읍에서 끊쳐지지 아니하리라(슥 14:2).

유다도 예루살렘에서 싸우리니 이 때에 사면에 있는 열국의 보화 곧 금 은과 의복이 심히 많이 모여질 것이요(슥 14:14).

예루살렘을 치러 왔던 열국 중에 남은 자가 해마다 올라와서 그 왕 만군의 여호와께 숭배하며 초막절을 지킬 것이라(슥 14:16).

에스겔은 이스라엘 사람들이 그들을 경멸하는 자들에 의하여 더이상 포위되지 않을 그날에 대하여 쓸 때 이보다 더 확실하게 쓸 수는 없었습니다.

너는 이르기를 주 여호와의 말씀에 시돈아 내가 너를 대적하나니 네 가운데서 내 영광이 나타나리라 하셨다 하라 내가 그 가운데서 국문을 행하여 내 거룩함을 나타낼 때에 무리가 나를 여호와인 줄 알지라 내가 그에게 염병을 보내며 그의 거리에 피가 흐르게 하리니 사방에서 오는 칼에 상한 자가 그 가운데 엎드러질 것인즉 무리가 나를 여호와인 줄 알겠고 이스라엘 족속에게는 그 사면에서 그들을 멸시하는 자 중에 찌르는 가시와 아프게 하는 가시가 다시는 없으리니 그들이 나를 주 여호와인 줄 알리라(겔 28:22-24).

여기서 이 구절, 사면에서인 "all their neighbors"는 다시 한 번 "카비브"(cabiyb) 즉 요엘과 스가랴에서 주변 나라들을 말할 때 쓰였던 것과 같은 단어를 사용하고 있습니다. 이 구절 각각에서 먼저 "모든" 나라들이 예루살렘을 치러 모일 것이라고 말하고 나서 이어서 다가오는 공격의 범위를 좁혀감으로 그 구체성과 확실함을 더하였습니다. 이 구절들의 더욱 큰 배경들은 전 지구상의 모든 나라가 아니라 오히려 주변의 나라들이 예루살렘을 공격할 것이라고 지적하고 있습니다. 이 문제는 사실 우리가 자주 해 왔던 것보다 더욱 간단합니다.

9. 오직 예수님만이 절대적 통치를 소유할 것입니다

우리가 여기서 보았듯이 적그리스도는 우주적인 통치를 원할 것이지만 그는 결코 그것을 성취하지 못할 것입니다. 그러나 전 지구를 통치하실 한 분이 계십니다. 우리는 그분을 예수님이라고 부르고 그의 모국어로는 야수아(Yahshua)라고 부릅니다. 그분의 우주적인 통치에 대하여 요한계시록은 그의 재림 후의 일을 말합니다.

> 일곱째 천사가 나팔을 불매 하늘에 큰 음성들이 나서 가로되 세상(코스모스[kosmos]) 나라(바실레이아[basileia])가 우리 주와 그 그리스도의 나라가 되어 그가 세세토록 왕 노릇 하시리로다 하니(계 11:15).

여기서 또 어느 분은 물으실 것입니다. 왜 이 구절이 우주적으로 해석이 되고 과장법의 예가 아니냐고 말입니다. 예수님이 만물의 창조자시라는 사실과 적그리스도는 단지 마귀의 화신이라는 사실 외에 "세상, 우주,

혹은 전 지구"를 의미하는 헬라어 "코스모스"(*kosmos*)라는 특정한 단어가 쓰이고 있다는 놀라운 점입니다. 이 구절은 예수님의 전적이고 세계적인 통치를 말하고있습니다.

한편 요한계시록에서 적그리스도의 통치를 말하는 모든 구절들은 헬라어의 "게"(*ge*) 혹은 "오이코우메네"(*oikoumene*)를 쓰고 있는데 이 단어는 "전 세계", "지구에 사는 모든 자들", "그 땅" 혹은 "한정된 지역"을 의미합니다. 전적인 우주에 대한 모든 의심을 지워버릴 수 있는 단어는 오직 "코스모스"뿐입니다. 그리고 이 단어는 오직 예수님의 통치하심에 대하여 쓰이고 있습니다! 적그리스도는 전 지구를 정복하고자 하겠지만 결코 성취하지 못할 것이며, 성경 말씀대로 잠깐만 존재할 것이지만 예수님은 재림하셔서 전 우주를 통치하실 것이며 그의 통치는 영원할 것입니다. 할렐루야 아멘!

제4장

해석 방법의 형성

제2장에서 우리는 선지서들 가운데 몇몇 구절들을 살펴보았는데 반복해서 지속적으로 메시아의 재림 후에 심판을 받도록 언급된 나라들은 중동과 북아프리카 나라들임을 보여 주었습니다.

여기서 우리가 어떻게 그 구절들을 바르게 이해할 수 있는지를 상의해 보는 것이 필수적입니다. 선지자들에 의하여 언급된 많은 이름들과 사람들과 나라들을 어떻게 이해하는가에 따라서 다가 오는 적그리스도의 제국이 주로 나라들로 구성될 것인지를 이해하는 정보에 큰 영향력을 끼치게 될 것입니다.

분명히 이스라엘을 공격하는 적그리스도를 따라나서는 나라들이 바로 예수님이 재림하실 때 심판 받기로 작정된 나라들로 강조되어 있을 것입니다. 지상의 모든 나라들이 적그리스도를 따르는 것은 아니라는 사실을 지난 장에서 증명해 드렸고 이제는 어느 나라들이 기꺼이 그를 따르는 나라들이라고 성경이 말씀하시는지를 알아보는 문제가 남아 있습니다. 이제 우리는 선지자들에 의하여 강조된 주의 날에 심판 받기로 예비 된 많은 이름들과 사람들과 나라들을 이해하고 해석하는 데 있어서 가장 책임이 있고 가장 좋은 방법에 대하여 논의할 것입니다.

1. 조상 이동 방법(THE ANCESTRAL-MIGRATION-METHOD)

드물기는 하지만 몇몇 성경을 가르치는 분들은 선지자들에 의하여 심판받기로 표시된 여러 가지 이름들을 해석 할 때 이 고대 사람들의 실제 혈통을 추적해서 시도하려고 하였습니다. 이 방법은 어려움과 불확실성으로 가득합니다. 예를 들어서 하나님의 심판을 받기로 작정된 모든 이름들과 사람들 가운데 에돔과 에돔 사람들 외에 다른 것은 언급되지 않고 있습니다.

그러나 역사적으로 학문적으로 살펴보아도 에돔 사람들은 1세기말부터 사라진 사람들입니다. 그러나 몇몇 예언을 가르치는 분들은 다른 식으로 시도하여 에돔의 혈통이 지금의 팔레스타인들과 나가서 이스라엘의 세파딕 유대인(Sephardic Jews)에게까지 흘러들어 갔다고 주장합니다. 이것이 사실일 수도 있고 아닐 수도 있지만, 그러나 대부분의 역사학자들과 학자들에 의하여 다양하게 논쟁이 되고 있는 상황이고 이것을 확실하게 단정 짓기는 거의 불가능하며 성경을 배우는 보통 학생들의 능력을 넘어서는 것임에 틀림이 없습니다.

많이 사용된 여러 다른 이름들도 다른 지역으로 이주하거나 서로 결혼하거나, 혹은 단순히 사라져버린 그런 사람들을 지목하는 것일 것입니다. 예언이 선포 된지 수천 년이 지났기 때문에 선지자들에 의하여 언급된 문명을 추적하는 일은 매우 어렵고 설사 가능하다 하더라도 그런 노력의 결과는 신뢰하기가 어렵습니다.

그러나 조상들과의 연결이 잘 지켜지고 역사학자들도 동의하는 몇 가지 예는 있습니다. 예를 들면 이스마엘의 후손들은 중동의 아랍 사람들이라고 지금까지도 그 정체를 확신할 수가 있습니다.

2. 극단적인 은유적 방법을 피함

조상 이동 방법의 위험성과 문제들을 인식하면서 많은 보수 학자들은 주의 해야 한다는 미명아래 지나치게 다른 쪽으로 치우쳤습니다. 그래서 예언자들에 의하여 언급된 여러 가지 다른 이름들과 사람들을 단순히 보편적으로 하나님의 백성들의 원수들이라고 주장합니다. 이것은 과도한 은유적 접근입니다. 이런 접근 방법은 선지서에 나오는 수많은 이름들 즉 모압, 에돔, 앗수르, 리비아, 레바논 등을 단순히 지구상의 마지막 나라들 혹은 다른 곳에서는 말세의 하나님의 백성들의 원수라고 은유화해 버립니다.

이런 사고방식에 따르면 에돔, 모압, 리비아 같은 여러 이름들을 문자 그대로 문장에서 지워버립니다. 그리고 그것들을 "지구 구석구석 모든 나라들"로 바꾸어 버립니다. 그리고 그것들은 어떤 경우에도 별 다른 영향력을 주지 않습니다. 제 의견에는 이런 방법은 성경 말씀의 문자적이고 평범한 의미를 대충 넘어가는 접근이며 이런 문장들이 근본적으로 중요한 의미가 없다는 생각이 지배하고 있는 접근입니다.

이 문장들의 취급을 조사해 보면, 불행하게도 보수적인 주석에서 조차도 과도한 은유법이 가장 보통으로 많이 쓰이는 방법입니다.

3. 예언-문자적 접근

조상 이동 방법 혹은 과도한 은유적 해석 접근에 대한 대안으로 나는 주어진 선택의 범위 안에서, 가장 합리적인 방법은 고대의 이름들과 사람들 하고 종말 시대에 최후의 성취의 상호 연관관계를 강조하는 접근 방법이라고 제안 합니다.

첫째, 같은 보편적인 지역적 위치입니다. 이 방법은 예언 당시의 땅이나 사람들의 위치를 파악하고 그리고 오늘날 이 지역에 거주하고 있는 사람들이나 나라들을 살펴보는 것입니다.

존경받는 구약과 셈 언어학자인 글리슨 아쳐(Gleason L. Archer)는 지역 상관관계 방법을 구약의 예언에 나오는 많은 이름들을 이해하는 데 가장 좋은 해석적 방법으로 지정하였습니다.

> 마지막 분쟁이 일어나게 될 지역을 차지하고 있는 나라 혹은 주(state)의 고대 이름들이 이런 예측에 쓰였습니다. 대부분의 이런 정치적인 단위들이 더 이상 이런 이름들을 내포하고 있지 않다고 하더라도 말입니다. 그래서 종말론적 구절들에 언급된 에돔, 모압, 암몬, 앗수르, 그리고 바벨론 등은 이미 그 정치적인 실체로서 존재하기를 멈춘 지가 오래 되었습니다. 그들의 장소들은 그 지역을 차지하고 있는 후대의 사람들에 의해서 정복 되었습니다.[1]

이 방법은 우리로 하여금 선지자들에 의해 지명된 사람들이나 지역 혹은 특정 시대의 유령과 같은 존재들이든지 간에 실질적인 관련이 절대로 없는 나라들임에도 불구하고 임의로 나라들을 지정하는 것을 피하게 해 줍니다. 내가 에돔이 미국, 영국, 혹은 독일, 심지어 유대 사람들이라고 주장하는 기사나 책을 읽을 때면 언제나 놀랍고 슬퍼집니다.

둘째, 이스라엘 땅과 백성들에 대하여 지속적으로 폭력적 적대관계입니다. 선지서 전체를 통하여 이점이 바로 가장 자주 반복되고 있는 하나님 백성들의 원수들에 대한 역사적 심판의 근거입니다. 이것이 또한 가장

---

1 Archer, *The Expositors Bible Commentary*, 147.

강조되고 있는 주의 날에 있을 하나님의 백성들의 심판의 근거입니다. 폭력적인 반시온주의와 반셈족에 대한 주님의 심판이 에스겔 35장에 잘 설명되고 있습니다.

> 네가 옛날부터 한을 품고 이스라엘 족속의 환란 때 곧 죄악의 끝때에 칼의 권능에 그들을 붙였도다 그러므로 나 주 여호와가 말하노라 내가 나의 삶을 두고 맹세하노니 내가 너로 피를 만나게 한즉 피가 너를 따르리라 네가 피를 미워하지 아니하였은즉 피가 너를 따르리라 내가 세일 산으로 놀라움과 황무지가 되게 하여 그 위에 왕래하는 자를 다 끊을지라(겔 35:5-7).

그 지역과 그들의 하나님의 백성에 대한 지속적 "원수관계"연결하여 강조함으로 우리는 많은 주의 날에 대한 예언을 읽을 수가 있습니다. 그들의 고대 반셈족에 상응하는 위치가 바로 같은 보편적 위치를 공유하는 현재의 적대국가들 임을 알수가 있습니다. 이 접근 방법은 많은 주석들의 공통점인 과도한 은유화뿐만 아니라 과도한 조상 이동 방법을 피하게 해 줍니다. 이것이야 말로 주의 날의 배경에서 선지서 전체를 통하여 심판받기로 지정된 많은 이름들과 백성들과 나라들을 해석하는 데 있어서 가장 합리적이고 상식적이고 보수적이며 문자적인 방법입니다.

4. 결론

결론적으로, 우리가 상의했던 많은 구절들을 해석하고 이해하는 확고한 방법을 우리는 자세히 서술하였습니다. 그것들은 모두가 중동 지역과 북아프리카를 예수님의 재림 후에 심판을 받을 주요 지역으로 가리키고 있습니다. 물론 이것의 파급효과는 극적입니다.

그러나 중동과 북아프리카 지역의 나라들에 대한 심판을 들어내는 데 있어서 내가 하나님이 오직 무슬림 나라들만 심판하시고 모든 서구의 나라들 혹은 비 무슬림 나라들은 축복하신다고 주장하고 있는 것입니까? 절대로 아닙니다. 예수님이 재림하실 때 성경 말씀에 나와 있지 않는 수많은 나라들이 심판을 받게 될 것을 나는 의심하지 않습니다.

그러나 지금까지 우리들의 연구의 목적은 종말에 어느 나라들이 성경 말씀에 하나님의 심판을 받기로 언급되고 있는지 안 되고 있는지 하는 것에 주목하는 일이었습니다. 간단하게 말해서 성경이 강조하는 것을 우리도 역시 강조해야 합니다. 이것이 책임있는 해석학입니다. 그러나 우리가 예언적 세계관을 조성해 감에 따라서 성경이 잠잠하고 있는 곳에서는 우리도 잠잠해야 하거나 최소한 극도록 주의를 기울여야 합니다. 나는 척 스미스(Chuck Smith) 목사님이 내 관점을 잘 설명하고 있다고 생각합니다.

> 성경이 침묵하고 있는 주제에 대하여 인간들이 얼마나 많은 말을 할 수 있는지 놀라울 정도입니다. 이것은 성경이 침묵하고 있는 분야에 대하여 사람들이 이론을 개발하거나 주제 논문이나 박사학위 논문을 쓰는 출발점이 되는 것 같습니다. 그러나 최선을 다한다고 해도 하나님의 말씀이 침묵하고 있을 일을 우리가 할 수 있는 것은 추측뿐이고 잘해 보았자 그런 우리들의 추측이 가치가 없습니다.[2]

우리가 계속하여 진행하면서 앞으로 나타날 적그리스도의 제국을 구성하는 나라들에 대하여 다른 중요 구절들이 무엇을 말하고 있는지 조사할 것이며 우리의 종말의 세계관이 세상의 환경에 의해서가 아니라 성경 말씀이 여러 가지 방법으로 반복적으로 말하고 있는 사실에 의하여 형성되도록 할 것입니다.

---

2   Smith, "Obadiah & Jonah."

제5장

다니엘 2장: 느부갓네살의 금속 신상 꿈

1. 다니엘서의 강조점

종말에 대한 성경의 가장 중요한 부분이 바로 다니엘서라는 것은 의심의 여지가 없습니다. 이 책의 주요 초점과 강조점은 적그리스도와 그를 따르는 자들과 "인자"(단 7:13)로 표현되어 있는 메시아의 재림으로 인하여 최종적으로 구원을 받게 될 하나님의 백성 사이의 최후의 전쟁입니다. 근본적으로 다니엘서의 각장마다 이 최후의 충돌에 대한 요소들을 다루고 있습니다.

더 나가서 이 책은 적그리스도의 제국이 나타날 지역의 위치, 적그리스도가 나타나는 때, 하나님의 백성에 대한 그의 핍박의 성격, 적그리스도의 동기, 그리고 적그리스도의 신학 혹은 믿음체계까지 다루고 있습니다. 적그리스도에 대한 메시아의 최후의 승리 그리고 이어지는 메시아 왕국은 물론이고 하나님의 백성들 가운데서 이기는 자들의 인격과 인내와 믿음도 다니엘에서 다루고 있습니다.

2. 로마 종말론의 네 가지 기둥들

다니엘서는 적그리스도가 로마 제국을 바탕으로 한 지역에서 나타날 것이라는 믿음을 지지하는 전통적인 네 가지 구절 가운데 세 구절을 담고 있습니다. 그 네 가지 구절은 다음과 같습니다.

① 다니엘 2장: 느부갓네살의 큰 금속 신상 꿈
② 다니엘 7장: 네 짐승에 대한 다니엘의 환상
③ 다니엘 9:26: 장차 나타날 왕의 백성
④ 요한계시록 17장: 일곱 산 위의 도시

3. 다니엘 2장: 느부갓네살의 큰 금속 신상 꿈

다니엘 2장은 바벨론 제국의 느부갓네살 왕이 그를 크게 번민하게 한 꿈으로 시작합니다. 선지자에 의하면 그 왕은 다섯 개의 뚜렷한 부분이 서로 다른 금속으로 된 높은 신상의 꿈을 꾸었습니다. 그 꿈의 뜻을 이해하기 위하여 그는 모든 박사들과 제사장 그리고 점성술사까지 모았지만 아무도 왕에게 이해 혹은 위로를 주지 못하였습니다.

다니엘은 그러나 어떤 술사들도 할 수 없는 일을 하였습니다. 기도로 하나님을 찾았고 다니엘이 잠잘 때 하나님은 느부갓네살의 꿈을 그에게 계시로 알려 주셨습니다. 여기서 바로 우리는 이 문장의 연구를 시작합니다. 다니엘은 정확하게 그의 꿈에서 본 그대로를 느부갓네살 왕에게 말하였습니다.

> 왕이여 왕이 한 큰 신상을 보셨나이다 그 신상이 왕의 앞에 섰는데 크고 광채가 특심하며 그 모양이 심히 두려우니 그 우상의 머리는 정금

이요 가슴과 팔들은 은이요 배와 넓적 다리는 놋이요 그 종아리는 철이요 그 발은 얼마는 철이요 얼마는 진흙이었나이다. 또 왕이 보신즉 사람의 손으로 하지 아니하고 뜨인 돌이 신상의 철과 진흙의 발을 쳐서 부숴뜨리매 때에 철과 진흙과 놋과 은과 금이 다 부숴져 여름 타작 마당의 겨 같이 되어 바람에 불려 간곳이 없었고 우상을 친 돌은 태산을 이루어 온 세계에 가득 하였었나이다(단 2:31-35).

다니엘은 이어서 신상의 네 가지 금속 부분의 뜻을 설명해 주었습니다. 첫 번째 부분은 금머리로써 느부갓네살의 바벨론 제국을 의미합니다.

그 꿈이 이러한즉 내가 이제 그 해석을 왕 앞에 진술하리이다 왕이여 왕은 열왕의 왕이시라 하늘의 하나님이 나라와 권세와 능력과 영광을 왕에게 주셨고 인생들과 들짐승과 공중의 새들, 어느곳에 있는 것을 무론하고 그것들을 왕의 손에 붙이사 다 다스리게 하셨으니 왕은 곧 그 금머리니이다(단 2:36-38).

그러나 이어지는 신상의 다른 부분들은 바벨론 제국을 이어받을 세 왕국들을 의미하는데 각 왕국들은 이전 왕국의 통치영역을 이어받는 것입니다. 이 주제에 대하여 어느 주석을 참조하든지 이어지는 세 제국들은 메대와 바사, 그리스, 로마로 해석하고 있습니다. 그러나 메대와 바사, 그리스는 뒤에서 그 이름들이 언급되고 있지만 네번째 제국은 전혀 이름이 없습니다.

네가 본 바 두 뿔 가진 수양은 곧 메대와 바사 왕들이요 털이 많은 수염소는 곧 헬라 왕이요 두 눈 사이에 있는 큰 뿔은 곧 그 첫째 왕이요 (단 8:20-21).

그가 이르되 내가 어찌하여 네게 나아온 것을 네가 아느냐 이제 내가 돌아
가서 바사 군과 싸우려니와 내가 나간 후에는 헬라 군이 이를 것이라
(단 10:20).

이런 사실에도 불구하고 네 번째 제국이 로마라고 확신하여 많은 성경 번역에서는 로마 제국의 이름을 실제로 단락의 제목에 더하여지기까지 하고 있습니다. 많은 사람들에게 이 주장이 놀랄만한 사실이 될 수도 있겠지만, 우리가 앞으로 보게 될 것처럼, 분명한 역사적 증거는 물론 문장에 포함된 여러 가지 기준들이 마지막 왕국이 로마라고 자신 있게 주장하는 것을 불가능하게 만듭니다. 이 장에서 우리는 다니엘 2장의 네 번째 제국이 로마 제국이라고 파악하는 것에 대한 반대적 주장을 점검해 볼 것입니다.

우리는 또한 왜 역사적 이슬람 제국(Caliphate)이 성경의 기준에 합하는지 상의할 것입니다. 이슬람 제국은 간단히 말하면 역사적인 이슬람 정부 혹은 제국인데 이슬람 선지자 모하메드의 사망 직후 주후 632년에 라쉬돈(Rashidun) 제국으로부터 시작되어 공식적으로 1923년에 없어진 오토만 제국에서 그 절정을 이루었습니다.

이것을 읽는 많은 분들은 그런 제안이 굉장히 의심스럽다는 것을 발견할 것입니다. 넷째 왕국이 로마라는 생각이 너무 넓게 받아들여지고 있기 때문에 많은 분들은 반대되는 어떤 제안도 고려해 보지 않을 것입니다. 이것은 이해할만한 것입니다. 이것이 교회 역사를 통하여 대부분이 받아들이는 입장이었습니다. 그러나 이 해석에는 아주 중요한 혹은 아마도 치명적인 몇몇 어려움이 있습니다.

4. 네 번째 왕국의 등장

로마를 네 번째 왕국으로 지정하는 것의 첫 번째 문제는 다니엘 2:40 의 특정한 기준에 맞지 않는다는 점입니다. 네 번째 왕국의 등장에 대한 성격을 말하고 있는 이 구절은 이 왕국이 등장할 때 세 왕국 모두를 멸망 시킨다고 말하고 있습니다(영어가 더욱 정확하게 설명하고 있기에 한글과 함께 영어 번역도 함께 기재합니다-역주).

> 넷째 나라는 강하기가 철 같으리니 철은 모든 물건을 부숴뜨리고 이 기는 것이라 철이 모든 것을 부수는 것같이 그 나라가 뭇 나라를 부숴 뜨리고 빻을 것이며(단 2:40).
> And the fourth kingdom shall be as strong as iron, in asmuch as iron breaks in pieces and shatters everything; and like iron that crushes, that kingdom will break in pieces and crush all the others
> (NKJV, Dan 2:40).

나중에 똑같은 왕국을 말하고 있는 7장에서 우리는 비슷한 표현을 발 견합니다.

> 모신 자가 이처럼 이르되 넷째 짐승은 곧 땅의 넷째 나라인데 이는 모 든 나라보다 달라서 천하를 삼키고 밟아 부숴뜨릴 것이며(단 7:23).
> Thus he said: The fourth beast shall be A fourth kingdom on earth, Which shall be different from all other kingdoms, And shall devour the whole earth, Trample it and break it in pieces(NKJV, Dan 7:23).

밟히고 부숴질 다른 세 왕국은 우리가 이미 알고 있듯이 바벨론, 메대 와 바사, 그리고 그리스입니다. 이 구절은 네 번째 왕국이 세 다른 왕국을 부쉬버리거나 정복할 것을 분명히 말하고 있습니다. 물론 이 세 왕국은 결코 동시대에 공존하지 않았습니다. 그러므로 우리는 이 구절이 네 번째 왕국이 다른 세 왕국을 부수어 버린다는 말이 무엇인지 질문해야 합니다.

5. 지역적으로 정복하는 것

부순다는 말의 첫 번째 의미는 단순히 지역이라는 것입니다. 이 장의 마지막에 나와 있는 지도를 잘 살펴보면 로마 제국은 대략 바벨론, 메대와 바사, 그리고 그리스가 통치하였던 지역의 3분의 1정도만을 정복 하였습니다. 이 세 왕국이 통치하였던 지역의 3분의 2는 로마 제국에 의하여 전혀 건드려 지지도 않았습니다. 사실 로마 제국은 바사의 두 수도였던 에크바타나와 퍼세폴리스까지 도달하지 못하였습니다.

현대의 상황에 상응하는 예를 고려해 봅시다. 적국이 보스톤은 점령하였지만 뉴욕이나 워싱톤 가까이까지 전혀 도달하지 못하였다면, 그런 나라가 "미국을 부수어 버렸다"고 정확하게 말하기는 어려울 것입니다. 마찬가지로 로마가 바벨론 제국, 메대와 바사 제국, 그리고 그리스 제국 전체를 부수어 버렸다고 말하는 것은 맞지가 않습니다.

그러나 다니엘 2:40의 조건을 성취하기 위하여는 그 제국이 한 왕국이 아니라 세 왕국 모두를 부수어야 한다고 분명히 말하고 있습니다. 간단하게 말하자면 로마 제국은 이 요구 조건을 충족시키지 않습니다. 어느 분들은 시도하기를 메대와 바사가 바벨론을 이어받았고 그리스가 메대와 바사를 이어받았으며 로마가 그리스를 이어받았기 때문에 결국 로마가 세 왕국을 모두 부수어 버린 것이라고 주장합니다. 이런 관점은 미드아메리카침례교신학교의 구약과 히브리 교수 스데반 밀러(Stephen R. Miller)의 『다니엘 주석』(*Daniel: The New American Commentary: An Exegetical and Theological Exposition of Scripture*)에 좀 더 자세히 설명되어 있습니다.

네 번째 제국은 모든 다른 제국들을 부수고 깨트려 버릴 것이다. 이 말은 이전의 각 제국들이 정복자에 의하여 흡수된 것으로 설명될 수 있을 것이다. 그러므로 로마가 그리스를 정복하였을 때 로마가 이전에 그리스에 의하여 패배당하고 흡수된 제국들을 정복한 것이다.[1]

이런 관점이 보편적이지만 이것은 잘못된 논리에 근거했을 뿐만 아니라 이것은 이 구절이 말하고 있는 것이 아닙니다. 이 접근 방법이 비논리적임을 밝히기 위하여 미식축구의 예를 들어 보겠습니다.

만약에 뉴 잉글랜드의 페트리엇 팀이 레이븐스 팀을 이겼고 레이븐스 팀이 콜트 팀을 이긴 카우보이 팀을 이겼다면 이것이 패트리엇 팀이 콜트 팀을 이긴 것입니까?

물론 아닙니다. 이것은 결승전에서 일어날 일이고 슈퍼볼에서 결정될 일입니다. 그러나 더욱 중요한 것은 간단히 말해서 이 구절이 다른 나라를 이어받은 나라가 또 다른 나라의 뒤를 잇는 식으로 말하지 않고 있다는 것입니다.

이구절은 네 번째 제국이 다른 모든 제국들을 부숴 버릴 것이라는 것입니다. 우리가 본문에 충실하고자 한다면 우리는 그것이 실제 말하고 있는 사실에 머물러 있어야 합니다. 로마 제국이 다른 제국들의 영토를 부분적으로 정복하였지만 분명히 전부를 점령한 것도 아니고 더욱 대부분을 점령한 것도 아닙니다.

로마 제국은 메대와 바사의 대략 5분의 1 정도를 정복하였고 수도였던 에크바타나와 퍼세콜리스는 로마 제국의 손에서 몇 백 마일 떨어져 있었고 전혀 영향을 받지 않았습니다. 우리가 솔직하고자 한다면 다니엘 2:40의 말씀을 로마 제국이 성취하였다고 말하는 것은 과장일 뿐입니다. 한편 역사적인 이슬람 칼리페이트 제국은 전적으로, 절대적으로, 완전히 이 모든 땅들을 정복하였습니다.

---

1 Stephen R. Miller, *Daniel: The New American Commentary: An Exegetical and TheologicalExposition of Scripture* (Nashville: Broadman and Holman, 1994), 96.

6. 문화적으로 종교적으로 정복함

그러나 우리가 "부숴 버린다"는 것을 단순히 지역을 차지한다는 뜻을 넘어서 확대해 보면 어떻게 될까요?

만약에 그 짐승이 그발 아래 있는 모든 것들을 부수고 밟아 버린다는 반복되는 설명들의 목적이 단순히 한 지역을 통치 소유하는 것 이상의 의미를 전달하려는 것이었다면 어떻게 하시겠습니까?

그것들이 의미하는 것이 그가 문화, 종교, 언어를 부숴 버리는 것이었다면 어떻게 하시겠습니까?

이 확대된 정의를 마음에 두고 로마 제국과 이슬람 제국을 비교하여 보면 무슨 일이 일어날까요?

주석가들은 로마 제국을 부수는 나라로 인식하여, 자주 로마 군대의 힘과 반역을 부수는 큰 능력을 말하면서, 과장하여 적용하였습니다.

그러나 반역을 진압하는 것이 다니엘 예언에서 발견하는 극적인 설명을 충분히 만족 시키고 있습니까?

우리가 로마 제국의 성격을 고려해 볼 때 이것은 전혀 그의 피정복 국민들에게 행한 순전히 파괴적 영향력과는 거리가 먼 것입니다. 사실 로마는 고대 세계에서 나라를 세우는 힘으로 잘 알려져 있습니다.

로마가 한 민족을 정복하면 로마는 그 문화를 멸망시키고 종교를 없애 버리며 새로운 언어를 강요하기보다는 오히려 로마는 대체적으로 법을 부과하고, 도로와 기반 시설물들을 건설하며 새로운 질서를 창조하는 동시에 이것들 즉, 문화, 종교, 언어를 용납하였습니다. 유명한 로마의 도로는 로마 제국의 구석구석까지 도달하였습니다. 이 도로들은 견고한 기초 위에 돌로 포장되었고 훌륭하게 건설되었습니다.

영토를 통치하기 위하여 로마는 먼 지방까지 쉽게 접근하는 것이 필요하였습니다. 도로들은 무역을 흥왕하게 하였고 따라서 세금도 많이 거둘 수 있었습니다. 결과적으로 이 제국의 모든 타운과 도시들은 로마가 건설한 정교한 도로 시스템으로 연결되어 있었습니다.

이것은 유명한 말로 이어집니다.

> 모든 도로는 로마로 도달한다.

로마의 법률과 군사의 보호가 또한 평화와 안정을 창조하였고 잘 알려진 "로마의 통치 아래서의 평화"(Pax-Romana)를 가져오게 하였습니다. 로마 제국은 부숴버리는 힘이라기보다는 오히려 때로는 정복한 백성들에게 긍정적인 영향력이었습니다. 다니엘 주석에서 존 월브우드(John Walvoord)는 이 문제를 인정하고 문장에 서술된 대로의 네 번째 제국의 파괴적인 성격과 로마통치의 건설적인 면의 모순을 고민하였습니다. 월브우드는 "로마의 법률과 로마의 도로와 문명에도 불구하고 이 제국은 건설적인 면이 조금밖에 없다"[2]고 믿었습니다.

기간 설치를 넘어서, 로마는 세금징수와 시저 황제의 인정을 받기를 기대하는 동시에, 고대의 기준으로 볼 때 아주 참을성 있는 제국이었습니다. 예수님 당시 로마 정권 아래서 유대인의 성전은 굳건히 뚜렷하게 예루살렘에 서 있었고 유대인들은 자유롭게 종교 활동을 하였습니다. 로마법은 유대인들의 종교적 권리를 보호해 주었습니다. 칼리굴라 황제 시절에 잠깐 동안의 핍박 같은 예외는 있었지만, 그 통치의 대부분은 로마 제국은 비교적 관용적인 것이었습니다.

문화적으로 파괴적인 정권이라는 생각를 고려해 볼 때 로마 제국을 다니엘의 네 번째 짐승과 연관하여 보는 것은 분명히 문제가 됩니다. 예를 들어 로마 제국과 헬라 문화의 관계를 생각해 보십시오. 헬라 문화를 부숴버리기는커녕 대부분의 로마 제국은 헬라의 방식에 압도되었습니다. 예수님 당시 로마의 주권 아래 헬라어가 중동 지역을 지배하는 언어였습

---

2 John Walvoord, *Daniel: The Key to Prophetic Revelation* (Chicago: Moody, 1989), 68–69.

니다. 종교적인 면에서는 대부분의 로마 문화는 세속적인 헬라의 범신론을 수용하였습니다. 이름은 바뀌었지만 근본 범신론은 그대로 남아 있었습니다. 제우스는 주피터가 되었고 아테미스는 다이아나로 아프로디테는 비너스 등으로 바뀌었습니다. 문화적으로 파괴적인 세력이라는 조건을 생각해 볼 때 로마 제국은 다니엘 2:40에 언급된 부숴버리는 정권이 아님은 분명해 보입니다.

7. 이슬람 제국(Islamic Caliphate)

로마 제국과는 반대로 이슬람 제국은 그 시작부터 정복한 백성들의 문화와 종교를 부숴버리고 없애 버리는 아랍 이슬람 우월주의 세력이었습니다. 이것은 삶의 모든 분야까지를 포함하는 이슬람의 전체적인 이데올로기 때문입니다. 이슬람은 단순한 신학보다 훨씬 그 이상의 규칙과 명령들을 가지고 있습니다. 그것은 그 정권 아래 있는 자들의 법률, 정부, 언어, 군사, 그리고 성 생활과 위생적인 활동까지 독재로 통치합니다.

이슬람이라는 단어 자체가 그들의 선지자인 모하메드의 생활방식은 물론 무슬림의 신인 알라의 법에 복종한다는 뜻을 가지고 있습니다. 이슬람은 전체주의 이데올로기의 핵심 같은 상징입니다. 어디든지 이슬람이 확장되는 곳에는 반드시 복종의 억압적인 이데올로기를 가지고 왔습니다. 이슬람은 이전의 바벨론, 메대와 바사, 그리스 제국의 모든 지역을 정복하였습니다. 이슬람은 이전 것을 퇴출시키고 광대한 비율로 아랍의 언어를 정복한 백성들에게 강제로 주입시켰습니다. 오늘날, 요르단, 이라크, 시리아, 레바논 그리고 대부분의 북아프리카에서 아랍어를 쓰고 있습니다.

바사와 투르크는 그들의 언어를 유지했지만 그들의 글자들은 아랍화되었습니다. 나중에 머스타파 케말 아타터크는 새로운 영어화된 글자를 터키에 강요하였습니다. 제국의 세력으로 이슬람은 통치 아래 있는 백성들에게 아랍의 종교와 문화를 강요하였고 이전의 종교들과 비이슬람 문화의 증거들을 제거하였습니다.

아랍 이슬람 제국주의와 우월주의에 대하여 다루면서 끝없는 예들의 자세한 것을 책 한권으로 쓸 수도 있지만, 지금은 몇몇 간단한 예들이 이 관점을 보여 주기에 충분할 것입니다. 오늘날 고대 초대교회의 중심 지역에서의 교회 공동체는 생존을 위하여 싸우는 고난 당하는 소수가 되어 버렸습니다.

안디옥, 알렉산드리아, 예루살렘 같은 도시들은 한때 교회의 요새이자 부흥하였던 수도들이었지만 오늘날 토착 교회 공동체는 이전의 그림자일 뿐입니다. 계산되고 고의적인 이슬람 프로그램은 성경적 믿음의 유일하고 가장 중심이며 성스러운 위치인 성전 산의 유대 관련성과 존재했던 모든 역사를 부인하는 데 있습니다. 인기 있는 학문적인 배경에서 "성전 산 부인"의 예는 무지하게 많습니다.

이전의 예루살렘의 이슬람 대학자인 쉐이크 이크리마 사브리는 여러 번 유대인의 성전 관련은 신화라고 말하였습니다. 1998년에 사브리는 말하기를 "무슬림들은 성전 산이 유대인과 어떤 관련이 있는지 지식이나 깨달음이 없다"고 하였습니다.[3] 비슷하게 이전의 팔레스타인 종교법원의 원장이며 예루살렘과 성지의 "이슬람-기독교 회의"의 의장이었던 쉐이크 테이시르 알 타미미는 2009년에 말하였습니다.

> 유대인들은 성전과 관련이 없다. 나는 어떤 유대인의 거룩한 장소가 그 안에 있는지 모른다. 이스라엘 사람들은 1967년부터 그들의 보잘 것 없는 역사 즉 성전 유적을 발굴하여 찾고 있다.[4]

---

[3] *Makor Rishon*, May 22, 1998.
[4] "Jews Have No Connection to Jerusalem," Palestinian Media Watch, June 9, 2009, http://www.palwatch.org/main.aspx? fi=636&fld_id=636&doc_id=1105.

성전 산의 역사적 유대인 관련성을 부인하는 무슬림들의 선전뿐만 아니라 무슬림와크프(이슬람 문화유산 재단)가 조직적으로 성전 산 밑에서 발굴하여 낸 수천 개의 고대 유대인 기물들을 조직적으로 파괴한 사실이 잘 기록되어 있습니다. 최근에 들어서 이런 협력화되고 조직적인 이슬람의 문화파괴는 "성전 산 유물파괴 방지 위원회"와 "성전 산 유물보존 작전" 등을 조직하는 데까지 이르렀습니다.

이들은 1990년대 후반에 지하 모스크를 건축할 때에 아크프에 의하여 성전 산으로 부터 수백 트럭분의 흙을 걸러내는 일에 몰두 하였습니다. 아크프에 의하여 대량으로 귀중한 고고학적 유물이 파괴되는 것을 한탄하여 세계유명 고고학자인 가브리엘 바카이(Gavriel Barkai) 박사는 외쳤습니다.

> 그들은 불도저가 아니라 칫솔로 다루어야 한다. 이것은 어느 문명 나라에서도 볼 수 없는 범죄 행위이다.[5]

이스탄불에는 한때 세계최대의 교회였던 하기아소피아성당이 있습니다. 오늘날 이것은 박물관이며 동시에 회교사원입니다. 1453에 정복자 메멧이 콘스탄티노플을 정복하자마자 하기아소피아성당은 무슬림들이 예배드리는 장소로 변경되었습니다. 기독교적인 그림과 상징들은 파괴되거나 덮어 버렸습니다. 그런 곳들에 큰 액자들을 세워 알라, 모하메드, 그리고 알라의 이름을 높이는 금 잎으로 된 아랍 서예로 덮었습니다.

오늘날 하기아소피아성당은 물론 박물관으로 간주되지만 무슬림들은 아직도 그곳에서 기도하는 것이 허락되어 있습니다. 다른 한편으로 기독교인들이나 기독교 그룹들은 공개적으로 한때 동방 기독교의 중심지였

---

5 Martin Asser, "Israeli Anger Over Holy Site Work," BBC News, August 28, 2007, http://news.bbc.co.uk/2/hi/middle_east/6967457.stm; Hillel Fendel, "Archaeologists Issue Urgent Warnings against Temple Mountain Dig," August 30, 2007, http://www.freerepublic.com/focus/f-news/1889037/posts.

던 그곳에서 기도하는 것이 금지되어 있습니다. 바깥에는 십자가가 그 큰 구조물을 덮고 있었지만 지금은 뚜렷한 반달 장식이 서 있습니다. 중앙 아프가니스탄에 모래 바위 절벽을 조각하여 만든 두 개의 고대 바미얀 부처상들이 천오백 년 동안 서 있었습니다. 이 상들을 우상이라고 비난하면서 2001년에 탈레반 지도자 물라 모하메드 오마르는 다이나마이트로 그것들을 완전히 파괴하여 버렸습니다.

최근에는 역사적인 런던의 햄릿 타워가 증가하는 무슬림 이민자들의 주거지가 되면서 많은 기독교 역사적 장소들이 조직적으로 제거되었습니다. 한때 1122년까지 거슬러 올라가는 성 마리아의 교회마당이며 역사적 수도원이었던 곳이 지금은 알탑알리공원이 되었습니다. 공원 한쪽 구석에는 샤히드-미나(순교자의 기념탑)로 알려졌는데 방글라데시 다카에 있는 국가 기념탑의 복제품입니다.

다시 한 번 말씀드리면 그런 목록은 문자적으로 여러 권을 채울 만큼 많습니다. 어디든지 이슬람이 도달하는 곳은 그 정복된 문화는 점차적으로 지워졌고 이전 문화의 상징과 증거들은 모두 파괴 되었습니다. 순복된 백성들의 종교가 특별한 목표물이 되었습니다. 이것이 이슬람의 유산이며 다니엘 2:40의 조건을 완벽하게 만족시킵니다.

이슬람은 부수는 능력이며 "남은 것들을 발로 밟아" 버립니다. 이슬람 제국이 성경 말씀의 설명을 완전히 자세하게 만족시키는 반면 로마 제국을 이 모습에 억지로 맞추기는 어렵습니다. 네 번째 제국의 정체를 파악하고 분별하려고 시도할 때 우리는 이 두 제국 사이의 차이점을 심각하게 고려해야 합니다.

8. 네 번째 제국의 쇠락

로마 제국을 네 번째 제국으로 파악하는데 있어서 두 번째 문제는 바로 다니엘 2:34-35의 조건들입니다. 이번에는 네 번째 제국의 나타남이 아니라 이 구절들이 그 제국의 쇠락과 멸망의 날, 그리고 메시아의 재림과 그의 왕국을 말하고 있기 때문입니다. 그리스도의 왕국은 "인간의 손으로 말미암지 않은 떠낸 바위"로 설명되어 있습니다. 메시아 왕국은 특별히 적그리스도의 마지막 왕국을 멸망시킵니다. 그러나 우리가 보듯이 그렇게 할 때 적그리스도의 멸망으로 말미암아 바벨론, 메대와 바사, 그리고 헬라도 역시 함께 멸망을 당합니다.

> 또 왕이 보신즉 사람의 손으로 하지 아니하고 뜨인 돌이 신상의 철과 진흙의 발을 쳐서 부숴뜨리매 때에 철과 진흙과 놋과 은과 금이 다 부숴져 여름 타작 마당의 겨 같이 되어 바람에 불려 간 곳이 없었고 우상을 친 돌은 태산을 이루어 온 세계에 가득 하였었나이다 (단 2:34-35).

간단하게 말해서, 로마 제국이 그의 최대 지점까지 지금 전적으로 다시 회복되어 있고 예수님이 재림하셔서 로마 제국을 멸망시킨다고 한다면, 바벨론, 메대와 바사, 그리고 그리스는 "동시에" 모두 멸망당하지는 않을 것입니다. 이 제국들이 차지하고 있는 많은 부분의 땅들이 파괴되겠지만 이 세 제국의 3분의 2는 고스란히 남아 있을 것입니다.

다른 한편 이슬람 제국이 다시 오늘날 회복된다면 예수님이 재림하셔서 이 제국을 정복하신다면, 바벨론, 메대와 바사, 그리스 모두 다 완전히 멸망당할 것입니다. 다시 한 번 이슬람 제국은 이 구절의 조건들과 요구를 만족시키는 반면 로마 제국은 아닙니다.

9. 배경 배경 배경

　여기까지 우리가 연구한 증거에도 불구하고 많은 서구 사람들은 그 예언이 로마 제국을 말하는 것이 아니라는 생각에 많은 고민을 할 것입니다. 서구 사람들은 바벨론에서 로마에 이르는 해석이 결국 서구적인 관점과 서구적인 역사 안목으로 볼 경우에만 진리라는 사실을 인정하는데 실패하고 있습니다. 서구 문화는 그 역사와 그 많은 문화를 로마와 헬라 제국을 통하여 추적하여 나가기 때문에 서구 사람들은 성경 말씀도 역시 그 역사가 서구적 관점에 서 있다고 간주하는 경향이 있습니다.

　서구 사람들이 서구 중심의 세계관에서 벗어나서 그 구절의 실질적인 배경을 고려하는 것이 필수입니다. 이 구절의 배경은 신 바벨론 제국의 왕이었던 느부갓네살에게 특별히 주어진 꿈입니다. 물론 모든 성경 예언의 최종 배경과 초점은 예루살렘과 이스라엘이지만, 이 구절은 바벨론에서 바벨론 왕에게 그의 뒤를 이을 왕국들에 대하여 계시된 것입니다. 이것은 문장에서 확실하게 볼 수 있습니다.

> 왕이여 왕은 열왕의 왕이시라 하늘의 하나님이 나라와 권세와 능력과 영광을 왕에게 주셨고 인생들과 들짐승과 공중의 새들, 어느곳에 있는 것을 무론하고 그것들을 왕의 손에 붙이사 다 다스리게 하셨으니 왕은 곧 그 금머리니이다 왕의 후에 왕만 못한 다른 나라가 일어날 것이요 셋째로 또 놋 같은 나라가 일어나서 온 세계를 다스릴 것이며 (단 2:37-39).

　이 꿈은 미국이나 유럽의 미래를 밝히기 위한 의도가 아니었습니다. 대신 이꿈은 느부갓네살에게 그의 왕국을 계승할 왕국들을 보이시려는 것이었습니다. 왜 느부갓네살의 꿈에 로마 제국이 포함되지 않는지를 이해하기 위하여 그 지역의 역사를 간단하게 살펴보아야 하겠습니다.

10. 바벨론의 미래

　그 예언이 선언한 대로 정확하게 바벨론은 메대와 바사 제국에게 패망하였습니다. 나중에 메대와 바사 제국도 알렉산더 대왕의 헬라에게 정복당하였습니다. 메대와 바사와 헬라는 그 통치 지역과 범위가 서로 비슷하였습니다. 그들은 분명히 느부갓네살을 이어받았습니다. 그러나 느부갓네살이 그 지역 정복전쟁 가운데 일찍 사망하고 그의 제국은 사분화되어 그의 후계자인 네 장군들에게 나누어집니다. 이 알렉산더 헬라 제국의 사분화 문제는 다니엘 8장과 11장에서 더욱 자세히 상의할 것입니다.

　이 분단 지역 가운데 가장 중요한 것은 지금의 터키로부터 파키스탄과 아프가니스탄에 이르는 대부분의 중동 지역을 통치하였던 셀류씨드 왕조였습니다. 그러나 이 셀류씨드 왕조 또한 그 세력이 점차 쇠퇴하였는데 중동 지역에서의 그리스 헬라 통치의 마지막 쇠퇴를 보여주는 것입니다. 이 때 이 기간에 파티안 사람들이 와서 그 지역의 세력을 잡게 되었습니다.

　파티안 사람들은 북 이란으로부터 온 메대와 바사 부족인데 중동 대부분의 지역을 약 오백 년간 통치하였습니다. 파티안 기간 후에 다른 바사 부족인 사사니드가 그 지역에서 세력을 견고히 할 수 있었고 그들의 통치는 아랍 무슬림들의 공격에 의해 정복되기까지 사백 년간 계속되었습니다. 파티안과 사사니드의 정복자들이나 정복당한 자들이나 모두 그들 자신을 메대와 바사 사람들이라고 보았습니다. 그들의 통치 기간은 크게 축소되었지만 바사 제국의 남은 생명의 연장이었다고 보는 것이 옳을 것입니다.

　이 축소된 연장은 7장에서 나중에 언급이 됩니다.

　　그 남은 모든 짐승은 그 권세를 빼앗겼으나 그 생명은 보존되어 정한 시기가 이르기를 기다리게 되었더라 (단 7:12).

바사의 민족성과 정체성 때문에 파티안과 사사니드는 느부갓네살의 꿈에서 다른 제국들로 구분되어 나타나지 않았습니다. 강력하고 잘 조직된 이슬람 제국이 와서 그 지역을 절대적으로 정복할 때까지는 그 꿈이 설명하고 있는 그 다음 "왕국"은 나타나지 않았습니다.

그러므로 그 신상의 처음 네 구분은, 이 장에서 우리가 살펴본 대로, 다음과 같습니다.

① 금 머리: 바벨론 제국
② 은 가슴과 팔: 메대와 바사 제국
③ 동으로 된 배와 넓적 다리: 헬라 제국
④ 철 다리: 이슬람 제국

11. 로마를 뛰어 넘음?

느부갓네살의 꿈을 이렇게 이해하자고 제안할 때, 대부분은 이 꿈에 로마 제국이 포함되지 않았다고 생각하는 것에 대하여 회의적이지만, 어느 누구도 지금까지 파티안과 사사니드가 포함되지 않았다는 것에 대해서는 별로 개의치 않는다는 사실을 나는 발견하였습니다. 이것은 파티안 제국이 그 지역을 로마 제국이 탄생하기도 전에 백년이나 넘게 통치하였다는 사실에 도 불구하고 말입니다.

그러나 그 꿈에 대하여 바벨론의 배경을 인정할 때 로마 제국의 부재는 완전히 타당하게 됩니다. 우리가 이미 보았듯이 이슬람 제국(Islam Caliphate)은 메대와 바사 그리고 그리스의 이전 영토뿐만 아니라 고대 바벨론 지역까지 완전히 정복하였지만 로마 제국은 이 지역들을 모두 점령하지 않았습니다.

우리가 메대와 바사 혹은 그리스의 지도를 바벨론 지도와 비교하여 보면 로마의 통치 영역이 현저하게 서쪽으로 치우쳤다는 사실이 분명해 집니다. 로마 제국은 이 꿈의 배경과 전혀 맞지 않고 포함되지 않았습니다.

12. 트라얀 황제의 동방 정복전쟁

약 1500여 년의 존재 가운데 거의 대부분은 로마 제국의 국경은 바벨론의 서쪽 500마일에 굳게 서 있었습니다. 그러나 아주 짧은 기간 동안은 제외입니다. 주후 116년에 황제 트라얀은 로마 제국을 동쪽으로 더욱 확장하기로 마음을 정하였습니다. 그는 유브라데 강을 넘어서 티그리스 강 하류로 운행하여 바벨론과 수사 도시들의 고대 폐허 지역을 임시로 통치하였습니다.

그러나 몇 개월의 짧은 기간 안에 로마가 잠깐 동안 통치했던 바벨론의 주권을 영원히 포기하게 되는 세 가지 사건이 생겼습니다.

첫째, 유다 지역에서 유대인들의 반란이 일어났습니다. 이것은 그 반란에 대응하기 위하여 상당한 군사력을 보내야 하는 상황이었습니다.

둘째, 정복된 파티안들이 자기 영역을 침략한 로마에 반격을 시작하였습니다.

셋째, 많은 역사가들이 말하는 것처럼 트라얀 황제가 중풍으로 쓰러진 것입니다.

그는 급히 그 지역에서 철수하였고 몇 주일 안에 사망하였습니다. 로마는 그들의 바벨론과 메소포타미아에 대한 매우 짧은 통치를 포기할 수밖에 없었습니다. 트라얀의 후계자로 선택된 하드리안은 동로마 제국 출신이었는데 트라얀의 어리석은 제국 동방 확장 노력을 보면서 바벨론과 아르메니아에서 로마 군대를 철수하였고 로마의 국경을 유브라데스의 서쪽에 남는 것으로 공식적인 선언을 하였습니다.

역사학자인 딘 메리베일(Dean Merivale)은 다음과 같이 요약하였습니다.

> 유브라데스 강을 넘어서 로마 기관들이 뿌리를 내릴수 있었던 땅은 없었고 있었다고 해도 그것들을 유지하는 비용은 로마를 극히 고갈시켰을 것이다.⁶

느부갓네살의 꿈이 바벨론 중심의 예언으로 2600년 이상의 기간을 다루고 있기 때문에 로마 제국의 메소포타미아에서의 매우 짧은 흔적은 단순히 이 신상의 다른 금속으로 구분되어 포함될 만큼 중요하지 않은 것입니다. 포함된 제국들은 실질적으로 바벨론과 그 주변의 넓은 지역을 정복하고 근본적인 통치 정권을 세웠던 세 제국들뿐 이었습니다.

13. 철과 흙이 혼합된 발

철 다리를 묘사한 후에 다니엘은 철과 진흙이 혼합된 발을 설명하기 시작하였습니다.

이 예언의 전체적인 중심이 "네 번째 왕국"에 있지만 예수님의 재림 직전의 마지막 제국은 기술적으로 철 다리가 아니라 철과 흙으로 된 발입니다. 혹은 네 번째 제국은 두 단계의 전개 과정으로 되어 있다고 표현하는 것이 적합할 것입니다. 이 이중적 제국을 보는 열쇠는 다음의 말씀에 있습니다.

> 그 우상의 머리는 정금이요 가슴과 팔들은 은이요 배와 넓적다리는

6　George Rawlinson, *Parthia* (New York: Cosimo, 2007), 313–14.

놋이요 그 종아리는 철이요 그 발은 얼마는 철이요 얼마는 진흙이었나이다(단 2:32-33).

아람어 원본의 문자적이고 단어 대 단어의 표현이 정열되었는데 이것은 다음과 같은 신상의 구분을 보여줍니다.

① 머리: 정금
② 가슴, 팔: 은
③ 배, 넓적다리: 동
④ 다리: 철
⑤ 발: 부분적으로 철, 부분적으로 흙

넷이 아니라 다섯의 구분되는 부분이 있다는 점은 확실합니다. "철처럼 강하다"(단 2:40)고 설명된 다리와 "부분은 철이요 부분은 흙"(단 2:43)이라고 설명된 발 사이에는 분명한 구분이 있습니다. 이 신상에는 네 번째와 다섯 번째의 구분이 동시에 있습니다.

그러나 다니엘 어디서든지 "다섯 번째 제국"이라는 말이 없다는 사실은 물론, 다리와 발의 철이라는 요소에 의한 연속성 때문에 마지막 두 제국이 관련이 많다고 믿는 이유입니다. 그래서 네 번째 제국은 첫 단계와 두 번째 단계로 이해되어야 합니다.

이 이중적인 제국은 많은 현대의 해석자들에 의하여 인정된 것입니다. 물론 대부분의 학자들과 성경 교사들은 네 번째 제국을 로마로 그리고 다섯 번째 제국을 말세에 다시 부활된 신로마로 이해하고 있습니다. 그러나 다시 한 번 말해서 로마 제국은 그 네 번째 제국의 구절의 기준을 충분히 만족시키지 못하고 있는 반면에 이슬람 제국은 그 조건들을 완전히 충족시킵니다. 그러므로, 내 견해는, 그 신상의 두 단계의 제국들은 역사적 이슬람 제국(철 다리)과 부활된 상태의 이슬람 제국(철과 흙이 혼합된 발)입니다.

요약해서 느부갓네살 꿈의 제국들은 다음 그림과 같이 이해된다고 결론을 짓게 됩니다.

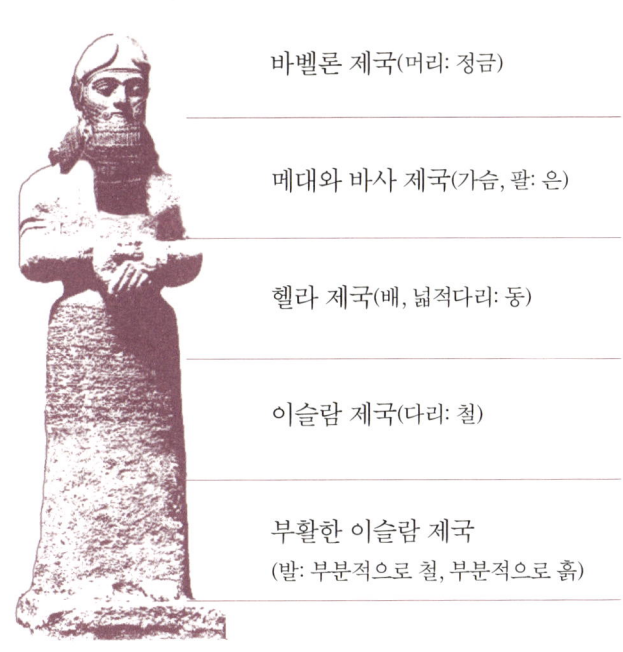

바벨론 제국(머리: 정금)

메대와 바사 제국(가슴, 팔: 은)

헬라 제국(배, 넓적다리: 동)

이슬람 제국(다리: 철)

부활한 이슬람 제국
(발: 부분적으로 철, 부분적으로 흙)

느부갓네살 왕의 금속 신상 꿈

14. 나누어진 왕국

다니엘 2:41에서 우리는 마지막 왕국의 결정적 특징이 나누어진 것임을 보았습니다.

> 왕께서 그 발과 발가락이 얼마는 토기장이의 진흙이요 얼마는 철인 것을 보셨은즉 그 나라가 나누일 것이며 왕께서 철과 진흙이 섞인 것을 보셨은 즉 그 나라가 철의 든든함이 있을 것이나(단 2:41).

많은 주석가들은 이 설명을 로마 제국에 적용하여 동서 제국으로 나누어졌음 지적하였습니다. 그러나 이 나누어짐은 분명히 로마 제국을 정의해 주지 않습니다. 서로마 제국은 주전 27년에 세워졌고 주후 476년에 멸망하였습니다. 동로마 제국은 주후 330년에 세워졌고 1453년에 멸망하였습니다. 그러므로 역사적으로 로마 제국의 나누어짐은 오직 140년 동안 즉 전체 존속기간 1480년의 약 10분의 1 동안만 지속되었습니다. 그러므로 로마 제국이 분리의 기간을 경험하였지만 "나누어졌다"고 말하는 것은 전체 존속기간으로 볼 때 로마 제국을 정의하기에 합당한 표현이 아닙니다.

다른 한편으로 이 표현은 완전히 이슬람 공동체를 설명하고 있습니다. 모하메드 사망 직후에 후계자의 권리가 모하메드의 친척에게 있다고 느끼는 시아파(전체 무슬림의 14퍼센트를 차지하는 소수 분파) 와 후계자의 권리가 모하메드의 동료들, 즉 사하바(Sahabah)에게 있다고 느끼는 수니파(전체 무슬림의 86퍼센트를 차지하는 다수 분파) 사이에 분열이 일어났습니다. 이 분열은 초기부터 근대까지 이슬람을 정의해 왔습니다. 이라크의 전쟁이 전개되면서 우리는 수 년 동안 수니파가 시아파를 죽이는 분파 간의 폭력에 대한 매일의 소식들을 들어 왔습니다. 오늘날이 용어는 단순히 이슬람 역사 기간 내내 보편적인 이슬람 내부폭력을 지칭하는 것으로 사용되었습니다.

이것이 이슬람 제국이 다니엘 2:41의 기준에 완전히 맞아 떨어진다는 증거가 됩니다. 모순되게도, 잘 알려진 예언 교사들인 데이빗 레건(David Reagan)과 야콥 프라쉬(Jacob Prasch)는 적그리스도의 제국을 구성하는 나라들이 영원히 성취할 수 없는 이슬람 세계의 통일을 이룩해야 하기 때문에 이슬람 적그리스도론의 문제점을 들고 나왔습니다. 그러나 이 비판은 이슬람 제국이 완전한 무슬림의 통일을 필요로 한다는 잘못된 가정에서 나온 것입니다. 레건은 말합니다.

무슬림 통일의 또 하나의 문제는 전체 아이디어가 하나님이 이스마엘

과 하신 언약(창 16:10-12)의 약속들 가운데 하나와 반대된다는 점이
다. 거기에는 하나님은 이스마엘의 후손이 크게 번창할 것이며 모든
이스라엘 동쪽 땅을 주신다고 되어있다. 하님은 또 아랍 사람들이 항
상 서로 분쟁할 것이기 때문에 들의 나귀와 같을 것이라고 하셨다. 이
주제에 대하여 야곱 프라쉬가 그의 글에서 지적하였듯이 이스마엘과
하신 이 언의 이런 면이 지금까지 역사를 통하여 아랍 사람들 간에 서
로 전쟁을 함으로 나타났다. 이슬람 이전에도 아라비아에서 그들은
수백 년 동안 서로 싸웠다. 모하메드는 유일신 주장을 통하여 그들을
통일할 수 있다고 믿었으나 실패하였다. 수니와 시트는 8세기부터 서
로 증오하고 싸워 왔다 … 프리쉬는 창세기의 저주가 서구를 능가하
는 통일 제국으로 발전하는 이슬람 통일을 막고 있다.[7]

이 비판에 대하여 분명한 문제가 있습니다.

첫째, 레건과 프라쉬가 지적한 아랍과 무슬림의 분열은 우리가 다니엘 2:41에서 보았듯이 마지막 적그리스도 제국은 통일된 것이 아니고 나누어질 것이기 때문에 오히려 이슬람 적그리스도론을 정당화시켜 줍니다.

둘째, 레건과 프라쉬가 강조하였던 아랍 세계의 분열된 성격을 지적하는 그 구절이 적그리스도의 마지막 분열된 제국이 바로 아랍 제국일 수 있다는 사실을 지지해 주고 있습니다. 창세기 16:11-12은 아랍 사람들이 영원히 분쟁 가운데 있을 것이라고 말하고 있는 동시에 성경은 적그리스도의 제국을 구성하는 사람들 역시도 분열된 가운데 있을 것을 말하고 있습니다. 이것을 넘어서 다른 구절들도, 마지막 때까지도, 이스라엘 땅에서 적그리스도의 군대가 자기들끼리 서로 공격하고 죽일 것이라고 우리에게 알려 주고 있습니다.

---

7 David R. Reagan, "The Muslim Antichrist Theory: An Evaluation," http://lamblion.com/articles/articles_islam6.php.

나 주 여호와가 말하노라 내가 내 모든 산 중에서 그를 칠 칼을 부르리
니 각 사람의 칼이 그 형제를 칠 것이며(겔 38:21).

그날에 여호와께서 그들로 크게 요란케 하시리니 피차 손으로 붙잡으
며 피차 손을 들어 칠 것이며(슥 14:13).

셋째, 그러나 가장 중요한 것은, 레건과 프라쉬 모두가 이슬람 제국이 안정되었지만 민족적으로 종교적으로는 약 1300년 동안을 분열된 상태로 존재하였다는 역사적 사실을 인식하는 데 실패한 것입니다.

최근 몇십 년 동안 이슬람 세계는 러시아든지 미국이든지 외부세력에 의하여 통치될 수 없다는 사실을 증명해 보이는 동시에 그들은 약 1300년 동안을 무슬림의 힘에 의하여 완전히 통치될 수 있음을 역사가 증명하고 있습니다.

예를 들자면 트루크(Turks)는 약 500년 동안 전 지역을 통치하였습니다. 이런 사실이 앞으로 나타날 적그리스도 제국에 대하여 성경이 말하고 있는 것과 완전한 조화를 이루고 있습니다. 그것은 전적으로 자원하는 나라들로 구성된 제국은 아닐 것입니다. 그의 제국을 통일시키는 오직 한가지 동기는 유대인에 대한 서로의 증오와 이스라엘을 멸망시키려는 소원일 것입니다. 마지막으로 평가하자면 레건과 프라쉬의 반대는 이슬람 적그리스도론이 얼마나 성경과 역사적 사건들 위에 굳건히 서 있는지를 증명해 보일 뿐입니다.

넷째, 왕국의 분열에 대한 마지막 고찰을 하자면, 많은 주석가들은 철로 된 두 다리가 로마를 수도로 하였던 서로마 제국과 콘스탄티노플을 수도로 하였던 동로마 제국이라고 보았습니다.

이런 입장에 대하여 몇 가지 문제가 있습니다. 전에 다루었듯이 서로마 제국은 주전 27년에 세워져 주후 476년에 멸망하였지만 동로마 제국은 주후 330년에 세워져 1453년에 멸망하였습니다.

존 왈브우드(John Walvoord)는 독일의 주석가 조지 킹의 이 상당히 평범한 해석에 대한 독특한 취급을 인용하면서 두 다리가 있다는 사실에 너무 주입식 해석을 하지 않는 것이 좋다는 데에 동의 하였습니다.

> 여기서 나는 보편적으로 받아들여지는 해석과 입장을 함께 한다. 로마가 364년에 둘로 분리되었기 때문에 두 다리가 로마 제국이라고 주장하는 것을 한 번 두 번이 아니라 그 이상 여러 번 들은 적이 있다. 콘스탄티노플을 수도로 하는 서로마 제국과 로마를 수도로 하는 동로마 제국이 있었다. 두 다리가 보인다. 맞다. 그러나 잠깐 기다리시요! 시작부터 그 분리는 철의 왕국에 이르기 전에 일어났다! 이 신상이 유령이 아니라면 동으로 된 제국에서부터 두 다리가 시작되었다 … 보시다시피 우리는 이 두 다리에 대하여 아무것도 할 수가 없다 … 나는 두 다리가 아무런 중요성이 있다고 생각하지 않는다. 두 다리가 두 로마 제국을 의미한다고 말하기를 원한다면 서 로마 제국이 단지 몇 백 년만을 지속하였기 때문에 당신은 어려움에 봉착한다. 서로마 제국은 1453년까지 존재 하였다. 당신은 이 동상이 대부분을 한 다리로 서 있게 해야 한다.[8]

15. 왕국은 혼합될 것이다

네 번째 왕국의 마지막 단계의 민족구성에 대하여 또 하나의 매우 관심을 끄는 암시는 다니엘 2:43에서 발견할 수 있습니다.

> 왕께서 쇠와 진흙이 섞인 것을 보셨은즉 그들이 다른 민족과 서로 섞

---

8 Walvoord, *Daniel*, 71–72.

일 것이나 그들이 피차에 합하지 아니함이 쇠와 진흙이 합하지 않음과 같으리이다(개역개정, 단 2:43).

왕께서 철과 진흙이 섞인 것을 보셨은즉 그들이 다른 인종과 서로 섞일 것이나 피차에 합하지 아니함이 철과 진흙이 합하지 않음과 같으리이다(개역한글, 단 2:43).

임금님께서 진흙과 쇠가 함께 있는 것을 보신 것같이, 그들이 다른 인종과 함께 살 것이지만, 쇠와 진흙이 서로 결합되지 못하는 것처럼, 그들이 결합되지 못할 것입니다(새번역, 단 2:43).

이 한 구절에서 세 번이나 여기서 "섞인다", "함께", "결합" 등등의 표현이 쓰이고 있습니다. 이것은 아람어로 "아랍"(arab)입니다. 이것을 발견하였을 때 처음에 나는 이것이 너무 "바이블 코드" 학문과 같은 것을 강하게 생각나게 하기 때문에 무시해 버리려고 했습니다. 그러나 이것은 영어에서는 이것을 의미하고 원어에서는 다른 어떤 것을 의미하는 그런 단어를 발견하는 경우는 아닙니다. 아람어로 "혼합", "섞인다"는 단어가 바로 "아랍"입니다.

고대 중동 지역에서는 아랍 사람들은 사막에서 섞여 사는 사람들을 의미하였습니다. 히브리 말로는 "에레브"(ereb)입니다. 이스마엘과 에서의 후손들이 사막의 여러 이방 족속들과 섞여 혼인하였기 때문에 그들은 근본적으로 집합적으로 말하기를 "섞인 자들"이라고 알려졌습니다. 동방 사막의 사람들이 섞인 자들이라고 처음 언급된 곳은 느헤미야에서 발견할 수 있습니다. 성전에서 율법이 다시 발견된 후에 그 두루마리가 공개적으로 읽혀지는 것을 들으며 모든 이스라엘이 모였습니다.

그날에 모세의 책을 낭독하여 기록하기를 암몬 사람과 모압 사람은

영영히 하나님의 회에 들어오지 못하리니 이는 저희가 양식과 물로
이스라엘 자손을 영접지 아니하고 도리어 발람에게 뇌물을 주어 저주
하게 하였음이라 그러나 우리 하나님이 그 저주를 돌이켜 복이 되게
하였는지라 백성이 이 율법을 듣고 곧 섞인 무리(ereb)를 이스라엘 가
운데서 몰수히 분리케 하였느니라(느 13:1-3).

율법이 낭독된 후에 이스라엘 백성들은 율법에 사막의 혼합된 이방 민족들로부터 아내를 취하는 것이 금지되었다는 것을 알았습니다. 특별히 언급된 것은 오늘날의 요르단의 하쉬마이트 왕국 지역에 살고 있던 암몬 족속과 모압 족속입니다. 근본적으로 이 말씀이 말하는 것은 율법을 들은 후에 사람들은 모든 "아랍"의 피가 섞인 사람들을 이스라엘에서 분리하여 제외시켰다는 것입니다.

다시 한 번 고대 근동 지역에서 섞였다는 말과 "아랍"은 동의어였습니다. 아랍이라는 단어의 어원적 어근이 주로 이스라엘의 동쪽에 살았던 섞인 사람들을 말하고 있습니다. 다시 한 번 다니엘 2:43의 문자적 번역은 이렇습니다.

왕께서 철과 차진 진흙이 섞인 것을 보셨으니, 그들은 다른 인종과 섞
일 것이나 그들이 서로 합하지 못하는 것이 철이 진흙과 섞이지 못함
과 같으리이다(한글 킹제임스성경, 단 2:43).

네 번째 왕국이 나타나게 될 주요 민족을 지칭하고 있는 듯한 수수께끼 같았던 이 구절의 성격은 다니엘이 바벨론이 메대와 바사에게 멸망당할 것을 지적하고 있는 벽에 쓴 글을 해석하는 다니엘 5장의 이야기를 생각나게 합니다.

그것의 해석은 이러하니, 메네는 하나님께서 왕의 왕국을 헤아려서 그것을 끝내셨다 함이요, 테켈은 왕을 저울에 달았더니 부족함이 나타났다 함이요, 페레스는 왕의 왕국이 나뉘어서 메대인들과 페르시아인들에게 주어진다 함이니이다 하더라(한글 킹제임스성경, 단 5:26-28).

다니엘 5:28의 아람어 "나뉘어"(*peres*)는 해석되기를 "바사"(*Paras*)사람들이 바벨론 왕국을 정복할 것을 가르치고 있습니다. 마찬가지로 다니엘 2:43의 아람어 "섞인"(*arab*)이라는 단어가 네 번째 그리고 마지막 왕국의 주요 대표적 사람들인 "아랍"(*arab*) 사람들이라고 이해하는 것은 전혀 비합리적인 것이 아닙니다.

16. 결론

여기까지 우리는 메시아의 재림에 관한 몇몇 구약성경의 예언 구절들을 살펴보았습니다. 그리고 지금 우리는 유럽 적그리스도론을 지지하고 기둥을 살펴보았습니다.

교회역사를 통하여 대부분이 다니엘 2장의 철 다리가 로마라고 해석하여 왔지만 오히려 우리가 본대로 이슬람 제국이 훨씬 더 확실하게 이 구절의 성취를 보여주고 있습니다. 만약에 철 다리가 로마라고 이해된다면, 그것은 다른 예언서의 여러 구절들과 심각한 불일치를 야기시킵니다. 그러나 철 다리가 이슬람 제국을 나타낸다고 한다면 다니엘 2장의 메시지는 예수님이 주의 날에 무슬림 나라들과 이스라엘의 주변국들을 심판하심을 말하고 있는 다른 예언서들의 구절들과 매끄럽게 합하여 흘러가게 됩니다. 나타날 적그리스도의 제국을 말하고 있는 주요 성경 말씀들을 앞으로 살펴보는 가운데 우리는 이런 형태가 반복되어 나타남을 보게 될 것입니다.

많은 성경 교사들에 의하여 지지되어 왔던 복잡하고, 수수께끼 같고, 여러 번 공격하며, 여러 방향의 시나리오에도 불구하고 우리는 모든 선지자들이 같은 보편적인 이야기를 반복하고 있음을 보게될 것입니다. 많은 사람들이 해왔던 것보다 이런 진술을 이해하기가 더욱 쉽습니다. 선지자들이 이 이야기를 여러 가지 방법과 여러 가지 렌즈로 말하고 있는 한편 같은 보편적인 내러티브가 반복되고 또 반복되고 있습니다.

느부갓네살의 꿈의 배경의 진원인 바빌론 도시가 큰 검은 원으로 표시되어 있습니다. (아래 그림)이 원의 반경은 바벨론에서 사방으로 약 175마일입니다.

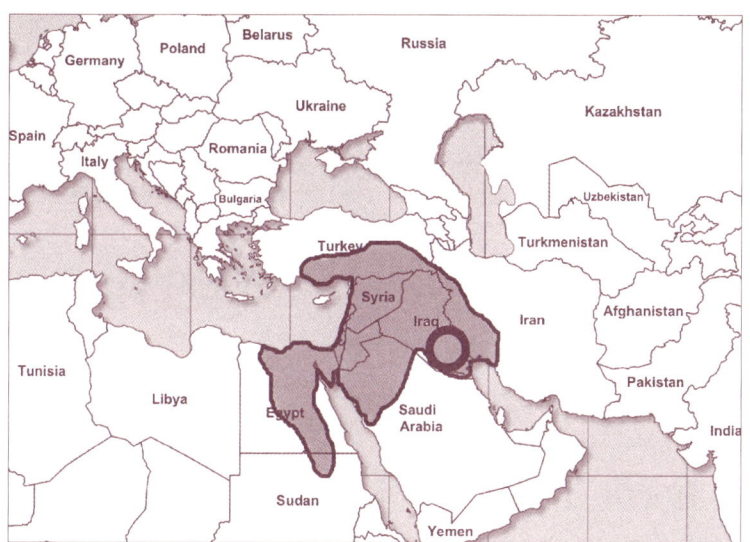

그림 4. 바벨론 제국(주전 600년경)[9]

---

9 *Moody Atlas of the Bible* (Chicago: Moody, 2009), 197.

메대와 바사 제국이 바벨론 도시와 바벨론 제국 전 지역을 부숴버렸습니다.

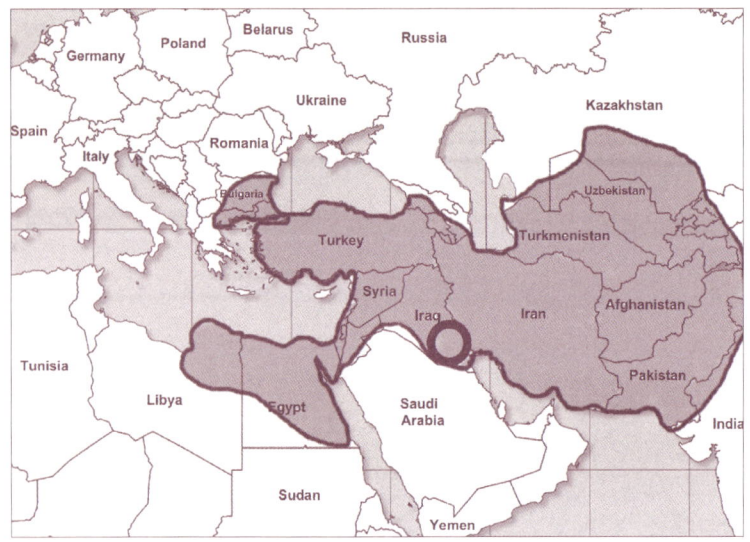

그림 5. 메대-바사 제국(주전 530년경)[10]

이전의 메대와 바사 제국처럼 알렉산더 헬라 제국도 근본적으로 바벨론 도시와 제국 전 지역을 부수어 버렸습니다.

116년과 117년 후반의 트라얀의 잠깐 동안의 동방 침략을 제외하고는 로마 제국은 그 1500년 동안의 존속 기간 대부분을 바벨론의 먼 서쪽에 머물러 있었습니다. 이것은 또한 메대와 바사와 헬라 제국의 3분의 1 이상을 전혀 건드리지도 않았음으로 "모든 다른 나라들"을 부수어 버린다는 성경의 요구조건을 성취하는 데 실패하였습니다.

---

10 Ibid., 204-5

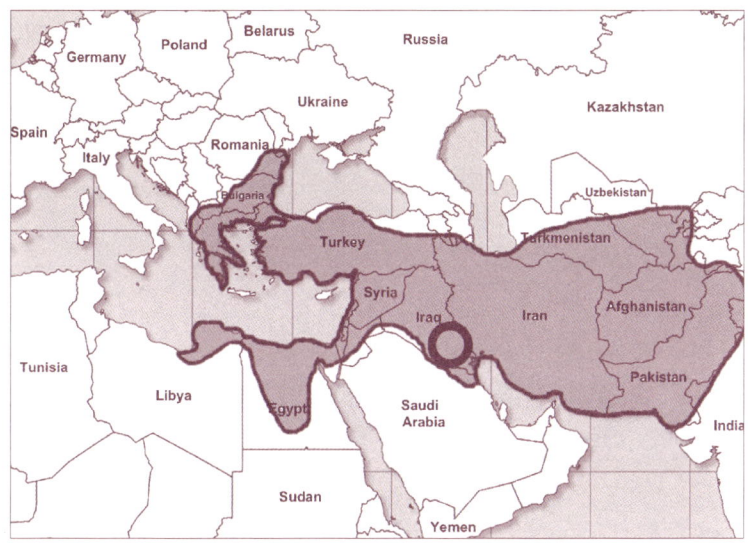

그림 6. 알렉산더 헬라 제국[11]

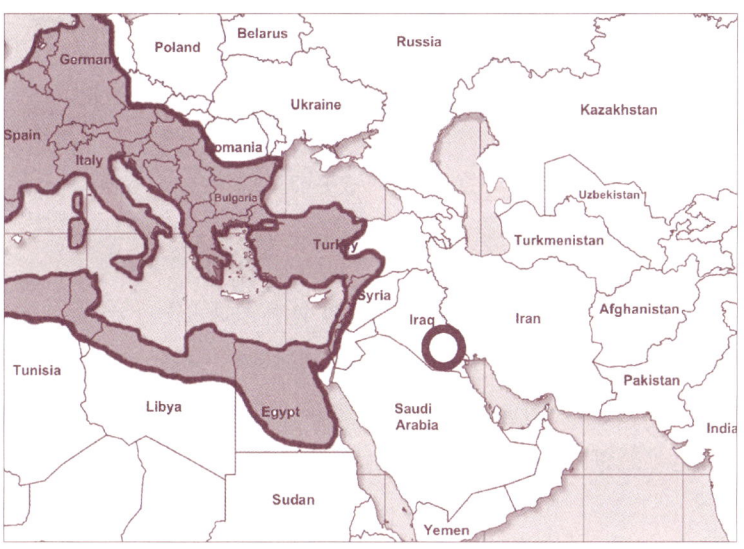

그림 7. 로마 제국(주후 54-70년경)[12]

11 Ibid., 208
12 *The Historical Atlas of Ancient Rome* (London: Mercury Books, 2005), 96–97.

이슬람 제국(Islamic Caliphate)은 바벨론 제국, 메대와 바사 제국, 헬라 제국 전체를 완전히 부수어 버렸습니다. 영토를 정복하는 것을 넘어서 대부분의 경우에서는 그의 문화(아랍), 종교(이슬람), 언어(아랍어)까지도 강요하여 성공적으로 적용하였습니다.

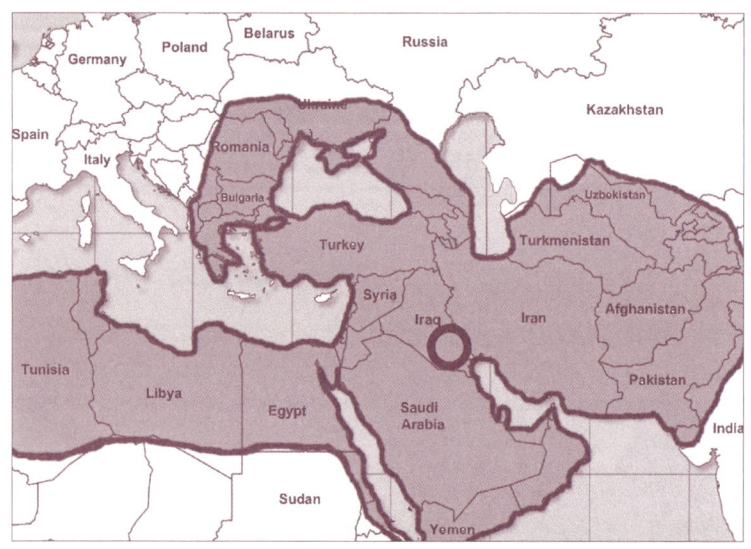

그림 8. 이슬람 제국(주후 632-1923년)

여기서, 이스라엘 땅이 이슬람 제국의 통치 아래 있는 지역으로 둘러싸여 있는 별로 표시되어 있습니다. 성경 예언의 이스라엘 중심성을 고려할 때, 유럽 아니면 이슬람 제국 중 어느 것이 더 이스라엘과 하나님의 예언 계획에 관련이 있겠습니까?

제5장 다니엘 2장: 느부갓네살의 금속 신상 꿈   127

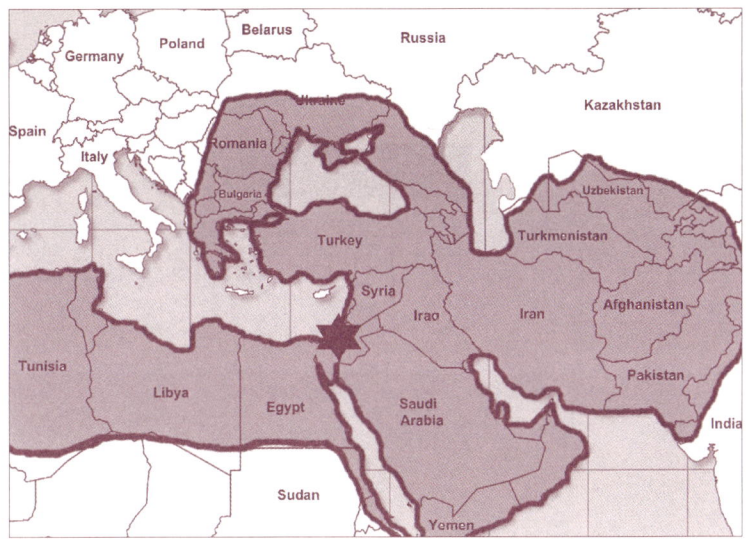

그림 9. 무슬림 나라들로 둘러싸인 이스라엘

제6장

다니엘 7장: 다니엘의 네 짐승 환상

앞 장에서는 다니엘 2장과 느부갓네살의 금속 신상의 꿈을 살펴보았습니다. 그 꿈이 새롭게 부활한 이슬람 제국에서 정점을 이루는 역사적으로 연이어 나타나는 후속의 네 제국들을 가리키고 있다고 하였습니다. 그리고 성경의 모든 선지자들이 모두 같은 기본적인 이야기를 말하고 있다는 사실을 상의하는 것으로 앞 장을 마쳤습니다.

비록 그들이 그 당시의 사건과 상황을 통하여 예언하였지만 그들이 그리고 있던 최종 그림은 같은 것입니다. 그들은 자주 다른 면들을 강조하였습니다. 다른 붓을 썼다고 생각해서도 됩니다. 그러나 그 그림들은 여전히 같습니다. 다니엘 7장을 연구하는 가운데 우리는 같은 패턴이 계속되는 것을 보게 될 것입니다.

네 개의 이어지는 역사적 이방 제국들의 그림, 이어서 나타나는 마지막 종말 시대의 제국, 이런 그림이 다시 그려졌습니다. 이번에는 그러나 금속 신상의 이미지가 쓰여지는 대신 네 가지 짐승의 상징을 통하여 그 이야기가 서술되고 있습니다.

4세기 기독교 주석가였던 시리아의 에프렘(Ephrem)은 우리가 상의하게 될 환상이 단순히 느부갓네살의 꿈을 다시 말하는 것이라고 믿었습니다.

> 다니엘의 현재의 환상은 이미 언급된 신상을 보았던 느부갓네살의 꿈과 완전히 일치하고 있으며 하나의 같은 예언을 형성하고 있다.[1]

존 왈브우드(John Walvood) 같은 현재의 학자들 중에도 공통으로 같은 의견을 반복하였습니다.

> 자유주의자나 혹은 보수주의자나 모두 다니엘서의 해석자들은 대개 7장이 어떤 의미에서 2장을 다시 말하고 있는 것이며 같은 네 제국들을 다루고 있다는 데에 동의하고 있다.[2]

다니엘 2장의 상징은 느부갓네살에게 주어진 꿈을 통하여 전달되었다면 다니엘 7장의 상징은 다니엘의 꿈을 통하여 왔습니다.

> 바벨론 왕 벨사살 원년에 다니엘이 그 침상에서 꿈을 꾸며 뇌 속으로 이상을 받고 그 꿈을 기록하며 그 일의 대략을 진술하니라 다니엘이 진술하여 가로되 내가 밤에 이상을 보았는데 하늘의 네 바람이 큰 바다로 몰려 불더니 큰 짐승 넷이 바다에서 나왔는데 그 모양이 각각 다르니(단 7:1-3).

다니엘은 느부갓네살의 꿈은 해석할 수 있었지만, 자신이 환상을 보았

---

[1] *Ancient Christian Commentary on the Scriptures*, vol. 13(Downers Grove, IL: InterVarsity Press, 2008), 223, commentary on Daniel 7:4.

[2] Walvoord, Daniel, 153.

을 때는 완전한 설명을 위하여 천사에게 문의하였습니다.

> 내가 그 곁에 모신 자 중 하나에게 나아가서 이 모든 일의 진상을 물으매 그가 내게 고하여 그 일의 해석을 알게 하여 가로되(단 7:16).

천사가 설명하였습니다.

> 그 네 큰 짐승은 네 왕이라 세상에 일어날 것이로되(단 7:17).

다니엘 2장의 꿈처럼 왕들은 또한 왕국을 나타냅니다. 3세기의 가장 중요한 신학자였던 로마의 히폴리투스(Hyppolytus)는 이 예언의 의미를 상의하였습니다.

> 여러 가지 짐승들이 복 받은 자 다니엘에게 보여졌습니다. 이들은 서로 달랐습니다. 우리는 그 내러티브의 진리가 우리가 진짜 짐승을 다루고 있는 것이 아니라 이 세상에 나타날 왕국들을 나타내는 다른 짐승들의 모형과 상징을 다루고 있다는 사실을 이해해야 합니다.[3]

네 짐승들이 나타나면서 그들은 완전히 느부갓네살의 꿈의 네 왕국과 평행을 이루고 있습니다.

---

3 *Ancient Christian Commentary*, 222, commentary on Daniel 7:4.

1. 날개 달린 사자

다니엘이 쓴 첫 번째 짐승입니다.

> 첫째는 사자와 같은데 독수리의 날개가 있더니 내가 볼 사이에 그 날개가 뽑혔고 또 땅에서 들려서 사람처럼 두 발로 서게 함을 입었으며 또 사람의 마음을 받았으며(단 7:4).

많은 주석가들은 사자가 바벨론에 대한 상징이라고 보고 있습니다. 느부갓네살은 선지자 예레미야에 의하여 "요르단 수풀에서 올라온 사자"(렘 49:19)라고 언급되었습니다

120여 마리 이상의 여러 색깔로 된 도자기 벽돌로 만들어진 사자들이 바벨론의 고대 수도 도시의 "행진의 길"을 장식하고 있습니다. 그 행진의 길은 그 도시에서부터 나와서 이쉬타르 문(Ishtar Gate)까지 이르는 벽이 있는 길이었습니다. 메소포타미아의 여신인 이쉬타르는 앗수르와 시리아 사람들에 의해 숭배를 받았으며 사자로 대표되고 있습니다. 날개 달린 사자는 다니엘 2장의 금머리에 해당합니다.

"사람의 마음을 받았다"는 말은 4장에서 느부갓네살 왕을 겸손하게 하신 사건을 다시 말하는 것으로 이해되고 있습니다.

2. 몸 한편을 들은 곰

나타날 두 번째 짐승이 나타내는 다음 왕국은 "몸 한편을 들은 곰"의 상징을 통하여 묘사되고 있습니다.

> 다른 짐승 곧 둘째는 곰과 같은데 그것이 몸 한편을 들었고 그 입의 잇

사이에는 세 갈빗대가 물렸는데 그에게 말하는 자가 있어 이르기를
일어나서 많은 고기를 먹으라 하였으며(단 7:5).

몸 한편을 들은 곰은 메대와 바사 제국을 의미하는데 바사 부분이 메대 부분보다 더욱 강하였습니다. 고대와 현대의 주석가들은 입에 물린 세 갈빗대가 세 지방 즉 메대, 바사 그리고 바벨론을 상징한다고 보았습니다. 4세기 후반의 제롬은 말합니다.

> 바벨론 백성들과 메대 백성들, 그리고 바사 백성들의 바사 제국의 입에 있는 세 갈비는 모두 합하여 하나의 단일 영역으로 축소되었다.[4]

3. 네 머리를 가진 표범

나타난 세 번째 짐승은 네 머리를 가진 표범입니다.

> 그 후에 내가 또 본즉 다른 짐승 곧 표범과 같은 것이 있는데 그 등에는 새의 날개 넷이 있고 그 짐승에게 또 머리 넷이 있으며 또 권세를 받았으며(단 7:6).

알렉산더 대왕이 중동을 정복하자마자 거의 동시에 그의 삶은 주전 323년에 끝나고 말았습니다. 그의 사후에 그의 광대한 제국은 장군들과 친구들과 가족 간에 의하여 나누어졌습니다. 디아도치(Diadochi)로 알려진 전쟁이 이들 여러 후계자들 간에 약 50년간 이어졌습니다. 주전 3세기경 알렉산더의 왕국은 크게 4 왕조에 의하여 통치되었습니다.

---

4 Ibid., 224, commentary on Daniel 7:5.

이 네 부분은 다음과 같습니다.

① 이집트를 통치하는 프톨레미 왕조(Ptolemaic dynasty)
② 지금의 터키, 아프가니스탄, 파키스탄까지의 지역을 통치하는 셀류시드 왕조(Seleucid dynasty)
③ 현재의 불가리아 지역을 통치하는 리시마키 왕조 (Lysimachean dynasty)
④ 마케도니아 즉 현재의 그리스 지역을 통치하였던 카산드라 왕조 (Cassandrian dynasty)

4. 네 번째 짐승

네 번째 짐승은 다니엘 2장의 네 번째 왕국과 상관관계가 있습니다. 여기서는 철 이빨을 가진 짐승인데 다니엘 2장의 네 번째 왕국은 철 다리로 나타나고 있습니다. 다니엘 2장에서는 왕국의 부수어 버리는 힘이 강조되어 있습니다. 여기서도 역시 네 번째 왕국은 정복한 왕국과 백성들을 부수고, 삼키고, 밟아 버리는 것으로 반복 강조되고 있습니다.

> 내가 밤 이상 가운데 그 다음에 본 넷째 짐승은 무섭고 놀라우며 또 극히 강하며 또 큰 철 이가 있어서 먹고 부숴뜨리고 그 나머지를 발로 밟았으며 이 짐승은 전의 모든 짐승과 다르고 또 열 뿔이있으므로 (단 7:7).

> 이에 내가 넷째 짐승의 진상을 알고자 하였으니 곧 그것은 모든 짐승과 달라서 심히 무섭고 그 이는 철이요 그 발톱은 놋이며 먹고 부숴뜨리고 나머지는 발로 밟았으며(단 7:19).

기독교 역사상 압도적인 대다수의 해석가들은 이 네 번째 짐승이 로마 제국을 대표한다고 믿었지만, 우리가 앞 장에서 고찰하여 본 것과 같이 여러 가지 면에서 전혀 파괴적인 제국은 아니었습니다. 오히려 그것은 건설적이었고 자주 정복한 지역에 기간시설과 법과 질서를 가져 왔습니다. 그와는 반대로 이슬람 제국은 확장되는 지역마다 정복당한 자들에게 대부분 폭력적인 힘이었습니다. 앞장에서 언급하였듯이 고대 초대 기독교 중심 지역이었던 곳들은 현재는 적은 기독교 공동체가 고난 가운데서 그들의 생존을 위하여 싸우고 있는 실정입니다.

안디옥, 알렉산더, 그리고 예루살렘 등은 한때 흥왕하였던 기독교의 수도 요새였지만 지금은 토착 기독교 공동체만 남아있고 이전의 영광의 그림자만 남아 있습니다. 반대로 로마의 수도 도시는 도시 전체가 "기독교화" 되었습니다. 이슬람 제국은 기독교 교회들을 쳐서 무너뜨렸지만 로마 제국을 최종적으로 지배하였고 정복한 것은 기독교 교회였습니다. 다니엘 2장에 대하여 논쟁하였듯이 여기서 네 번째 왕국의 묘사는 로마 제국과는 맞지 않는 반면 이슬람 제국의 설명과는 아주 잘 일치하고 있습니다.

5. 부활된 네 번째 왕국을 나타내는 열 뿔

짐승으로부터 열 뿔이 자라나옵니다. 이 열 뿔은 부활된 이슬람 제국을 나타내고 다니엘 2장의 철과 흙으로 된 발과 상관이 있습니다. 많은 주석가들도 열 뿔이 신상의 열 발가락에 해당한다고 보고있습니다.

> 내가 밤 이상 가운데 그 다음에 본 넷째 짐승은 무섭고 놀라우며 또 극히 강하며 또 큰 철 이가 있어서 먹고 부숴뜨리고 그 나머지를 발로 밟았으며 이 짐승은 전의 모든 짐승과 다르고 또 열 뿔이 있으므로 (단 7:7).

열 뿔은 열 왕 혹은 열 왕국이라고 언급되고 있는데 연합하여 나타날 적그리스도 왕국을 구성할 것입니다.

> 그 열 뿔은 이 나라에서 일어날 열 왕이요 그 후에 또 하나가 일어나리니 그는 먼저 있던 자들과 다르고 또 세 왕을 복종시킬 것이며 (단 7:24).

6. 작은 뿔은 적그리스도

열 뿔로부터 또 다른 뿔이 나오는 것을 다니엘은 보았습니다. 이 열 한 번째 뿔이 다른 세 뿔을 뽑아버리고 모든 열 뿔을 완전 장악합니다.

> 내가 그 뿔을 유심히 보는 중 다른 작은 뿔이 그 사이에서 나더니 먼저 뿔 중에 셋이 그 앞에 뿌리까지 뽑혔으며 이 작은 뿔에는 사람의 눈 같은 눈이 있고 또 입이 있어 큰 말을 하였느니라(단 7:8).

"작은 뿔"이 소개됨으로 이 환상은 느부갓네살의 꿈에서 나타난 정보를 넘어서 확장되고 있습니다. 다니엘 2장은 앞으로 나타날 네 제국을 계시하고 있지만 여기 다니엘의 계시는 이 마지막 왕국의 지도자를 우리에게 소개하고 있습니다.

> 이에 내가 넷째 짐승의 진상을 알고자 하였으니 곧 그것은 모든 짐승과 달라서 심히 무섭고 그 이는 철이요 그 발톱은 놋이며 먹고 부숴뜨리고 나머지는 발로 밟았으며 또 그것의 머리에는 열 뿔이 있고 그 외에 또 다른 뿔이 나오매 세 뿔이 그 앞에 빠졌으며 그 뿔에는 눈도 있

> 고 큰 말하는 입도 있고 그 모양이 동류보다 강하여 보인 것이라 내가 본즉 이 뿔이 성도들로 더불어 싸워 이기었더니 옛적부터 항상 계신 자가 와서 지극히 높으신 자의 성도를 위하여 신원하셨고 때가 이르매 성도가 나라를 얻었더라 (단 7:19-22).

"작은 뿔"은 자랑하는 교만한 말을 하면서 하나님의 백성들을 핍박합니다. 기독교인들은 이 개인을 곧잘 적그리스도라고 부릅니다.

이 장 전체를 통하여 일관적으로 그랬듯이 이 정보는 반복되고 있습니다.

> 그 열 뿔은 이 나라에서 일어날 열 왕이요 그 후에 또 하나가 일어나리니 그는 먼저 있던 자들과 다르고 또 세 왕을 복종시킬 것이며 그가 장차 말로 지극히 높으신 자를 대적하며 또 지극히 높으신 자의 성도를 괴롭게 할 것이며 그가 또 때와 법을 변개코자 할 것이며 성도는 그의 손에 붙인 바 되어 한 때와 두 때와 반 때를 지내리라 그러나 심판이 시작된즉 그는 권세를 빼앗기고 끝까지 멸망할 것이요 (단 7:24-26).

가장 강조 되고 있는 적그리스도의 행동은 하나님의 백성들을 핍박함은 물론 "지극히 높으신 자"를 대적하는 그의 오만하고 신성모독적인 말입니다. 적그리스도와 그의 왕국의 파괴적인 능력을 보고 생각한 후 다니엘은 "크게 번민"하였습니다.

> 그 말이 이에 그친지라 나 다니엘은 중심이 번민하였으며 내 낯빛이 변하였으나 내가 이 일을 마음에 감추었느니라 (단 7:28).

주석가 글리슨 아쳐(Gleason Archer)는 다니엘의 큰 번민의 이유에 대하여 말합니다.

> 다니엘이 본 모든 짐승들 중에서 그는 네 번째 짐승을 가장 큰 호기심과 공포로 여겼는데(19절) 인간이 체험한 어느 동물과도 닮지 않았기 때문이었다. 특별히 그는 하나님의 백성들(21절)을 이기도록 허락된 작은 뿔(20절)이 나온 열 뿔을 이상히 여겼다. 다니엘은 진실한 성도들의 정치적 복지를 생각하면서 이것이 악을 함축하고 있음을 인지하였고 이 하나님을 대적하는 반역자에 의하여 성도들이 부수어지는 전망을 보고 움추렸다.[5]

예언의 이런 면이 우리가 살펴보아야 할 특히 중요한 부분입니다. 우리가 이전에 상의하였듯이 큰 그림 안에서 로마 제국의 역사는 상대적으로 수용적이었습니다. 물론 로마 제국의 군대는 반역에 대응할 때는 대단히 잔인하였습니다. 주후 70년에 예루살렘과 성전을 부수고 유대인의 반란을 진압하는 과정에서 사람들을 죽이거나 많은 사람들을 추방한 것은 로마 제국이었습니다.

그러나 다시 한 번 이것은 유대에 의하여 시작된 반란에 대한 응징이었습니다. 로마의 지역들이 세금을 기꺼이 내고 시저를 인정하는 한 그들을 "부수어 버리지" 않았습니다. 로마의 주권 아래 있는 대부분의 기간 동안에 유대는 아주 억압된 상태에 있지 않았고 유대주의가 자유롭게 활동하도록 허용되어 있었습니다. 기독교 공동체도 마찬가지로 물론 로마가 초대교회를 분명히 핍박하였지만 큰 그림으로 보면 기독교는 그 메시지로 결국 로마 제국을 전염시켰고 정복하였습니다.

우리는 끝에 가서는 교회가 로마 제국에 대하여 승리를 얻었다고 정당하게 말할 수 있습니다. 이것은 반대로 말할 수 없습니다. 우리는 로마가 남

---

5 Archer, *Expositors Bible Commentary*, 93.

은 자들이 짓밟히기까지 교회를 부수고 삼켜 버렸다고 절대로 말할 수 없습니다. 다시 한 번 이 예언의 성취의 그림자를 로마 제국의 역사의 한 부분에서 찾아볼 수는 있지만 여전히 이런 해석은 심각한 문제가 있습니다.

한편 이슬람 제국을 생각해 볼 때, 바벨론, 메대와 바사, 그리스 지역, 유다 백성 혹은 기독교 교회를 말하든지 그 모두가 부수어졌고 삼켜졌고 밟혔습니다. 다니엘 2장에서만 보더라도 로마 제국을 그 구절의 설명과 일치시키 데 큰 어려움이 있습니다. 이슬람 제국은 그러나 그 설명과 정확하게 일치합니다.

결론적으로 네 짐승의 정체와 상관관계는 다음의 표와 같습니다.

다니엘 2장	다니엘 7장	제국
금 머리	사자	바벨론
은 가슴과 팔	곰	메대와 바사
동 배와 넓적 다리	표범	그리스
철 다리	넷째 짐승	이슬람 제국
철과 흙으로 된 발	열뿔	부활한 이슬람 제국

7. 유대인의 입장

많은 기독교 교회가 마지막 적그리스도 왕국이 유럽의 왕국이라고 보고 있지만 많은 유대의 랍비들과 지혜자들은 오래 동안 마지막 열 뿔 왕국이 아랍 아니면 중동의 왕국이라고 이해하여 왔습니다.

에스겔에서부터 탈무드, 미드라쉬, 랍비들의 원서 출처까지의 모음에서 우리는 다음과 같이 읽을 수가 있습니다.

미드라쉬는 이 열 뿔이 네 번째 왕국의 열 왕을 상징한다고 보았으며 열 한 번째 뿔은 이스라엘이 대항하게 될 마지막 왕이라고 하였다. 미드라쉬는 이 모든 왕들은 에서의 자손임을 강조하였다. 암시하고 있는 것은 이스라엘을 대적하여 공격하는 왕과 공격을 시작하는 자는 에서-에돔에서 나올 것이라는 것이다.[6]

8. 생명의 연장이 설명됨

다니엘 7장이 다니엘 2장과 평행인 것이 비교적 분명함에도 불구하고 네 짐승을 다니엘 2장의 네 왕국과 전혀 다르게 보는 많은 해석자들도 있습니다. 이 환상을 느부갓네살의 꿈과 분리하여 보는 경향의 근거는 아래의 두 구절입니다.

> 그 때에 내가 그 큰 말하는 작은 뿔의 목소리로 인하여 주목하여 보는 사이에 짐승이 죽임을 당하고 그 시체가 상한 바 되어 붙는 불에 던진 바 되었으며 그 남은 모든 짐승은 그 권세를 빼앗겼으나 그 생명은 보존되어 정한 시기가 이르기를 기다리게 되었더라(단 7:11-12).

많은 사람들이 이 구절을 마지막 왕국인 적그리스도의 제국이 멸망한 후에도 세 왕국이 한 동안 존속하는 것을 의미하는 것으로 이해합니다. 그래서 이 구절은 "네 짐승 왕국들"이 그 당시에 동시대에 존재한다고 믿게 합니다. 일부 보편적인 정의로 그 짐승들은 사자는 미국이나 영국이고, 곰은 독일이나 러시아, 표범은 이슬람, 그리고 다시 네 번째 짐승은 로마 제국으로 여겨졌습니다.

물론 이런 언급의 문제는 이 구절들이 말하는 것을 잘못 이해한 것에

---

6 ArtScroll Tanach Series: *Ezekiel, A Commentary Anthologized from Talmudic, Midrashic and Rabbinic Sources* (Brooklyn, NY: Mesorah Publications, 1989), 582.

근거하였기 때문입니다. 이 구절들은 다른 세 왕국들이 마지막 적그리스도적인 제국과 동시대인 것으로 말하고 있지 않습니다.

요점은 마지막 왕국의 급하고 강하고 완전한 파괴적인 성격과 정복당하였지만 그 제국 안에서 어느 정도 존속할 수 있었던 이전의 제국들의 멸망과는 반대된다는 점에 있습니다. 다른 말로 하면 헬라 제국은 로마 사람들에 의하여 정복되었지만, 로마 제국 안에서 계속 존속하고 있었습니다. 지난 장에서 잠깐 상의 하였듯이, 로마의 주권 아래서 헬라 언어는 중동 지역의 보편적인 언어가 되었습니다.

로마 사람들은 실지로 그리스의 범신론 신들을 자기들의 것으로 포용하였습니다. 비록 그것들의 이름은 바꾸었지만 로마는 그리스 신화의 배에 계속하여 생명을 불어넣었습니다.

적그리스도의 왕국은 메시아 왕국에 의하여 멸망을 당할 것이지만, 다른 왕국들은 급박하고 완전한 멸망의 고통을 당하지는 않을 것입니다. 이 구절의 목적은 완전하고 결정적인 적그리스도 왕국의 멸망과 이전의 제국들의 멸망을 평행으로 놓고 비교하는 것을 넘어서 또한 앞으로 나타날 영원히 멸망하지 않는 메시아 왕국과 비교하여 나타내기 위함입니다.

> 내가 또 밤 이상 중에 보았는데 인자 같은 이가 하늘 구름을 타고 와서 옛적부터 항상 계신 자에게 나아와 그 앞에 인도되매 그에게 권세와 영광과 나라를 주고 모든 백성과 나라들과 각 방언하는 자로 그를 섬기게 하였으니 그 권세는 영원한 권세라 옮기지 아니할것이요 그 나라는 폐하지 아니할 것이니라(단 7:13-14).

> 지극히 높으신 자의 성도들이 나라를 얻으리니 그 누림이 영원하고 영원하고 영원하리라(단 7:18).

나라와 권세와 온 천하 열국의 위세가 지극히 높으신 자의 성민에게 붙인 바 되리니 그의 나라는 영원한 나라이라 모든 권세 있는자가 다 그를 섬겨 복종하리라 하여(단 7:27).

이것이 이 구절의 의미입니다. 다른 제국들이 동시대에 함께 공존하였다고 증거 할 수 있는 이유가 없습니다.

제7장

다니엘 9:26: 그 왕의 백성이 와서

지난 몇 년 동안 내가 이슬람 적그리스도론의 성경적 근거를 자세하게 진술하고 설명하기를 시도하는 가운데, 나는 국제적으로 잘 알려지고 유명한 유럽 적그리스도론을 지지하는 성경 교사들과 이런 일들을 상의할 수 있는 기회를 가졌습니다. 보편적으로 모든 교사들이 이슬람 적그리스도론을 거부하는 근거로 제시한 구절이 다니엘 9:26인데 그것은 "왕의 백성이 와서"(The people of the prince to come)라고 말하고 있습니다.

이것은 오직 한 구절임에도 불구하고 많은 사람들의 마음속에 가지고 있는 무게는 매우 큰 것입니다. 많은 사람들이 이슬람 적그리스도론을 고려하지 않는 두 번째 이유는 바로 전통입니다. 나는 전통을 부정적으로 보는 사람들 가운데 속하지 않기 때문에 나는 이런 회의적인 태도를 존경합니다. 충성스런 기독교인들의 의무는 믿음 안에서 그 조상들로부터 받은 바른 교리와 관습들을 다음 세대에 전해 주는 것입니다. 전통은 진리를 보존하고 침투하는 잘못을 방어하는 목적이 있습니다. 비록 조금일지라도 전통에서 빗나가는 일이라면 큰 겸손으로 매우 조심스럽게 기도하면서 고려해 본 후에야 이루어져야 합니다.

그러나 바른 정신 아래서, 겸손과 주를 경외함으로 특별한 전통을 조사함에 있어서 어느 전통이 잘못된 것이 발견되었다면 진리가 전통 위에 수호되어야 합니다. 이 구절을 몇 년 동안 안팎으로 조사해 보았고 주석과 많은 사람들의 의견들을 참조하였으며 모든 가능한 해석들을 고려해 본 후에 나는 다니엘 9:26의 로마 중심적인 전통적 해석이 오류임을 확신이 있게 말할 수 있습니다.

만약에 당신이 저 자신처럼 전통적인 해석을 오랫동안 지지해 왔지만 진리에 열정이 있으며 이전의 주장들을 다시 고려해 볼 의지가 있다면 이 장은 당신을 위하여 쓰여진 것입니다.

1. 앞으로 오게 되는 한 왕의 백성은 누구인가?

이전에 말씀 드렸듯이 여러 해 동안 내가 이슬람 종말 패러다임을 상의할 때마다 거의 모두가 반복하여 다니엘 9:26을 언급하는 것에 부딪혔습니다. 다음의 말로 론 로드(Ron Rhodes)는 그 반대 입장을 자세히 설명하였습니다. 수십 명의 다른 성경 예언의 학생들로부터 들었던 것처럼 말입니다.

> 이 성경 말씀은 적그리스도 제국이 부활한 로마 제국에서 나온다는 것을 매우 분명하게 말하고 있다. 우리가 다니엘의 쓴 것을 볼 때 그는 적그리스도가 예루살렘을 정복하고 성전을 파괴한 사람들로부터 나올 것을 특별히 지적하여 말하고 있다. 그것은 주후 70년에 일어났다. 예루살렘을 파괴한 것은 무슬림들이 아니었다.[1]

---

1 Ron Rhodes, in an interview with Dr. David R. Reagan and Nathan Jones on their blog:http://

나는 제 자신이 여러 해 동안 이 입장에 서 있었기 때문에 이 생각의 뒤에 있는 논리를 전적으로 이해합니다. 그러나 내가 역사적 문법적 관점에서 이 구절을 점검해 보았을 때 나는 인기 있는 그 입장이 두 가지 면에서 모두 오류가 있음을 발견하게 되었습니다.

첫 번째 오류는 주후 70년의 사건의 뒤에 있는 역사적 정보들을 살펴보는 데 실패하였습니다.

두 번째 오류는 문법, 즉 이 구절의 실제 쓰여진 히브리어 단어를 살펴보는데 실패하였습니다.

2. 역사적 오류

여기 다니엘 9장에서 찾은 한 문장의 예언 안에서 우리는 로마 적그리스도 이론의 유일한 중요한 근원을 가지고 있습니다.

> 육십이 이레 후에 기름부음을 받은 자가 끊어져 없어질 것이며 장차 한 왕의 백성이 와서 그 성읍과 성소를 훼파하려니와 그의 종말은 홍수에 엄몰됨 같을 것이며 또 끝까지 전쟁이 있으리니 황폐할 것이 작정되었느니라 (단 9:26).

이 구절의 정확한 의미에 대하여 여러 가지 해석들이 제기되었으나, 대부분의 입장은 이 구절이 주후 70년에 예루살렘과 성전을 멸망시킨 특정의 백성(혹은 백성들)이 종말에 적그리스도(나타날 왕 혹은 통치자)를 따르는 주요 백성의 조상들이라는 것을 지지하고 있습니다. 이 입장에 따르면 이 구절은 다음과 같이 이해가 되어야 합니다.

---

www.lamblion.com/files/publications/blog/blog_QuickQA-Will-the-Antichrist-Come-From-the-Ottoman-Empire.pdf.

그 백성 즉 종말에 나타날 왕(적그리스도)을 따르는 주요 백성이 그 성
(예루살렘)과 그 성전(1세기의 유대 성전)을 파괴 할 것이다.

대부분은 믿기를 "그 성과 그 성전"의 파괴가 주후 70년에 디도 장군
의 로마 군단이 유대 수도인 예루살렘과 그 성전을 파괴한 것을 뜻한다고
믿고 있습니다. 그러므로 예언 교사들과 학생들의 대부분은 주후 70년의
로마 백성들을 나타날 적그리스도를 따르는 자들의 조상과 같다고 결론
지었습니다. 군인들은 로마 시민이었기 때문에 많은 사람들은 종말에 적
그리스도를 따르는 자들이 넓게는 유럽 사람들 특정하게는 이태리 사람
들이라고 결론지었습니다.

이러한 인식은 물론 파괴하는 군대를 지휘한 것이 로마 장군들(수도가
이태리의 로마)이기 때문에 또한 로마 군사들도 이태리 혹은 유럽 사람들
이라는 잘못된 믿음에 뿌리를 두고 있습니다. 역사적 증언과 현대 학자들
의 여론 두 가지 다 주후 70년에 성전과 예루살렘을 파괴한 군사들의 매
우 적은 숫자만이 실제로 유럽 사람들이었다고 말하고 있기 때문에 나는
"잘못된 믿음"이라고 부릅니다. 사실 우리가 보게 될 것같이 역사적 사실
은 극적으로 다른 그림을 나타내고 있습니다.

3. 로마 군대의 모집

간단한 역사적 사실의 순서입니다.

로마 제국이 제국이 되기 전에는 로마 공화국이라고 불렸습니다. 공화
국 초기에 제국으로 발전하면서 대부분의 군사들/대원들은 로마 군대/군
단에 봉사하게 하기 위하여 로마와 그 인근의 이태리 사람들을 모집하였
습니다. 그러나 제국이 극적으로 확장되면서, 모든 제국의 군사들을 이
태리 사람들만으로 채우는 것은 거의 불가능하였습니다.

단순히 전체 유럽, 북아프리카, 그리고 큰 부분의 중동 지역을 포함하였던 광대한 로마 제국에 걸쳐서 보낼 이태리 남자들은 충분하지 않았습니다. 그러므로 1세기가 시작되면서 어거스투스 황제는 로마 군대의 구성원의 종족구성을 극적으로 바꾸는 전면적인 연속 개혁을 단행하였습니다. 주후 15년의 어거스투스의 개혁 후에 계속하여 로마 지역 출신으로 주로 이태리 사람으로 계속하여 로마 군대에 남아 있었던 자들은 근위대와 장군의 막사와 황제를 특별히 보호하는 엘리트 군단 밖에 없었습니다.

군대의 나머지는 점점 더 이태리 사람들을 제외한 다른 사람들로 구성되기 시작하였습니다. 그 대신 그들은 "지방 사람들" 즉 그 제국의 변방, 로마 제국의 수도로부터 먼 지역에 살았던 사람들로 알려졌습니다. 군대의 "지방화"는 이 기간의 모든 로마 군단에 대하여 사실이었고 그러나 예루살렘을 공격하였던 동방 군단의 경우에는 가장 분명하고 뚜렷하였습니다. 고대 역사 기록과 현대학문 모두가 분명하게 이것을 확증하고 있습니다. 이 증거 몇 가지를 조사해 보아야 하겠습니다.

4. 첫 번째 증거: 퍼블리우스 코넬리우스 태시투스
(Pubilus Cornelius Tacitus)

퍼블리우스 코넬리우스 태시투스는 로마 제국의 공회원이며 동시에 역사가였는데 우리가 조사하고 있는 특정기간에 대하여 폭넓게 글을 썼습니다. 아직 남아 있는 두 가지 작품은 연감과 역사 등 인데 이 시대의 정보에 필수불가한 근원이 되고 있습니다. 로마의 예루살렘 공격을 말하면서 태시투스는 특정 군단과 공격하는 군대를 구성하고 있는 백성들에 대하여 자세히 썼습니다.

디도 시나는 유대 지방에 세 군단을 창설하였는데 제5군단, 제10군단, 제15군단, 여기에 그는 제12군단을 더하였는데 그들은 시리아와 알렉산드리아에서 철수한 12군단과 제3군단에 속한 몇몇 사람들로 구성되었다. 이 군사력은 이웃을 증오하고 유대인들을 증오하는 강한 아랍계의 특색을 동반하였다.[2]

이 참고로부터 여기 몇 가지 중요한 정보를 얻을 수가 있습니다.

첫 번째 로마 군단이 유대, 시리아, 이집트에 주둔하였음을 알 수 있습니다.

두 번째는 로마 군단을 넘어서 "유대인들을 증오하는 강한 아랍의 특색을 지닌" 자들을 동반하였음을 알 수 있습니다. 슬프게도 유대인들을 향한 그 지역의 증오심은 1세기부터 지금까지 별로 변하지 않았습니다. 사실 우리가 보게 될 것같이 정확하게 고대의 증오심이 성전 파괴에 이르는 사건들을 전개하는 추진력이었습니다.

5. 두 번째 증거: 플라비우스 요세푸스(Flavius Josephus)

이 기간에 대한 대체할 수 없는 또 하나의 역사가인 플라비우스 요세푸스는 태시투스의 보고를 확증하여 주었습니다.

그래서 베스파시안은 그의 아들 디도를 보내었다. 그는 육지로 시리아에 왔는데 거기서 그는 로마의 군사력을 모았고 그 인근의 왕들로부터 상당한 수의 보충병들을 모았다.[3]

---

[2] Tacitus, *The History*, New Ed ed., bk. 5.1, ed. Moses Hadas; transs. Alfred Church and William Brodribb (New York: Modern Library, 2003).

[3] Flavius Josephus, *The Complete Works of Josephus, The Wars of the Jews or The History of the Destruction of Jerusalem*, bk. 3, chap. 1, par. 3.

다시 한번 요세푸스는 로마 군단이 예루살렘을 공격한 군단이 시리아에 주둔하고 있었음을 밝혀주고 있습니다. 여기서 디도는 유대 수도로 진격하기 위하여 군사들을 모았습니다. 시리아와 주변 지역에서 온 "상당수의" 보충병들 혹은 자원병들이 그 공격을 위하여 모였습니다. 나중에 요세푸스는 공격하는 군대와 합류한 아랍 군병들의 숫자를 자세하게 병기하였습니다.

> 말처스(Malchus) 아라비아 왕은 또한 오천 명의 보병 외에 천 명의 기마병들을 보내었다. 그들의 상당 부분은 활 쏘는 자들이었다. 그 결과 전체 군대는 왕들이 보낸 보충병들을 포함하여 기마병과 보병은 물론 모두 합력하여 모여서 육만 명에 이르게 되었다.[4]

한 군단을 이루는 숫자가 유동적이긴 하지만 이 기간 동안에 한 군단은 약 오천 명으로 되어 있었습니다. 여기서 아라비아 왕 말처스는 한 군단을 충분히 이룰 수 있는 보충병 혹은 자원병을 보냈습니다.

6. 동방의 군단들

지금 예루살렘이 멸망당한 주후 70년경으로 가서 그때 유대백성을 공격하였던 특정 군단과 그 주둔했던 지역들을 살펴봅시다. 모두 여섯 개의 군단이 중동 지역에 주둔하고 있었습니다.

예루살렘이 멸망당하기 전의 군단과 주둔 지역의 목록은 다음과 같습니다.

---

[4] Ibid., chap. 4, par. 2.

군단(Legion)	주둔 지역
Ⅴ군단: 마케도니아(Macedonia)	유다
Ⅹ군단: 프레텐시스(Fretensis)	시리아
ⅩⅤ군단: 어포이나리스(Appoinaris)	시리아
ⅩⅦ군단	이집트
Ⅲ군단: 갈리카(Gallica)	시리아
Ⅶ군단: 풀미나타(Fulminata)	소아시아/시리아

이 모든 군단들은 대부분 동방 지역의 군사들로 구성되어 있었을 것입니다.

아랍인, 시리아인, 이집트인 등등 말입니다. 주후 70년까지 동방 지역의 군단들뿐만 아니라 문자적으로 모든 군대가 "지방 사람들"로 구성되어 있었습니다.

7. 로마 역사의 근대 학자들

근대의 로마 학자들은 폭넓게 모두 예루살렘 멸망 당시까지의 로마 군대는 전체가 비이태리 사람들이었다는 주장을 전적으로 인증해 주고 있습니다. 로마 역사 학자인 로렌스 케피(Lawrence J. F. Keppie)는 이것을 확증하였습니다.

> 주후 68년 후에 그 군대는 거의 전적으로 지방 사람들로 구성되었다.[5]

---

[5] Lawrence J. F. Keppie, *Legions and Veterans: Roman Army Papers* 1971–2000 (Franz Steiner Verlag, 2000), 116.

다른 말로 하면 주후 68년 이후에는 로마 군단의 군사들은 거의 모두가 제국의 동쪽 지경에 있는 지방에서 온 비이태리 사람들이었다는 말입니다. 이 문제에 대하여 케피 혼자만의 말은 아닙니다. 사실 이 입장은 현대의 로마 제국을 연구하는 학자들의 여론에 의하여 지지를 받고 있습니다. 안토니오 산토수오소(Antonio Santosuosso)는 『스토밍 더 헤븐』(*Storming The Heavens*)에서 다음과 같이 말합니다.

> 로마 제국 안에서 군사들, 황제들, 시민들은 주장하기를 처음 1세기 전반 까지는 군인들의 약 49퍼센트가 이태리 사람들이었고, 그러나 주후 70년까지는 다섯에 하나 정도의 비율로 떨어졌다. 그러나 1세기 말에는 단지 군사들의 1퍼센트만이 이태리 사람들이었다.[6]

『로마 군대의 임무』(*Roman Military Service*)를 저술한 사라 엘리스 팡(Sara Elise Phang)은 이태리 사람들의 숫자가 더욱 빈약하였을 것이라고 지적하였습니다. 모집은 1세기 초에는 이태리에서 그리고 2세기 후반에서 2세기 동안에는 전초적인 지방에서 모집하는 주요 변화가 있었습니다.[7] 사실 팡이 밝혔듯이 로마 학자들은 지금 예루살렘을 공격한 군사들의 압도적 대부분은 동방의 지방에서 모집한 사람들이었다는 데에 보편적인 지지를 하고 있습니다.

> 이 기간에 로마 군단이 점점 더 이태리 사람들로부터 지방 사람들로 대치되었다는 그 사실 자체는 학자들 사이에서 더 이상 특별한 일이 아니었다. 동쪽 즉 소아시아, 시리아, 이집트에서는 아우구스투스(주후 14년)의 통치 아래서 지방모집은 잘 진행되고 있었음이 확실해 보

---

[6] Antonio Santuosso, *Storming the Heavens: Soldiers, Emperors, and Civilians in the Roman Empire* (Westview Press, 2001), 97–98.

[7] Sara Elise Phang, *Roman Military Service: Ideologies of Discipline in the Late Republic and Early Principate* (Cambridge: Cambridge University Press, 2008), 19.

인다. 그래서 그의 사망시기에는 매우 적은 숫자만이 이태리 혹은 서부 지역으로부터 차출되었다. 네로(주후 68년) 때에는 동방의 군단이 보강이 필요하면 로마는 갑바도키아 혹은 갈라디아 지역에서 모집을 병력을 찾았다. 이것은 의심 없이 표준 과정이었다. 동방의 군단들은 주로 "동방 사람들"(중동 사람들)로 구성되어 있었다.[8]

다시 한 번, 주후 70년에 그 군단의 동방 민족의 구성에 대하여 퐁은 어떤 의심도 남기지 않았습니다.

> 로마 대중들에게 주후 69-70년의 군대는 아마도 율리우스 시저 아래에서의 군대와 조금 달라 보였을 것이다. 군병들은 비슷한 군장들을 입었고 은빛 독수리 뒤에서 행진하였으며 그들의 군단은 그들의 출신과 이전의 성과를 반영하는 이름과 표시를 하고 있었다. 그러나 실제로는 많은 것들이 바뀌었다. 이태리 사람들로 되었던 군대는 점차 지방 사람들로 된 군대가 되면서 로마시나 의회에 대한 특별한 충성심이나 공통된 연합이 없어지게 되었다. 점차적으로 그들의 관심은 그들이 주둔하여 있는 지역의 관심과 동일하게 되었다. 주후 69년에 갈리카 III 군단은 동방에 오랫동안 주둔해 왔던 다른 군단들과 같이 매우 높은 비율로 동방에서 태어난 남자들을 포함하게 되었다.[9]

옥스퍼드대학교의 로마 역사학 교수인 니겔 폴라드(Nigel Pollard)는 그의 책 『로마 시리아의 군사들, 도시들 그리고 시민들』(*Soldiers, Cities, and Civilians in Roman Syria*)에서 1세기 동안의 동방 군사들의 민족구성에 대하여 특별히 매우 자세하게 조사를 하고 있습니다. 그 주제에 대하여 가장 최근의 학문을 평가한 후에 폴라드는 우리가 파악하고자 하는 군사들

---

8 Ibid., 57-58.
9 Ibid., 44.

의 민족구성을 밝히는 두 가지 가능한 입장을 자세하게 설명하였습니다. 두 가지 입장 모두 성전을 파괴한 군사들의 압도적인 대다수는 주로 시리아, 아랍 그리고 동방 백성들임을 확증하고 있습니다.

폴라드에 의하면, 첫 번째 입장이 지지하는 것은 네로 황제(주후 68년) 통치 이후에 "군단의 지방에서 태어난 병사들의 숫자가 4대1 혹은 5대1 정도로 이태리 병사들의 수를 넘어갔다"[10]는 것입니다. 그리고 이것은 동방에만 한정된 사실이 아니고 로마 제국 전체에도 마찬가지입니다.

폴라드가 조사한 두 번째 입장은 동방 군단은 전적으로 유일하게 동방 지방 사람들로 이루어졌다는 것입니다. "갑바도기아, 시리아, 이집트에 주둔한 군단은 소아시아, 시리아, 이집트에서 모집한 병사들로 이루어졌다."[11] 어느 시나리오든지 디도 장군 하에 예루살렘을 공격한 군사들의 압도적 다수는 유럽 사람들이 아니라 중동 사람들이었다는 사실에 한 점도 의심을 남기지 않습니다.

8. 숫자를 자세히 계산함

그러나 예루살렘을 공격하였던 "로마" 군대의 민족구성에 대하여 모든 정보 수단들을 가지고 사실적으로 계산을 해봅시다. 요세푸스는 왕들에 의하여 보내어진 보충병들을 포함하여 마병들과 보병들까지 전체 군사들과 모두 연합하였을 때 60,000명까지 되었다.[12]

한 군단이 대략 5,000명 가량 된다는 사실을 기억해야 합니다. 네개의

---

10 Nigel Pollard, *Soldiers, Cities, and Civilians in Roman Syria* (University of Michigan Press, 2000), 114.

11 Ibid., 115.

12 Josephus, *Wars*, bk. 2, chap. 4, par. 2.

전체 군단과 두 개의 부분적인 군단들이 그 공격에 참여하였습니다. 이것은 약 25,000명의 정식 군사들과 35,000명의 자원자들과 보충병들이 있었음을 의미합니다. 보충병들은 로마 시민이 아닌 지방의 변방에서부터 모집한 사람들이었습니다. 요세푸스가 보충병들은 시리아, 소아시아, 그리고 아라비아 "인근"으로부터 "왕들이 보낸" 자들이라고 말함으로써 이것을 확증하였습니다.

만약 폴라드가 동방 군사와 서방 군사의 비율이 5대 1로 말한 높은 추정치가 옳다면 이것은 전체 공격하는 군사들 가운데 5,000명 이하의 서방 군사들만 있었다는 것이 됩니다. 나머지 55,000-56,000명은 모두 동방사람들이었습니다. 이것은 최대의 서부 군사들을 허용한 것입니다. 그것은 중동 지역의 군사 11명 당 오직 1명의 서부 군사만 있었다는 것을 의미합니다. 11대1입니다. 그러나 모든 가능성 안에서 그 비율은 더욱 높았습니다.

9. 더 많은 증거

논의를 끝내면서, 폴라드는 굉장히 흥미 있는 정보 한 편을 제공하고 있습니다.

> 플라비안 시대의 시리아 군단의 특징이 시리아 사람들이라는 또 다른 증거는 주후 69년에 태시투스의 갈리카 군단이 시리아의 관습을 따라 "떠오르는 태양에게 경례를 하는 것을 언급한데서 왔다."[13]

물론 여기서 암시하고 있는 것은 분명합니다. 그 군단의 군사들은 어

---

13 Pollard, *Soldiers*, 116.

느 형태의 태양신을 숭배하는 자들이었다는 것입니다. 이것은 고대역사를 통하여 여러 가지 별의 신들을 섬겨 왔던 중동 지역의 전형적인 모습니다. 그러므로 이 동방의 "로마" 군사들은 사실은 육신적으로 어느 정도 영적으로 오늘날 알라, 즉 대부분 초생달로 표현되는 신에게 절하는 자들의 조상들이었습니다.

이 모든 역사적 증거는 놀라운 것입니다. 요세푸스는 다른 곳에서 유대전쟁이 일어나기 몇 해 전에 북부 이스라엘의 해변도시인 가이사리아 마리마(Caesarea Marima)에서 그 도시에 살고 있던 유대 사람들과 시리아 사람들 사이의 충돌에 대하여 기록하였습니다. 싸움이 격렬해지면서 로마 군사들은 유대인들을 가로막았고 시리아인들의 편을 들었는데 그것은 그 로마 군사들이 시리아 민족이었기 때문이라고 요세푸스는 기록하였습니다.

> 로마 막사의 가장 큰 부분은 시리아에서 모집되었고 시리아와 관련이 있었고 그들은 그것을 도울 준비가 되어 있었다.[14]

10. 마감되는 변론들

가장 최신의 학문은 물론 고대 역사에서의 증거들의 폭넓은 예들을 조사해 본 후에, 우리는 예루살렘과 성전을 파괴한 동방의 군사들은 사실은 동방의 사람들 즉 소아시아, 시리아, 아라비아, 이집트 주민들이었다고 확신 있게 결론을 지을 수가 있습니다. 다시 한 번 그들은 현대의 중동 주민의 조상들이었습니다.

우리는 다니엘 9:26을 성급하고 혹은 대강 읽은 것이 어떻게 적그리스

---

14 Josephus, *Wars*, bk. 2, chap. 13, par. 7.

도를 따르는 자들이 유럽 사람들일 것이라는 결론에 도달했는지 확실하게 이해할 수 있습니다. 그러나 당연한 부지런함과 숙제의 완성 그리고 증거들의 조사를 마친 지금 그 사실은 공통적으로 많은 사람들이 이해하였던 것에서부터 상당히 다른 것이었음이 분명해졌습니다.

11. 한 가지 마지막 반론

그러나 옛날의 습관 그리고 해왔던 방식(패러다임)은 없애기 어렵습니다. 그러므로 이 논쟁을 나와 나의 공동저자인 왈리드 슈바트(Walid Shoebat)의 책『테러에 대한 하나님의전쟁: 이슬람, 예언, 그리고 성경』(*God's War On Terror: Islam, Prophecy and the Bible*)에서 제기한 후에 우리들의 발견이 심하게 도전받는 것을 보았습니다. 한 가지 그런 비난이 「예언 속의 그리스도 저널」(*The Christ In Prophecy Journal*)에 다음과 같이 실렸습니다.

> 슈바트의 뒤틀린 논리의 좋은 예를 우리는 그가 다니엘 9:26의 의미를 설명해 보려는 시도에서 발견하였다. 이 구절의 평범한 상식적인 의미는 적그리스도가 성전을 파괴한 사람들로부터 나온다는 것이다. 슈바트와 리챠드슨은 주후 70년에 예루살렘과 성전을 파괴한 로마 군단이 주로 아랍 사람들, 주로 시리아와 터키 사람들로 구성되었다고 주장한다. 그들은 그러므로 적그리스도가 시리아 혹은 터키에서 나오며 무슬림일 것이라고 결론을 내렸다. 이것은 실제로 바람 속에서 지푸라기를 잡는 것과 같다. 그 군단이 오스트렐리아 원주민으로 이루어졌든지 아니든지 아무 상관없다. 예루살렘을 멸망시키기로 결정한 것은 로마 정부이고 명령을 내린 것도 로마 정부이며 파괴를 실행한 것도 로마 장군들이었다. 로마는 하나님의 심판의 지팡이였고 적그리

스도가 로마 사람들에게서 나올 것이다.[15]

다른 말로 하자면 이 비판은 로마 군사들이 동방 사람들일 수도 있다는 사실을 인정하려는 의지를 보입니다. 그러나 상관없이 그들은 예루살렘과 성전을 파괴하려는 소원을 가졌을 뿐 아니라 실제로 명령을 내렸던 이태리 지휘관들의 권세 아래 있었습니다.

그러므로 책임의 짐은 로마정권에게 있습니다. 이 주장에는 두 가지 치명적인 문제가 있습니다. 첫 번째는 이 구절의 실제 문법을 고려하는 데 실패하였다는 것입니다. 이것이 극히 중요하기에 이 문제를 먼저 살펴봅시다.

12. 문법적 오류: 그 예언이 실제로 말하고 있는 것

다시 한 번 이 구절은 다음과 같이 말하고 있습니다.

> 육십이 이레 후에 기름부음을 받은 자가 끊어져 없어질 것이며 장차 한 왕의 백성이 와서 그 성읍과 성소를 훼파하려니와 그의 종말은 홍수에 엄몰됨 같을 것이며 또 끝까지 전쟁이 있으리니 황폐할 것이 작정되었느니라(단 9:26).
> And after the sixty-two weeks Messiah shall be cut off, but not for Himself; And the people of the prince who is to come Shall destroy the city and the sanctuary. The end of it shall be with a flood, And till the end of the war desolations are determined(NKJ, Dan 9:26).

---

15 David R. Reagan, "Antichrist a Muslim? God's War on Terror," Christ in Prophecy Journal, Jan-uary 12, 2009, http://www.lamblion.us/2009/01/antichrist-muslim-gods-war-on-terror.html.

우리에게 필요한 것은 "백성"이라는 단어에 집중하는 것입니다. 우리가 히브리어로 그 단어(암[am])의 뜻을 살펴볼 때 그것은 하나의 민족을 뜻 한다는것을 발견하게 됩니다. 이것은 사람들이 그 통치 아래 살고 있는 왕국이나 제국을 의미하지 않고 그 사람들 자체를 의미합니다. 스트롱 사전은 암(am)의 의미들을 열거하고 있는데 "백성, 나라, 사람들, 그 백성의 멤버, 동료, 동포, 친족, 그리고 친척" 등 입니다. 히브리 원어사전학자인 빌헴 게제니우스(Wilhelm Gesenius)는 그 단어의 주요 의미를 열거하기를 "단일 족속 혹은 종족, 족속 혹은 가족, 친족, 혈족"이라고 하였습니다.

우리는 제국을 찾고 있는 것이 아니라 종족을 찾고 있습니다. 그러나 작가들이 일관적으로 이 예언이 우리에게 로마와 유럽을 가리킨다고 주장할 때 그 단어 암의 합당치 않은 이해가 오류의 뿌리가 되고 있습니다. 한 예언 블로거의 다음 주석을 고려해 보십시오.

> 천사 가브리엘은 다니엘에게 나타날 적그리스도의 국적을 설명하는 데 투명하게 하였다. 이것은 이론이 아니라 아직 현재 이루어지지 않은 예언이다. 바로 그것이다. 적그리스도는 주후 79년(원문)에 그 성과 성전을 파괴한 백성들 가운데서 나타날 것이다. 적그리스도는 로마 백성들의 후손들 가운데서 나타날 것이다. 끝이다.[16]

성경의 신뢰성에 대한 완전한 확신은 칭찬할 만하지만 그런 확신은 또한 그 구절의 문법과 일치하여야 합니다. 이 유행하는 입장은 이 가장 중요한 점을 놓치고 있습니다.

---

16 http://eschatologytoday.blogspot.com/2010/02/another-nail-in-islamic-antichristal.html.

히브리 학자인 아놀드 프러크텐바움(Arnold Fruchtenbaum)은 이 구절의 진짜 의미를 정확하게 요약하였습니다.

> 우리는 여기서 나라가 아니라 혈통을 다루고 있다.[17]

혈통과 나라를 구별하는 것은 필수이며 놓쳐서는 안 됩니다. 만약에 이 구절의 목적이 사람들이 그 통치 아래 살고 있는 넓은 왕국이나 제국을 강조하는 것이었다면 히브리 단어 "마믈라카"(mamlaka, 왕국 혹은 제국) 혹은 "고이"(goy, 나라) 등이 쓰였을 것입니다. 그러나 확실히 이 구절은 그런 단어를 말하고 있지 않습니다. 대신 이것은 우리들에게 로마 군단을 구성하고 있는 대부분의 사람들의 민족 정체성을 가리키고 있습니다.

이 구절의 언어가 사람들 위에 권세를 가지고 있는 제국을 보게 허용하지 않고 있습니다. 오히려 이것은 파괴를 실행하였던 사람들 자체를 보게 하고 있습니다. 만일 우리가 이 구절에 복종하기를 원한다면, 우리는 이것의 진짜 의미(exegesis)를 찾아내고 우리들의 발견에 복종해야 합니다. 우리는 이 구절이 사실을 말하고 있음에도 불구하고 그것을 무시하고 이 구절을 우리의 입장(eisegesis)에 맞게 강제로 변경시킬 수는 없습니다.

시민권과 민족의 중요한 구분을 강조하여 나타내는 또 다른 방법은 사도 바울을 보는 것입니다. 바울은 로마 시민권자(그의 *mamlaka*는 로마)였지만 그의 민족이 유대인이라는 사실은 전혀 축소되지 않았습니다 (그의 *am*은 유대인, 행 21:38-39, 22:1-3). 더 밝은 빛 아래서 보자면, 내가 미국 유명 도시에서 밤늦게 걷고 있다가 세 명의 강도를 당했다고 합시다. 경찰이 도착한 후에 그들이 그 폭력자들의 정체를 파악할 수 있느냐고 물었습니다.

---

17 Radio interview with Bill Salus, author of *Israelestine: The Ancient Blueprints of the Future Middle East* (Crane, MO: Highway, 2008).

내가 대답했습니다.

"물론입니다, 그들 세 명을 정말로 잘 보았습니다."

"좋아."

경찰이 응답합니다.

"그들은 어떻게 생겼니?"

"그들에 대하여 무엇을 말해줄 수 있니?"

내가 대답했습니다.

"아! 그들은 모두 미국 사람들이었습니다."

지금, 미국 사람들은 여러 모양과 크기와 민족으로 되어 있음을 알고 있는데 내가 경찰에게 무엇을 정확하게 말한 것입니까? 아무것도 없습니다. 우리가 모두 알다시피, "단지 미국 사람"이라고 말해 주는 것은 근본적으로 그의 민족에 대하여는 아무것도 말하여 주지않고 있습니다. 한 사람은 영국계 미국인, 아시아계 미국인, 아프리카 미국인, 아랍 미국인, 혹은 수백 가지 종류의 설명을 붙인 미국인일 수도 있습니다.

마찬가지로 1세기 후반의 로마 제국도 지금의 미국보다도 더욱 다양했을 수도 있습니다. 로마 제국은 수많은 민족들(am)을 포함하고 있었습니다. 사람들은 완전히 "로마?" 시민이라고 할 수도 있었지만 모두 여러 다른 백성들의 그룹에서 모여든 사람들이었습니다. 독일, 유다, 갈릭, 시리아, 아랍, 아프리카, 혹은 수십 가지의 다른 민족들일 수도 있지만 전적으로 "로마" 사람이었습니다.

간단히 말해서, 단순히 로마 사람이라고 말하는 것이 다니엘 9:26의 백성들의 민족의 정체성을 파악하는 데 충분하다고 말하는 것은 전적으로 바보 같은 일입니다. 이렇게 역사적 근시안은 미국 사람들을 민족적으로 모두 백인(Anglo)을 지칭하는 의미로 주장하는 것과 다를 바 없습니다. 다니엘 9:26이 전적으로 이태리 혹은 유럽 종족이라고 하는 유행하는 주장은 이 구절의 분명한 단어 사용을 무시하는 것이며 따라서 그것의 의미를 전적으로 왜곡하는 것입니다.

13. 역사적 현실

백성들의 민족성이 상관이 없다는 「예언 속의 그리스도 저널」의 논쟁에 대하여 우리는 또 하나의 문제를 발견합니다. 이번에는 역사적 기록에 관련된 것입니다.

정말로 유대 성전을 파괴하기로 결정한 것이 로마 정부였습니까?

정말로 로마 정부가 명령을 내렸고 로마 장군들이 파괴를 자행한 것입니까?

다시 한 번 조금의 숙제가 그와 반대되는 것이 진실임을 밝히고 있습니다. 요세푸스의 기록이 이것을 충분히 분명하게 하고 있습니다.

> 지금 어느 한 사람이 디도 장군에게 뛰어온다. 그리고 그에게 불에 대하여 말하였다. 그는(디도) 굉장히 급하게 올라가서 그 불을 끄기 위하여 그 거룩한 집으로 뛰어갔다. 그의 뒤에는 그의 모든 지휘관들이 따라왔고 그리고 그들 뒤에는 몇몇 군단들이 따라왔다. 아주 놀랍게도, 거기에는 큰 소란과 소동이 일어났고 군대에도 당연히 무질서한 동작들이 벌어지고 있었다. 신하는 큰 소리로 싸우고 있는 군사들을 향하여 큰 소리를 지르며 그의 오른손으로 신호를 보내어 그 불을 끄라고 명령하였다.[18]

다시 한 번, 전형적인 이태리 남자들처럼 그의 입과 손을 미친 듯이 모두 사용하면서 말하였습니다. 그의 장군들의 큰 경고에도 불구하고, 그리고 그의 미친 듯이 부르짖음과 손짓에도 불구하고 군사들은 디도 혹은

---

18 Josephus, *Wars*, bk. 6, chap. 4.

그 지휘관들에게 순종하지 않았습니다. 그들은 유대인들과 싸우는데 정신이 없었습니다. 요세푸스의 『유대인의 전쟁기』(*Wars of the Jews*)에서 다음 구절이 그 이유를 정확하게 밝혀줍니다.

> 그 집 자체가 아직 보존될 수 있다고 가정한 디도는 서둘러 와서 군사들에게 불을 진압하라고 설득하는 데 온 노력을 다하였다 … 그러나 시저에 대한 열정이 크고 그들을 막는 그에 대한 두려움이 큰 만큼 유대인에 대한 증오심과 그들과 싸우려는 열정적 성향 또한 컸고 너무 지나쳤기 때문에 … 그 거룩한 집은 시저의 공식적인 허락 없이 전소되고 말았다.[19]

이 그림보다 더 확실할 수가 있습니까?

이 동방의 군사들에게는 유대인들을 죽일 수 있는 유혹과 기회가 단순히 너무 압도적이었습니다. 지휘관들에 대한 충성심과 유대인들에 대한 증오심 사이에서 선택이 주어졌을 때 그들은 유대인들을 죽이려는 그들의 "열정적 성향"에 전심으로 복종하였습니다. 저지는 불가능하였습니다. 그리고 마지막 줄에서 "그 거룩한 집은 시저의 공식적인 허락 없이 전소되었다"라는 말은 로마 지도자들이 성전 파괴를 원하였고 명령을 내렸다하는 주장에도 더 이상 큰 재앙이 될 수가 없습니다. 성전이 파괴 된 것은 로마의 명령에 따른 것이 아닙니다. 그날 성전을 불태워 버린 것은 순전히 반셈족 증오심이었습니다.

---

[19] Ibid.

14. 이삭과 이스마엘: 그 고대의 증오심

　고대의 현실이 여기서 대두되고 있습니다. 그 군사들이 지휘관들의 명령에 순종하지 않은 특별한 이유는 그들이 가지고 있던 유대인들에 대한 강한 증오심 때문이었습니다. 오늘날처럼 그 당시의 여러 중동의 사람들은 유대인들에 대한 마귀적인 증오심에 사로잡혀 있었습니다. 주후 70년에 성전 파괴의 뒤에 있는 주요 동기의 요소가 증오심이었던 것처럼 오늘날 역시 유대인들을 향한 증오심이 주변의 이슬람 나라들을 지배하고 있는 감정입니다.

　적그리스도의 군대가 이스라엘을 침공할 때 증오심이 의심할 수 없는 주요 추진력이 될 것입니다. 이 증오심은 아마도 요세푸스의 기록에 나온 섬뜩한 이야기에서 가장 잘 볼 수 있을 것입니다. 로마 군대가 예루살렘을 포위하면서, 많은 시민들이 항복하고 그 도시를 떠나기로 결정하였습니다. 그러는 가운데 많은 사람들은 그들이 소유하고 있던 금 동전이나 은 동전을 삼켰는데 그 도시를 아무것도 없이 도망하여 떠난 후에 그것들을 다시 찾을 수 있기를 소망하였습니다.

　그러나 그들이 로마 군사들에게 항복하러 나오자 비전투적으로 애원하는 사람들임에도 불구하고 그들은 비극적인 운명을 맞이하였습니다. 로마 군대를 구성하고 있던 시리아와 아랍 군사들은 아무것도 없었습니다. 대신에 요세푸스는 말하기를 군사들은 항복하기를 원하는 사람들을 삼킨 금과 은을 찾기 위하여 죽였다고 말합니다.

> 아라비아 사람들과 시리아 사람들은 애원하며 나오는 자들을 갈랐고 그들의 뱃속을 뒤졌다. 이것보다 더 무서운 일은 유대인들에게 닥쳤던 어느 비극에도 없었을 것이다. 하룻밤에 도망하는 자들 중에 2,000명이

그렇게 배가 잘려 죽었다.[20]

예루살렘을 포위하였던 많은 사람들 중에 도피하는 유대인들의 몸을 잘랐던 자들은 아랍 사람들과 연합한 시리아 사람들이었음을 주목하십시오.

15. 결론

고대 역사가들과 현대의 학자들로부터의 압도적 증거들은 예루살렘과 성전을 파괴하였던 로마 사람들의 민족적 정체를 지적하고 있습니다. 그들은 오늘날 전 지역을 지배하고 있는 무슬림들의 조상들이었습니다. 중동 사람들이 "나타날 왕" 적그리스도의 주요 추종자들이 될 것입니다. 그들이 바로 다니엘 9:26의 "백성"입니다.

유럽 적그리스도론은 이 한 구절로부터 가장 중요한 지지를 발견하고 있습니다. 그리고 지금 우리가 보았듯이 유럽 적그리스도론은 증기(공기)의 기초 위에 세워졌습니다. 결국, 대부분이 유럽 적그리스도론을 가장 강력하게 지지하는 것으로 보았던 그 구절이 사실은 예언서 전체의 모든 다른 구절들처럼 중동으로부터의 적그리스도를 가리키고 있습니다.

---

20   Ibid., bk. 5, chap. 13.

제8장

다니엘 8장: 작은 뿔

우리는 이제 다니엘 8장으로 가는데 이 장은 메대와 바사 제국에서 시작하여 성경에서 가장 뚜렷한 적그리스도의 모형인 안티오쿠스 에피파네스 4세(Antiochus IV Epiphanes)로 귀결됩니다.

다니엘 8장은 다니엘 2장과 7장에서 전개되고 있는 같은 이야기의 확장으로 이해가 되어야 합니다. 다니엘 2장에서 우리는 파괴적이고 정복하는 이슬람 제국주의가 말하여지고 있는데 이것에서부터 마지막 시대의 수정된 이슬람 제국이 나올 것입니다.

다니엘 7장은 같은 이야기를 말하고 있으나 "작은 뿔"이라고 불리는 적그리스도에 대한 새로운 정보를 추가하고 있습니다. 그는 이전의 이슬람 제국에서 나올 것인데 다니엘 8장에서 시작되어 전개되고 더욱 확장되어 가면서 나타날 적그리스도의 성격과 활동에 대하여 많은 정보를 제공하고 있습니다.

1. 다니엘 8장

다니엘 8장은 또 하나의 다니엘의 매력이 있는 환상의 체험을 다시 말해 주고 있습니다. 환상이 일어나면서 다니엘은 현대의 이란인 엘람의 수도 수사(Susa) 성에 있었습니다. 그곳은 바벨론 동쪽 약 200마일 떨어진 곳입니다. 어느 주석가들은 다니엘이 실제로 수산성에 있었다고 추측하기도 하며 외교 업무 중이었다고도 했습니다. 그 구절의 단어들은 그가 거기에 있었음을 가리키고 있습니다.

> 내가 이상을 보았는데 내가 그것을 볼 때에 내 몸은 엘람도 수산성에 있었고 내가 이상을 보기는 을래 강변에서니라(단 8:2).

2. 메대와 바사(Medo-Persa)

그 환상은 바벨론 제국을 정복할 메대와 바사 제국의 세력이 등장하는 것을 묘사하는 것으로 시작하고 있습니다. 다니엘 7장에서는 메대와 바사는 한편을 든 곰으로 나타나 있습니다. 여기서 메대와 바사는 한 뿔이 다른 뿔보다 긴 두 뿔을 가진 수양으로 묘사되어 있습니다.

> 내가 눈을 들어본즉 강 가에 두 뿔 가진 수양이 섰는데 그 두 뿔이 다 길어도 한 뿔은 다른 뿔보다도 길었고 그 긴 것은 나중에 난 것이더라 내가 본즉 그 수양이 서와 북과 남을 향하여 받으나 그것을 당할 짐승이 하나도 없고 그 손에서 능히 구할 이가 절대로 없으므로 그것이 임의로 행하고 스스로 강대하더라(단 8:3-4).

서로 다른 뿔들은 분명히 다니엘 7장의 한편을 들고 있는 곰의 성격과 상관관계가 있습니다. 존 왈브우드가 썼듯이, 두 뿔의 모습은 메대와 바사의 두 가지 양상을 나타내는 것인데 하나는 메대 사람들이고 또 하나는 바사 사람들인데 매우 정확합니다. 바사가 나중에 나타났고 높은 뿔로 표시되었고 더욱 뛰어나고 강력하였습니다.[1]

나중에 천사 가브리엘에 의하여 그렇게 확인되었기 때문에 수양의 정체가 메대와 바사 제국이라는 것에는 의심의 여지가 없습니다.

> 네가 본 바 두 뿔 가진 수양은 곧 메대와 바사 왕들이요(단 8:20).

메대와 바사 제국이 강국으로 등장한 후에 서쪽으로는 지금의 터키, 시리아, 레바논 그리고 그리스를 정복하였고, 북쪽으로는 지금의 북부이란, 체츠니아, 그루지아, 아르메니아, 그리고 아제르바이잔을 정복하였으며, 남쪽으로는 지금의 이라크, 이스라엘, 이집트를 정복하였습니다.

3. 알렉산더의 헬라 제국

그 환상은 다음에 메대와 바사 제국에서 알렉산더의 헬라 제국으로의 이동하는 과정을 미리 말해 주고 있습니다. 여기 다니엘 8장에서 알렉산더의 헬라 제국은 머리에 큰 뿔 하나가 나와 있는 염소로 묘사되고 있습니다. 이 염소는 다니엘 7장의 표범에 해당합니다. 뚜렷한 한 개의 뿔은 알렉산더 대왕을 나타냅니다.

> 내가 생각할 때에 한 수염소가 서편에서부터 와서 온 지면에 두루 다

---

[1] Walvoord, *Daniel*, 182.

니되 땅에 닿지 아니하며 그 염소 두 눈 사이에는 현저한 뿔이 있더라 그것이 두 뿔 가진 수양 곧 내가 본 바 강가에 섰던 양에게로 나아가되 분노한 힘으로 그것에게로 달려가더니 내가 본즉 그것이 수양에게로 가까이 나아가서는 더욱 성내어 그 수양을 땅에 엎드러뜨리고 짓밟았으나 능히 수양을 그 손에서 벗어나게 할 이가 없었더라(단 8:5-7).

알렉산더는 방어할 수 없었던 메대와 바사 수양을 완전히 파괴해버리는 자로 보여집니다. 이 구절이 말하고 있듯이 "아무도 메대와 바사를 알렉산더 대왕의 군사력으로부터 구해낼 수 없었습니다."

4. 후계자들(Diadochi)

그 다음은 그 염소의 유일한 뿔이 "부러진"것으로 묘사되고 있습니다. 그 자리에 네 뿔이 자라나는데 그것은 알렉산더의 후계자들인 네 장군들을 나타냅니다. 이 장군들을 보통 Diadochi(후계자)라고 부릅니다.

수염소가 스스로 심히 강대하여 가더니 강성할 때에 그 큰 뿔이 꺾이고 그 대신에 현저한 뿔 넷이 하늘 사방을 향하여 났더라(단 8:8).

네 뿔은 다니엘 7장의 표범의 네 날개에 해당합니다. 메대와 바사 제국과 그것을 대표하는 수양처럼, 가브리엘은 그 염소와 그의 뿔들에 대하여 아무런 의심을 남기지 않고 있습니다.

털이 많은 수염소는 곧 헬라 왕이요 두 눈 사이에 있는 큰 뿔은 곧 그 첫째 왕이요 이 뿔이 꺾이고 그 대신에 네 뿔이 났은즉 그 나라 가운데서 네 나라가 일어나되 그 권세만 못하리라(단 8:21-22).

5. 후계자들 사이의 전쟁들

주전 323년에 알렉산더가 사망하자 얼마 안 되어 후계자들 사이에서 전쟁이 일어났고 간헐적으로 약 50년간 치열하게 계속되었습니다. 대략 20여 년의 왕족 간의 싸움 끝에 두 왕들 혹은 왕조가 이전의 알렉산더 헬라 제국이 지배하였던 대부분을 차지하는 압도적 통치자로 등장하였습니다. 이 두 제국 가운데 가장 큰 것은 북방을 차지하고 있었던 셀류시드(Seleucid) 왕국이었으며 오늘날의 터키, 시리아, 레바논, 이라크, 이란, 아프가니스탄, 파키스탄 지역을 통치하였습니다.

남쪽에는 프톨레미 제국이 있었는데 오늘날의 이집트, 리비아, 그리고 수단을 통치하였습니다. 시간과 사망과 전쟁들이 계속하여 이 두 제국 간의 국경선을 변경시켜 왔지만 그 일반적인 모양과 지역은 비교적 다음의 백 년 동안은 일정하였습니다.

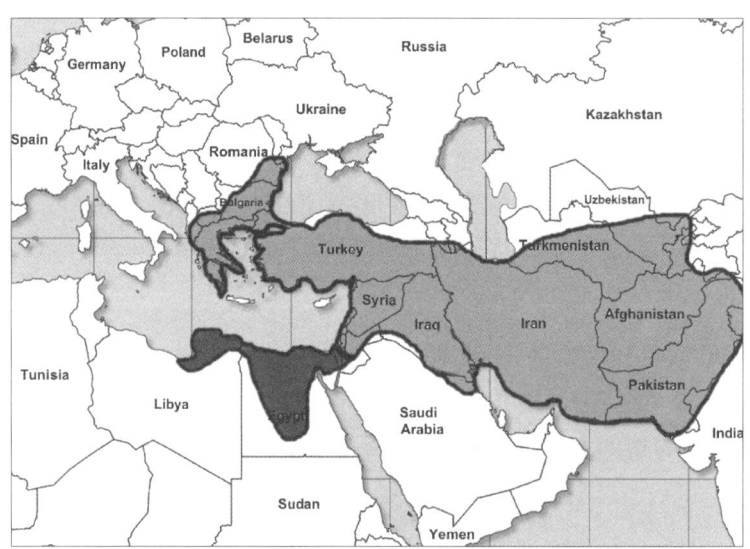

그림 10. 셀류시드 제국과 프톨레미 제국들(주전 275년)[2]

---

[2] *Moody Atlas of the Bible*, 208–9

6. 안티오쿠스 에피파네스 4세

그리고 주전 175년에 안티오쿠스 3세의 아들이었던 안티오쿠스 에피파네스 4세가 셀류시드 제국의 왕좌에 오르게 되었습니다. 안티오쿠스는 성경 문장에서는 "작은 뿔"로 언급되어 있습니다.

> 그 중 한 뿔에서 또 작은 뿔 하나가 나서 남편과 동편과 또 영화로운 땅을 향하여 심히 커지더니(단 8:9).

스티븐 밀러(Steven R. Miller)는 다니엘에 대한 『새 아메리칸 주석』(*New American Commentary*)에서 작은 뿔의 정체가 안티오쿠스 에피파네스임을 확증해 주고 있습니다.

> 그 의미는 바로 헬라 제국의 한 분단 지역으로부터 보통이 아닌 중요성을 가진 왕이 나타날 것이라는 것이다. 학자들은 이 작은 뿔이 셀류시드 헬라 제국의 여덟 번째 통치자, 안티오쿠스 에피파네스 4세(주전 175-163년)라는 사실에 동의하고 있다.[3]

그가 셀류시드 제국을 통치한지 5년 후 주전 175년에 남쪽의 프톨레미 6세 왕과 분쟁이 일어났습니다. 프톨레미 왕은 남부 시리아를 반환할 것을 요구하였습니다. 이것은 안티오쿠스로 하여금 프톨레미에 대하여 선제공격을 하도록 만들었고 알렉산드리아를 제외한 전 이집트를 점령하게 되었습니다. 프톨레미 왕도 사로잡혔습니다. 로마로부터의 군사적 반격을 두려워한 안티오쿠스는 프톨레미로 하여금 계속하여 통치하도록 하였지만 꼭두각시 왕으로만 존재하였습니다.

---

[3] Steven R. Miller, *Daniel, The New American Commentary: An Exegetical and Theological Exposition of Scripture* (Nashville: Broadman & Holman, 1994), 224.

2년 후 168년에 안티오쿠스는 두 번째로 남방 왕국을 공격하였습니다. 안티오쿠스가 아직 이집트에 있을 때 이스라엘 땅에서는 그가 죽임당했다는 소문이 돌았습니다. 반란이 일어났습니다. 추방당한 대제사장 야손이 일천 명의 군사력을 모았고 예루살렘 성을 기습 공격하였습니다. 그러나 안티오쿠스가 북쪽으로 올라오면서 그 반란 소식을 들었고 예루살렘을 공격하여 사만 명을 처형하였고 많은 사람들을 노예로 팔아 넘겼습니다. 이 사건이 외경에 다시 기록되었습니다.

> 이러한 이야기가 안티오쿠스 왕의 귀에 들어가자 왕은 유다인들이 반란을 일으켰다고 생각하여 크게 격분하였다. 그는 이집트를 떠나 예루살렘을 맹렬히 공격하여 점령해 버렸다. 거기에서 그는 만나는 사람마다 가차없이 칼로 쳐 죽이고 집으로 도망간 사람들을 모두 학살해 버리라고 부하들에게 명령했다. 이렇게 되어 젊은이와 늙은이의 살육, 여자와 어린이의 학살, 처녀와 젖먹이의 도살이 자행되었다. 단 사흘 만에 팔만 명이 살해되었는데 그중 사만 명은 백병전을 하다가 죽었다. 그뿐 아니라 노예로 잡혀간 사람의 수도 살해된 사람의 수만큼 많았다(마카비하 5:11-14).

이런 사건들은 마카비의 혁명으로 이어졌고 안티오쿠스는 유다 사람들에 대하여 혹독하게 반격하게 하였습니다. 안티오쿠스는 유다주의를 불법화시켰고 유다 사람들의 매일 제사를 없애 버렸고 나가서 돼지를 유다 성전의 제단에 드렸으며 그 액체(피)를 성전 안에 뿌려서 불결하게 하였습니다. 이것을 넘어서 안티오쿠스는 유대 절기들을 술취하는 절기인 바카날리아 절기로 바꾸고 쾌락과 포도주 우상인 바카스 신에게 절하게 강요하였습니다.

안티오쿠스는 할례를 금하였으며 토라 율법이나 히브리로 된 성경을 읽지 못하게 하였습니다. 한 어머니가 안티오쿠스에게 반대하고 두 아들에게 할례를 몰래 베풀었을 때 안티오쿠스는 그 세 명 모두를 예루살렘의 가장 높은 벽에서부터 머리를 아래로 향하게 하고 함께 바위로 된 바닥으로 던졌습니다. 마카비하서 7:3-5은 한 예를 기록하고 있는데 안티오쿠스가 같은 가족 중에서 일곱 아들의 혀를 잘랐고 그 어머니가 강제로 보게 하는 가운데 산채로 그들을 매우 크고 평평한 철판 위에서 불에 구워 죽였습니다.

그 직후 그 아이들의 어머니도 마침내 살해되었습니다. 테오도르의 시르(Cyr of Theodoret)는 5세기 동방교회의 감독이었는데 안티오쿠스가 유대성전에 대하여 저지른 많은 해악들에 대하여 논평을 하였습니다.

> 반란이 더욱 심하여져 갈 때에 안티오쿠스가 도착하여 많은 경건한 사람들을 죽였고 대담히 성전 구역에 들어갔으며 들어간 후에 전체 성전을 탈취하였는데 보물들과 헌물들과 잔과 컵과 그릇들과 금 상과 금 향로와 금 촛대 즉 거룩한 예배를 드리는 모든 기구들을 자기 맘대로 가져갔다. 더 나가서 그는 제우스를 위한 단을 세웠고 전체 도시에 우상들을 세워 불결하게 하였고 모든 사람들을 경배하도록 의무화하였다. 자기 자신은 돼지를 거룩한 제단에다 드리고 그것을 올림푸스의 제우스(Zeus of Olympus)라고 명명하였다.[4]

이 모든 잔혹함은 다니엘의 환상에서 전개되는 작은 뿔의 경력으로 다시 기록되고 있습니다.

> 그것이 하늘 군대에 미칠만큼 커져서 그 군대와 별 중에 몇을 땅에 떨어뜨리고 그것을 짓밟고 또 스스로 높아져서 군대의 주재를 대적하며 그에게 매일 드리는 제사를 제하여 버렸고 그의 성소를 헐었으며 범

---

[4] *Ancient Christian Commentary on the Bible*, vol. 13, *Daniel and Ezekiel* (Westmont, IL: Inter\-Varsity, 2009), 251.

죄함을 인하여 백성과 매일 드리는 제사가 그것에게 붙인 바 되었고
그것이 또 진리를 땅에 던지며 자의로 행하여 형통하였더라
(단 8:10-12).

7. 적그리스도의 모형으로의 안티오쿠스

안티오쿠스 에피파네스 4세는 의심 없이 성경 전체에서 가장 큰 적그리스도의 모형이다. 안티오쿠스 에피파네 4세의 예언들은 그래서 미래의 성취는 물론 역사적이기도한 두 면을 가지고 있다. 다니엘 8장에서 안티오쿠스에 의하여 일어나는 사건들은 종말 시대에 적그리스도에 의하여 일어나는 일들에 대한 거울이 될 것입니다.
이런 관점은 학자들과 주석가들에 의하여 넓게 지지되고 있습니다.
존 왈브우드(John Walvood)는 말합니다.

> 이 구절은 안티오쿠스에 의하여 성취되었지만 죄의 사람이요 재림전후 삼 년 반 동안 세상의 독재자가 될 적그리스도의 장래 역할에 대한 전형적인 설명이다.[5]

팀 라헤이와 에드 힌슨(Tim Lahaye and Ed Hindson)은 말합니다.

> 다니엘 8:9-13, 23-25의 "작은 뿔" 그리고 다니엘 11:21-35의 "비열한 자" 등으로 나오는 안티오쿠스의 설명들은 작은 뿔(적그리스도)의 모형으로써 그를 뚜렷하게 드러낸다. 안티오쿠스와 적그리스도의 유사점은 놀라운 것이며 나가서 두 존재들 간에 모형적인 관

---

5 Walvoord, *Every Prophecy of the Bible* (Colorado Springs: Cook Communications, 2004), 242.

계를 성립한다.[6]

유명한 구약학자인 류폴드(H.C. Leupold)는 안티오쿠스를 적그리스도의 모형으로 보았으며 다니엘 8장의 예언들이 직접적으로 종말 시대의 심각성을 가진다고 하였습니다.

> 안티오쿠스 왕은 구약 시대의 적그리스도와 같은 자이며 그 큰 적그리스도에 해당한다. 성전을 파괴하고 불결하게 만든 것은 대환란 때에 비슷하게 일어나는 것에 해당한다. 이것을 우리 마음에 인식할 때 이 장은 현대의 사건으로부터의 고립에서 벗어나고 정확한 의미를 가진 전형적인 것으로 보게 된다.[7]

글리슨 아쳐(Gleason I. Archer)는 다니엘 8장의 안티오쿠스와 다니엘 7장의 적그리스도 사이의 유사점에 대하여 기록을 남겼습니다.

> 다니엘 8장은 다니엘 7장과 그 주제와 표현 방식이 닮았는데 그것은 이어지는 세상 제국이 사나운 짐승으로 그려지고 있기 때문이며 이것이 "작은 뿔"로 표시되는 독재자에서 그 정절에 이르기 때문이다.[8]

---

[6] Tim Lahaye and Ed Hindson, *The Popular Bible Prophecy Commentary* (Eugene, OR: Harvest House, 2007), 239.

[7] H. C. Leupold, *Exposition of Daniel* (Grand Rapids: Baker, 1969), 361.

[8] Archer, *The Expositors Bible Commentary*, 96.

8. 종말 시대의 배경

다니엘 8장에 기록된 안티오쿠스 에피파네스 4세의 활동을 학자들이 앞으로 나타날 적그리스도의 분명한 예언적 그림자로 보는 몇 가지 확고한 이유들이 있습니다.

첫 번째는 단순히 가브리엘 천사가 직접적으로 다니엘에게 이 환상이 최후 종말 시대의 배경임을 알리고 있기 때문입니다.

> 내가 들은즉 을래 강 두 언덕 사이에서 사람의 목소리가 있어 외쳐 이르되 가브리엘아 이 이상을 이 사람에게 깨닫게 하라 하더니 그가 나의 선 곳으로 나아왔는데 그 나아올 때에 내가 두려워서 얼굴을 땅에 대고 엎드리매 그가 내게 이르되 인자야 깨달아 알라 이 이상은 정한 때, 끝에 관한 것이니라 그가 내게 말할 때에 내가 얼굴을 땅에 대고 엎드리어 깊이 잠들매 그가 나를 어루만져서 일으켜 세우며 가로되 진노하시는 때가 마친 후에 될 일을 내가 네게 알게하리니 이 이상은 정한 때, 끝에 관한 일임이니라(단 8:16-19).

"정한 때 끝"(히브리어로 엣 퀘즈 'et-qetz)이라는 특별한 구절에 대하여 라헤이와 힌슨은 정한 때 끝에 관한 의미를 말하였습니다.

다니엘(8:17,19; 11:35; 12:4, 6, 9, 14)의 "끝의 때"('et-qetz)라는 말은 나머지 구약에서처럼 "끝날, 나중의 날들"(latter days, 히브리어 아카리크 하야밈[acharit hayamim], 단 2:28;10:14)이라는 말과는 구분이 되는 말입니다.

둘 다 종말론적인 표현이지만 오직 "엣 퀘즈"('et qetz)만이 유일하게 최후의 종말론적인 기간 혹은 사건을 말하는 말입니다. "끝날" 그리고 "진노의 마지막 기간"에 대한 초점은 그 사건들 즉 안티오쿠스의 유대인 핍박과 성전 훼파, 결과적으로 하나님, "만왕의 왕"을 대적한 것들이 대환란 동안 적그리스도가 모형의 상응하는 실체로써 최종적인 성취를 할 것을 밝혀주고 있습니다. 적그리스도는 앞으로 미래의 적그리스도가 행할 많은 일들을 행하였습니다. 이런 방법으로 앞으로 일어날 일들에 대하여 예언적인 패턴을 설립하였습니다.[9]

9. 안티오쿠스와 적그리스도의 유사점들

가브리엘 천사가 직접적으로 그 환상이 종말 시대의 최후의 배경이라고 말한 사실을 넘어서, 학자들은 안티오쿠스와 적그리스도 사이의 수많은 유사점에 주목하므로 이 환상의 최후 종말 시대의 배경을 확정하였습니다. 다음의 놀라운 유사점들을 고려해 보십시오.

① 안티오쿠스와 적그리스도 모두 "작은 뿔"로 언급되고 있습니다. 적그리스도는 "또 다른 작은 뿔"(단 7:8)로 언급되어 있는 반면 안티오쿠스는 단순히 "작은 뿔"(단 8:9)로 언급되어 있습니다.

② 안티오쿠스와 적그리스도 모두 하나님의 백성의 핍박자들입니다. 적그리스도는 "지극히 높으신 자의 성도들을 핍박할 것"이며 그 성도들은 "그 손에 붙인바 될"(단 7:25) 것이지만, 안티오쿠스는 "그가 장차 비상하게 파괴를 행하고 자의로 행하여 형통하며 강한 자들과 거룩한 백성을 멸하리라"(단 8:24)고 말합니다.

③ 안티오쿠스와 적그리스도 모두 "엄장한 얼굴"(단 8:23)로 혹은 "위협적인 강한 모습"(단 7:20)으로 묘사되고 있습니다. 밀러는 말하기를 "이런 표현들은 모두가 잔인함과 엄함을 암시한다"고 말하였습니다.[10]

④ 안티오쿠스와 적그리스도 모두 자신을 높입니다. 적그리스도는

---

9 Lahaye and Hindson, *The Popular Bible Prophecy Commentary*, 239.
10 Miller, 237.

"장차 말로 지극히 높으신 자를 대적"(단 7:25)하고 안티오쿠스는 "마음에 스스로 큰 체하며 또 평화한 때에 많은 무리를 멸하며 또 스스로 서서 만왕의 왕을 대적할 것"(단 8:25)입니다.

⑤ 안티오쿠스와 적그리스도 모두 사탄에게서 직접 온 큰 능력을 가지고 있습니다. 적그리스도에 대하여는 "악한 자의 임함은 사탄의 역사를 따라 모든 능력과 표적과 거짓 기적과"(살후 2:9)라고 말합니다. 그리고 사탄, 즉 용이 그의 "권세를 짐승에게"(계 13:4)줄 것이며, 적그리스도는 "이방신을 힘입어 크게 견고한 산성들을 취할 것이요"(단 11:39)라고 말합니다. 안티오쿠스에 대하여는 "그 권세가 강할 것이나 자기의 힘으로 말미암은 것이 아니며"라고 말합니다.

⑥ 안티오쿠스와 적그리스도는 모두 인간을 파멸시킬 자들입니다. 적그리스도에 대하여는 "짐승의 우상에게 경배하지 아니하는 자는 몇이든지 다 죽이게 하더라"(계 13:15)라고 말하고 사도 요한은 환상 가운데서 보았습니다. 또 내가 보매 개구리 같은 세 더러운 영이 용의 입과 짐승의 입과 거짓 선지자의 입에서 나오니 저희는 귀신의 영이라 이적을 행하여 온 천하 임금들에게 가서 하나님 곧 전능하신 이의 큰 날에 전쟁을 위하여 그들을 모으더라(계 16:13-14).

안티오쿠스에 대하여는 말하기를 "그가 강한 자들을 멸하리라"(단 8:24)고 말합니다.

⑦ 안티오쿠스와 적그리스도 모두가 속이는 데 귀재입니다. 적그리스도는 "모든 능력과, 표적과, 속이는 기적"(살후 2:9)을 행하는 자로 정의됩니다. 적그리스도의 통치 아래서 "땅에 거하는 자들"이 거짓 "표적"과 속임을 당합니다(계 13:14). 안티오쿠스는 "궤휼에 능한 자"(단 8:23)라고 말합니다. 그리고 "그가 꾀를 베풀어 제 손으로 궤휼을 이루고"(단 8:25)라고 말합니다.

⑧ 안티오쿠스와 적그리스도 모두 자기를 높이고 교만한 자들입니다. 적그리스도는 "교만한 말을 하는 입"을 가질 것이며 특별히 "지극

히 높으신 자를 대적"할 것입니다. 안티오쿠스는 "그 마음에 스스로 자기를 높인다"(단 8:25)고 말합니다.

⑨ 안티오쿠스와 적그리스도 모두 그들의 목적을 위하여 거짓 평화를 사용할 것입니다. 적그리스도는 이스라엘과 거짓 평화 조약에 들어갈 것이고(단 9:26), 안티오쿠스는 "평안한 때를 타서 궤휼로 나라를 얻는다"(단 11:21, 24)고 말합니다. 그리고 "평화한 때에 많은 무리를 멸할 것"입니다.

안티오쿠스 에피파네스 4세와 적그리스도 사이의 다른 유사점을 분명히 찾아낼 수도 있고 여러 주석가들도 그렇게 하였습니다. 안티오쿠스 안에 있는 적그리스도의 분명한 예언적 그림자들에도 불구하고 그리고 이 구절이 종말의 배경을 말하고 있음에도 불구하고 많은 학자들과 예언 교사들은 다니엘 8장의 작은 뿔과 다니엘 7장의 작은 뿔 사이의 관계설정을 고심하고 있습니다.

그들의 어려움은 다니엘 7장의 작은 뿔 적그리스도는 로마에서 나올 것이지만 다른 한편 다니엘 8장의 작은 뿔은 중동에서 등장할 것이라는 보편적이지만 잘못된 가정에서 나오는 것입니다. 스티븐 밀러(Steven Miller)는 모순처럼 보이는 이 문제에 대하여 그의 다니엘 주석에서 다음과 같이 씨름하였습니다.

> 안티오쿠스와 적그리스도가 예언된 구절 모두에서 이중적으로 성취된다는 관점은 문제가 있다. 예를 들면 적그리스도가 안티오쿠스처럼 그리스에서 나오지 않고 로마에서 나온다는 점이다.[11]

---

11 Ibid., 242

밀러가 여기서 어려움을 발견하였지만 이 문제는 다니엘 2장과 7장이 로마 제국이 아니라 이슬람 제국을 가리키고 있다는 사실을 인정함으로 완전히 해결됩니다. 이슬람 제국의 지역과 안티오쿠스 에피파네스 4세의 연합된 셀류시드-프톨레미 제국의 지역은 똑 같습니다.

다니엘 7장과 8장 모두 이슬람 제국을 언급하고 있음을 깨달을 때 모든 다니엘의 환상들은 매끄럽게 잘 흘러가고 해석의 역사적 어려움은 해결됩니다. 다니엘 2장 이든지 7장 혹은 8장이든지 세 예언적 구절들 모두는 중동에서 나타날 마지막 적그리스도의 왕국을 지적하고 있습니다.

제9장

다니엘 10-11장: 북방 왕

다니엘을 통하여 여기까지 보았듯이 모든 예언들이 나타날 적그리스도와 그의 왕국에 대하여 말하고 있는 반면, 각 예언들은 이전의 예언 위에, 모두 합하여 흘러서, 새로운 것이 더하여 지고 결국 각 구절의 중요한 정보가 세워졌습니다.

다니엘 2장(느부갓네살의 신상)조차도 거의 완전하게 다니엘 7장(네 짐승)과 평행을 이루고 있고 예언으로써 다니엘 11장은 다니엘 8장과 완전히 평행을 이루고 있습니다. 두 가지 예언 모두가 메대와 바사 제국이 알렉산더의 헬라 제국에 의하여 멸망당하고 이어서 네 명의 후계자들에게 나누어지는 것과 적그리스도의 전형적인 모형인 안티오쿠스 에피파네스 4세의 등장까지 거슬러 올라갑니다.

1. 다니엘 10장: 사자 천사(Angelic Messenger)

다니엘 11장의 환상은 사실 다니엘 10장에서 시작되었는데 거기서 다니엘은 천사적 존재와 만났습니다. 그리고 다니엘 11장은 그 환상이 설명되고 있습니다. 그 계시는 다니엘이 천사를 만날 때 시작되었습니다.

> 정월 이십사일에 내가 힛데겔이라 하는 큰 강가에 있었는데 그 때에 내가 눈을 들어 바라본즉 한 사람이 세마포 옷을 입었고 허리에는 우바스 정금 띠를 띠었고 그 몸은 황옥 같고 그 얼굴은 번갯빛 같고 그 눈은 횃불 같고 그 팔과 발은 빛난 놋과 같고 그 말소리는 무리의 소리와 같더라 이 이상은 나 다니엘이 홀로 보았고 나와 함께한 사람들은 이 이상은 보지 못하였어도 그들이 크게 떨며 도망하여 숨었었느니라 (단 10:4-7).

14절에서 천사는 이 환상의 최종적인 종말의 배경을 다니엘에게 계시하고 있습니다.

> 이제 내가 말일에 네 백성의 당할 일을 네게 깨닫게 하러 왔노라 대저 이 이상은 오래 후의 일이니라(단 10:14).

이점이 필수적입니다. 다니엘 8장처럼 이 예언은 역사적 말세적인 의미를 가지고 있습니다. 근본적으로 모든 미래주의자 주석가들은 이중적인 해석은 인정하고 있습니다.

제롬은 이 예언의 최종적인 의미는 가까운 미래가 아니라 종말 시대, 세상 끝에 "이스라엘 백성들에게 일어날 일에 대한 것"이라고 말하

였습니다.[1]

글리슨 아쳐(Gleason L. Archer)는 말합니다.

> 천사는 다니엘에게 종말 때까지의 히브리 사람들의 운명에 대하여 설명하기 시작하였다. 이 환상은 그의 시대를 넘어서 지상에 하나님의 왕국을 세우시기 위하여 하나님의 아들이 큰 능력으로 오시기 직전의 종말 시대까지의 세계역사에 도달하고 있다.[2]

라헤이(LaHaye)와 힌드슨(Hindson)은 말합니다.

> 11장의 예언은 가까운 미래의 사건들(이미 이루어진)을 다루고 있으며 그리고 아주 먼 미래의 사건들(종말론적으로 성취되는), 네번째 왕국에서의 작은 뿔, 즉 적그리스도의 등장을 다루고 있다.[3]

존 월브우드(John Walvoord)는 말합니다.

> 종말 시대에 대한 표현은 다니엘에서 펼쳐지는 예수님의 지상 강림에서 절정에 이르기까지 연장되는 예언 프로그램과 관련된 중요한 역대기적 용어이다.[4]

스티븐 밀러(Steven R. Miller)는 말합니다.

> "장래에"라는 말은 히브리 단어장 "베 아하리트 하야민"(*be aharit*

---

1 *Ancient Christian Commentary on the Scriptures*, vol.13 (Downers Grove, 2008), 278
2 Archer, *Expositors Bible Commentary*, 125.
3 Lahaye and Hindson, *The Popular Bible Prophecy Commentary*, 258.
4 Walvoord, *Daniel*, 248

hayyamim)의 번역인데 보통 "종말에"라는 의미를 가지고 있다. 정상적으로 이 구절은 지상에 하나님의 나라가 나타나기 직전의 사건들을 묘사한다. 천사에 의하여 제공된 역사적 예고편의 절정은 미래의 하나님 나라이다.[5]

그 환상의 최종적인 의미와 목적을 설명한 후에 천사는 메대와 바사 제국의 임박한 미래와 알렉산더 대왕에게 멸망당하는 사건들에 대하여 설명하기 시작하였습니다.

> 이제 내가 참된 것을 네게 보이리라 보라 바사에서 또 세 왕이 일어날 것이요 그 후의 넷째는 그들보다 심히 부요할 것이며 그가 그 부요함으로 강하여진 후에는 모든 사람을 격동시켜 헬라국을 칠 것이며 장차 한 능력 있는 왕이 일어나서 큰 권세로 다스리며 임의로 행하리라 (단 11:2-3).

이전에 다니엘 8장에서 우리가 보았듯이, 알렉산더 사후에 그의 제국은 그의 후계자들에 의하여 사등분되었습니다.

> 그러나 그가 강성할 때에 그 나라가 갈라져 천하 사방에 나누일 것이나 그 자손에게로 돌아가지도 아니할 것이요 또 자기가 주장하던 권세대로도 되지 아니하리니 이는 그 나라가 뽑혀서 이외의 사람들에게로 돌아갈 것임이니라(단 11:4).

그 뒤의 다니엘 11:5-20에서는 이전의 알렉산더의 제국의 가장 중요한 두 왕조 간의 역사적 분쟁을 자세하게 나열하고 있는데 그 두 왕조는

---

5   Steven R. Miller, *Daniel, The New American Commentary: An Exegetical and Theological Exposition of Scripture* (Nashville: Broadman & Holman, 1994), 286–87.

북방의 셀류시드 제국과 남방의 프톨레미 왕조입니다. 다니엘 11:5-20에 대하여 구약학자 존 위트컴(John C. Whitcomb)은 말하기를 이것은 여러 알렉산더 왕국의 상속자들 간에 150년 동안 분쟁을 놀라울 정도로 자세하게 예언한 것인데 프톨레미(Ptolemy I Sorter, 주후 323-283)와 이집트의 후계자들(남방 왕들)과 셀류커스(Seleucus I Nector, 주후 312-281)와 그의 시리아 후계자들(북방 왕들)에 집중되어 있습니다.[6] 그리고 다니엘 11:21-35에서는 안티오쿠스 에피파네스 4세 즉 다니엘 8장의 "작은 뿔"이며 북방 셀류시드 제국의 여덟 번째 통치자의 경력에 대해 말하고 있습니다.

> 또 그 위를 이을 자는 한 비천한 사람이라 나라 영광을 그에게 주지 아니할 것이나 그가 평안한 때를 타서 궤휼로 그 나라를 얻을것이며 (단 11:21).

계속되는 북방의 셀류시드 제국과 남방의 프톨레미 제국 사이의 역사적 충돌은 앞으로 전개되는 이야기의 주요 강조점입니다.

> 그가 그 힘을 떨치며 용맹을 발하여 큰 군대를 거느리고 남방 왕도 심히 크고 강한 군대를 거느리고 맞아 싸울 것이나 능히 당하지 못하리니 이는 그들이 모략을 베풀어 그를 침이니라(단 11:25).

다니엘 11:33-35에서는 안티오쿠스의 유대 백성 핍박에 대한 권고의 말씀으로 안티오쿠스에 대한 논의를 마감하고 있습니다. 이런것들은 마지막 시대에 인내가 필요함을 강하게 예시하고 있습니다.

---

6 John C. Whitcomb, *Everyman's Bible Commentary* (Chicago: Moody Press, 1985), 148.

2. 적그리스도

안티오쿠스가 이끄는 셀류시드와 남방의 프톨레미 제국 간의 충돌에 대한 논의는 다니엘 11:35에 끝납니다. 몇몇 학자들은 이런 견해에 대하여 동의하지 않지만 보수적 미래주의 학자들은 대부분 다니엘 11:35-36이 안티오쿠스와 그의 말세에 그의 실체가 되는 적그리스도 간의 과도기를 표시하고 있다는 것을 받아들이고 있습니다.

제롬은 4세기에 이 구절에 대한 유대와 기독교 해석에 대하여 말하기를 "유대인들은 이 구절이 적그리스도를 언급하고 있다고 믿었다. 우리도 이 구절이 적그리스도를 언급하는 것이라고 이해한다"라고 썼습니다.[7] 존 왈브우드는 역사적인 것에서 종말로의 변화에 대하여 말합니다.

> 다니엘 11:36에서 시작하여 예언의 급박한 변화를 발견할 수 있는데 35절의 마지막 때(the time of the end)라는 표현이 소개되면서부터다. 이 지점까지 바사와 헬라 제국에 대한 예언은 자세하고 놀랍게 정확하게 성취되었다. 그러나 11:36이 시작되면서 전혀 다른 상황이 전개된다.[8]

그레이스신학교의 구약학과 히브리어 교수였던 로버트 컬버(Robert D. Culver)는 『다니엘과 마지막 시대』(Daniel and the Latter Days)에서 11:36의 안티오쿠스로부터 적그리스도로의 변화를 논의하였습니다.

> 나의 의견은 (최근의 대부분의 전 천년설주의자들의 주석을 따라) 그 예측이 안티오쿠스를 21절로부터 35절로 연결시킨다는 것이다. 그러나 36절에서 시작하여 "자기의 뜻대로 행하는 그 왕"이라는 명칭에 의하

---

7 *Ancient Christian Commentary on the Scriptures*, vol.13 (Downers Grove, 2008), 298
8 Walvoord, *Daniel*, 270.

여 적그리스도가 다니엘 11장 마지막까지 그 예언의 주제다. 위에 언급된 견해에 적그리스도가 다니엘 11:21-35에 설명되며, 그리고 자세한 역사가 적그리스도의 전형적인 미래의 경력이라는 점이다.[9]

토마스 아이스(Thomas Ice) 또한 이런 견해가 넓게 받아들이고 있음을 확증하였습니다.

> 근본적으로 모든 미래 주의자들은 다니엘 11:1-35이 과거에, 주로 주전 2세기 동안에, 이미 성취되었음을 믿고 있다. 다니엘 11:1-35에 나오는 북방 왕과 남방 왕은 분명히 "프톨레미와 셀류시드 간의 분쟁"을 언급한다.[10]

그러므로 학자들은 다니엘 11:35-36 사이에 모형(안티오쿠스)과 실체(적그리스도) 사이의 변경이 일어났다는 데에 보편적인 동의를 하고 있습니다. 여기서 우리는 적그리스도가 자기가 기뻐하는 대로 행하며 자기의 뜻대로 행하는 것을 보게 됩니다. 다니엘 11:8에서 그는 자기를 높이며 교만합니다. 그는 모든 다른 신들에 대하여 신성모독을 말하며 특별히 여호와, 즉 오직 하나뿐인 참 하나님(그러나 뒤 따르는 구절들에서 우리는 그가 존경하는 특별한 신을 보게 될 것입니다)을 대적하여 그렇게 합니다. 그리고 마지막으로 우리는 예수님이 재림하셔서 모든 신성모독하는 자들을 속히 멸하시는 때, 즉 "분노가 끝나기까지" 그가 하는 모든 일에 흥왕하는 것을 보게됩니다.

> 이 왕이 자기 뜻대로 행하며 스스로 높여 모든 신보다 크다 하며 비상

---

9 Robert D. Culver, *Daniel and the Latter Days* (Chicago, Moody Press, 1977), 176
10 Thomas Ice, "Ezekiel 38 and 39 Part XXVII," http://www.pre-trib.org/data/pdf/Ice-Ezekiel\-3839Part271.pdf.

> 한 말로 신들의 신을 대적하며 형통하기를 분노하심이 쉴 때까지 하리니 이는 그 작정된 일이 반드시 이룰 것임이니라(단 11:36).

다니엘 11:37-39에는 적그리스도의 인격과 믿음의 체계에 대하여 필수적인 정보가 포함되어 있습니다. 우리는 이 구절에 대한 논의를 지금 여기서 미루고 다음 장에서 더욱 자세히 이 문제에 대하여 다룰 것입니다. 지금은 40절에서 이 예언의 결론에 초점을 둘 것입니다. 11:40은 이 예언의 마지막 부분의 배경이 종말 시대(마지막 때)라고 말하고 있습니다.

> 마지막 때에 남방 왕이 그를 찌르리니 북방 왕이 병거와 마병과 많은 배로 회리바람처럼 그에게로 마주 와서 그 여러 나라에 들어가며 물이 넘침 같이 지나갈 것이요(단 11:40).

주석가들은 여섯 번의 이전의 언급에서 북방 왕(셀류시드 왕들)의 정체에 대하여는 일치하고 있지만, 40절의 북방 왕의 정체에 대하여는 일치하지 않고 있습니다. 제 자신처럼 어떤 분들은 북방 왕이 적그리스도임이 분명하다고 생각하고 있습니다. 다른 분들은 그러나 그가 적그리스도의 대적이며 남방 왕의 동맹이라고 믿고 있습니다.

3. 역사적 관점: 적그리스도로서의 북방 왕

북방 왕을 적그리스도와 동일하다고 보는 사람들 가운데는 초대교회와 근대의 주석가들까지 포함하고 있습니다. 이레니우스(Ireneaus)의 제자인 히폴리투스(Hyppolytus)는 2세기 그의 논문 「그리스도와 적그리스도」(*Christ and Antichrist*)에서 "북방 왕과 적그리스도는 동일인이다"라고 하였습니다.[11] 락탄티우스(Lactantius)는 3세기에 다음과 같이 썼습니다.

> 악령으로 태어나 인류를 파멸시키고 넘어 뜨리는 한 왕이 시리아에서 일어날 것인데 그는 이전의 악에 의하여 남긴 것을 그 자신과 함께 파멸할 것이며 그는 하나님의 성전을 파괴하려고 시도할 것이며 의로운 백성을 핍박할 것이다.[12]

테오도르의 시르(Cyr of Theodoret)는 4세기에 또한 적그리스도를 북방 왕과 동일하다고 하였습니다.

> 남방 왕은 북방 왕이라고 불리는 안티오쿠스 즉 적그리스도의 모형이며 북방 왕이라고 불리는 이 사람을 대항하여 싸울 것이다. 그가 남방 왕과 싸울 때 많은 사람들과 함께 그와 싸우러 행진하여 올 것이며 땅과 바다의 강한 힘으로 와서 승리를 쟁취할 것이다.[13]

글리슨 아처(Gleason L. Archer)는 다른 견해를 살펴본 후에 다음과 같이 말합니다.

> 그러나 이것은 훨씬 간단하고 더욱 확실해 보이는 것은 이 구절에서 "북방" 왕은 다른 사람이 아니라 바로 종말 시대의 작은 뿔 적그리스도라고 받아들이는 것이다.[14]

---

11 As quoted in Larry D. Harper, *The Antichrist* (Mequite, TX, Elijah Project, 1992), 35
12 Lactantius, *Divine Institutes* 7:17, AD 307.
13 *Ancient Christian Commentary on the Scriptures*, vol.13 (Downers Grove, 2008), 301.
14 Archer, *Expositors Bible Commentary*, 147.

랭(G.H. Lang)은 브루스(F. F. Bruce)의 추천에서 가장 높은 칭찬과 추천을 받은 그의 다니엘 주석에서 말합니다.

> 시리아 지역에서 적그리스도가 나타남에 따라 그 예언은 자연적으로 우리를 그 나라(북방 왕)로 인도하고 그의 대적 이집트(남방 왕)에게로 인도한다. 다니엘 시대에 그리고 훨씬 후에도, 시리아(지금은 팔레스타인 북쪽의 작은 나라에 국한 된 단어)와 지금 앗수르라고 쓰인 나라는 한때 인도의 전방까지 다스렸던 하나의 시리아 왕국이었다.[15]

웨스트민스터신학교의 전 구약학 교수였던 에드워드 영(Edward J. Young)은 말합니다.

> 북방과 남방의 싸움은 분명히 종말의 큰 싸움을 가리키고 있다. 두 대적들은 적그리스도와 그를 찌름으로써 싸움을 시작하는 남방 왕이다.[16]

스티븐 밀러(Steven R. Miller)도 다음과 같이 동의하고 있습니다.

> "북방 왕"의 묘사로부터 그가 바로 적그리스도임이 분명해 보인다.[17]

영국의 목회자이며 저자인 지오프리 킹(Geoffrey R. King)은 말합니다.

> 나는 그가 북방 왕, 앗수르 사람임이 틀림 없다고 생각한다. 그는 요

---

15 G. H. Lang, *The Histories and Prophecies of Daniel* (London: Paternoster, 1930), 158.
16 Edward J. Young, *The Prophecy of Daniel* (Grand Rapids: Wm. B. Eerdmans, 1949), 251
17 Miller, *Daniel*, 309.

한계시록의 짐승과 동등한 자이다.[18]

독일의 신학자이며 히브리 학자인 케일(C.F. Keil)은 말합니다.

> 다니엘 10:40-43에서 우리는 적대적인 왕(적그리스도)이 남방 왕과 북방 왕을 대적하는 전쟁을 읽을 수가 없다."[19]

유명한 예언 블로거인 브릿 길렛(Britt Gillette)은 말합니다.

> 다니엘 11장은 분명히 적그리스도를 그리스의 분단된 북방 왕국과 연결시키고 있다. 이 왕국은 알렉산더의 한 장군 셀류시드에 의하여 통치되고 있었는데 그는 시리아, 메소포타미아, 바사 지역을 통치하였다. 그러므로 적그리스도는 어떤 방법으로든지 중동의 이 지리적인 지역과 관련이 될 것이다.[20]

4. 보편적으로 받아들이는 관점: 세 왕들

역사적인 관점에 반하여, 오늘날 많은 사람들은 이 구절이 세 명의 서로 다른 왕들을 묘사하고 있다는 관점을 취하고 있으며 북방 왕이 적그리스도의 대적이라고 말합니다.

레온 우드(Leon Wood)는 그의 다니엘에 관한 주석에서 학자들 사이

18　Geoffrey R. King, *Daniel: A Detailed Explanation of the Book* (Ilford UK: Midnight Cry, 1966), 235.
19　C. F. Keil, *Commentary on the Old Testament*, vol.9, *The Book of Daniel* (Peabody, MA: Hen\-drickson, 2006), 808.
20　Britt Gillette, "The Nationality of the Antichrist," Rapture Ready (blog), http://www.raptureready.com/featured/gillette/ac2.html

의 논쟁을 인정하면서 북방 왕이 적그리스도가 아니라 러시아의 지도자라고 하였습니다.[21]

팀 라헤이와 에드 힌슨은 그들의 『일반 성경 주석』(*Popular Bible Prophecy Commentary*)에서 다음과 같이 쓰고 있습니다.

> 적그리스도의 정복전쟁은 결국 이스라엘을 중심으로 일어 날 것이고 그는 그의 목적(45절)을 성취하기 전에 남방 왕과 북방 왕(40-44절)의 두 방향에서 오는 공격을 극복해야 할 것이다. 분명히 이 두 왕(나라)은 적그리스도를 대항하여 동맹을 맺을 것이고 그를 연합으로 공격할 것이다.[22]

존 위트컴(John C. Whitcomb)은 말합니다.

> 이 장에서의 용어를 이전에서 사용하고 있는 사실과 그리고 또한 11:42-43의 문장으로 볼 때. 남방 왕은 그러므로 미래의 이집트 군주임에 틀림없다. 가능성으로 볼 때 북방 왕(오늘의 러시와 같은?)과 연합하여 종말론 적인 이집트의 통치자가 여러 방면으로 밀고 들어와 "자기 뜻대로 행하는 왕"(적그리스도)과 "충돌"할 것이다.[23]

로버트 컬버(Robert Culver)는 말합니다.

> 그 지점까지 그 장의 바로 이전의 부분은 남방 왕(이집트), 북방 왕(시리아 왕 안티오커), 그리고 그 둘 사이의 분쟁과 그리고 이스라엘 간의 분쟁을 다루고 있었다. 그러나 여기서 강한 의지를 가진 왕은 제3

---

21 Leon Wood, *A Commentary on Daniel* (Grand Rapids: Zondervan, 1963), 280-315.
22 Lahaye and Hindson, *The Popular Bible Prophecy Commentary*, 262.
23 John C. Whitcomb, *Everyman's*, 155.

의 존재이며 두 왕과 분쟁을 하고 있다.[24]

5. 보편적인 관점의 문제들

이 인기 있는 관점에 의하면 다니엘 11:36-45에서 세 명의 왕을 설명하고 있다고 합니다. 1) 적그리스도, 2) 북방 왕, 3) 남방 왕. 북방 왕과 남방 왕을 적그리스도를 대적하는 동맹으로 보고 있습니다. 이런 관점은 초대교회의 여론과 충돌할 뿐만 아니라 이 구절의 넓은 배경과 흐름과도 충돌합니다. 다니엘 8장과 11장에서 안티오쿠스 에피파네스 4세는 분명한 적그리스도의 모형입니다. 모든 학자들이 이 점에 동의하고 있습니다.

그러나 셀류시드 제국의 마지막 역사적 왕으로 안티오쿠스는 동시에 마지막 북방 왕입니다. 학자들이 다니엘 8장과 11장에 기록된 안티오쿠스 에피파네스 4세에 대한 여러가지 특성과 묘사와 행동들과 명칭 등을 볼 때에 모두 적그리스도에 해당한다고 하였습니다. 이것은 안티오쿠스의 이런 설명들을 포함합니다.

① 작은 뿔(단 7:8, 8:9)
② 하나님의 백성을 멸망시키고 핍박하는 자(단7:25; 8:24; 계13:13-15)
③ 사탄으로부터 능력을 받은 자(단 8:24; 11:39; 살후 2:9; 계 13:4)
④ 신성모독 하는 자(단 8:25; 7:8, 11, 25)
⑤ 자고하며 교만한 자(단 7:8, 11, 25; 8:25)
⑥ 비천한 사람(단 11:21)
⑦ 유대 성전을 훼파하는 자(단 12:11)
⑧ 엄장한 얼굴과 무서운 표정을 가진 자(단 7:20; 8:23)

---

24 Robert Duncan Culver, *Daniel and the Latter Days* (Chicago: Moody Press, 1977), 180.

⑨ 권세를 얻기 위하여 속임을 쓰며 궤휼을 쓰는 자(단 8:23, 25; 살후 2:9; 계 13:14)

⑩ 승리를 얻기 위하여 거짓 평화를 사용하는 자(단 8:25; 11:21, 24)

이 모든 것들이 안티오쿠스 에피파네스 4세와 적그리스도를 설명하는 데 쓰여졌음을 인정합니다. 그러나 북방 왕, 셀류시드 제국의 통치자라는 명칭에 대하여는 이 보편적인 관점에는 갑자기 적그리스도가 이 명칭에서 갈라집니다. 이상한 결과는 안티오쿠스 에피파네스 4세를 적그리스도의 모형인 동시에 적그리스도의 가장 큰 대적으로 본다는 것입니다. 그러나 어떻게 그가 동시에 두 사람이 될 수가 있습니까?

이것은 말도 안됩니다. 이것을 넘어서 남방 왕과 북방 왕은 역사적으로 계속 서로 대적 관계인데 갑자기 적그리스도를 대적하는 동맹관계로 나타납니다. 라헤이와 힌슨이 말했습니다. "이 두 왕/나라가 적그리스도를 대적하여 동맹하여 연합으로 공격을 감행할 것이다."[25]

폴 탠너(I. Paul, Tanner)조차도 유행하는 세 왕 이론을 지지하는 사람임에도 불구하고 이런 관점이 문제가 있고 모순적인 면이 있다고 인정하였습니다.

> 이 관점의 한 가지 가능한 약점은 이 장의 전반부와 약간 불일치 한다는 것입니다. 세 왕 이론은 "북방 왕"과 "남방 왕"이 적그리스도를 대적하는 것을 제시하는 것처럼 보이는 반면, 이 장의 전반부에서는 이 두 왕이 서로 충돌하고 있는 것으로 묘사되고 있습니다.[26]

탠너가 절대적으로 맞으며 그의 솔직함이 신선합니다. 이 관점은 역사

---

25 Lahaye and Hindson, *The Popular Bible Prophecy Commentary*, 262.
26 J. Paul Tanner, "Daniel's 'King of the North': Do We Owe Russia an Apology?" *Journal of the Evangelical Theological Society* 35, no. 3 (September 1992): 315–28, http://www.etsjets.org/files/JETS-PDFs/35/35-3/JETS_35-3_315-328_Tanner.pdf.

적인 모형(적들)을 정확하게 반대(동맹들)로 왜곡시킵니다.

그런 180도 정반대에 대한 정당성이 어디 있습니까?

이런 넓은 인기에도 불구하고, 이 관점은 불일치하며 명확한 의미가 부족합니다. 이것은 성경을 자세히 배우는 자들에 의하여 배척되어야 합니다. 그러나 이 입장에 대한 근거는 무엇입니까? 어떻게 하여 그런 수많은 탁월한 해석가들이 이런 결론에 도달하였을까요?

그 대답은 간단합니다. 다니엘 11장이 적그리스도가 터키, 시리아, 이라크(셀류시드 제국)로부터 출현할 것을 나타내고 있는 반면에 대부분의 해석가들은 로마 혹은 유럽의 적그리스도라는 잘못된 가정을 가지고 그 구절에 접근하였기 때문입니다. 그들은 모든 문장을 일치시킬 수가 없으며 따라서 이 예언에 대하여 자연스럽지 못한 이해를 강요하고 있습니다.

그래서 레온 우드(Leon Wood)는 쓰기를 "'북방 왕'이라는 표현은 적그리스도를 가리키기에는 부적절하다. 왜냐하면 그의 나라 로마는 팔레스타인의 북쪽에 있지 않기 때문이다. 그러나 러시아의 통치자는 적합하다. 러시아는 북방에 있고 모스크바는 예루살렘과 거의 남북직선 선상에 위치하여 있기 때문이다."[27] 다니엘 11장 전체가 중동 제국에 대하여 말하고 있지만 "북방"이라는 모호한 방향 외에는 어떤 근거도 없이 우드, 위트컴 그리고 많은 사람들이 러시아의 군사력을 보고 판단하는 것 같습니다. 이것이 바로 전형적인 추측성 해석학의 예입니다. 여기서 우리는 어떻게 로마의 적그리스도라는 잘못된 가정이 복합적인 오류에 이르게 하고 이 구절과 다른 구절의 해석에 오점을 남기게 하는지를 볼 수가 있습니다. 대신에 이 구절들에 대한 가장 분명하고 가장 단순하게 이해하려면, 모든 이전의 예언 구절들이 압도적으로 중동에 중점을 둘뿐만 아니라 초대교회와 일치하려면, 우리는 북방 왕이라는 명칭이 적그리스도를 설명하기 위하여 쓰여졌다는 결론에 도달해야 합니다. 이 명칭은 다니엘 11장에서 일곱 번 쓰

---

[27] Wood, *A Commentary on Daniel*, 308–9.

여겼습니다(11:6, 7, 8, 11, 13, 15, 40). 처음 여섯 번은 셀류시드 제국의 여러 왕들을 언급합니다.

그러나 40절에서 적그리스도는 마지막 날의 안티오쿠스 에피파네스 4세 처럼, 마지막 시대의 셀류시드 제국을 통치할 북방 왕으로 또한 언급되고 있습니다. 이런 입장은 합리적이고 분명하며 수년간 많은 해석가들을 괴롭혀 왔던 어려움과 모순과 긴장을 풀어 줍니다.

6. 북방으로부터의 침략자

문장으로 돌아가서, 적그리스도가 많은 다른 나라들은 물론이고 "영화로운 땅"으로 언급된 이스라엘 땅을 침략할 것이라고 말해집니다. 그러나 에돔, 모압, 그리고 암몬 자손들은 그의 정복에서 벗어날 것이라고 말합니다. 이 세 고대 왕국을 그룹지어 말하고 있고 그들이 현재의 요르단이라는 상관관계는 많은 주석가들에 의하여 요르단의 하쉬마이트 왕국(Hashemite Kingdom)이 적그리스도의 정복에 멸망당하지 않을 것이라고 믿게 하였습니다.

> 그가 또 영화로운 땅에 들어갈 것이요 많은 나라를 패망케 할 것이나 오직 에돔과 모압과 암몬 자손의 존귀한 자들은 그 손에서 벗어나리라 (단 11:41).

이스라엘 땅에 들어간 후에 적그리스도는 이집트, 리비아, 그리고 현재의 북 수단 이슬람 공화국에 해당하는 구스를 정복할 것입니다.

> 그가 열국에 그 손을 펴리니 애굽 땅도 면치 못할 것이므로 그가 권세로 애굽의 금은과 모든 보물을 잡을 것이요 리비아 사람과 구스 사람이 그의 시종이 되리라(단 11:42-43).

고대의 기독교 성도들은 이집트, 리비아, 수단 이 세 나라들이 다니엘 7:8에 따라 적그리스도에 의하여 뽑혀 버리는 세 뿌리라고 믿었습니다. 히폴리투스(Hyppolytus)는 그의 그리스도와 적그리스도에 대한 논의에서 쓰기를 "이 아래서는 다른 사람이 아니라 적그리스도가 들어나고 그는 말하기를 세 뿔이 그에 의하여 뽑혀 버리는데 그들은 이집트와 리비아와 에디오피아(구스-수단) 세 왕들로 전쟁들 가운데서 그가 잘라 버린다."[28]

제롬도 또한 같은 세 나라가 적그리스도에 의하여 멸망당하는 세 뿌리라고 보았습니다.

> 우리는 이 환상의 마지막 장을 설명하기를 이 장이 적그리스도와 관련되었으며 그가 이집트, 리비아, 에디오피아(구스-수단)를 공격하는 싸움 도중에 그는 열 뿔 중에서 세 뿔을 부수어 버릴 것이라고 말한다.[29]

그리고 적그리스도의 정복 도중에 북쪽과 동쪽에서 들려오는 "소문"이 그를 매우 번민하고 분노하게 만들었습니다. 정확하게 어떤 소문이었는지 우리는 다만 추측할 뿐입니다. 그러나 우리는 그것들이 아마도 북방의 러시아와 동방의 중국의 큰 군대의 움직임일 것이라고 간주합니다.

> 그러나 동북에서부터 소문이 이르러 그로 번민케 하므로 그가 분노하여 나가서 많은 무리를 다 도륙하며 진멸코자 할 것이요(단 11:44).

마지막으로 적그리스도는 "그의 왕의 장막"을 이스라엘 땅에 설치할 것이며 그곳에서 단순히 "그의 마지막"이 이를 것이라고 설명되어 있습니다.

---

[28] Hippolytus, *Treatise*, 25.
[29] *Ancient Christian Commentary on the Scriptures*, vol.13 (Downers Grove, 2008), 301

그가 장막 궁전을 바다와 영화롭고 거룩한 산 사이에 베풀 것이나 그의 끝이 이르리니 도와줄 자가 없으리라(단 11:45).

7. 예언적 미래 암시들

다니엘 8장에서 안티오쿠스 에피파네스 4세는 이스라엘 땅과 그 백성을 대적하는 그의 성격과 행실에 있어서 적그리스도의 모형입니다. 여기 다니엘 11장에서 다시 한 번 안티오쿠스는 적그리스도의 모형으로 취급되고 있습니다. 여기서는 그가 치루어야 할 전쟁들과 그가 등장할 지역과 관련하여 볼 때 그는 적그리스도입니다. 우리가 보아 왔듯이 이것이 초기 기독교인들의 관점이었습니다.

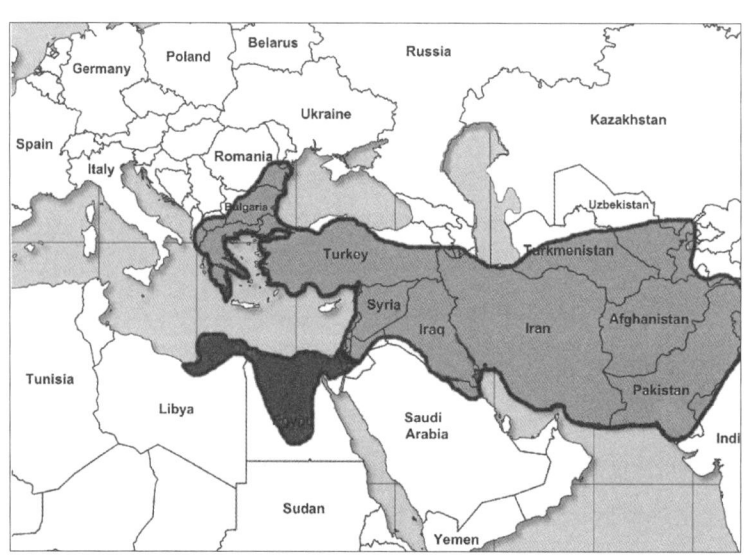

그림 11. 북방의 셀류시드 왕국과 남방의 프톨레미 왕국(주전 275년)[30]

---

30 *Moody Atlas of the Bible*, 208-9.

소위 말하는 아랍 스프링과 관련하여 볼 때 이 예언의 암시하는 바는 매우 심각한 것입니다. 앞으로 몇 년과 날들 후에, 우리는 터키, 시리아, 혹은 이라크 이런 지역, 즉 셀류시드 제국에서 북방의 지도자가 등장할 것을 기대해야 합니다. 또 다른 남방의 지도자가 이집트에서 등장할 것입니다. 남방의 지도자는 북방의 지도자와 충돌할 것이며 결국 대규모 군사 대결로 이어질 것입니다. 이집트는 북방의 지도자에게 굴복할 것입니다.

리비아와 수단(구스)은 북방의 지도자에게 복종당할 것입니다. 그 후에 그 지역의 일곱 다른 나라들도 덩달아서 북방의 지도자/적그리스도와 그의 등장하는 나라를 자발적으로 뒤에서 지지할 것입니다. 이 부활한 제국은 다니엘 2장에서 철과 흙으로 된 발이며 다니엘 7장에서는 열 뿔입니다. 이것이 메시아 예수님에게 완전히 멸망당하기 직전에 그 지역과 대부분의 지구에서 하나님의 백성들을 부수게 될 마지막 적그리스도 제국입니다.

제10장

다니엘 11장: 적그리스도의 신학

지난 장에서 우리는 적그리스도가 등장할 지역은 물론 그의 "북방 왕"이라는 예언적 명칭을 중점으로 하는 다니엘 11장의 부분을 살펴보았습니다. 우리는 적그리스도의 종교와 신학에 대하여 이 구절이 무엇을 말하고 있는지를 이해하기 위하여 다니엘 11:36-39로 돌아가야 합니다.

지난 장에서 우리는 36절을 논의 했는데 적그리스도를 묘사하기를 자기 뜻대로 행하고 다른 모든 신들 위에 자기를 높이며, 가장 특별히 참 하나님 여호와를 모독하는 자라고 하였습니다.

그러나 뒤 따르는 구절에서, 적그리스도는 성경의 하나님을 신성모독하고 근본적으로 다른 모든 신들을 거부하는 것이 분명한 반면, 적그리스도가 존경하는 단 하나의 신이 있습니다.

> 그가 모든 것보다 스스로 크다 하고 그 열조의 신들과 여자의 사모하는 것을 돌아보지 아니하며 아무 신이든지 돌아보지 아니할 것이나 그 대신에 세력의 신을 공경할 것이요 또 그 열조가 알지 못하던 신에

게 금, 은 보석과 보물을 드려 공경할 것이며(단 11:37-38).

여기에 포함된 것은 적그리스도의 종교에 대해 아주 중요한 것들입니다. 이 구절은 몇몇 기독교인들로 하여금 다른 부분은 무시한 채 이 구절의 고립된 부분에만 근거하여 적그리스도의 믿음에 대하여 교리적 선언을 하도록 인도하였습니다. 예를 들면 나는 듣기를 "그는 다른 아무 신도 존경하지 않는다"라는 말을 인용하여 적그리스도가 무신론자일 것이라는 주장을 지지한다는 것입니다.

다른 사람은 "그는 아무도 돌아보지 않으며 여자의 사모하는 것을 돌아보지 아니하며"를 인용하여 그가 동성연애자임을 증거하고 있습니다. 더 나가서 다른 사람들은 "그의 열조의 신을 돌아보지 아니하며"를 인용하여 그는 다른 종교로 전향한 유대인이거나 유대교를 거부하는 자임을 증명한다고 하였습니다.

그러나 여기에 그려진 전체 그림을 이해하기 위하여는 이 구절의 전체론적인 분석이 필요합니다. 제 개인적으로는 이 구절들이 적그리스도의 믿음에 대하여 4중적으로 말한다고 믿습니다. 처음 세 가지는 부정적인 것으로 무엇을 적그리스도가 거부하고 부인할 것인가? 하는 것입니다. 네 번째 요소는 적그리스도가 인정하는 것입니다.

① 적그리스도는 "그 열조의 하나님"을 거부한다.
② 적그리스도는 "여자의 사모하는 것"을 거부한다.
③ 적그리스도는 "다른 모든 신들"을 거부한다.
④ 적그리스도는 "힘의 신"을 인정하고 존경한다.

1. 열조의 하나님

처음 적그리스도가 거부하는 신적 존재는 "열조의 하나님"입니다. 성경의 예언을 배우는 많은 학생들은 단순히 적그리스도가 그의 젊은 시절의 종교 혹은 그의 아버지나 할아버지의 종교를 부인하는 것을 뜻하는 것으로 읽습니다. 다른 사람들은 여기에서 특별한 히브리 단어 "하나님"이 이방 "신" 혹은 "신들"로 쓰이기 쉽다고 주장합니다. 그러나 이 세 가지 중 어느 것도 그 히브리 단어(엘로힘 압[elohim ab])의 반복되고 있는 의미와 내용에 있어서 맞지가 않습니다.

이 구절은 성경 전체에서 자주 쓰였습니다. 이것이 쓰여질 때마다 모두 주님(Lord, Yahweh)를 언급하는 것이었습니다. 이것 때문에 많은 학자들은 적그리스도가 유대인일 것이라는 결론에 도달하게 되었습니다.

개블레인(A. C. Gaebelein)이 다음과 같이 말했듯이 말입니다.

> 적그리스도 왕은 그 열조의 하나님을 존경하지 않을 것이다. 여기서 그의 유대인 관련성이 분명해진다. "열조의 하나님"이라는 것은 유대인들이 쓰는 말이다.[1]

그러므로, 주님 즉 아브라함과 이삭과 야곱의 하나님과 연관된 것 때문에 개블레인과 다른 학자들은 그리스도가 그의 조상의 하나님을 거부한 유대인임에 틀림없다고 믿습니다. 이런 이론의 문제점은 유행하는 교회의 어린이 찬송에서 찾을 수가 있습니다.

> "아버지 아브라함은 많은 아들들을 두었습니다. 많은 아들들이 아버지 아브라함을 가졌습니다."

---

[1] Arno Clemens Gaebelein, *The Prophet Daniel: A Key to the Visions and Prophecies of the Book of Daniel* (New York: Our Hope, 1911), 188.

다른 말로 하면 단순히 적그리스도가 그의 아버지 아브라함의 하나님을 거부하였다고 해서 그것이 그가 유대인이라는 것을 절대로 증명하지는 않습니다. 그는 쉽게 오늘날 중동 지역 대부분에 거주하며 또한 세계 각 곳에 퍼져있는 이스마엘 사람일 수도 있고 에돔 사람일 수도 있고 다른 아브라함의 아들의 여러 친척의 후손일 수도 있습니다.

우리는 이 구절을 사용하는 데 매우 신중해야 하는데 왜냐하면 너무 경직된 방법으로 적그리스도를 민족에 제한하고 있기 때문입니다. 여기서 단순한 점은 적그리스도가 족장들의 주 하나님에게 "존경심을 보이지 않는다"는 것입니다.

사실 교부들과 현대의 주석가들이 적그리스도가 유대인이라고 주장하였지만 성경의 패턴은 다르게 증명하고 있습니다. 성경 전체를 통하여 모든 적그리스도의 모형이나 예시들은 유대인이 아닌 이방 지도자들이었습니다. 바로, 산헤립(앗수르 왕), 느부갓네살(바벨론 왕), 혹은 안티오쿠스 에피파네스 4세, 이 모든 자들은 유대인들이 아닌 이방 지도자들이었습니다.

그러므로 나는 믿기를 적그리스도 또한 마찬가지로 아브라함과 이삭과 야곱의 하나님을 거부하는 유대인이 아닌 세상의 지도자일 가능성이 훨씬 많다고 믿습니다. 무슬림 변증가들은 이슬람의 알라가 사실은 아브라함의 하나님과 하나이며 같다고 주장할 것입니다. 그러나 이것은 이슬람의 선전에 불과합니다. 이슬람의 알라는 성경의 아버지 하나님보다는 신(Sin) 즉 아브라함이 광야에서 뒤에 남겨둔 달의 신과 훨씬 더 공통점이 많습니다.

2. 여자의 사모하는 것

두 번째로 적그리스도는 "여자의 사모하는 것"을 돌아보지 않습니다. 이 구절 역시 여러 가지로 해석되었습니다.

어떤 해석가들은 이 구절이 적그리스도가 동성연애자임을 말하는 표시라고 합니다. 예를 들어 사역단체 "어린 양과 사자"(Lamb and Lion Ministry)의 나단 존스(Nathan Jones)는 이 구절을 가지고 적그리스도가 남성 동성애자(Gay)일 것이며 따라서 무슬림은 아니라고 하였습니다.

> 만약 적그리스도가 여자에게로 들어가지 않는다면 남자 동성애자일 것이며 무슬림은 그를 죽이려고 할 것입니다. 그렇지 않습니까?[2]

존 해기(John Hagee) 목사도 적그리스도가 "신성모독자이며 동성연애자"일 것이라고 말함으로 자유주의 미디어의 비난을 받았습니다.[3]

다른 사람들은 이 구절에서 로마의 여신들의 관련성을 보았습니다. 그러나 이 의견은 이 구절이 종말의 적그리스도를 말한다고 보지 않고 역사적 인물이라고 보는 자유주의자들의 견해에 근거한 것입니다. 아직 다른 사람들은 이 구절이 메시아 예수님을 언급하는 메시아 구절로 보았습니다. 이 견해는 경계를 넘는 여러 학자들에 의하여 지지를 받고 있습니다. 아르논 개블렌(Arno C. Gaebelein)은 말합니다.

> 더욱더 재미있는 일은 "그가 여자의 사모하는 것을 돌아보지 않는다"

---

[2] Nathan Jones, "Quick Q&A: Will the Antichrist Come from the Ottoman Empire?" *Christin Prophecy Journal*, http://www.lamblion.us/2010/08/quick-q-will-antichrist-come-from.html.

[3] Max Blumenthal, "Pastor Hagee: The Antichrist Is Gay, 'Partially Jewish, as Was Adolph Hitler' (Paging Joe Lieberman!)," *Huffington Post*, June 2, 2008, http://www.huffingtonpost.com/max-blumenthal/pastor-hagee-the-antichri_b_104608.html.

라는 구절이다. 여기서 예수그리스도를 본다는 것이다.[4]

존 왈브우드(John Walvoord)도 똑같이 말합니다.

다니엘은 특별하게 지적하여 말하지는 않았지만 가능한 이 구절의 해석은, 다니엘의 유대 배경에 비추어 볼 때, "여자의 사모하는 것"이라는 표현은 유대 여인들의 자연적인 소원인 메시아의 어머니가 되는 것 즉 창세기 3:15에 약속한 여자의 후손의 어머니가 되는 것이다.[5]

스테판 밀러(Stephen R. Miller)는 말합니다.

"여자의 사모하는 것"은 그리스도를 언급하는 것인데 왜냐하면 유다 여인들은 메시아의 어머니가 되기를 사모하였기 때문이며 이 구절의 배경이 이 해석을 지지하는 것으로 보인다.[6]

20세기 초의 과거주의 해석가인 빌립 마우로(Phillip Maur)는 말합니다.

"여자의 사모하는 것을 돌아보지 않는다"라는 말은 매우 심각하게 중요한 것이다. 이 구절이 그리스도를 언급하는 것이라는 사실에는 거의 의심이 있을 수 없고 다니엘도 그 문장을 그렇게 이해하였을 것이다.[7]

다른 말로 하면 "여자의 사모하는 것"은 메시아를 지칭하는 히브리적

4　Gaebelein, *The Prophet Daniel*, 188.
5　Walvoord, *Daniel*, 274.
6　Miller, *Daniel*, 307.
7　Philip Mauro, *The Seventy Weeks and the Great Tribulation* (Choteau, MT: Old Paths Pub\-lishing), 145.

구절입니다. 이 구절은 그 본래의 청중들에게 그렇게 이해되었을 것입니다. 최종적으로 이 유대 여인들의 사모하는 것은 마리아에게서 현실이 되고 성취되었습니다. 마리아는 이 복된 자로 택함을 받은 사실에 기뻐서 외쳤습니다.

> 마리아가 가로되 내 영혼이 주를 찬양하며 내 마음이 하나님 내 구주를 기뻐하였음은 그 계집종의 비천함을 돌아 보셨음이라 보라 이제 후로는 만세에 나를 복이 있다 일컬으리로다(눅 1:46-48).

3. 그 아버지와 그 아들

지금까지 우리는 적그리스도가 1) 성경의 하나님 주님(Yahweh), 2) 메시아 예수님을 거절하는 것을 보았습니다. 이 이중의 거절은 단순히 아버지 하나님과 아들 하나님을 비방하는 것으로 보아야 합니다. 이것에 대한 지지는 신약에서 찾아볼 수가 있습니다. 사도 요한은 요한일서 2:22-23에서 특별하게 적그리스도의 신학 혹은 믿음의 체계를 특별히 논의하고 있습니다. 요한이 적그리스도는 아버지와 아들을 부인하는 것에 강조하고 있음을 생각해 보십시오.

> 거짓말하는 자가 누구뇨 예수께서 그리스도이심을 부인하는 자가 아니뇨 아버지와 아들을 부인하는 그가 적그리스도니 아들을 부인하는 자에게는 또한 아버지가 없으되 아들을 시인하는 자에게는 아버지도 있느니라(요일 2:22-23).

그러나 어디에서 요한은 이 정보를 얻었을까요?
요한의 성경은 구약으로 구성되어 있었기 때문에 적그리스도의 신학을 이해하기 위하여 그가 찾아보았을 주요 문장은 다니엘 11:36-39이었을 것입니다. 사도 요한이 적그리스도의 이중 거절에 대한 그의 언급을 가져온 바로 그 문장이 이것일 가능성이 많습니다. 이 아버지와 아들 둘 모두를 거절하는 것은 다른 적그리스도의 구절들에서 반복되는 주제입니다.

종말에 나라들이 모이는 보편적인 모티프가 시편 2편에서 반복되고 있습니다. 특별하게 이방 나라들이 누구를 대적하여 모이는지 정확하게 지적하고 있습니다. 주님과 그의 메시아입니다.

> 어찌하여 열방이 분노하며 민족들이 허사를 경영하는고 세상의 군왕들이 나서며 관원들이 서로 꾀하여 여호와와 그 기름 받은 자를 대적하며 우리가 그 맨 것을 끊고 그 결박을 벗어 버리자 하도다 하늘에 계신 자가 웃으심이여 주께서 저희를 비웃으시리로다(시 2:1-4).

다른 곳에서 예수님도 역시 성도들이 그에 대한 믿음 때문에 죽임을 당할 때를 말씀하시면서 설명하셨습니다.

> 사람들이 너희를 출회할 뿐 아니라 때가 이르면 무릇 너희를 죽이는 자가 생각하기를 이것이 하나님을 섬기는 예라 하리라 저희가 이런 일을 할 것은 아버지와 나를 알지 못함이라(요 16:2-3).

이것은 매력이 있는 구절입니다. 처음 배경은 비메시아 유대 공동체가 초기 메시아 공동체를 핍박하는 것이었지만, 예수님은 그 의미를 스스로 하나님을 섬긴다고 믿는 자들이 성도들을 죽이는 때까지로 확대하였습니다.

이것이 인본주의를 적그리스도의 마지막 "종교"라고 보기 어려운 이유입니다. 여기서 인본주의를 뜻하였다면 예수님은 이 사람들을 살인을 당연시 하는 것으로 생각하는 사람들이라고 말씀하셨을 것이지, 그들의 살육이 그들이 믿지 않는 신을 기쁘게 한다고 믿는 자를 말씀하시지는 않았을 것입니다.

분명 여기에서 의미하는 것은 실질적인 종교의 구성원들이 예수님을 따르는 자들을 살해할 것이며 그런 행동이 그들의 신을 기쁘게 한다고 믿는 그런 때에 관한 것입니다. 전 세계적으로 이 예언을 성취할 가능성이 있어 보이는 후보가 하나 뚜렷하게 이 세상에 나타나고 있습니다. 그런 행동이 그들의 신 알라를 기쁘게 한다고 믿는 무슬림에 의하여 기독교인들이 정기적으로 죽임을 당하고 있습니다.

4. 다른 모든 신

세 번째로 아버지와 아들을 부인하는 것을 넘어서 세계적으로 적그리스도는 다른 모든 신을 거부합니다. 그러나 우리는 이것을 절대적인 의미로 읽지 않도록 주의해야 합니다. 우리가 보게 되겠지만 적그리스도가 다른 모든 신들을 거부하는 데 있어서 하나의 예외가 있는데 그가 크게 존경하는 신입니다.

5. 전쟁의 신

마지막으로 다니엘 11:38에서 적그리스도가 인정하는 것에 이르게 됩니다.

> 그 대신에 세력의 신을 공경할 것이요 또 그 열조가 알지 못하던 신에게 금, 은, 보석과 보물을 드려 공경할 것이며(단 11:38).

킹제임스성경 번역은 그것을 "세력의 신"(The God of forces)이라고 하였습니다. 그러나 그것이 무엇을 뜻합니까?

존 왈브우드는 쓰기를 "지구 최후 통치자의 유일한 확증은 군사력에 있다 의인화된 '전쟁의 신'이다"[8]라고 했습니다. 학자들과 주석가들의 의견은 여기서 큰 분쟁을 보입니다. 어느 분들은 여기서 정한 신을 보고 그를 역사상의 신들 중 하나와 동일하게 여기려는 시도를 하였습니다. 예를 들면 히브리 학자 빌헬름 게제니우스(Wilhelm Gesenius)는 여기서 주피터 카피톨리누스(Jupiter Capitolinus)를 언급하는 것으로 보았습니다. 다른 사람들은 화성(Mars) 즉 전쟁의 신을 언급하는 것으로 보았습니다. 다른 사람들은 이 "신"이 아무 신도 아닌 단지 적그리스도의 군사정복에 대한 결단을 언급하는 것을 반영하는 것으로 시도하였습니다. 예를 들어 라헤이와 힌슨은 말하기를 "이 왕은 이방 사람으로 오직 군사력만을 존중하는 자이다."[9] 이 구절에 대하여 왈브우드 또한 적그리스도는 "완전한 유물론자"(Materialist)라고 하였습니다.[10]

그러나 적그리스도를 무신론자이며 유물론자인 동시에 정복에 온 힘을 다하는 자로 보는 것은 간단히 말해서 이 구절의 자연스러운 해석이 아닙니다. 이 필수적인 점을 놓치면 안 됩니다. 만약에 적그리스도가 정복에 헌신하는 무신론자였다면 그리고 자신 외에는 다른 세력을 믿지 않는 자였다면 그렇다면 "신"이라는 단어를 추가하는 것은 이 구절의 진정한 의미를 혼동시킬 뿐입니다.

마찬가지로 적그리스도가 "금, 은, 값비싼 보석과 보물"을 전형적인 예배자들처럼 드린다는 사실도 이 구절의 의미를 혼동시킬 뿐입니다. 이 신은 특별히 "외국의 신"으로 지정됨으로 인하여 이름이 없는 "외국"의 백성에 의하여 예배를 받는 특정한 신인 것이 더욱 확실해졌습니다.

---

[8] Walvoord, *Daniel*, 276.
[9] Lahaye and Hindson, *The Popular Bible Prophecy Commentary*, 261.
[10] Walvoord, *Daniel*, 276.

그는 유대인의 하나님을 예배하지 않습니다. 모든 증거들을 고려해 볼 때, 이 구절의 가장 자연스러운 이해는 적그리스도가 특정한 전쟁의 신을 경배하는 자로 읽는 것입니다. 물론 중동의 역사는 별과 전쟁의 신들을 경배하는 것으로 가득차 있습니다. 그러므로 우리는 적그리스도가 아버지 하나님과 아들 하나님, 그리고 지구상의 다른 모든 신들을 부인하는 반면에 하나의 전쟁의 신을 경배하는 것을 봅니다.

전체적인 그림을 고려해 볼 때 이 설명은 분명히 무슬림에게 적용이 된다고 말하는 것은 정당합니다. 이슬람은 꾸란의 알라 대신에 여호와(Yahweh)를 거부합니다. 이슬람은 예수님을 하나님의 아들로 인정하지 않고 다른 모든 종교의 신들을 거부합니다. 분명히 이슬람의 알라는 전쟁(지하드, jihad)의 신으로 이해될 수 있습니다. 만약에 이슬람이 적그리스도의 종교라면, "조상들이 모르던 한 신"은 아라비아의 달과 전쟁의 신 알라를 언급하고 있음을 쉽게 이해할 수 있습니다.

마지막으로 적그리스도는 이 "이방 신"의 도움을 받아 가장 위협적이고 견고한 산성들을 공격할 것이며 그의 노력을 지지하는 자들에게 상을 줄것입니다.

> 그는 이방 신을 힘입어 크게 견고한 산성들을 취할 것이요 무릇 그를 안다 하는 자에게는 영광을 더하여 여러 백성을 다스리게도 하며 그에게서 뇌물을 받고 땅을 나눠주기도 하리라(단 11:39).

다니엘이 정확하게 "견고한 성들"을 말할 때 무엇을 마음에 두고 있었는지 우리는 다만 추측할 뿐입니다. 우리가 살아서 적그리스도의 시대를 보는 사람들 가운데 있다면 이것은 분명할 것입니다.

6. 적그리스도는 하나님이 될 것이라고 주장하는가?

적그리스도에 대한 신학을 논의하였기 때문에, 매우 중요하고 관련이 되는 논의에 눈을 돌리는 것이 중요합니다. 지난 몇 년 동안 이슬람 적그리스도론에 대한 가장 극심한 반대는 적그리스도가 하나님이라고 주장할 것이라는 점이었는데 무슬림들은 절대로 그런자를 따르지 않을 것이기 때문이라는 것입니다.

나의 책 『이슬람 적그리스도』에서 이 문제점을 인정하였습니다. 그리고 이 문제를 풀수 있는 두 가지 요소를 논하였습니다. 처음 것은 요한계시록 13장의 거짓 선지자에 의한 강력하고 유혹적인 속임수에 의한 변화입니다. 이 기적을 행하는 적그리스도의 보조자는 지구상의 사람들을 속이기 위하여 강력한 거짓 기적들을 행할 것이 예언되어 있습니다.

> 짐승 앞에서 받은 바 이적을 행함으로 땅에 거하는 자들을 미혹하며 땅에 거하는 자들에게 이르기를 칼에 상하였다가 살아난 짐승을 위하여 우상을 만들라 하더라(계 13:14).

내가 제안한 두 번째 요소는 적그리스도가 경배를 요구하는 시점입니다.

이것은 이슬람 세계에서 기다리던 메시아적 인물로 알려진 마흐디(Mahdi)로서 상당한 세계적인 추종과 충성과 정체를 수립한 후 문자적으로 몇 년 뒤의 일입니다. 이 시나리오는 정말로 그럴수 있지만 거기에는 다른 가능성도 있습니다. 적그리스도가 자기를 높이며 절대적인 충성과 복종과 항복을 요구할 것이 분명하지만, 그가 자기를 전능의 하나님이라고 실지로 선언하기 직전일 가능성이 있습니다.

성경이 말하고 있는 그의 믿음체계를 진정으로 이해하기 위하여, 우리는 모든 관계 구절을 살펴보아야 합니다. 세 구절이 적그리스도가 실제로 자신을 하나님이라고 선언할 것이라고 많은 사람들을 믿게 하였습니다.

우리가 이전에 조사해 본 것처럼, 그 첫 번째 구절은 다니엘 11:36입니다.

> 이 왕이 자기 뜻대로 행하며 스스로 높여 모든 신보다 크다 하며 비상한 말로 신들의 신을 대적하며 형통하기를 분노하심이 쉴 때까지 하리니 이는 그 작정된 일이 반드시 이룰 것임이니라(단 11:36).

그러나 우리가 이미 논의 했듯이 이 구절은 적그리스도가 전쟁의 신을 경배하고 제사를 드린다는 것을 보여주는 이 구절의 전체적인 배경과 분리될 수가 없습니다. 우리는 어느 것을 제외시키는 일을 조심해야 하는 반면, 적그리스도가 그의 신을 경외하는 동시에 그 자신이 신이라고 선언하는 것으로 보기에는 어려움이 있습니다.

7. 적그리스도가 성전에 앉는다

적그리스도가 자기 자신을 하나님이라고 선언할 것이라는 사실을 증명하는 두 번째 구절은 사도 바울의 데살로니가후서에 있습니다.

> 누가 아무렇게 하여도 너희가 미혹하지 말라 먼저 배도하는 일이 있고 저 불법의 사람 곧 멸망의 아들이 나타나기 전에는 이르지 아니하리니 나는 대적하는 자라 범사에 일컫는 하나님이나 숭배함을 받는 자 위에 뛰어나 자존하여 하나님 성전에 앉아 자기를 보여 하나님이라 하느니라(살후 2:3-4).

이 구절은 다니엘의 몇몇 구절과 일치합니다. 분명히 적그리스도는 교만하고 자기를 높이는 개인일 것이며 공개적으로 주님과 모든 신성한 것들을 모독하는 자일 것입니다. 우리는 그가 실제로 하나님의 성전에 앉을 것을 보게 됩니다. 그러나 그 문장이 적그리스도가 하나님으로 자신을 보이게 된다고 말할 때 정확하게 무엇을 의미하는 것입니까?

그가 유대백성의 하나님 여호와(Yahweh)라고 주장할 것입니까?

그렇게 보이지는 않습니다.

오히려 반대로 적그리스도는 다음과 같다.

① 말로 신들의 신을 대적하여 모독한다(단 11:36).
② 교만한 말로 지극히 높으신 자를 대적하여 말한다(단 7:25).
③ 말로 하나님과 그의 이름과 그의 성전을 모독한다(계 13:6).

이 모든 것을 합하여 볼 때 적그리스도가 자신을 성경적 믿음의 하나님 여호와라고 주장하지 않는다는 충분한 증거가 됩니다.

그러나 적그리스도가 성전에 앉는 행위가 도전과 모욕과 그리고 성전의 하나님보다 우월함을 보여주려는 것으로 보입니다. 그러면 적그리스도가 자신을 다른 신으로 주장한다는 것입니까? 나는 이 입장도 회의적입니다. 우리가 이미 보았듯이 적그리스도가 전쟁 혹은 세력의 신을 숭배하는 자이기 때문입니다. 이미 말씀드렸듯이 적그리스도가 전쟁의 신을 경배하는 동시에 자신을 신이라고 주장할 것 같지는 않습니다.

그러면 그 문장이 말하는 것처럼 어떻게 적그리스도가 "자신이 하나님으로" 보일 것이라고 말할 수 있겠습니까?

이 질문은 히브리적 또는 성경적 사상을 강조하여 들어냄으로써 대답할 수가 있습니다. 성전은 하나님의 정권이 이 땅까지 연장된 지상의 장소로 보았다는 사실입니다. 다른 말로 하면 성전은 하나님의 보좌입니다. 이런 사상은 성경 전체에 걸쳐서 볼 수가 있습니다. 예를 들면 에스겔은 환상을 보았고 하나님이 미래의 성전에서부터 자기에게 말씀하셨는데 성전이 자신의 보좌라고 선언하셨습니다.

들은즉 누구인지 전에서 내게 말하더니 사람이 내 곁에 서서 내게 이
르시되 인자야 이는 내 보좌의 처소, 내 발을 두는 처소, 내가 이스라
엘 족속 가운데 영원히 거할 곳이라 이스라엘 족속 곧 그들과 그 왕들
이 음란히 행하며 그 죽은 왕들의 시체로 다시는 내 거룩한 이름을 더
럽히지 아니하리라 (겔 43:6-7).

메시아 왕국을 말하면서 예레미야 선지자도 또한 성전을 하나님의 보
좌라고 하였습니다.

그 때에 예루살렘이 여호와의 보좌라 일컬음이 되며 열방이 그리로
모이리니 곧 여호와의 이름으로 인하여 예루살렘에 모이고 다시는 그
들의 악한 마음의 강퍅한 대로 행치 아니할 것이며 (렘 3:17).

예수님 자신도 성전을 언젠가 자신의 보좌가 머물게 될 자리라고 말씀
하셨습니다.

인자가 자기 영광으로 모든 천사와 함께 올 때에 자기 영광의 보좌에
앉으리니 (마 25:31).

하나님이 성전을 어떻게 보시는가를 이해하면서 우리는 적그리스도가
하나님의 보좌에 앉았을 때 그가 자신을 하나님 혹은 보다 더 위대한 자
로 선언하고 있음을 이해하게 됩니다. 그러나 이것은 그가 말로 자신을
하나님 혹은 신이라고 선언하는 것을 의미할 필요는 없습니다. 적그리스
도가 자신을 하나님이라고 선언한다는 생각을 지지하는데 쓰이고 있는
세 번째 구절은 요한계시록 13장입니다. 여기서 우리는 사탄 즉 용이 짐
승(적그리스도와 그의 왕국)에게 경배 받도록 권세를 부여할 것이라고 말하
고 있습니다.

> 용이 짐승에게 권세를 주므로 용에게 경배하며 짐승에게 경배하여 가로되 누가 이 짐승과 같으뇨 누가 능히 이로 더불어 싸우리요 하더라(계 13:4).

> 죽임을 당한 어린 양의 생명책에 창세 이후로 녹명되지 못하고 이 땅에 사는 자들은 다 짐승에게 경배하리라(계 13:8).

적그리스도의 뒤에는 사탄 용이 있는데 그는 분명히 경배받기를 소원하고 있습니다(마 4:8). 뒤에 우리는 적그리스도를 돕는 자 "거짓 선지자"가 짐승의 우상을 세우고 짐승에게 절하지 않는 자들을 죽일 것이라고 말합니다.

> 저가 권세를 받아 그 짐승의 우상에게 생기를 주어 그 짐승의 우상으로 말하게 하고 또 짐승의 우상에게 경배하지 아니하는 자는 몇이든지 다 죽이게 하더라(계 13:15).

짐승이 경배를 받는 가장 큰 이유는 그가 하나님처럼 보였기 때문입니다. 그러나 이것은 그렇게 생각할 필요가 없습니다. 여기서 "경배"라는 단어의 헬라어는 "프로스퀴네요"(*proskyneo*)인데 이것을 여러 가지로 해석될 수 있습니다.

① 존경의 뜻으로 손에 입을 맞춘다.
② 깊은 존경심을 표현하기 위하여 무릎을 꿇고 이마를 땅에 댄다.
③ 존경을 표현하거나 무엇을 구하기 위하여 충성 혹은 복종의 표현으로 무릎을 꿇거나 절을 한다.
④ 높은 지위에 있는 자들에게 충성심을 표한다.

프로스퀴네오가 대부분 하나님이나 신에게 "경배"하는 것을 언급하고 있지만 전적으로 그렇게 쓰이고 있지는 않습니다. 『신약신학 사전』(*The Theological Dictionary of the New Testament*)에서 프로스퀴네오의 유대 사용법을 정의하였습니다.

이 용어는 여러 가지 단어를 뜻하는데 "엎드린다", "입맞춘다", "봉사한다" 그리고 "경배한다" 등 입니다. 대부분의 경우에는 이스라엘의 하나님이나 거짓 신에 대한 경배와 관련된 것입니다. 그러나 또한 이 경배는 천사나 의인이나 통치자, 또는 선지자에게 적용될 수 있습니다.[11]

신약에서 사실적 예배를 목적으로 하지 않고 단순히 존중, 존경, 복종의 목적으로 프로스퀴네오가 쓰인 몇몇 구절의 예가 있습니다. 예를 들어 예수님이 말씀하신 종과 주인의 비유를 고려하여 봅시다.

> 그 종이 엎드리어 절하며 가로되 내게 참으소서 다 갚으리이다 하거늘(마 18:26).

분명히 그 종은 그의 주인을 하나님에게 하듯이 예배한 것이 아닙니다. 그는 간단히 복종과 탄원의 뜻으로 엎드려 절하였을 뿐입니다. 그러나 여기서 쓰인 단어는 프로스퀴네오였고 짐승(적그리스도와 그의 왕국)에게 한 일을 언급하는 데 쓰인 같은 단어입니다.

프로스퀴네오가 분명히 사실적인 예배를 의미하는 것이 아닌 것으로 또 하나의 예는 요한계시록 3장에 있습니다.

> 보라 사탄의 회당 곧 자칭 유대인이라 하나 그렇지 않고 거짓말하는 자들 중에서 몇을 네게 주어 저희로 와서 네 발 앞에 절하게 하고 내가 너를 사랑하는 줄을 알게 하리라(계 3:9).

---

11 *Theological Dictionary of the New Testament Abridged in One Volume* (Grand Rapids: W. B. Eerdmans, 2000), 948.

여기서 예수님은 믿는 성도들을 핍박하던 특정한 단체에 관하여 필라델피아 교회에게 말씀하시고 계십니다. 여기서 예수님은 거짓 유대인들이 성도들 앞에 와서 회개의 표시로 프로스쿠네오 하게 하시겠다고 약속하셨습니다. 예수님은 그 한 그룹의 사람들이 다른 그룹의 사람들을 예배드린다는 것을 말씀하고 있지 않습니다.

그러므로 요약하면 프로스쿠네오의 여러 의미에 비추어 보아서 우리는 적그리스도가 하나님으로 혹은 신으로 경배받을 것이라는 것을 교리처럼 선언하는 것에 대하여 조심해야 합니다. 요한계시록 13장에서 적그리스도가 예배를 받을 것이라고 말하는 그 구절은 단순히 지구상의 사람들이 그와 그의 제국에 대하여 절대 복종을 나타내는 것일 수 있습니다.

이것을 염두에 두고 이슬람 신학이 모든 무슬림들은 앉아 있는 칼리프(이슬람 지도자)에게 바이야(bay'ah)로 알려진 충성 맹세를 의무적으로 해야 하는 것을 가르치며 거절 시에는 죽음에 처해질 수 있다는 사실을 생각해 보아야 합니다. 어느 이슬람 작가는 바이야를 이렇게 설명하였습니다.

> 바이야는 충성을 맹세한다는 의미이다. 누구든지 바이야를 하는 자들은 일생 전체를 그 지도자에게 항복할 것을 동의하는 것이다. 그는 동의한 이에 대하여 지도자에게 대하여 적대적인 행동을 하지 않는다. 그리고 그가 개인적으로 좋아하던지 싫어하던지 불문하고 모든 행동에서 그에게 충성을 다한다.[12]

모하메드나 그의 후계자에 대한 순종에 대하여 다른 이슬람 전통에서는 이렇게 쓰여 있습니다.

> 모하메드가 말했다: 나를 복종하는 자들은 알라에게 복종하는 것이다. 나

---

12 Fathi Yakan, "To Be a Muslim," http://www.youngmuslims.ca/online_library/books/to_be_a_muslim/part2/vii.htm.

를 복종하지 않는 자들은 전능한 알라에게 복종하지 않는 것이다. 나의 지도자들에게 순종하는 자들은 나에게 순종하는 자들이며 나의 지도자들을 순종하지 않는 자들은 나를 순종하지 않는 자들이다.[13]

만약에 적그리스도가 유대인의 하나님을 조롱하며 그를 따르는 자들에게 절대적인 복종을 요구하는 동시에 모든 사람들에게 이슬람의 알라를 예배할 것을 요구하는 하나의 무슬림 후계자라면, 적그리스도의 행동과 언어와 요구를 설명하고 있는 관계 구절들과 아무런 충돌이 있을 수가 없습니다. 그는 절대적인 복종을 받을 것이고 알라의 명칭을 가진 사탄, 그 용은 경배를 받을 것입니다.

8. 결론

어느 입장을 취하든지 적그리스도가 말로 자신을 하나님이라고 선언할 것이며 전 세계를 향하여 경배를 요구할 것이라는 보편적인 믿음은 문제가 있습니다. 인본주의자이며 유물론자이며 무신론자인 적그리스도가 하나님을 조롱하고 다른 모든 신을 거절하는 한편 동시에 자신을 하나님이라고 주장한다는 것은 상상하기 어렵습니다.

이것은 모순입니다. 무신론자나 인본주의자가 자신이 하나님이라고 선언한다면 그는 무신론자나 인본주의자임을 스스로 포기하는 것이 됩니다. 마찬가지로 적그리스도가 보편구원주의자들이거나 종교다원주의자이거나, 함께 어울리자는 주의(let's-all-get-along-ist)자라고 해도, 이것도 또한 적그리스도가 성경의 하나님을 조롱하면서 동시에 다른 신들에 대한 존경심이 결핍되어 있다고 말하는 것은 어렵습니다.

---

[13] Ibid.

보편주의자들은 모든 신들에게 그 타당성과 신임을 주는 자들입니다. 종교다원주의자들은 다른 모든 신들을 동등하게 무시하는 것이 아니라 동등하게 신임합니다. 그러나 사람이 생각할 수 있는 근본적으로 모든 입장들에 의하여 도전을 받았음에도 불구하고 이상하게도 이슬람 적그리스도론은 최근에 가장 회의적인 것으로 보고 있습니다.

이런 현실을 고려할 때, 성경이 사람들의 바로 앞에 있는 것을 예측한다고 믿게 하는 것보다 성경이 사람들의 상상 속에서나 존재하는 것을 예측하고 있다고 믿게 하는 것이 훨씬 쉬워 보인다고 느낄 때가 많습니다. 마지막으로 어떤 입장을 취하든지, 우리는 우리 자신에게 물어봐야 합니다.

만약 적그리스도가 무슬림이 아니라면, 어떻게 그가 지구상의 16억 (아직도 성장하고 있는)의 무슬림들을 설득하여 그를 따르게 할 수 있겠습니까?

많은 사람들은 무슬림은 그때가 되면 없어질 것이라고 주장합니다. 그러나 그런 엄청난 지구의 인구의 격동을 만족하게 설명할 어떤 시나리오나 메카니즘은 없습니다. 우리가 보았듯이, 적그리스도의 제국은 무슬림이 광대한 부분을 차지하고 있는 중동과 북아프리카 나라들로부터 등장합니다.

어떻게 인본주의적 혹은 종교다원주의적인 적그리스도가 세상에서 증가하고 있는 극단 무슬림들의 마음을 변화시켜 그를 따르도록 할 수 있겠습니까?

이슬람 적그리스도론을 거부하는 사람들은 합당한 대답을 해야 할 것입니다. 지금은 이런 문제들을 추측할 수 있을 뿐입니다. 모든 일들처럼, 하나님이 가장 잘 알고 계십니다.

제11장

다니엘 12장: 끝날까지 인봉됨

우리들이 다니엘 연구를 마치기기 전에, 또 하나의 고려해야 할 매우 중요한 구절이 있습니다. 다니엘의 결론에 이름에 따라, 이 구절의 최종 배경이 끝날에 관한 것임을 천사가 충분히 분명하게 서술해 주었습니다.

> 그 때에 네 민족을 호위하는 대군 미가엘이 일어날 것이요 또 환란이 있으리니 이는 개국 이래로 그 때까지 없던 환란일 것이며 그 때에 네 백성 중 무릇 책에 기록된 모든 자가 구원을 얻을 것이라 땅의 티끌 가운데서 자는 자 중에 많이 깨어 영생을 얻는 자도 있겠고 수욕을 받아서 무궁히 부끄러움을 입을 자도 있을 것이며(단 12:1-2).

천사가 이런 일들이 "땅의 티끌 가운데서 자는 자 중에 깨어" 일어날 때 나타날 것이라고 말했을 때 이것은 분명히 죽은 자의 부활의 때를 언급하는 것입니다. 분명히 이것은 아직 일어나지 않았습니다. 이런 계시가 단지 역사적인 것만은 아님은 질문의 여지가 없습니다. 그리고 우리가 고려해 보아야 하는 구절이 나옵니다. 천사는 이 계시를 "봉함하라"고 다니엘에게 말합니다.

> 다니엘아 마지막 때까지 이 말을 간수하고 이 글을 봉함하라 많은 사람이 빨리 왕래하며 지식이 더하리라(단 12:4).

이것을 다니엘이 받아들이기에는 매우 힘들었습니다. 그는 미래에 대하여 연속적으로 계시를 받았고 그는 당연히 그 예언에 대하여 더 잘 이해하기를 원하였습니다. 그래서 천사에게 더 질문을 하였습니다. 그러나 다니엘은 이 말들이 끝날까지 봉함되고 간수될 것이며 이 환상은 다니엘에게 주어 이해하라는 것이 아니고 마지막 세대를 위한 것이라는 말만 들었습니다.

> 그가 가로되 다니엘아 갈지어다 대저 이 말은 마지막 때까지 간수하고 봉함할 것임이니라 많은 사람이 연단을 받아 스스로 정결케 하며 희게 할 것이나 악한 사람은 악을 행하리니 악한 자는 아무도 깨닫지 못하되 오직 지혜 있는 자는 깨달으리라(단 12:9-10).

이 구절의 뜻에 대하여 학자들과 주석가들 사이의 두 가지 입장이 있습니다. 어떤 사람들은 이 예언을 "간수"하거나 "봉함"하라는 것이 아니라 모든 사람들을 위하여 안전하게 지키고 보존해야 함을 말하는 것이라고 주장합니다. 다른 사람들은 다니엘 당시에는 그 책이 봉함되었지만 점차적으로 그 이해가 그 책을 부지런히 찾고 묵상하고 공부하는 자들에게 나타나게 될 것이라고 주장합니다. 종말 시대까지는 최종적으로 완전히 이해되지 않을지라도 말입니다.

지금, 분명히 가장 보편적으로 주장되고 있고 다니엘 예언의 가장 전통적인 관점은 로마의 관점으로 보는 것인데 이것은 이 책의 대부분을 로마 사람 적그리스도가 나타나는 것을 말하는 것으로 보는 것입니다. 가장 빠르게 4세기 혹은 5세기경에 제롬은 다니엘의 예언에 대하여 그 당시에 로마의 관점이 가장 넓게 받아들여지는 관점이었다는 사실에 대하여 강한 증거를 제공하고 있습니다.

> 우리는 기독교회의 모든 주석가들의 전통적인 해석과 일치해야 한다. 지구 종말의 때 즉 로마 제국이 멸망당할 때에 로마 제국을 나누어 가질 열 왕이 있을 것이다.[1]

천 년 후에도 전혀 바꾸어진 것이 없어 보입니다. 종교개혁 시대에 마틴 루터는 "이 해석과 견해는 세상 모두가 동의하였고 역사이며 충분하게 굳건해졌다"고 말함으로써 다니엘의 예언에 대한 로마 중심적 관점이 거의 보편적 견해임을 확인해 주었습니다.[2]

오늘날에도 대부분에 의하여 지지 받고 있는 다니엘 예언의 로마 중심적 관점이 5세기까지 거슬러 올라가는 제롬의 관점으로부터 비교적 거의 변하지 않았기 때문에 이 관점을 주장하는 사람들은 "봉함"에 대하여 봉함 말고 다른 것을 의미하도록 재해석을 해야 할 필요가 생겼습니다.

예를 들면 에드 힌슨(Ed Hindson)과 팀 라헤이(Tim Lahaye)는 다음과 같이 말합니다.

> 다니엘은 "끝날까지 이 말들을 감추고 봉함할 것을" 받았습니다. "감춤"(히브리어 사탐[satam])이라는 단어와 "봉함"(히브리어 차탐[chatam])이라는 말은 다니엘이 이 예언들을 감추라는 의미가 아니라 오히려

---

[1] Jerome's Commentary on Daniel 7:8, translated by Gleason Archer (Grand Rapids: Baker Book House, 1958)

[2] Young, *The Prophecy of Daniel*, 274.

이제 예언이 완성이 되었기에 자기 백성의 나중 세대에 대한 예언을 그는 "손상이 없도록 지킨다" 그리고 "조심해서 간수를 한다"는 의미이다.³

마찬가지로, 토마스 아이스(Thomas Ice)는 스티븐 밀러(Stephen Miller)를 따르면서 "봉함"은 단순히 그 계시를 "간수"함을 말하는 것입니다. 밀러는 이 관점을 『다니엘 주석』(Daniel)에서 자세히 설명하였습니다.

고대 근동에서 중요한 서류를 그것 위에 도장을 찍어 관계자들과 기록서기가 구별할 수 있는 표시를 하여 봉함하는 것이 관습이었다. 봉인된 문장들은 변조되거나 바꾸어질 수 없었다. 그리고 원본 문서는 복사되어 안전한 곳(닫아 둠)에 간수되었다. 이 과정에 대한 탁월한 설명이 예레미야에 기록되어 있다.
"내 숙부의 아들 하나멜의 아나돗에 있는 밭을 사는 데 은 십칠 세겔을 달아 주되 증서를 써서 인봉하고 증인을 세우고 은을 저울에 달아 주고 법과 규례대로 인봉하고 인봉치 아니한 매매 증서를 내가 취하여 나의 숙부의 아들 하나멜과 매매 증서에 인친 증인의 앞과 시위대 뜰에 앉은 유다 모든 사람 앞에서 그 매매 증서를 마세야의 손자 네리야의 아들 바룩에게 부치며"(렘 32:9-12) 그 계약서의 "인봉하지 않은 증서"가 있었는데 아마도 검사를 위하여 열려진 것이었을 것이다. 그러므로 가브리엘은 다니엘에게 "그 두루마리의 말들"을 간수하라고 지시하고 있었는데 단지 이 마지막 환상뿐만 아니라 책 전부를 이 메시지가 필요하게 될 "종말 시대" 때에 살아있을 사람들을 위하여 간수하라고 한 것이다.⁴

3　Lahaye and Hindson, *The Popular Bible Prophecy Commentary*, 266.
4　Steven R. Miller, *Daniel*, 320.

이것이 재미있는 역사적인 정보이지만, 이 입장은 그 구절의 말들에 대한 진정한 정당성을 전혀 제공해 주지 않고 있습니다. 다니엘의 예언 아무 곳에서도 봉함된 증서, 봉함하지 않은 증서 두 사본에 대한 언급이 없습니다. 더 나아가 천사는 말했습니다.

> 많은 사람들이 빠르게 왕래하며 지식이 더하리라(단 12:4).

이 구절은 보편적으로 종말 시대에 교통의 증가와 정보에 대한 쉬운 접근을 말하는 것으로 이해가 되었습니다. 그러나 이 견해는 근본적으로 거의 모든 학자들이 버린 것이며 대신에 부지런한 자들에 의하여 그 예언이 점점 더 개봉되는 것을 언급하는 것으로 보았습니다. 빨리 왕래하는 것은 그 책을 샅샅이 연구하는 것을 포함하는 것으로 끝까지 살피고 또 살펴서 종말의 시대까지 그 책이 최종적으로 개봉되고 완전히 믿음의 공동체에 의하여 이해될 때까지 하는 것입니다.

다니엘이 이해를 구할 때 천사는 그 계시가 숨겨졌고(와하톰[wa·ha·tom]) 인봉(세톰[se·tom])되었기 때문에 그것이 불가능하다고 말하였습니다. 끝입니다. 와하톰이라는 말은 "멈추어 두어라, 닫아라, 가두어 혹은 비밀로 간직하라"는 의미입니다. 이 단어는 요셉의 형제들이 그를 죽이려고 하였을때 쓰인 단어입니다. 그러나 이집트로 가고 있는 이스마엘 사람들에게 팔아넘기는 것을 택하였습니다.

유다가 물었습니다.

> 유다가 자기 형제에게 이르되 우리가 우리 동생을 죽이고 그의 피를 은닉한들 무엇이 유익할까(창 37:26).

요셉의 형제들이 그의 피를 "간수, 은닉"하려 생각했다는 것에 대하여 아무도 논쟁을 걸지는 않을 것입니다. 분명히 그들은 그를 죽여서 그 사실을 숨기려고 생각하였습니다. 히브리어 "세톰"은 "봉하여 버린다, 인봉한다, 인을 붙인다, 잠가 버린다"라는 뜻입니다. 이 단어는 사람이 밀납으로 편지나 두루마리를 봉할 때 쓰는 말입니다. 이 두 단어의 사용은 천사의 말에 대한 의미를 충분히 분명하게 해 주지만, 문제성이 있는 이 전통적인 관점의 성격 때문에 많은 주석가들은 이 구절의 분명한 의미를 변경하는 것이 필요하다고 느꼈습니다. 그러나 우리는 그 단어의 의미를 변경할 수가 없습니다. 이 구절을 분명하고 평범하게 읽는 것을 바꿀 수는 없습니다. 이 구절이 우리들의 관점을 지지하고 있지 않다고 해서 말입니다. 감사하게도 다른 많은 교사와 학자들이 이 구절을 재해석하는 것을 거절하였습니다.

척 스미스(Chuck Smith)는 말합니다.

> 그 책은 종말의 때까지 봉함하도록 되어 있었다. 다른 말로 하면 다니엘아 너는 이것을 이해하지 못한다. 이것은 종말에야 이해하게 될 것이다.[5]

존 왈브우드(John Walvoord)는 말합니다.

> 9절에서 다니엘은 다시 한 번 자기에게 주어진 계시가 종말의 때까지 완전하게 이해되지 못할 것이라는 것을 알려주고 있다. 이 계시의 주요 목적은 그러나 종말에 살고 있을 사람들에게 알려주기 위한 것이었다. 역사와 성취된 예언의 확정된 해석은 마지막 예언들이 이해되기 전에 필요로 할 것이다.[6]

---

5 Chuck Smith, C2000 Commentary Series, Daniel, 12.
6 Walvoord, *Daniel*, 294.

매튜 헨리(Matthew Henry)는 말합니다.

그는 그에게 주어진 말들이 성취되기까지 완전히 이해될 것을 기대해서는 안 된다. 그 말들은 닫혀 있고 봉함되었고 당혹스러운 것이며 종말의 때까지 그럴 것이다. 그것의 끝까지 그럴 것이며 모든 것의 끝까지 결코 그럴 것이다. 다니엘은 그 책을 종말의 때까지 봉함하도록 명령을 받았다.[7]

랭(G. H. Lang)은 말합니다.

다니엘의 예언들은 "봉함" 되도록 되어 있다. 즉 닫힌 책으로 남아 있어야 한다는 말이다. 끝날까지 조금 밖에 이해되지 않을 것이다.[8]

데이빗 구직(David Guzik)은 말합니다.

그 말들은 닫혀졌고 끝날까지 봉함 되었다. 다니엘은 정신적으로 그의 질문에서 떠나야 한다. 왜냐하면 그 일들의 계시는 끝날까지 오지 않을 것이기 때문이다 … 그때까지는 이 예언들은 닫혀졌고 봉함되었다는 인식이 있다.[9]

랍비 데이빗 짐라(David ibn Zimra) 즉 메주다 데이빗(Mezudath David)로도 알려진, 그는 논평합니다.

구속의 날까지 많은 사람들이 오고 갈 것이다. 즉 그들은 여러가지 예언들의

---

7 Matthew Henry, *Matthew Henry's Complete Commentary*, Daniel 12:9.
8 Lang, *The Histories and Prophecies of Daniel*, 181
9 David Guzik, *Study Guide for Daniel 12 Enduring Word*.

의미를 추측하고 종말을 계산할 것이다. 그러나 그들은 모든 사람들의 눈이 떠져서 그 실마리를 이해하는 끝날까지 그것을 이해하지 못할 것이다.[10]

결론을 짓기 전에 전통의 가치에 대하여 몇 가지를 말씀드리고 싶습니다. 기독교인의 관점으로 볼 때, 전통의 목적은 "한때 성도들에게 전달되었던 믿음"을 충성스럽게 전하여 주는 것입니다(유 1:3). 합당하게 쓰였을 때 정통 믿음(Orthodoxy)과 정통 행위(Orthopraxy)를 세대들을 통하여 둘을 다 보존하여 주는 것이 전통입니다. 오늘의 포스트모던 사회에서 자주 도전받기는 하지만, 전통은 모든 기독교인들에 의하여 큰 가치를 가지고 있어야 합니다.

그러므로 개인적인 교리적 입장들을 알려주는 여러 가지 요소들 가운데서도 우리 이전의 충성스러운 사람들의 전체적인 목소리가 있습니다. 우리는 전통에서 벗어나는 일을 절대로 가볍게 취급하면 안 된다는 말입니다. 이 특별한 경우에는 그러나 천사가 종말의 때까지는 이 책이 열려지고 이해되지 않을 것이라고 분명히 말하였기 때문에, 우리는 사실 전통적인 입장에 회의를 두고 정상적인 것보다는 반대적인 관점에 더 신뢰를 둘 수 있는 확고한 근거를 가지고 있습니다.

물론 다니엘 예언의 중동 혹은 이슬람 중심의 해석은 항상 소수의 자리를 유지해 왔습니다. 물론 지금은 믿음의 공동체 안에서 급속하게 넓은 지지를 받고 있습니다. 역사를 통하여 초기의 유대인 기독교 학자들과 주석가들은 많은 구절이 이슬람 세계를 가르키고 있는 것으로 보았지만, 지금처럼 이슬람 적그리스도론이 조직적으로 개발되고 자세히 설명된 적은 없었습니다. 나는 그 이유가 단순히 다니엘의 중동 혹은 이슬람 중심의 해석이 지난 몇 장에 걸쳐서 논리적, 역사적으로 그리고 가장 중요하게 성경적으로 합당하기 때문이라고 제안합니다. 이것을 넘어서 반대

---

10 *Books of Daniel, Ezra Nehemiah, A New Translation of the Text, Rashi and a Commentary Digest* (Judaica Press, 1980), 111.

적 관점에 대하여는, 우리가 천사의 말의 분명한 뜻을 다시 해석하여 주는 것을 요구하지 않습니다.

그래서 다니엘 예언의 중동 혹은 이슬람 중심의 관점이 사실적으로 정확하다면 그것은 다니엘 전체에서 설명된 "마지막 날들"이 가까워 오고 있다는 이유를 지지해 주는 것입니다. 천사가 다니엘에게 알려주었던 것처럼 이 책은 지금 믿음의 공동체에게 봉함이 제하여지고 열려지고 있습니다. 얼마나 우리가 그 말씀들을 잘 주목할는지는 두고 볼 일입니다.

제12장

요한계시록 12, 13, 17장: 여자, 남자아이 그리고 그 짐승

우리가 다니엘 공부를 마쳤음으로, 이제 우리는 요한계시록의 몇몇 주요 장들에 주목을 돌리고자 합니다. 우리가 보게 되겠지만 요한계시록에서 말하여지고 있는 이야기들은 선지서에서 말하여진 같은 이야기들을 단순히 다시 한 번 더 말하고 있는 것입니다. 우리들의 목적을 위하여 우리는 요한계시록 12장과 13장에서 먼저 시작합니다. 물론 요한계시록의 나머지 부분들처럼, 이 이야기는 극도의 상징을 사용하여 말하여지고 있습니다. 그러니 이것이 당신에게 겁을 주지는 않습니다. 일단 상징주의가 풀어지면, 그 메시지는 아주 분명하게 될 것입니다.

1. 요한계시록 12장: 여자와 그의 아이

이 구절은 잉태하였을 뿐만 아니라 해산 중에 있는 해를 입은 여자로 시작하고 있습니다.

하늘에 큰 이적이 보이니 해를 입은 한 여자가 있는데 그 발 아래는 달
이 있고 그 머리에는 열두 별의 면류관을 썼더라 이 여자가 아이를 배
어 해산하게 되매 아파서 애써 부르짖더라(계 12:1-2).

요한계시록을 해석할 때 언제나 기억해야 하는 기본 원칙은 요한계시
록은 다른 어느 책과는 다르게 구약 전체에 걸쳐 발견된 많은 예언 구절
에 철저히 기초를 두고 있다는 점입니다. 이전에 논의하였듯이 요한계시
록은 근본적으로 예언적 심포니이며 전체 성경의 총 정점이며 결론이고
이전에 있었던 수많은 구절들과 시와 예언들과 계시들 위에 그려진 것입
니다. 이 원칙을 이해할 때 이 여자의 정체를 알아내는 것은 아주 쉽습니
다. 이 여자의 정체를 밝히는 첫 번째 열쇠는 창세기에서 찾아볼 수 있습
니다. 요셉의 꿈에서 우리는 해와 달과 열두 별(요셉을 제외하고 열 하나)의
상징이 반영되어 있음을 발견합니다.

요셉이 다시 꿈을 꾸고 그 형들에게 고하여 가로되 내가 또 꿈을 꾼즉
해와 달과 열한 별이 내게 절하더이다 하니라 그가 그 꿈으로 부형에
게 고하매 아비가 그를 꾸짖고 그에게 이르되 너의 꾼 꿈이 무엇이냐
나와 네 모와 네 형제들이 참으로 가서 땅에 엎드려 네게 절하겠느냐
그 형들은 시기하되 그 아비는 그 말을 마음에 두었더라(창 37:9-11).

요셉의 꿈 이야기를 이해함으로 우리는 그 여자가 이스라엘을 나타내
고 있음을 알 수가 있습니다.

2. 남자아이

요한계시록 12장으로 돌아와서, 이 여자가 해산할 남자아이는 물론 메시아 예수님입니다. 그가 바로 온 성경의 초점입니다. 그는 구속자이십니다. 이 아이를 통하여 하나님은 세상에 완전한 구속을 가져올 것이며 낙원을 회복하고 낙원으로 돌아오게 하실 것입니다. 그러나 우리가 알고 있는 것처럼 하나님과 그의 백성들은 대적을 가지고 있습니다.

사탄은 항상 창조에 대한 하나님의 구속계획을 막으려고 소원하고 있습니다. 처음 창세기 3장으로 돌아가서 거기서부터 사탄(뱀)과 예수님(여자의 후손)의 싸움은 계속되어 왔습니다. 마지막에 가서 메시아 예수님은 뱀의 후손 즉 씨는 물론이고 옛 뱀의 머리를 완전히 부숴 버릴 것입니다 (요 8:44). 그래서 성경 전체는 예수님 중심이지만, 말하여지고 있는 큰 이야기는 예수님이 사망과 사탄을 패배시키는 이야기입니다.

그러므로 메시아에 관한 예언을 발견할 때면 자주 그 문장 속에 사탄이 가까이 숨어 있습니다. 이 구절도 예외가 아닙니다. 그러므로 그 다음 구절에서 그 이야기의 다음 주요 존재인 사탄 즉 용이 우리에게 소개되고 있습니다.

3. 사탄 즉 용: 그 여자와 아이의 대적

간단히 말해서 하나님이 사랑하시는 것은 무엇이든지 사탄은 미워합니다. 무엇이든지 하나님이 구속하기를 원하시는 것은 사탄은 타락시키고 삼키기를 원하고 있습니다. 이야기가 전개되면서 사탄은 일곱 머리와 열 뿔이 달린 용으로 묘사되어 있습니다. 그는 여자 앞에서 웅크리고 앉아서 아이를 해산하자마자 그 아이를 삼키려고 기다리고 있습니다.

하늘에 또 다른 이적이 보이니 보라 한 큰 붉은 용이 있어 머리가 일곱이요 뿔이 열이라 그 여러 머리에 일곱 면류관이 있는데 그 꼬리가 하늘 별 삼분의 일을 끌어다가 땅에 던지더라 용이 해산하려는 여자 앞에서 그가 해산하면 그 아이를 삼키고자 하더니(계 12:3-4).

그러나 메시아 남자아이는 태어났습니다.

여자가 아들을 낳으니 이는 장차 철장으로 만국을 다스릴 남자라 그 아이를 하나님 앞과 그 보좌 앞으로 올려가더라(계 12:5).

단지 아기였던 예수님을 죽이려는 사탄의 노력에도 불구하고 하나님은 꿈에 요셉에게 나타나 그의 가족과 함께 애굽으로 피하라고 말하셨습니다. 그래서 예수님은 성인으로 성숙하여 갔고 자신의 의지로 그의 생명으로 십자가에 내어 주기로 결단하였습니다. 물론 그의 이야기는 거기서 끝나지 않았습니다. 그는 삼일 후에 죽은 자들 가운데서 다시 살아나 하늘로 올라가셨고 현재 거기 하나님 아버지 우편에 거하고 계십니다. 이것 뒤에 다음의 주요 등장인물인 짐승이 우리에게 소개됩니다.

4. 짐승

그 이야기가 전개되면서, 한 짐승이 이 그림에 등장합니다. 그리고 그는 이상하리만큼 사탄 즉 용과 닮았습니다.

내가 보니 바다에서 한 짐승이 나오는데 뿔이 열이요 머리가 일곱이라 그 뿔에는 열 면류관이 있고 그 머리들에는 참람한 이름들이 있더라 내가 본 짐승은 표범과 비슷하고 그 발은 곰의 발 같고 그입은 사자의 입 같은데 용이 자기의 능력과 보좌와 큰 권세를 그에게 주었더라 (계 13:1-2).

나중에, 요한계시록 17:3은 그 짐승이 밝은 붉은 색이라고 말합니다. 그 모습은 색깔뿐만 아니라 머리수와 뿔의 수에서도 사탄이 거울에 비추인 닮은 모습입니다. 이것을 넘어서 사탄은 실지로 그의 능력과 보좌와 "큰 권세"를 짐승에게 넘겨주었습니다. 간단히 말해서 그는 사탄의 짐승입니다. 하나님 아버지께서 자신의 완벽한 반영으로 그 아들을 세상 보내신 것같이 그 짐승은 이 세상에서의 사탄의 구체화된 존재입니다. 이 부분의 공부를 결론지으면서 우리는 이것의 깊은 관련성을 논의할 것이지만 그보다 먼저 이 구절들을 분명하게 하기 위하여 이 구절의 네 가지 상징의 뜻을 이해할 필요가 있습니다.

5. 짐승: 왕국인가 제국인가

먼저 이 "짐승"의 상징이 왕국인지 제국인지를 이해해야 합니다. 이 해석의 근거는 다니엘이 바다에서 연이어 올라오는 네 짐승들을 본 다니엘 7장에서 찾아볼 수 있습니다. 선지자 다니엘이 천사에게 이 짐승들의 의미를 물었을때 천사는 처음에는 네 짐승은 네 "왕"이라고 하였습니다. 그러나 그가 계속하면서 전개되는 중에 이 왕들은 그들의 왕국을 대표하는 자들이라고 하였습니다(23절). 그리고 여기서 다니엘 7장과 같이 요한계시록에서 이 짐승은 왕국이나 제국을 나타내고 있습니다.

6. 바다: 이방 백성들

두 번째로 우리는 이 짐승이 나오는 바다의 의미를 이해해야 합니다. 이 상징은 요한계시록 17장에서 매우 분명하게 정의되어 있습니다. 거기서 천사는 사도 요한에게 바다가 인간들이라고 설명하였습니다.

> 또 천사가 내게 말하되 네가 본 바 음녀의 앉은 물은 백성과 무리와 열국과 방언들이니라(계 17:15).

그러나 단순히 인간들이라고 언급하는 것을 넘어서 이사야 선지자에 의하면 바다는 특별히 이방 백성들과 나라들을 나타내고 있습니다.

> 그 때에 네가 보고 희색을 발하며 네 마음이 놀라고 또 화창하리니 이는 바다의 풍부가 네게로 돌아오며 열방의 재물이 네게로 옴이라 (사 60:5).

그러므로 우리가 상징주의적 해석을 시작하면서 우리는 짐승이 이방 나라들의 바다에서부터 올라오는 사탄에게 능력을 받은 왕국이나 제국을 나타내는 것이라는 해석으로부터 시작합니다.

7. 일곱 머리: 일곱 역사적 제국들

그러나 짐승의 일곱 머리는 무엇을 의미하는 것입니까? 감사하게도 이 상징 또한 같은 짐승이 다시 그려져 있는 요한계시록 17장에서 특별하게 설명되어 있습니다.

곧 성령으로 나를 데리고 광야로 가니라 내가 보니 여자가 붉은 빛 짐승을 탔는데 그 짐승의 몸에 참람된 이름들이 가득하고 일곱 머리와 열 뿔이 있으며(계 17:3).

천사가 가로되 왜 기이히 여기느냐 내가 여자와 그의 탄 바 일곱 머리와 열 뿔 가진 짐승의 비밀을 네게 이르리라 네가 본 짐승은 전에 있었다가 시방 없으나 장차 무저갱으로부터 올라와 멸망으로 들어갈 자니 땅에 거하는 자들로서 창세 이후로 생명책에 녹명되지 못한 자들이 이전에 있었다가 시방 없으나 장차 나올 짐승을 보고 기이히 여기리라 지혜 있는 뜻이 여기 있으니 그 일곱 머리는 여자가 앉은 일곱 산이요 또 일곱 왕이라 다섯은 망하였고 하나는 있고 다른 이는 아직 이르지 아니하였으나 이르면 반드시 잠깐 동안 계속하리라(계 17:7-10).

그러나 이 "산"들은 단순히 흙 덩어리를 말하는 것이 아닙니다. 주석가 로버트 토마스(Robert Thomas)는 말합니다.

> 일곱 머리와 일곱 산은 연이어 나타나는 일곱 제국을 나타내는 것이며 10절의 일곱 왕국은 머리들로써 이 제국들이 의인화된 것을 의미한다.[1]

산의 상징은 성경 전체에서 왕국을 언급할 때 보편적으로 쓰입니다(즉 시 30:7; 68:15-16; 사 2:2; 41:15; 렘 51:15; 단 2:35; 합 3:6,10; 슥 4:17). 예를 들어 오바댜 선지서는 전체가 "에돔의 산"과 "시온 산"의 충돌에 대한 예언입니다. 그 예언은 물론 문자적으로 두 산들의 충돌에 대한 것이 아니라 두 왕국, 즉 모압 왕국과 이스라엘 왕국의 충돌에 대한 것입니다. 마찬가

---

[1] Robert L. Thomas, *Revelation 8–22 An Exegetical Commentary* (Chicago: Moody Press, 1995), 296.

지로 여기 요한계시록 17장에서 이 산들은 문자적 산들을 말하는 것이 아니라 역사적인 일곱 제국을 의미하는 것입니다.

일단 산이 왕국이라는 것이 깨달아지면, 이 구절의 나머지는 이해하기 쉽습니다. "일곱 머리는 일곱 산들(왕국)이다. 그들은 또한 일곱 왕이라." 간단하게 말해서, 왕들과 왕국들은 함께 가지만, 산들과 왕들은 자연스러운 상관관계가 없습니다. 문자적인 산도 또한 왕이 될 수 없지만 왕은 왕국을 대표합니다.

이 구절의 요점은 그러므로 하나님과 그의 백성과 지구상의 그의 목적을 대적하는 사탄의 주요 무기는 항상 이방 제국이었음을 보여주려는 것입니다. 이방 세상 제국들을 통하여 마귀는 세대를 걸쳐서 하나님과 그의 백성을 대적하여 싸워 왔습니다.

이것은 히브리 백성들의 초기 시대부터 사실로 그래왔고 지금도 여전히 사실입니다. 일곱 머리 달린 짐승은 지구상의 사탄의 활동을 의인화한 것입니다. 교회가 그리스도의 몸을 나타내듯이 짐승은 사탄의 몸을 나타내고 있습니다. 이것이 바로 용 사탄이 짐승에게 그의 보좌와 능력과 권세를 주는 이유입니다.

8. 로마: 일곱 산 위의 도시?

역사적으로 몇몇 분들이 이 구절이 로마를 언급한다고 보았습니다. 그러나 조금만 더 조사해 보면 이런 입장은 문제가 있음이 드러납니다. 그러므로 최근의 주석가들이 이 아이디어를 거부하였습니다. 예를 들어 존 왈브우드는 고대 로마 시가 일곱 "언덕" 위에 앉아 있다고 하였습니다. 이 구절에서 쓰여진 단어는 헬라말로 언덕들(바우노스[*bounos*])이 아니라 산들(오로스[*oros*])입니다. 로마가 이 구절의 주어가 로마였다면 작가는 물론 언덕이라는 단어를 썼을 것입니다.

이것을 넘어서서 우리는 이것이 종말에 관한 구절이라는 사실을 기억해야 합니다. 이것은 고대의 현실을 말하고 있는 것이 아닙니다. 오늘날 로마는 일곱 개의 산들 위에가 아니라 열 개의 언덕 위에 앉아 있습니다. 수년을 걸친 이 해석의 인기에도 불구하고 이 구절이 로마도시를 말하고 있다고 하는 생각은 지지받을 수가 없습니다.

그러므로 일곱 "머리"는 일곱 개의 역사적 왕국을 나타냅니다. 이 구절이 말하듯이 "다섯은 있었고 하나는 있고 하나는 아직 이르지 않았습니다." 사탄적인 짐승이 주로 마지막 적그리스도적인 제국을 나타내는 상징인 반면 이것은 또한 마지막에 나타남으로써 일곱 사탄의 영향력을 받은 제국 시리즈의 절정입니다.

그러나 특별히 어느 왕국을 말하고 있는 것입니까?

사도 요한이 요한계시록을 쓸 때는 이미 다섯 왕국은 과거였습니다. 여섯 번째 왕국은 현재 세력을 가지고 있습니다(하나는 있고). 물론 이 왕국은 짐승의 여섯 번째 머리 로마 제국입니다. 그러나 어느 다섯 지역의 제국들이 로마 제국 이전의 제국들입니까?

이 제국들은 사탄이 특별히 영향력을 부어 역사적으로 유대 민족을 멸망시키려고 시도하였고 따라서 하나님의 대구속 계획을 저지하려고 하였습니다.

성경 전체를 통하여 우리는 이스라엘, 즉 이스라엘 백성들과 그리고 젊은 사람들의 기독교 운동을 대적하는 여섯 개의 계속되는 그리고 강력한 중동의 제국들에 의하여 연이은 공격들이 무산된 기록을 가지고 있습니다.

① 이집트
② 앗수르
③ 바벨론
④ 메대와 바사

⑤ 그리스
⑥ 로마

그러나 이 구절은 여섯 번째 제국으로 끝나지 않았습니다. 로마 제국 후에 다른 사탄적 제국이 등장할 것입니다. 우리가 이어지는 제국 즉 강력하고, 이방 나라이며, 반여호와적이고, 반셈족이며, 반시온적이고, 결국 반기독교 제국이며 이스라엘 땅을 둘러싸고 있는 지역 즉 광범위한 성경의 세계를 통치하는 제국을 고려할 때, 단 하나의 제국이 이 모든 조건들을 일관성 있게 만족시키며 이전 제국들의 패턴을 따르고 있습니다.

9. 일곱 번째 왕국: 이슬람 제국

7세기에 서부 로마 제국의 긴 세월동안 서서히 몰락하는 발꿈치를 이어서 아라비아에서 이슬람 제국이 돌연 탄생하여 그 전 지역을 빠르게 정복하였습니다. 결국 이 제국은 동로마 제국(Byzantine)에게도 치명적인 타격을 주었습니다. 1453년 정복자 메흐멧(Mehmet the Conqueror)이 콘스탄티노플을 이슬람에게 복종시키고 이스탄불이라고 이름하였습니다. 이전의 짐승 제국들의 패턴을 따라서, 이 이슬람 제국은 반여호와, 반셈족, 반시온주의, 그리고 반기독교적인 정신의 빈번한 도구가 되었습니다.

사실 세계 역사상 어느 제국들보다도 훨씬 더 이슬람 제국은 이러한 특성이 강화되었다고 정당하게 말할 수 있습니다. 이슬람 종교의 가장 성스러운 문서인 꾸란은 이러한 특징들을 사실적으로 교리화 하고 있고 성스러운 것으로 말하고 있습니다. 특별히 유대인들과 기독교인들이라고 그 페이지 안에 이름을 명시하였습니다. 큰 신성모독자들(기독교인들)이며 역사상에 가장 큰 하나님의 반역자들(유대인들)이라고 두드러지게 드러내고 있습니다.

10. 요한계시록 13장, 17장: 마지막 짐승 제국

우리들의 공부에서 지금까지 보았듯이 인류역사의 마지막 짐승 제국으로서의 이슬람 제국의 정체는 성경 전체를 통하여 계속하여 성경의 모든 중요한 예언 구절들 안에서 아주 문자적으로 구체화되었습니다. 전통적으로 로마 적그리스도론을 증명하는 구절들까지도 자세히 다시 조사해 본 결과 사실 중동 적그리스도를 가리키고 있습니다. 그러므로 우리가 사탄 왕국의 상징적인 그림이 있는 요한계시록 13장에 왔을 때 그것이 표범과 사자와 곰의 부분을 가지고 있음을 나타내고 있는 것은 별로 놀랄 일이 아닙니다.

> 내가 본 짐승은 표범과 비슷하고 그 발은 곰의 발 같고 그 입은 사자의 입 같은데 용이 자기의 능력과 보좌와 큰 권세를 그에게 주었더라 (계 13:2).

우리가 이미 보았듯이 다니엘 7장에서 같은 세 동물들이 각각 바벨론, 메대와 바사, 그리스의 세 제국을 나타내고 있습니다. 다니엘 환상의 네 번째 짐승은 우리가 여기서 논의하고 있는 것과 같은 짐승입니다. 이 짐승은 사자(바벨론), 곰(메대와 바사), 그리고 표범(그리스)를 연합한 것입니다. 그리스 제국 다음에 그 지역의 세계에서 등장한 제국들은 파티안 제국(Parthian Empire), 사사니드 제국(Sassanid Empire), 로마 제국, 그리고 이슬람 제국(Islamic Caliphate) 뿐입니다. 우리가 무서운 네 번째 짐승의 제국의 역할을 할만한 후보로써 고려해 볼만한 결속력을 가지고 있는 다른 어떤 제국도 일어나지 않았습니다.

파티안과 사사니드 제국들은 우리가 이전에 논의 하였듯이 바사 제국의 살아있는 연장으로 보아야 합니다. 그들은 이전에 있었던 여섯 짐승 제국들의 반셈족이나 반그리스도의 특징을 들어내는 정신에 사로잡혀 있지 않았습니다.

파티안과 사사니드 제국은 이전의 사탄적인 제국들이 그랬던 것처럼 유대 백성들을 멸망시키려는 시도를 결코 하지 않았습니다. 그들은 직접적으로 예루살렘이나 이스라엘 땅을 통치해 본 적이 없습니다.

만약에 우리가 이 그리스, 바벨론, 그리고 메대와 바사의 지리적 "본체"를 합하여 본다면 어떤 제국을 가지게 될까요?

로마 제국과 같습니까 아니면 이슬람 제국과 같습니까?

그 대답은 그 지역의 지리를 이해하는 사람들에게는 누구나 분명합니다.

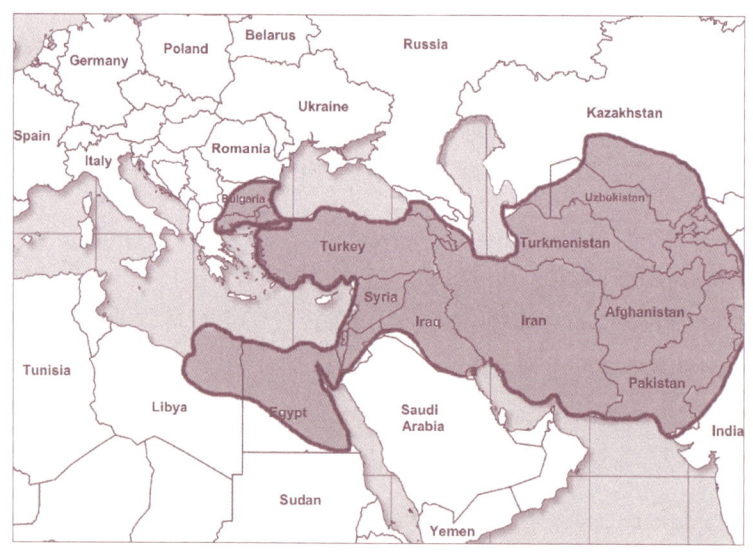

그림 12. 바벨론, 메대와 바사, 그리고 그리스 제국을 합한 모습

특별하게 서구 유럽 성향을 가진 로마 제국은 단순히 바벨론-바사-그리스 제국과 지리적으로 전혀 일치하지 않습니다. 우리가 보아 왔듯이 로마 제국은 바벨론에서 약 500마일(800킬로미터) 서쪽에 유지되고 있었습니다.

제12장 요한계시록 12, 13, 17장: 여자, 남자아이 그리고 짐승   239

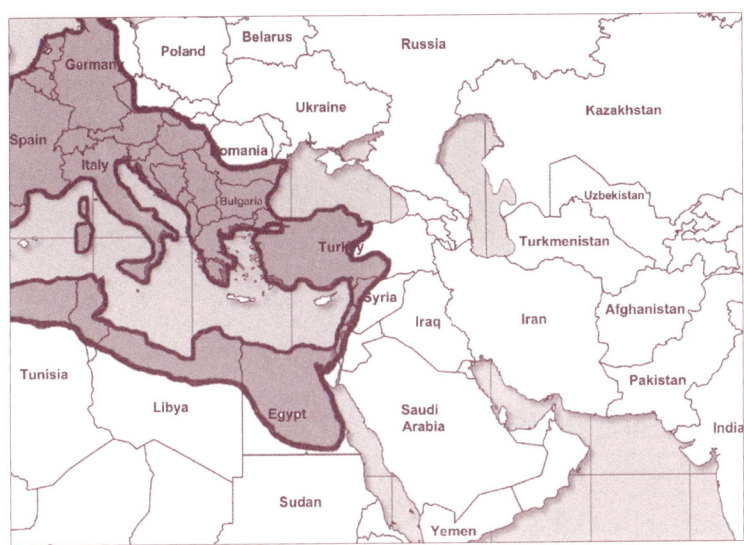

그림 13. 로마 제국: 바벨론(사자), 메대와 바사(곰), 그리고
그리스(표범)를 합한 것과 닮지 않았음

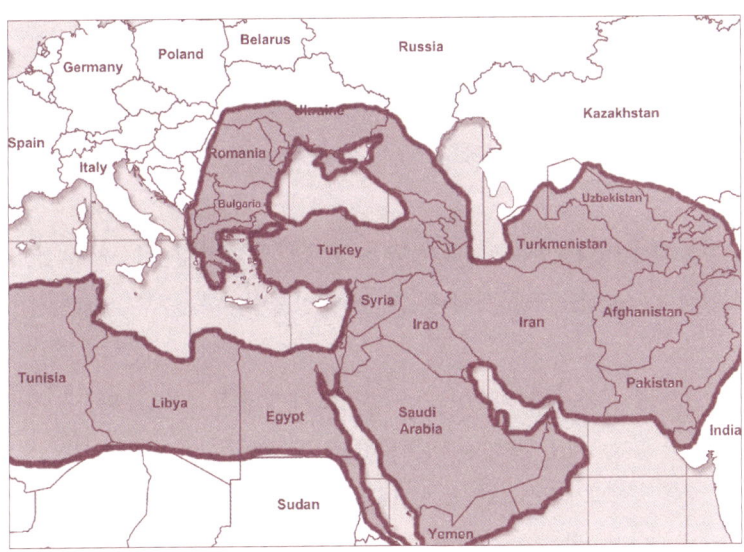

그림 14. 이슬람 제국: 바벨론(사자), 메대와 바사(곰), 그리고 그리스(표범)의 연합

그러나 이슬람 제국은 우리가 보았듯이 인정되지 않은 절대적인 방법으로 이 지역 모두를 부수어 버렸습니다. 이슬람 제국은 이전의 세 제국들과 그 이상의 땅의 모든 소유를 정복하게 되었습니다. 그래서 다시 한 번, 그리스와 바벨론과 메대와 바사 제국의 연합을 생각할 때 로마 제국은 이 설명을 전혀 성취하지 못하지만 이슬람 제국은 완전하게 성취합니다.

11. 치명적인 머리의 상처

요한계시록 13장에 의하면 마지막 제국은 마지막 짐승 제국은 치명적 상처를 입은 것으로 보입니다. 일곱 번째 제국은 그냥 지나가는 것 같았지만 온 세계를 놀라게 하고 공포에 빠지게 하면서 부활하여 생명을 얻는 경험을 합니다.

> 그의 머리 하나가 상하여 죽게된 것 같더니 그 죽게 되었던 상처가 나으매 온 땅이 이상히 여겨 짐승을 따르고(계 13:3).

치명적인 머리 상처가 치유를 받은 것에 대한 예언은 짐승의 일곱 번째 머리가 부활하는 요한계시록 17장에서 반복됩니다.

> 네가 본 짐승은 전에 있었다가 시방 없으나 장차 무저갱으로부터 올라와 멸망으로 들어갈 자니 땅에 거하는 자들로서 창세 이후로 생명책에 녹명되지 못한 자들이 이전에 있었다가 시방 없으나 장차 나올 짐승을 보고 기이히 여기리라(계 17:8).

> 전에 있었다가 시방 없어진 짐승은 여덟째 왕이니 일곱 중에 속한 자
> 라 저가 멸망으로 들어가리라(계 17:11).

마지막 때에 지구상에 사는 사람들은 이 제국이 다시 탄생하는 것을 볼 때 놀라게 될 것입니다. 이슬람 제국은 잠시 혹은 분명한 죽음을 경험하였지만 여덟 번째 그리고 마지막 제국으로 부활될 것입니다. 마지막 사탄적 왕국은 단순히 이슬람 제국의 부활된 버전입니다. 마지막 시대를 살고 있는 사람들은 한때 중동 지역을 통치하였던 이슬람 제국이 다시 살아난 것을 볼 때 놀라움에 멈추어 서 있게 될 것입니다.

어느 분들은 부활된 짐승이 앗수르 제국 같은 이전 제국들 중의 하나라고 주장합니다. 그러나 우리는 요한계시록 17장의 이야기가 단순하게 다니엘 2장과 7장(8장, 9장, 그리고 1장은 물론)에서 하였던 이야기를 다시 반복하는 것이라는 사실을 기억해야 합니다.

다니엘 2장에서 마지막 적그리스도적인 제국은 두 철로 된 다리로 상징된 이전 왕국에서 연장되어 나온 신상의 발로 표현되어 있습니다. 이 철 다리들은 우리가 이미 보았듯이 역사적인 이슬람 제국입니다. 다니엘 7장에서 네 짐승의 상징을 통하여 같은 이야기가 반복됩니다.

거기서 사탄 제국의 마지막 나타남은 역사적인 이슬람 제국인 네 번째 짐승으로부터 나오는 열 뿔로 상징되어 있습니다. 그래서 여러 가지 관련된 구절들을 조사해 본 후에 우리는 다음과 같이 역사적으로 연이어 나타나는 여덟 개의 사탄의 영향력 아래 있는 제국들을 파악할 수 있습니다.

① 이집트 제국
② 앗수르 제국
③ 바벨론 제국
④ 메대와 바사 제국
⑤ 헬라 제국

⑥ 로마 제국
⑦ 이슬람 제국
⑧ 부활된 이슬람 제국

마지막 두 제국이 바로 이슬람 제국이라는 생각에 무게가 더하여진 것은 이슬람 제국의 멸망이 역사적인 현실이라는 점입니다. 이슬람의 창시자며 예언자인 모하메드가 사망한 직후에 그의 동료들과 가족이 무슬림을 지도하는 역할을 감당하였습니다. 모하메드의 친한 친구이며 장인이었던 아부바크(Abu Bakr)가 첫 번째 후계자가 되었습니다.

아부바크와 그후의 세 후계자들이 통치하던 기간은 라쉬둔 칼리페이트(Rashidun Caliphate)라고 알려져 있습니다. 라쉬둔 후에는 우마야드 칼리페이트(Umayyad Caliphate) 그리고 아바시드 칼리페이트(Abbasid Caliphate) 그 후에 대부분의 무슬림 통치하의 세상은 오토만(Ottomans)에게 넘어갔습니다. 우리가 보통 이슬람 제국 혹은 "이슬람 칼리페이트"라고 말할 때는 우리는 이미 말한 여러 가지 왕조들을 포함하는데 그들은 모두 합하여 천삼 백 년 이상 이슬람 세계를 통치하여 왔습니다.

그러나 이 천 년을 넘는 무슬림 정권은 사실상 터키의 세속적인 개혁자 무스타파 케말 아타터크(Mustafa Kemal Ataturk)가 후계자로 알려진 보편적 이슬람 정권과 후계자(칼리프)로 알려진 우주적인 이슬람 지도자 자리를 없애 버리면서 1924년에 참수 처형되고 말았습니다. 이전에 연합되었던 제국은 이제 현대의 나라와 주들로 산산조각이 나고 말았습니다. 오늘날 서구 세력들이 중동 지역에서 철수하자 오토만의 세력이 다시 세력을 얻기 시작하였습니다. 머리의 상처가 치유되기 시작하였고 이슬람 제국은 부활되고 있습니다. 그러나 그것은 다른 책의 주제입니다.

12. 로마 제국과 이슬람 제국

만일 로마 적그리스도론을 주장한다면 요한계시록 17장은 심각한 문제를 제기하게 됩니다. 이것이 10절과 11절에 대한 레건(Reagan)의 설명입니다.

> 이 구절에서 사도 요한은 인류 역사상 고려해야 하는 일곱 왕들 혹은 제국들이 있을 것이며 "다섯은 망하였고 하나는 있고 하나는 아직 이르지 아니하였다. 그리고 그가 이르면 그것은 잠깐 동안 계속된다. 이전에는 있었지만 지금은 없는 그 짐승은 그 자신이 여덟 번째이며 일곱 번째에 속하였으며 그는 멸망으로 들어간다." 역사상 그 당시에 멸망당한 다섯 제국은 이집트, 앗수르, 바벨론, 메대와 바사, 그리고 그리스였다. 그때 존재하고 있었던 것은 로마 제국이었다. 그후에 나타날 또 하나는 부활된 로마일 것이며 거기서 여덟 번째 마지막 제국이 나오고 세계적인 적그리스도의 왕국이 등장할 것이다.[2]

나는 멸망당한 다섯 제국들과 여섯 번째 제국의 정체에 대하여는 레건과 일치합니다. 그러나 부활한 로마 제국을 일곱 번째 제국과 동일시하는 것에는 동의하지 않습니다. 나는 여기서 이슬람 제국을 나타낸다고 믿습니다. 사실 우리가 논의했듯이 우리가 이슬람 제국을 이 연속적인 과정에 포함하지 않는다면 다니엘 2장과 7장에 있는 이전의 게시들과 이 구절을 화합하는 것이 불가능합니다.

레건의 시도는 모든 것을 맞추어 보려는 시도같이 보입니다. 일곱 번째 머리 후에 그는 "여덟 번째 그리고 마지막 제국, 즉 적그리스도의 세계적인 왕국을 삽입합니다."

---

[2] Reagan, "The Muslim Antichrist Theory."

그러나 다니엘 2장과 7장 어디에 이 제국이 있습니까?

레건의 시나리오에 의하면, 다니엘 2장의 철 다리는 역사적인 로마 제국입니다.

이 제국에서 발이 나오고 분명히 이 발에서 다른 세계적인 제국이 나옵니다. 그러나 이 문장에서는 그런 시나리오를 위한 여유가 없습니다. 마찬가지로 레건에 의하면 다니엘 7장의 네 번째 짐승은 역사적인 로마 제국을 나타냅니다. 이 제국으로부터 로마 제국의 부활과 관련된 열 뿔이 나옵니다. 그러나 어떻게 된 일인지 다른 세계적인 왕국이 이 열 뿔에서 나옵니다. 다시 이것은 단순히 그 문장이 말하고 있는 것이 아닙니다. 로마 적그리스도론은 존재하지도 않는 곳에 세 번째 제국을 삽입하도록 강요합니다.

다른 한편, 우리가 여러 가지 예언들이 역사적인 이슬람 제국을 가리키고 있음을 이해할 때 그것이 요한계시록 17장의 일곱 번째 머리든지, 다니엘 2장의 철로 된 다리든지, 혹은 다니엘 7장의 네 번째 짐승이든지, 이 구절들 모두가 자연스럽게 함께 잘 흘러가고 완전하게 맞아 떨어집니다.

역사적 이슬람 제국이 짐승의 일곱 번째 머리이며 부활된 이슬람 제국, 즉 적그리스도 왕국이 여덟 번째입니다. 이것은 매우 간단합니다. 어느 분들은 로마 제국이 다니엘 2장과 7장에 포함되지 않았는데 요한계시록 17장의 목록에는 포함되어있는지 묻습니다. 그 대답은 간단합니다. 요한계시록 17장은 전체 성경적인 관점으로 자세히 모든 역사적 사탄적인 이방 짐승 제국들의 포괄적인 목록을 나타내고 있는 반면, 다니엘 2장과 7장은 모든 사탄의 제국들을 열거하지 않고 있기 때문입니다.

두 장 모두 이집트, 앗수르, 혹은 로마 제국을 포함하지 않습니다. 우리가 이미 본 것같이 이 구절들은 단순히 바벨론의 느부갓네살 후에 일어날 제국들을 말하고 있고 로마 제국은 그중에 들어있지 않았습니다. 우리가 요한계시록 12장, 13장, 그리고 17장에 이르기까지는 전체적인 범 역사를 포함하는 사탄 제국들의 목록은 주어지지 않았습니다.

제국	다니엘 2장	다니엘 7장	요한계시록 17장
이집트	포함되지 않음	포함되지 않음	첫 번째 머리
앗수르	포함되지 않음	포함되지 않음	두 번째 머리
바벨론	금: 머리	사자	세 번째 머리
메대와 바사	은: 가슴과 팔	표범	네 번째 머리
그리스	동: 배와 넓적 다리	곰	다섯 번째 머리
로마	포함되지 않음	포함되지 않음	여섯 번째 머리
이슬람	철: 다리	네 번째 짐승	일곱 번째 머리, 사자, 표범, 곰의 연합
적그리스도	철과 흙: 발	네 번째 짐승에서 나온 열 뿔	여덟 번째 왕, 치유된 일곱 번째 머리
메시아	바위		

결론적으로, 다시 한 번 로마 적그리스도론은 이 문장의 요구사항들과 일치하는 데는 몇 가지 문제가 있어 보입니다. 그리고 다시 한 번 이슬람 제국의 정체는 그것이 사자(바벨론), 곰(메대와 바사), 그리고 표범(그리스)의 연합으로 보던지, 아니면 일곱 머리 짐승의 일곱 번째 머리로 보던지 간에 이전의 예언 구절들로도 무난하게 설명이 됩니다. 그러므로 창세기부터 요한계시록까지 여러 가지 다른 방법으로 여러 가지 상징과 언어를 사용하여 반복하여 같은 그림이 그려지고 있는 것을 볼 수 있습니다.

제13장

에스겔 38-39장: 곡과 마곡(1)

　성경의 예언에서 가장 자주 논의되고 높게 논쟁이 되고 있는 구절들 중의 하나는 에스겔 38장과 39장이며 자주 "곡과 마곡의 전쟁"으로 가장 많이 언급되고 있습니다. 이 구절은 "곡"으로 알려진 마지막 시대의 악한 지도자를 설명하고 있으며 그의 많은 나라들의 동맹과 연합하여 이스라엘 땅을 침공하지만 초자연적으로 멸망당하고 맙니다. 불행하게도 성경의 가장 높은 영향력이 있는 예언인 점 외에도, 이것은 가장 크게 잘못 이해되고 있는 것 중에 하나입니다. 그러므로 성경을 자세하게 공부하는 학생들로서 이 구절을 부지런히 연구하여 이 구절의 바른 의미와 메시지를 바르게 분별하는 것은 반드시 해야 하는 마땅한 의무입니다.

1. 보편적인 관점

현대에 있어서 가장 인기 있게 지지 되고 있는 이 구절의 해석은 곡과 적그리스도가 서로 별개라는 것입니다. 이 관점에 의하면 곡의 이스라엘 침공이 적그리스도가 이스라엘을 침공하기 몇 년 전의 일이라는 것입니다. 이 관점에 따르면 적그리스도가 곡과 그의 군대가 멸망당한 후에 유럽에서 등장한다는 것입니다.

이 관점은 왈브우드에 의하여 자세히 설명되었습니다. 그는 에스겔의 침공하는 군대가 러시아에 의하여 인도함을 받는다는 일반적인 입장과 같은 입장을 지지하였습니다.

> 러시아가 없어지자 부활한 로마 제국의 머리가 지중해 지역을 통치하게 되면서 자기 자신을 온 세상의 독재자로 선언할 수 있을 것이다.[1]

또 하나의 유명한 예언 교사인 그랜트 제프리(Grant Jeffrey)는 비슷한 관점을 지지하고 있습니다.

> 이 러시아와 아랍 연합군이 이스라엘을 공격할 때 예언은 선언하기를 하나님이 지진, 우박, 온역 등의 초자연적으로 간섭하시고 러시아와 아랍의 연합군의 세력을 패배시킬 것이다. 이런 러시아를 멸망시키는 것에 대한 놀라운 예언적 사건들은 지구를 통치하는 적그리스도 등장의 예언 성취를 위한 길과 이스라엘과 칠 년 언약을 맺는 길을 준비하게 될 것이다. 이 적그리스도와의 조약으로 아마겟돈의 전쟁에서 있을 메시아의 재림을 향한 칠 년 기간의 카운트다운이 시작될 것이다.[2]

---

[1] John F. Walvoord, *The Return of the Lord* (Grand Rapids: Zondervan, 1979), 139-40.
[2] Grant R. Jeffrey, *Armageddon: Appointment with Destiny* (Random House Digital), 1997.

이 내러티브에 의하면, 곡과 그의 군대의 멸망 이후에 이슬람이 근본적으로 말라져 버리고 세상의 주요 종교로 존재하기를 그칠 것이라는 것입니다. 예언을 가르치는 데이빗 리건(David Reagan)은 에스겔 38장과 39장의 전쟁이 "중동의 무슬림 국가의 모든 군대를 거의 전멸시키는" 것으로 종결될 것이라고 믿기까지 하였습니다.

> 에스겔 38장의 전쟁에 이은 시편 83편의 전쟁으로 인하여 중동의 무슬림 국가의 모든 군대가 멸망 당할 것이다 … 그러므로 대환란 기간 동안에 중동의 무슬림 국가를 통치하는 적그리스도가 무슬림이라면, 그는 잿더미가 되었던 제국을 통치하게 될 것이다.[3]

마크 히치코크(Mark Hitchcock)는 말합니다.

> 이 러시아 이슬람의 연합과 그들의 모든 군대를 제거하는 것은 적그리스도 자신이 세상을 정복하도록 자리매김을 하는 길을 마련해 줄 것이다. 나는 가끔 적그리스도 그가 대량살상의 비밀 무기를 가지고 있다고 주장함으로써 곡의 군대를 멸망시키는 데 공을 세우는 것이 아닌가 생각하기도 한다.[4]

마찬가지로, 나단 존스(Nathan Jones)는 말합니다.

> 이슬람은 단지 적그리스도가 그의 조직을 침투시키기 전에 사라져버릴 또 하나의 조직이다.[5]

---

3 Reagan, "The Muslim Antichrist Theory."
4 Hitchcock, *Who Is the Antichrist? Answering the Question Everyone Is Asking* (Eugene, OR: Harvest House, 2010), 87.
5 Jones, "Quick Q&A,"

곡과 마곡의 시간표에 대한 보편적 관점

어떻게 그리고 왜 이 교사들은 이런 입장에 도달하게 되었을까요?

그 대답은 로마 적그리스도론을 주장하고 있는 사람들에 의하여 이 문장에 더하여진 두 가지 가정들 때문입니다.

첫 번째 가정은 적그리스도와 그의 군대가 유럽에서 올 것이라는 것입니다. 곡의 세력은 유럽의 세력이 아님이 분명하기 때문에 곡은 적그리스도와 다른 자가 틀림없다고 결론지은 것입니다.

두 번째 가정은 적그리스도가 인본주의자이거나 혹은 보편주의자로 하나님이나 신으로 숭배함을 받는 것을 요구할 것이라는 가정입니다. 분명히 이 세상의 무슬림들은 절대로 그런 사람을 지지하지 않는다고 이미 논의되었습니다.

그러므로 이런 입장을 지지하는 사람들은 그들의 종말론적 내러티브에서 15억 9천만 명이나 되는 지구상의 무슬림들을 제거하여 적그리스도가 마음대로 세상의 모든 종교를 통합하여 그의 통치 아래로 가져오는 길을 닦는 메카니즘을 찾아야 할 필요성이 생겼습니다. 로마 적그리스도론자들은 에스겔 38장과 39장에서 무슬림을 그림에서 제거하는 그들의 상상적인 메카니즘을 발견하였습니다.

곡과 마곡의 전쟁으로 엄청난 피해를 입은 결과 이슬람은 지구상에서 세력이 급격히 약화되거나 완전히 사라질 것이며 따라서 유럽인이나 인본주의자 또는 보편주의자인 적그리스도가 나타나는 길을 닦게 될 것이라고 많은 사람들이 가르치고 있습니다. 그래서 에스겔 38장과 39장에 대한 일반적인 해석이 탄생하게 되었는데 그것은 그 문장을 신중하게 해석에서 나왔다기보다는 이전에 주장되었고 충분히 다듬어진 종말론의 내러티브에 맞출 필요성 때문에 생긴 것입니다.

2. 보편적인 관점이 암시하는 것들

이전에 언급되었던 내러티브들이 사소한 관점이 아니라는 점을 분명히 해야 합니다. 에스겔 38장과 39장의 인기 있는 해석 때문에 수많은 기독교인들이 예수님이 오시기 전에 15억이 넘는 무슬림들이 "사라지고"[6] "멸종"[7] 당하며 "재가되거나"[8] 혹은 다른 종교로 개종할 것이라고 믿었습니다.

대부분 러시아도 티끌이 되어 버릴 것이라고 생각했습니다. 몇십 년 안에 이슬람이 세상의 가장 큰 종교로 등장할 것이라고 예측하고 있는 거의 모든 인구통계학 모델들과는 달리 이 극단적 반대의 관점은 놀라운 것입니다. 그러나 이 시나리오는 몇몇 주요 종말론적 구절들의 해석의 오류에서 나온 환상에 불과한 것 아니겠습니까?

오늘날 대부분의 교회들은 위조되었을 뿐만 아니라 매우 운명론적인 이슬람의 미래에 관한 관점을 수용하고 있습니다. 전도와 선교와 중보를 위하여 잠재적으로 이런 관점이 가지고 있는 영향력을 무시하는 것은 경고할 만합니다. 내가 이 책에서 썼듯이 몇몇 존경을 받는 학자들 몇 분이 내게 제안하기를 로마 적그리스도론의 입장과 이슬람 적그리스도론의 입장 간의 논쟁은 상관성이 없다고 하였습니다.

---

6 Ibid.
7 Reagan, "The Muslim Antichrist Theory."
8 Ibid.

나는 근본적으로 동의하지 않습니다. 성경 예언에 대한 보편적인 관점은 많은 수의 기독교인들의 실천에 영향을 줍니다. 이슬람이 이 세상의 가장 큰 종교로서 서서히 등장하는 것과 교회의 가장 큰 세계적 도전은 세상에서 사라질 수 없는 기둥들입니다.

간단히 말해서 이 두 관점들 사이에 중간 지점은 없습니다. 이것은 교회가 근본적으로 잘못되게 놓아둘 수 있는 그런 문제가 아닙니다. 성경 학도들은 성경의 예언 본문들을 바르게 이해하여 스스로 적용해야 하는 것이 필수적이지만, 특히 에스겔 38장과 39장과 관련해서 더 그렇게 해야 합니다.

3. 유대인들의 입장

많은 사람들이 공유하고 있는 기독교적 입장과는 반대로, 유대 랍비의 관점은 곡을 하나님 백성의 최후의 대적자로 간주합니다. 더 나가서 그와 그의 군대들은 모든 다른 선지자들에 의하여 설명된 같은 침략자들입니다. 탈무드, 미드라쉬, 그리고 랍비의 자료로부터 선집 된 주석 『에스겔』 (*Ezekiel*) 에서 말합니다.

> 곡이 실제로 예루살렘을 공격할 때 일어날 마지막 전쟁은 스가랴 14장에 묘사되어 있다. 곡과 마곡의 전쟁에 관한 언급은 성경에 많이 나타나 있는데 특별히 예언서에 많이 집중되어 있다. 가장 길고 가장 자세하며 가장 특별한 사항들이 에스겔, 스가랴, 요엘, 다니엘에 포함되어 있다.[9]

유대인들이 마지막 악한 독재자를 곡이라고 부르는 반면 신약성경은

---

9 ArtScroll Tanach Series: *Ezekiel*, 578.

그를 적그리스도(요일 2:22), 멸망의 아들(살후 2:3), 불법자(살후 2:8), 짐승(계 11:7), 그리고 다른 여러 명칭들로 부릅니다. 탈무드에서 우리는 읽습니다.

> 보라 마지막 때에 마곡 땅에서 한 왕이 올라올 것이다. 그는 관을 쓴 왕들과 갑옷을 입은 참모들과 그리고 세상의 모든 나라들이 그에게 복종할 것이다. 그들은 전쟁의 대열을 이스라엘 땅에서 흩어졌던 자들의 자녀들을 대적하여 치게 될 것이나 주님은 그의 영광의 보좌 밑으로부터 나오는 불꽃으로 그들의 목숨을 태워 끊어 버리도록 준비하실 것이다. 그들의 시체는 이스라엘 땅의 산에 엎드러질 것이며 들의 야생 짐승들과 하늘의 새들이 와서 먹어 버릴 것이다. 그 후에 모든 이스라엘 땅이 부활될 것이며, 처음부터 비밀리에 간직되었던 좋은 것들을 즐기게 될 것이고, 그들은 그들의 노동에 대하여 상급을 받게 될 것이다.[10]

다시 한 번 "마지막에, 마지막 바로 그때에. 곡과 마곡 그리고 그들의 군대는 예루살렘을 치러 올라갈 것이나 왕 메시아의 손에 멸망당할 것입니다. 칠 년 전 기간 동안에 이스라엘의 자녀들은 그들의 전쟁 무기를 불쏘시개로 사용할 것입니다. 숲에 가서 나무를 잘라서 만들 필요가 없이 말입니다."[11]

---

[10] Targum of Pseudo-Jonathan on Numbers 11:26, in Samon H. Levey, *The Messiah; An AramaicInterpretation: The Messianic Exegesis of the Targum* (New York: Ktav Publishing House, 1974), 17–18.

[11] Fragment Targum, as quoted in Levey, *Messiah*, 16.

4. 적그리스도로서의 곡

이 모든 것들을 마음에 두고, 우리는 곡이 바로 적그리스도이며 곡의 동맹군들의 나라들이 적그리스도의 주요 추종자들임을 보여주기 위하여 연구해 갈 것입니다. 우리는 에스겔 38장 39장의 침공이 단순히 모든 선지자들이 말해왔던 같은 이야기에 대한 또 하나의 반복임을 보여줄 것입니다. 많은 여러 가지 세세한 점들이 추가될 수 있지만 이 근본적인 이야기는 다음과 같이 요약됩니다.

① 곡/적그리스도의 인도함을 받는 나라들의 연합이 이스라엘을 공격하고 기독교인들을 세계적으로 핍박한다.
② 그 결과 삼 년 반 동안 이스라엘은 하나의 마지막 완전한 파괴를 당하며 포로로 잡혀간다.
③ 메시아를 통하여 주님은 남은 자들을 구원하고 포로들을 해방하신다.
④ 이방 나라들이 주님께로 돌아온다.
⑤ 이스라엘이 주님께로 영원히 돌아온다.
⑥ 메시아가 예루살렘에서 통치하신다.

우리가 보게 되겠지만 에스겔에 의하여 말하여진 이야기는 성경 전체의 다른 예언자들에 의하여 말하여진 같은 이야기입니다. 다른 상징을 썼고 이 이야기의 다른 면을 강조하였지만, 모든 선지자들은 같은 연속적인 사건들을 가리키고 있습니다.

5. 에스겔 38-39장의 시기와 기간

보편적인 관점을 지지하는 많은 사람들은 이것을 아주 짧은 사건들의 연속으로 보고 있습니다. 이런 예를 성경 교사인 마크 히치콕(Mark Hitchcock)의 『다가오는 이슬람의 이스라엘 공격』(*The Coming Islamic Invasion of Israel*)에서 볼 수가 있습니다.

> 에스겔 38-39장은 우리가 "일일 전쟁" 혹은 "한 시간 전쟁"이라고 부를 수 있는 것을 설명하고 있는데 왜냐하면 하나님이 신속히 그리고 완전하게 이슬람 침략자들을 초자연적인 방법으로 지구상에서 멸망시켜 버리실 것이기 때문이다.[12]

그러므로 이 관점을 가지고 있는 해석가들 가운데는 이 전쟁의 시기를 종말의 시간표에서 아주 짧은 시간대에 놓으려는 시도가 있습니다.

작가 론 로드(Ron Rhodes)는 그의 책 『북방 폭풍이 일어나고 있다』(*Northern Storm Rising*)에서 그가 볼 때에 오직 여섯 가지 선택이 있다고 열거하였습니다.

① 휴거와 대환란 전
② 휴거 후 그러나 대환란 전
③ 대환란의 전반이나 중간
④ 대환란의 끝에
⑤ 천년왕국의 시작에
⑥ 천년왕국의 끝에[13]

---

12 Mark Hitchcock, *The Coming Islamic Invasion of Israel* (Sister, OR: Multnomah Publishers, 2002), 87.

13 Ron Rhodes, *Northern Storm Rising* (Eugene, OR: Harvest House, 2008), 182–90.

그러나 이런 매우 짧은 기간에 에스겔의 예언을 제한하려고 시도하는 이런 관점은 성경 예언들의 매우 보편적인 성격을 인정하는 데 실패하고 있습니다. 즉 성경 예언들은 매우 간략하고 제한된 방법으로 장시간에 걸쳐 일어난 사건을 말한다는 점입니다.[14] 하나의 완전한 예를 우리를 요한계시록 12:5에서 찾아볼 수 있습니다. 그 구절은 그 여인 시온이 예수님, 즉 남자아이를 탄생시킵니다.

> 여자가 아들을 낳으니 이는 장차 철장으로 만국을 다스릴 남자라 그 아이를 하나님 앞과 그 보좌 앞으로 올려가더라(계 12:5).

이 한 구절을 포괄적인 설명을 하는 구절로 읽는다면, 예수님이 마치 태어나시자마자 하나님의 보좌로 들려 올라간 것으로 믿도록 강요당하게 됩니다. 이 구절에서 언급되지 않은 것은 예수님의 탄생과 승천 사이에 있는 예수님의 33년간의 지상의 삶입니다.

이 구절이 이 33년을 논의하지도 않았고 언급하지도 않았지만 그 구절이 그것을 배제할 수는 없었습니다. 뒤늦은 이해의 잇점을 통하여 우리는 예수님이 지구상에 33년을 사셨다는 것을 알고 있습니다. 비슷한 패턴을 여러 메시아 예언들을 통하여 관찰할 수 있습니다. 또 다른 예가 이사야에 있습니다.

> 이새의 줄기에서 한 싹이 나며 그 뿌리에서 한 가지가 나서 결실할 것이요 여호와의 신 곧 지혜와 총명의 신이요 모략과 재능의 신이요 지식과 여호와를 경외하는 신이 그 위에 강림하시리니 그가 여호와를 경외함으로 즐거움을 삼을 것이며 그 눈에 보이는 대로 심판치 아니하며 귀에 들리는 대로 판단치 아니하며 공의로 빈핍한 자를 심판하

---

14 This principle is articulated well by Angus and Green in J. Dwight Pentecost's classic work *Things to Come* (Grand Rapids, Zondervan, 1958)

며 정직으로 세상의 겸손한 자를 판단할 것이며 그 입의 막대기로 세상을 치며 입술의 기운으로 악인을 죽일 것이며 공의로 그 허리띠를 삼으며 성실로 몸의 띠를 삼으리라 그 때에 이리가 어린 양과 함께 거하며 표범이 어린 염소와 함께 누우며 송아지와 어린 사자와 살찐 짐승이 함께 있어 어린아이에게 끌리며 암소와 곰이 함께 먹으며 그것들의 새끼가 함께 엎드리며 사자가 소처럼 풀을 먹을 것이며(사 11:1-7).

이 구절에 의하면, 메시아의 활동이 거침이 없이 이새의 순에서부터 나와서 지구를 치고 악한 자를 죽입니다. 이 구절의 어느 곳에서도 우리는 예수님의 초림부터 최후의 승리로 재림하시기까지 2천 년의 간격에 대한 암시를 찾아볼 수 없습니다.

분명히 수많은 자세한 사항들이 이 전체를 포함하는 넓은 메시아의 예언의 개관에는 포함되지 않았습니다. 다시 한 번 많은 다른 예들을 찾아볼 수 있습니다. 이것은 성경 전체에 걸친 예언 구절들이 이런 패턴을 자주 따르기 때문입니다.

같은 원리가 에스겔 38장 39장에도 적용될 수 있습니다. 많은 자세한 사항이 이 구절에서 언급되지 않고 있지만, 절대로 이것이 단지 간단하고 짧은 "한 시간 전쟁"임을 의미하지는 않습니다. 그렇게 이 예언을 읽는 것이 성경 예언의 보편적인 성격을 잘못 이해하는 것입니다. 이 예언을 유일하고 짧은 잠깐의 사건으로 보아서도 안 되고 또한 이 구절을 이 사건이 가져오는 모든 자세한 사항들의 포괄적인 설명으로 보아서도 안 됩니다.

오히려 이것은 에스겔의 특별한 관점에서 본 예수님의 재림에 이르기까지의 마지막 칠 년 동안 아주 일반적인 예언적/시적 요약입니다. 이 구절의 넓은 관점은 이스라엘을 대적하게 하기 위하여 곡을 이끌어 내시는 하나님을 설명하는 것으로 시작됩니다. 그리고 이것은 메시아가 재림하여 그의 메시아 왕국을 세우시는 것에서 그 절정을 이룹니다.

다음은 곡과 그의 군대의 멸망의 직접적인 결과들입니다.

① 하나님의 이름이 결코 다시 모독을 받지 않는다.
② 남은 나라들은 하나님의 구원의 지식에 이르게 된다.
③ 이스라엘의 포로들이 해방된다.
④ 하나님이 이스라엘에게 그의 영을 부으신다.
⑤ 이스라엘의 남은 자들은 주님을 영원히 알게 된다.
⑥ 이스라엘은 그들의 땅에 영원히 거하게 된다.
⑦ 주님 자신이 이스라엘 땅에 거하게 될 것이다.

이런 설명들은 오직 예수님의 재림과 그의 메시아 왕국을 세우시는 때에만 적용이 될 수 있기 때문에, 곡과 그의 군대들은 적그리스도와 그의 군대들이라는 사실 외에 다른 것이 될 수가 없습니다. 그래서 이것이 메시아의 재림과 통치로 결론짓는 구절들이 보여주는 몇몇 이정표적 구절들을 고려할 때 우리들의 첫 번째 순서입니다.

6. 하나님의 이름이 더 이상 모독을 받지 않음

다니엘에서 몇 번이나 적그리스도가 반복하여 주님을 모독하는 그의 경력에 대하여 말하는 것을 들었습니다. 다니엘 11:36에서 우리는 적그리스도가 "자신을 높이며" 신들의 하나님을 대적하여 놀라운 말을 하는 것을 보게 됩니다. 다니엘 7:25에서는 적그리스도가 "지극히 높으신 자"를 모독할 것이라고 말합니다. 그러나 이 사실을 고려해야 합니다. 그가 신성모독자임을 넘어서 그의 본을 따라서 흉내를 내며 전 세계에서 그를 따르게 될 자들을 모을 것입니다.

적그리스도에 의하여 영감을 받고 지도를 받게 될 그 세계적인 종교 운동은 세상이 전혀 알지 못하였던 가장 크고 가장 심각한 신성모독 운동이 될 것입니다. 그러나 에스겔에서 우리는 하나님과 그의 군대에 의하여 패배한 후에는 하나님의 이름은 다시는 모독 받지 않을 것입니다.

> 이와 같이 내가 여러 나라의 눈에 내 존대함과 내 거룩함을 나타내어 나를 알게 하리니 그들이 나를 여호와인 줄 알리라(겔 38:23).

> 내가 내 거룩한 이름을 내 백성 이스라엘 가운데 알게 하여 다시는 내 거룩한 이름을 더럽히지 않게 하리니 열국이 나를 여호와 곧 이스라엘의 거룩한 자인 줄 알리라 하셨다 하라(겔 39:7).

넘어설 수 없는 것은 아닐지라도 이것은 곡의 멸망이 적그리스도가 오기 전에 일어난다고 믿는 사람들에게 하나의 주요 문제를 대표하고 있습니다. 공개적으로 하나님을 삼 년 반 동안이나 저주하는 역사상 가장 눈에 띠는 신성모독자가 등장하기 전에 어떻게 하나님의 이름이 다시는 모독을 받지 않을 것이라고 말할 수가 있겠습니까?

이것은 간단히 말해서 불가능합니다. 종말 예언의 더 큰 배경 안에서 이 구절이 잘 절충될 수 있는 유일한 방법은 곡이 적그리스도라고 이해하는 것밖에 없습니다. 적그리스도가 그의 군대와 함께 멸망당한다면 신성모독자들의 입은 영원히 막혀 버릴 것입니다.

7. 이방인들이 하나님을 알게 된다

이사야 선지자는 예수님이 재림하신 후에 "하나님을 아는 지식"이 온 세상을 채우게 될 것을 알려주고 있습니다.

나의 거룩한 산 모든 곳에서 해됨도 없고 상함도 없을 것이니 이는 물이 바다를 덮음 같이 여호와를 아는 지식이 세상에 충만할 것임이니라 (사 11:9).

그 결과 예수님의 천년왕국 통치 기간에는 이방 나라들까지도 이스라엘의 하나님을 경배하게 될 것입니다.

땅의 모든 끝이 여호와를 기억하고 돌아오며 열방의 모든 족속이 주의 앞에 경배하리니(시 22:27).

이사야는 이스라엘의 이전의 원수들 가운데서 어린아이들이 돌아와서 회개를 표현하고 예배할 것이라고 설명하고 있습니다.

너를 괴롭게 하던 자의 자손이 몸을 굽혀 네게 나아오며 너를 멸시하던 모든 자가 네 발 아래 엎드리어 너를 일컬어 여호와의 성읍이라 이스라엘의 거룩한 자의 시온이라 하리라(사 60:14).

성경 전체에서 발견되는 이 주제를 지키는 데 있어서 하나님이 곡과 그의 군대를 심판하신 후에 모든 나라가 주님을 알게 되는 것을 봅니다.

내가 또 불을 마곡과 및 섬에 평안히 거하는 자에게 내리리니 그들이 나를 여호와인 줄 알리라 내가 내 거룩한 이름을 내 백성 이스라엘 가운데 알게 하여 다시는 내 거룩한 이름을 더럽히지 않게 하리니 열국이 나를 여호와 곧 이스라엘의 거룩한 자인 줄 알리라 하셨다 하라 (겔 39:6-7).

다시 한 번 이 사건들을 예수님이 오시기 몇 년 전으로 두는 사람들에게는 이 구절은 매우 어렵습니다. 몇몇 사람들은 이것을 이스라엘의 하나님을 가볍게 지식적으로 인정하는 것으로 취급함으로 이 구절의 중요성을 축소하려는 시도를 하였습니다. 그러나 이것은 이 구절에 대한 공의를 행하지 않습니다. 어떻게 나라들이 주 하나님, 이스라엘의 거룩한 자가 참 하나님임을 알고 인정하기에 이르렀는데 바로 그 후에 함께 모여 그의 이름을 모독하고, 그의 땅을 침략하며 그의 백성들을 침략할 수 있습니까?

다시 한 번 단순히 말이 되지 않습니다.

주석가인 랄프 알렉산더(Ralph Alexander)가 말합니다.

> 에스겔 39:7, 22절은 주님의 이름이 더 이상 모독당하지 않을 것이라고 선언한다. 이 사실은 대환란이 앞으로 오고 있다면 가능하지 않은 일이니다. 더 나가서 나라들이 주님의 주권을 인정함으로 "주님을 안다"는 생각은 환란 전이라기보다는 재림 당시에 가장 잘 맞아 떨어지는 생각이다.[15]

다른 주석가들도 동의합니다. 제임스 코프만(James Burton Coffman)의 말입니다.

> 이것은 또한 마지막 심판의 장면과 적합하다. 영원한 심판의 날이 시작된지 30초 후에는 불가지론자도 믿음 없는 자도 한 사람도 남아 있지 않을 것이다.[16]

이 구절을 공정하게 해석하기 위한 오직 하나의 방법은 나라들이 진정

---

15 Ralph Alexander, *The Expositor's Bible Commentary, Jeremiah–Ezekiel* (Grand Rapids: Zondervan, 2010), 864.

16 Burton Coffman, *Commentaries on the Old and New Testament*, Ezekiel 38.

으로 하나님을 알고 예배드리는 것을 언급하는 것으로 보는 수밖에 없습니다. 이것은 정확하게 이사야가 설명한 것같이 온 세상이 완전한 지식 혹은 보다 정확하게 하나님을 아는 지식을 가지게 되는 때입니다. 이것은 예수님의 재림 이후까지는 일어나지 않습니다.

8. 유대 포로들이 해방된다

다가오는 적그리스도와 그의 군대에 의해 복종당하는 기간 동안에 유대인들에게 떨어질 많은 무서운 재앙들 가운데는 주변의 국가들에 의하여 많은 사람들이 포로로 잡혀가는 일이 있을 것입니다. 아모스 선지자를 통하여 주님은 그날에 대하여 말씀하셨습니다.

> 내가 명령하여 이스라엘 족속을 만국 중에 체질하기를 곡식을 체질함같이 하려니와 그 한 알갱이도 땅에 떨어지지 아니하리라(암 9:9).

예수님도 적그리스도의 학살기간 동안에 많은 유대인들이 주변 국가들에 의하여 사로잡혀가게 될 것을 직접적으로 말씀하셨습니다.

> 저희가 칼날에 죽임을 당하며 모든 이방에 사로잡혀 가겠고 예루살렘은 이방인의 때가 차기까지 이방인들에게 밟히리라(눅 21:24).

그러나 몇몇 구절들이 큰 재앙들을 말하고 있는 반면, 다른 구절들은 메시아를 통하여 주님의 손에 의하여 포로들이 해방될 것을 강조하고 있습니다. 다윗 왕은 유대 포로들의 해방과 영광의 날들이 따라 올 것에 대하여 예언하였습니다.

주께서 일어나사 시온을 긍휼히 여기시리니 지금은 그를 긍휼히 여기실 때라 정한 기한이 옴이니이다 주의 종들이 시온의 돌들을 즐거워하며 그 티끌도 연휼히 여기나이다 이에 열방이 여호와의 이름을 경외하며 세계 열왕이 주의 영광을 경외하리니 대저 여호와께서 시온을 건설하시고 그 영광 중에 나타나셨음이라(시 102:13-16).

여호와께서 그 높은 성소에서 하감하시며 하늘에서 땅을 감찰하셨으니 이는 갇힌 자의 탄식을 들으시며 죽이기로 정한 자를 해방하사 여호와의 이름을 시온에서, 그 영예를 예루살렘에서 선포케 하려 하심이라(시 102:19-21).

이사야도 유대 포로들의 해방을 주의 보수하시는 날과 연결하였습니다.

주 여호와의 신이 내게 임하셨으니 이는 여호와께서 내게 기름을 부으사 가난한 자에게 아름다운 소식을 전하게 하려 하심이라 나를 보내사 마음이 상한 자를 고치며 포로 된 자에게 자유를, 갇힌 자에게 놓임을 전파하며 여호와의 은혜의 해와 우리 하나님의 신원의 날을 전파하여 모든 슬픈 자를 위로하되 무릇 시온에서 슬퍼하는 자에게 화관을 주어 그 재를 대신하며 희락의 기름으로 그 슬픔을 대신하며 찬송의 옷으로 그 근심을 대신하시고 그들로 의의 나무 곧 여호와의 심으신 바 그 영광을 나타낼 자라 일컬음을 얻게 하려 하심이니라(사 61:1-3).

스가랴는 포로들의 구원을 메시아의 통치 시대와 연결하였습니다.

내가 에브라임의 병거와 예루살렘의 말을 끊겠고 전쟁하는 활도 끊으리니 그가 이방 사람에게 화평을 전할 것이요 그의 정권은 바다에서

바다까지 이르고 유브라데 강에서 땅 끝까지 이르리라 또 너로 말할
진대 네 언약의 피를 인하여 내가 너의 갇힌 자들을 물 없는 구덩이에
서 놓았나니 소망을 품은 갇혔던 자들아 너희는 보장으로 돌아올지니
라 내가 오늘날도 이르노라 내가 배나 네게 갚을 것이라(슥 9:10-12).

요엘도 역시 이런 일들에 대하여 예언하였습니다.

그날 곧 내가 유다와 예루살렘의 사로잡힌 자를 돌아오게 할 그 때에
(욜 3:1).

스바냐도 비슷하게 말하였습니다.

그 지경은 유다 족속의 남은 자에게로 돌아갈지라 그들이 거기서 양
떼를 먹이고 저녁에는 아스글론 집들에 누우리니 이는 그들의 하나님
여호와가 그들을 권고하여 그 사로잡힘을 돌이킬 것임이니라(습 2:7).

이 모든 선지자들의 이런 증거들은 에스겔이 설명하고 있는 곡과 그의
군대가 멸망당함으로 일어나는 특별한 결과와 잘 조화되고 있습니다.
그러므로 주 하나님이 말씀하십니다.

그러므로 나 주 여호와가 말하노라 내가 이제 내 거룩한 이름을 위하
여 열심을 내어 야곱의 사로잡힌 자를 돌아오게 하며 이스라엘 온 족
속에게 긍휼을 베풀지라 그들이 그 땅에 평안히 거하고 두렵게 할 자
가 없게 될 때에 부끄러움을 품고 내게 범한 죄를 뉘우치리니 곧 내가
그들을 만민 중에서 돌아오게 하고 적국 중에서 모아내어 열국 목전
에서 그들로 인하여 나의 거룩함을 나타낼 때에라 전에는 내가 그들
로 사로잡혀 열국에 이르게 하였거니와 후에는 내가 그들을 모아 고

토로 돌아오게 하고 그 한 사람도 이방에 남기지 아니하리니 그들이
나를 여호와 자기들의 하나님인 줄 알리라(겔 39:25-28).

몇 가지를 강조해야만 합니다. 이스라엘의 포로들이 해방되는 것은 특별하게 곡과 그의 군대의 멸망의 직접적인 결과라는 점입니다. 그러나 이것은 그냥 단순한 일반적인 해방에 그치는 것이 아닙니다. 오히려 그 구절은 말하기를 "더 이상" 포로 한 사람도 포로로 남아 있지 않을 것이라고 말합니다.

이것은 오직 메시아 시대와 관련된 완전하고 최종적인 구원입니다. 일반적인 관점처럼, 이 사건을 적그리스도가 나타나기 몇 년 전으로 둠으로 말미암아 이것이 적그리스도의 군대들이 유대인들을 포로로 잡혀간다는 것을 알려주는 다른 많은 구절들과 매우 모순이 됩니다(예, 눅 21:24). 이 예언의 이 부분이 다른 선지자들의 모든 것들과 화해될 수 있는 유일한 방법은 곡과 적그리스도가 하나이며 같다고 하면 되는 것입니다.

9. 이스라엘은 주님을 영원히 알게 된다

메시아 왕국에서 이방 나라들까지 주님을 알고 주님을 따르게 될 것같이, 이스라엘의 남은 자들도 그를 알게 될 것입니다. 남은 자 즉 강력한 해방 후에 주님을 알게 된 생존자들의 주제는 선지서들을 통하여 반복되고 있는 보편적인 주제입니다. 이사야가 이런 일들을 말했습니다.

그날에 이스라엘의 남은 자와 야곱 족속의 피난한 자들이 다시 자기를 친 자를 의뢰치 아니하고 이스라엘의 거룩하신 자 여호와를 진실히 의뢰하리니(사 10:20).

다른 곳에서 이사야는 히스기야 왕에 대하여 비슷하게 말하였습니다.

> 유다 족속의 피하고 남은 자는 다시 아래로 뿌리가 서리고 위로 열매를 맺을지라 남은 자는 예루살렘에서부터 나올 것이요 피하는 자는 시온 산에서부터 나오리니 여호와의 열심이 이 일을 이루리라 하셨나이다 (왕하 19:30-31).

요엘 선지자도 이날에 대하여 말하였습니다.

> 누구든지 여호와의 이름을 부르는 자는 구원을 얻으리니 이는 나 여호와의 말대로 시온 산과 예루살렘에서 피할 자가 있을 것임이요 남은 자 중에 나 여호와의 부름을 받을 자가 있을 것임이니라(욜 2:32).

미가도 역시 말하였습니다.

> 그 나는 자로 남은 백성이 되게 하며 멀리 쫓겨났던 자로 강한 나라가 되게 하고 나 여호와가 시온 산에서 이제부터 영원까지 그들을 치리하리라 하셨나니(미 4:7).

이 남은 자에 대하여 말하면서 예레미야는 그들이 주님을 알게 되는 그날에 대하여 예언하였습니다.

> 그들이 다시는 각기 이웃과 형제를 가리켜 이르기를 너는 여호와를 알라 하지 아니하리니 이는 작은 자로부터 큰 자까지 다 나를 앎이니라 내가 그들의 죄악을 사하고 다시는 그 죄를 기억지 아니하리라 여호와의 말이니라(렘 31:34).

자기 전에 있었던 선지자들의 것에 이어서 사도 바울은 생존한 이스라엘의 남은 자들이 구원에 이르는 하나님에 대한 지식을 가지게 되는 그날에 대하여 말하였습니다.

> 또 이사야가 이스라엘에 관하여 외치되 이스라엘 뭇 자손의 수가 비록 바다의 모래 같을지라도 남은 자만 구원을 얻으리니 주께서 땅 위에서 그 말씀을 이루사 필하시고 끝내시리라 하셨느니라(롬 9:27-28).

사도 요한도 하나님을 아는 것이 무엇인지 예레미야 선지자를 반영하였습니다.

> 영생은 곧 유일하신 참 하나님과 그의 보내신 자 예수 그리스도를 아는 것이니이다(요 17:3).

그러나 에스겔에서 남은 생존자들과 그들이 하나님을 "아는 것"이라는 두 가지 주제가 완전히 연합되어 나타납니다. 이 구절에서 곡의 군대가 멸망당한 후에 모든 이스라엘의 남은 생존자들이 그 시점부터 진심으로 하나님을 알게 된다고 말합니다.

> 그날 이후에 이스라엘 족속은 나를 여호와 자기들의 하나님인 줄 알겠고(겔 39:22).

이것보다 더 분명할 수는 없습니다. 이것은 단지 유대인들이 더욱 헌신적이 된다는 부흥을 이야기를 하는 것이 아닙니다. 오히려 모든 이스라엘 집이 "주 그들의 하나님"을 알게 되었다는 것입니다. 이 강력한 국가적인 구원은 이전에 에스겔 20장에서 더욱 자세히 설명되고 있습니다.

이 구절에서 주님은 다음의 필수적인 자세한 사항을 연결하셨습니다.

① 주님은 이스라엘의 왕이 되신다.
② 주님은 이스라엘과 함께 심판하신다.
③ 주님은 이스라엘과 영원한 언약에 들어간다.
④ 반역자들은 이스라엘에서 없어진다.
⑤ 주님은 나라들 가운데서 흩어져 있는 유대인들을 제거한다.
⑥ 모든 이스라엘이 주님을 알게 된다.

다음 구절을 고려해 보십시오. 그리고 이것이 어떻게 이스라엘의 전적인 국가적 구원 외에 다른 것을 언급할 수 있는지 물어 보십시오. 그러나 이것이 정확하게 에스겔이 곡과 그의 군대가 멸종당한 결과로 나타나는 일들을 설명한 것입니다.

> 나 주 여호와가 말하노라 내가 나의 삶을 두고 맹세하노니 내가 능한 손과 편 팔로 분노를 쏟아 너희를 단정코 다스릴지라 능한 손과 편 팔로 분노를 쏟아 너희를 열국 중에서 나오게 하며 너희의 흩어진 열방 중에서 모아내고 너희를 인도하여 열국 광야에 이르러 거기서 너희를 대면하여 국문하되 내가 애굽 땅 광야에서 너희 열조를 국문한 것같이 너희를 국문하리라 나 주 여호와의 말이니라 내가 너희를 막대기 아래로 지나게 하며 언약의 줄로 매려니와 너희 가운데서 패역한 자와 내게 범죄한 자를 모두 제하여 버릴지라 그들을 그 우거하던 땅에서는 나오게 하여도 이스라엘 땅에는 들어가지 못하게 하리니 너희가 나를 여호와인 줄 알리라 나 주 여호와가 말하노라 이스라엘 족속아 너희가 내 말을 듣지 아니하려거든 가서 각각 그 우상을 섬기고 이 후에도 그리하려무나 마는 다시는 너희 예물과 너희 우상들로 내 거룩한 이름을 더럽히지 말지니라 나 주 여호와가 말하노라 이스라엘 온 족속이 그 땅에 있어서 내

거룩한 산 곧 이스라엘의 높은 산에서 다 나를 섬기리니 거기서 내가 그
들을 기쁘게 받을지라 거기서 너희 예물과 너희 천신하는 첫 열매와 너
희 모든 성물을 요구하리라 내가 너희를 인도하여 열국 중에서 나오게
하고 너희의 흩어진 열방 중에서 모아 낼 때에 내가 너희를 향기로 받고
내가 또 너희로 말미암아 내 거룩함을 열국의 목전에서 나타낼 것이며
내가 너희 열조에게 주기로 맹세한 땅 곧 이스라엘 땅으로 너희를 인도
하여 들일 때에 너희가 나를 여호와인 줄 알고(겔 20:33-42).

10. 이스라엘이 그들의 땅에서 안전하게 거한다

이스라엘이 그들의 불순종을 회개한 결과로 그들이 하나님을 알게 되
고 모든 유대인들은 그 땅에서 안전하게 영원히 살게 될 것입니다.

그들이 그 땅에 평안히 거하고 두렵게 할 자가 없게 될 때에 부끄러움
을 품고 내게 범한 죄를 뉘우치리니(겔 39:26).

전에는 내가 그들로 사로잡혀 열국에 이르게 하였거니와 후에는 내가
그들을 모아 고토로 돌아오게 하고 그 한 사람도 이방에 남기지 아니
하리니 그들이 나를 여호와 자기들의 하나님인 줄 알리라(겔 39:28).

이 구절에 대하여 케일(C.F. Keil)은 말합니다.

그때 이후로 하나님의 백성들은 주님에 의하여 주어진 유업의 영원한
소유 안에서 그 평화와 복됨을 파괴할 수 있는 어떤 원수도 더 이상 두

려워하지 않을 것이다.¹⁷

더욱 강력하게 다니엘 블록(Daniel Block)은 논합니다.

> 여호와가 그의 백성들을 회복하실 때 단 한 사람도 뒤에 남기지 않는 다고 에스겔이 선언 한 것은 구약 어느 곳에서도 찾아볼 수 없다. 여호와의 회복은 전체적일 뿐만 아니라 영원한 것이다. 하나님은 다시는 그의 얼굴을 그의 백성으로부터 숨기지 않겠다고 약속하셨다.¹⁸

물론 적그리스도가 멸망하기 전까지 이스라엘이 진정한 안전을 경험한다는 것이 불가능하다는 점에 대해서는 더할 말이 필요 없습니다. 모든 그의 원수들이 멸망한 후, 메시아 예수님이 임재하시고 그리고 주님이 그의 영을 모든 이스라엘에게 부으신 후에야 이스라엘은 진정으로 안전하게 거하게 될 것입니다.

11. 하나님이 그의 영을 이스라엘에게 부으신다

성경의 가장 강력한 예언의 증언들 가운데 하나는 주님께서 예루살렘 주변의 나라들을 멸망시키신 후에 주님이 그의 영을 남은 유다 백성들 위에 부으실 한 날을 스가랴 예언자는 말하였습니다.

> 예루살렘을 치러 오는 열국을 그날에 내가 멸하기를 힘쓰리라 내가 다윗의 집과 예루살렘 거민에게 은총과 간구하는 심령을 부어 주리니

---

17 C. F. Keil, *Commentary on the Old Testament, Ezekiel*, 341.
18 Daniel Block, *The Book of Ezekiel, Chapters 25–48* (New International Commentary on the Old Testament) (Grand Rapids: Wm. B. Eerdmans, 1998), 487.

그들이 그 찌른 바 그를 바라보고 그를 위하여 애통하기를 독자를 위하여 애통하듯 하며 그를 위하여 통곡하기를 장자를 위하여 통곡하듯 하리로다 그날에 예루살렘에 큰 애통이 있으리니 므깃도 골짜기 하다드림몬에 있던 애통과 같을 것이라 (슥 12:9-11).

이 구절에 의하면 세 가지 사건들이 일치하고 있습니다.

① 주님이 침략하는 나라들을 멸망시킨다.
② 유다 백성들이 메시아 즉 그들이 찌른 바 된 예수님을 인정하게 된다.
③ 주님이 그의 영을 유다 백성들에게 부으신다.

이사야 선지자도 정확하게 같은 날을 설명하고 있습니다.

여호와께서 가라사대 구속자가 시온에 임하며 야곱 중에 죄과를 떠나는 자에게 임하리라 여호와께서 또 가라사대 내가 그들과 세운 나의 언약이 이러하니 곧 네 위에 있는 나의 신과 네 입에 둔 나의 말이 이제부터 영영토록 네 입에서와 네 후손의 입에서와 네 후손의 후손의 입에서 떠나지 아니하리라 하시니라 여호와의 말씀이니라 (사 59:20-21).

그러므로 "그날 이후로" 이스라엘이 여호와를 알게 된다는 에스겔의 이전 설명이 이 사건의 결론적인 성격을 세우기에 충분하지 않았다면, 에스겔의 이어지는 다음 설명이 이것의 의미를 더욱 확정 짓게 해 줄 것입니다.

내가 다시는 내 얼굴을 그들에게 가리우지 아니하리니 이는 내가 내 신을 이스라엘 족속에게 쏟았음이니라 나 주 여호와의 말이니라 (겔 39:29).

많은 사람들이 이 말씀을 예수님이 오시기 몇 년 전에 일어나는 매우 한정된 이스라엘의 영적 부흥으로 한정시키려고 시도하였습니다.

예를 들면 성경 교사인 데이빗 레건(David Reagan)은 이런 사건들에 대하여 말합니다.

> 많은 유다 백성들은 주님께 마음을 열 것이다. 사실 이 사건은 요한계시록 7:1-8의 14만 4천 명이 예수님을 메시아로 받아들이고 대환란 7년 동안에 일어날 특별한 봉사를 위하여 주님으로부터 인봉함을 받는 때의 경우라고 말할 수 있다.[19]

그러나 이 사건은 한 마을을 휩쓰는 텐트 복음 부흥집회를 훨씬 넘어서는 사건임이 확실합니다. 주님은 분명히 단 한 사람도 이방에 남기지 않게 하겠다고 말씀하셨을 뿐만 아니라(겔 39:28), "그날 이후로"(겔 29:22) 모든 이스라엘이 그를 알게 된다고 말씀하셨습니다. 그러나 또한 그의 영을 그들에게 부으실 것이며 그의 얼굴을 다시는 숨기지 않겠다고 하셨습니다. 이 부인할 수 없는 증거에 비추어 볼 때, 가장 책임이 있는 주석가들은 이 말씀이 유다 백성들이 마지막으로 완전하게 주님께로 영원히 돌아옴을 나타내는 것이라는 점에 동의하고 있습니다.

다니엘 블록(Daniel Block)은 말합니다.

> 이것은 이스라엘이 여호와를 인정하는 것을 특징 짓는 즉 언약관계의 완전한 실현, 새 시대의 시작을 알리는 이정표이다.[20]

---

19 David Reagan, "End-Time Wars – #2 The First War of Gog-Magog."
20 Block, *The Book of Ezekiel*, 482.

케일(C.F. Keil)은 이 구절에 대해 말합니다.

> 이스라엘이 주님이 이스라엘의 하나님이며 계속하여 그럴 것이라는 것을 알게 되는 에스겔 예언의 전환점을 표시하는 것이다.[21]

레슬리 알렌(Leslie C. Allen)은 『WBC 주석』(Word Biblical Commentary)에서 말합니다.

> 그날의 사건들로 인하여 그들과 여호와의 언약관계가 완전하게 그리고 마지막으로 인정받게 되었다.[22]

로버트 젠슨(Robert W. Jenson)은 『브라조스 성경신학 사전』(The Brazos Theological Commentary)에서 말합니다.

> 더구나 그날 이후로, 주님이 그의 신성을 공개적으로 나타내 주신 그 날부터 또한 이스라엘 집이 "나는 그들의 하나님"이라는 말을 인정하게 될 것이다. 여기서 주님의 역사의 결과는 특별히 강조되어 말하여졌는데 이 지식을 강요하게 될 이 사건이 하나님의 신성 자체를 계시하는 것이며 이스라엘이 다른 모든 나라들처럼 하나님을 하나님으로 정확하게 알게 되는 사건이 될 것이다.[23]

이안 두귀드(Iain M. Duguid)는 『NIV 적용 주석』(The NIV Application Commentary)에서 말합니다.

---

21 Keil, *Commentary on the Old Testament, Ezekiel*, 340.
22 Leslie C. Allen, *Word Biblical Commentary*, vol. 29, Ezekiel 20–48 (Nashville: Thomas Nelson, 1990), 208.
23 Robert W. Jenson, *The Brazos Theological Commentary on the Bible: Ezekiel* (Grand Rapids: Brazos Press, 2009), 297.

곡의 멸망 후에 이 사건은 그들과 함께 하는 주님의 임재와 다시는 얼굴을 가리우지 않으실 것으로 인한 안전으로 인하여 그의 백성의 마음에 극단적인 변화를 가져 올 것이다.[24]

매튜 헨리(Matthew Henry)는 이 구절에 대하여 말합니다.

그 영의 내주하심은 하나님의 호의가 계속된다는 확실한 맹세이다. 그는 그의 영을 부으신 자들에게 다시는 얼굴을 숨기지 않을 것이다.[25]

12. 메시아가 임재하여 계심

곡이 적그리스도라는 더 없는 증거에 도달하면서 에스겔은 곡의 멸망의 결론에서 메시아 예수님이 그 땅에 임재하실 것을 밝히고 있습니다.

내가 투기와 맹렬한 노로 말하였거니와 그날에 큰 지진이 이스라엘 땅에 일어나서 바다의 고기들과 공중의 새들과 들의 짐승들과 땅에 기는 모든 벌레와 지면에 있는 모든 사람이 내 앞에서 떨 것이며 모든 산이 무너지며 절벽이 떨어지며 모든 성벽이 땅에 무너지리라

(겔 38:19-20).

주님은 말씀하시기를 온 지구상에서 백성들과 짐승들이 "그의 임재에 떨 것"이라고 하셨습니다. 임재라는 말은 히브리어로 "파님"(*panim*)이라는 단어입니다. "파님"은 실지로 사람의 임재나 얼굴 앞에 있다는 것을

---

24 Iain M. Duguid, *The NIV Application Commentary Ezekiel* (Grand Rapids: Zondervan, 1999), 462.
25 Matthew Henry, Commentary on Ezekiel 39.

의미하는 말입니다. 하나님의 지구상의 사람들이 그의 "파님"에서 떨 것이라고 말씀하실 때 그의 실질적인 임재하심 때문에 그들이 떨게 될 것이라고 말씀하시는 것입니다.

『새 엉거 성경 사전』(*The New Unger's Bible Dictionary*)은 "파님"이라는 단어에 대하여 말하기를 "여호와의 임재(얼굴)는 여호와 자신의 개인적인 임재다"라고 하였습니다.[26]

『국제 성경 단어 백과사전』(*The International Encyclopedia of the Bible Words*)은 말하기를 "구약에서 하나님 혹은 다른 사람의 임재는 히브리어 '파님'(*panim*[face])에 전치사를 붙임으로 표시된다. 그 생각은 어느 사람의 얼굴 앞에서라는 것이다."[27]

구약 전체에서 "파님"은 하나님의 실질적인 임재하심을 언급할 때 쓰입니다. 예를 들어 야곱은 주의 사자와 씨름할 때 하나님의 얼굴을 대면하여 보았다고 말하였습니다.

> 그러므로 야곱이 그곳 이름을 브니엘이라 하였으니 그가 이르기를 내가 하나님과 대면하여 보았으나 내 생명이 보전되었다 함이더라 (창 32:30).
>
> And Jacob called the name of the place Peniel: "For I have seen God face(panim) to face(panim), and my life is preserved"(Gen. 32:30).

히브리어 "파님"의 자리에 칠십인역(Septuagint)은 헬라어 "프로스폰"(*prospon*)을 쓴 것은 또한 흥미롭습니다. 프로스폰은 신약에서 실질적인 임재를 말할 때 보편적으로 쓰는 두 가지 단어 중의 하나입니다. 다른 하나의 단어는 "파루시아"(*parousia*)인데 이것은 보통 재림과 관련되어 쓰입니다. "파루시아"와 "프로스폰" 사이에서 "프로스폰"이 더욱 강력한 단어

---

26 *The New Unger's Bible Dictionary* (Chicago: Moody, 1988), 1028.
27 *The New International Encyclopedia of Bible Words* (Grand Rapids: Zondervan, 1999), 502.

입니다. "파루시아"는 오고 있음을 의미하지만 "프로스폰"은 실제적으로 얼굴 대 얼굴을 의미합니다.

예수님이 구름을 타고 오시는 것 이것이 그의 "파루시아"입니다. 그러나 일단 주님이 도착하시면 "프로스폰"이 쓰입니다. "프로스폰"이 신약에서의 쓰임에 대한 탁월한 예가 의로운 자들이 영원한 도시에서 하나님의 얼굴을 실질적으로 보게 되는 장면에 있습니다.

> 그의 얼굴을 볼 터이요 그의 이름도 저희 이마에 있으리라(계 22:4).

그리고 하나님의 면전에서 사람들이 두려움에 떨게 된다는 에스겔의 설명은 곡과 마곡의 전쟁 결론에서 하나님의 성육신이신 메시아 예수님이 육신적으로 지구상의 이스라엘 땅에 임재하시는 것입니다.

13. 이스라엘의 거룩하신 자

이 전쟁의 결론에서 예수님이 육신적으로 임재하신다는 더욱 확실한 증거는 에스겔 39:7에 있습니다.

> 내가 내 거룩한 이름을 내 백성 이스라엘 가운데 알게 하여 다시는 내 거룩한 이름을 더럽히지 않게 하리니 열국이 나를 여호와 곧 이스라엘의 거룩한 자인 줄 알리라 하셨다 하라(겔 39:7).

전체 성경 말씀을 통하여 "이스라엘의 거룩한 자"라고 쓰인 곳은 여기가 유일합니다. 이것은 히브리어로 "카도쉬 바 이스라엘"(qadowsh qadowsh baYisra'el[The Holy One In Israel])입니다. 비슷한 어구 "The Holy One Of Israel"(qadowsh qadowsh Yisra'el)은 성경에서 31번(사 12:6; 43:3; 55:5; 60:9 등)

쓰였습니다. 그러나 여기서는 주님은 그냥 단지 이스라엘의 거룩한 자가 아닙니다. 주님은 실질적으로 그 땅에 임재하시고 그 땅 위에 계십니다. 보편적인 입장은 이 구절이 예수님의 재림 몇 년 전에 끝나는 것으로 보고 있지만 이 구절이 그것을 절대로 불가능하게 만듭니다.

14. 하나님이 곡을 적그리스도라고 직접적으로 선언하신다

그러나 이제까지 우리가 보아왔던 모든 증거들을 넘어서 곡이 적그리스도라는 가장 확실하고 가장 직접적인 확증은 단순히 하나님이 그렇다고 말씀하셨기 때문입니다. 먼저 하나님은 곡의 침략과 이어지는 파괴를 "내가 말하여 왔던 그날"이라고 부르십니다.

> 나 주 여호와가 말하노라 볼지어다 그 일이 이르고 이루리니 내가 말한 그날이 이 날이니라(겔 39:8).

물론 주님은 선지자들을 통하여 "그날"을 끊임없이 말씀하셨습니다. 그날은 모든 구속의 역사의 초점인 "주의 날"입니다. 그리고 주님은 곡에게 그가 바로 선지자들을 통하여 말씀하셨던 자라고 알려주시고 계십니다.

> 나 주 여호와가 말하노라 내가 옛적에 내 종 이스라엘 선지자들을 빙자하여 말한 사람이 네가 아니냐 그들이 그 때에 여러 해 동안 예언하기를 내가 너를 이끌어다가 그들을 치게 하리라 하였느니라 하셨다 하라
> (겔 38:17).

칠십인역은 이 구절을 내러티브적인 표현이 아니라 선언하는 표현으

로 말하고 있습니다.

> 곡에게 주 하나님이 말씀하신다. 너는 이전에 그날들과 여러 해 동안에 내가 나의 종 이스라엘의 선지자들의 손으로 말하여 왔던 자니라, 그들을 대적하게 하기 위하여 너를 불러낼 것이다.
> Thus saith the Lord God, to Gog; Thou art he concerning whom I spoke in former times, by the hand of my servants the prophets of Israel, in those days and years, that I would bring thee up against them.

에스겔 이전에 쓰여진 수많은 예언의 말씀들이 마지막 때에 이스라엘을 대적하는 침략자를 언급하고 있지만, 이것은 주의 날의 배경 안에서 정하여진 적그리스도에 관한 말씀입니다.

다시 한 번, 곡이 적그리스도가 아니라고 주장하거나 그가 러시아에서 왔다고 주장하는 사람들에게는 이 구절은 깊은 문제를 가져다줍니다. 사람들이 찾고 찾아볼 수는 있지만, 예언서 전체를 통하여 러시아가 이스라엘을 침공한다는 것을 언급한 에스겔 이전의 선지자는 없습니다.

15. 요약

그러므로 간략하게 말하여 다음과 같은 결과가 곡과 그의 군대의 멸망으로 인한 직접적인 결과로 일어나게 됩니다.

① 하나님의 이름이 다시는 모독을 받지 않는다.
② 남은 나라들은 구원에 이르는 하나님을 아는 지식을 가지게 된다.
③ 이스라엘의 포로들이 해방된다.

④ 하나님은 그의 신을 이스라엘에게 부으신다.
⑤ 이스라엘은 영원히 주님을 알게 된다.
⑥ 이스라엘은 그들의 땅에서 영원히 안전하게 거한다.

 이런 일들 외에 메시아 예수님이 이스라엘 땅에 거하시게 됩니다. 많은 해석가들이 이 사건들을 곡의 멸망이나 메시아 시대를 언급하는 것이 아니라고 주장함으로 그 의미를 축소시키려고 시도하였지만 이 구절에 대한 어떤 진정한 합리적인 해석도 그런 입장에 이르게 할 수는 없습니다.
 이런 일들이 메시아 시대에 일어나는 일이며 곡과 그의 군대들의 멸망으로 인한 직접적인 결과라는 사실은 분명합니다. 이 전쟁에 대해 말하고 있는 모든 구절들의 사건들과 언어는 단지 대환란의 시작의 활동을 말하는 것이 아니라 오히려 그 기간의 장엄한 결론을 보여줍니다.

제14장

에스겔 38-39장: 곡과 마곡(2)

지금까지 에스겔 38장과 39장의 연구에서 우리는 이 구절들이 오직 예수님의 재림 후에만 일어날 수 있는 몇 가지 사건들이라는 결론을 보아 왔습니다. 그리고 우리는 이 구절이 직접적으로 예수님 즉 "이스라엘의 거룩한자"가 말 그대로 육신적으로 그 땅에 존재하고 있음을 말하고 있다는 것을 보았습니다. 그리고 그것을 더 넘어서 하나님이 그가 이전 선지자들이 말하여 왔던 자라고 말씀하심으로 직접적으로 곡이 적그리스도임을 말씀하셨습니다.

그리고 더 나가서 곡이 적그리스도와 같은 동일한 인물로 보는 매우 확고한 이유들이 있습니다. 이 장에서 우리는 에스겔의 예언과 몇몇 적그리스도 예언들의 공통적인 부분들을 고려해 볼 것입니다. 우리는 또한 인기가 있는 입장들의 문제점들을 논의할 것이며 마지막으로 인기 있는 입장을 선호하는 사람들에 의하여 제기된 공통적인 논쟁들에 대하여 대답하게 될 것입니다.

1. 하나님의 잔치

곡과 마곡과 아마겟돈 전쟁의 첫 번째 그리고 가장 분명한 공통점은 결론 부분에서 공중의 새와 들의 짐승들을 쓰러진 군사들의 시체를 먹는 잔치에 참여하도록 부르는 것입니다. 그러나 이 부분에 대한 에스겔의 예언은 또한 요한계시록에서 인용되어 있고 적그리스도의 아마겟돈 전쟁에 적용되고 있습니다.

다음의 두 구절을 나란히 비교해 놓은 것을 살펴보시기 바랍니다.

곡과 마곡 전쟁 에스겔 39:17-20	아마겟돈 전쟁 요한계시록 19:17-18
사방에서 모여 오라	모여 오라
내가 준비한 희생 잔치에, 이스라엘 산에서의 큰 희생 잔치에	하나님의 큰 잔치에 모여
너희가 용사의 고기를 먹으며 세상 왕들의 피를 마시기를 바산의 살진 짐승 곧 수양이나 어린 양이나 염소나 수송아지를 먹듯 할지라 내가 너희를 위하여 예비한 잔치의 기름을 너희가 배불리 먹으며 그 피를 취토록 마시되 내 상에서 말과 기병과 용사와 모든 군사를 배불리 먹을지니라 하라 나 주 여호와의 말이니라	왕들의 고기와 장군들의 고기와 장사들의 고기와 말들과 그 탄 자들의 고기와 자유한 자들이나 종들이나 무론 대소하고 모든 자의 고기를 먹으라 하더라

우리가 보는 것처럼 요한계시록은 이 유일무이한 잔치의 설명을 에스겔 예언에서 직접 가져왔습니다. 이것은 단순한 유사성이 아니고 직접적인 인용입니다. 이것이 암시하는 바를 고려해 보시기 바랍니다. 요한계시록 19장에서 성경에서 가장 잘 알려진 예수님의 재림에 대한 구절을 우리는 가지고 있습니다. 예수님은 하늘에서 갑자기 튀어 나오셔서 적그리스도의 군대들을 멸망시키십니다. 그리고 새와 짐승들에게 모여와서

원수의 군사들을 먹어치우라는 외침이 들려옵니다. 그러나 이 초청은 정복당한 곡과 그의 군대들이 잔치의 근원이 되는 에스겔의 예언의 부분에서 직접적으로 온 것입니다.

두 예언 모두 같은 사건들을 설명하고 있지만 요한은 메시아 자신이 곡의 군대를 멸망시키시는 분이라는 사실에 대한 추가적인 정보를 더하고 있습니다. 나는 곡과 적그리스도의 연결을 부인하는 인기 있는 예언서적들을 연구하는 가운데 요한이 에스겔의 이 부분을 사용하고 있다는 사실에 대하여 놀라운 침묵을 하고 있다는 것을 발견하였습니다. 요한계시록의 에스겔 자료 사용에 대한 분명한 가정이 무시되고 있었습니다. 그러나 많은 다른 기독교 주석들 가운데에는 그렇지 않았습니다.

찰스 페인버그(Charls L. Feinberg)는 『에스겔의 예언』(*The Prophecy of Ezekiel*)에서 말합니다.

> 우연하게도, 이 그림은 전제 구절에 대하여 시간에 대한 실마리를 제공하고 있다. 이것은 요한계시록 19장의 장면이며 하나님의 큰 잔치이며 연대는 분명하다. 이 사건들은 대환란의 끝과 이스라엘의 메시아 천년통치 직전 사이에 사라질 것이다.[1]

빌과 맥도나휴(G.K. Beal and Sean McDonough)는 『신약의 구약사용 주석』(*Commentary on the New Testament Use of the Old Testament*(신약의 구약사용 주석 시리즈 『일반서신·요한계시록』으로 CLC에서 2012년에 출간됨-역주)에서 두 구절들 사이의 분명한 연결을 관찰하였습니다.

> 천사는 곡과 마곡의 패배와 같은 상징을 통하여 다가오는 짐승, 거짓 선지자, 그리고 그의 군대의 멸망을 선언하고 있다. 요한계시록

---

[1] Charles Lee Feinberg, *The Prophecy of Ezekiel* (Chicago: Moody, 1984), 230–31.

19:17-18에서 예언적 묘사를 계속하고 있으며 이것이 확실히 일어날 것을 재확인하고 있다.[2]

로버트 젠슨(Robert Jesen)은 에스겔의 상징을 요한이 사용함을 관찰하였습니다.

기독교의 묵시에서 "짐승"을 대적하는 "하나님의 로고스"의 병기가 절정에 달하였을 때 에스겔이 다시 재현되었다.[3]

다니엘 블락(Daniel Block)은 관찰하기를 두 구절 사이에 분명한 연결이 있으며 요한계시록의 짐승(적그리스도)과 에스겔의 곡이 하나이며 같은 자로 보았습니다.

요한계시록 19:17-21에서 하나님의 큰 잔치에 새들이 모이는 장면은 분명히 에스겔의 마지막 구성(39:17-20)에서 빌려온 것이다. 비록 이 구절이 곡이라는 이름을 결코 말하지 않았지만 그 짐승은 분명히 그를 나타내고 있다. 그 예언에서 요한은 에스겔의 예언에서 없는 몇 가지 자세한 사항들을 채워주고 있다. 요한이 곡을 대적하는 에스겔 신탁을 사용한 것은 기독교 주제에 대한 구약 전통의 특별한 적응을 나타내고 있다. 단지 희미하게 "마지막 때"로 정해진 원래의 예언에서의 한 사건이 이제는 인류역사의 두 번째 가는 사건이 되었다. 국가적인 평화와 안정의 그림은 우주적인 평화의 초상화로 변화되었다. 외부의 원수는 사탄적이고 마귀적 세력이 되었으며, 신적인 승리는 메시아의 손에 주어졌다. 원래 그들의 사라져가는 소망을 부추기기 위

---

[2] G. K. Beale and Sean McDonough, *Commentary on the New Testament Use of the Old Testament: Revelation* (Grand Rapids: Baker, 2007), 1144

[3] Jenson, *The Brazos Theological Commentary on the Bible: Ezekiel*, 295.

해 유다 포로들에게 제시되었던 메시지는 모든 기독교인들에게 소망의 메시지로 변화되었다.[4]

그랜트 오스본(Grant R. Osborne)의 관찰입니다.

종말에 두 큰 메시아의 잔치가 있을 것이다. 성도들을 위한 어린 양의 혼인 잔치와 시체를 먹는 새들을 위한 죄인들의 잔치다. 성도들은 큰 잔치에 참여하게 되고 죄인들은 잔치거리 자체가 된다! 이 이미지(계 19장)는 에스겔 39:17-20에서 가져온 것인데 거기서 곡에 대한 심판이 새들과 들의 짐승들을 초청하여 모여 와서 이스라엘의 산들에 있는 큰 희생자들을 먹으라는 초청으로 종지부를 찍고 있다.[5]

곡이 요한계시록의 짐승(적그리스도)과 하나이며 같은 자라는 인식을 거부하는 사람들, 즉 요한계시록 19장과 에스겔 39장 사이의 전정한 연결을 보지 못하는 사람들에게는 왜 주님이 곡의 멸망을 설명하는 구절을 적그리스도를 설명하는 곳에 쓰셨는지를 질문해야 합니다. 그 둘이 같지 않다면, 이것은 정면으로 잘못 인도하고 있는 것이 아니라면 큰 혼란을 가져 오는 것입니다. 여기서 에스겔의 상징을 요한이 쓰고 있는 것은 요한의 예언이 에스겔의 신탁을 확장하여 다시 말하고 있다고 보는 방법에 의하여서만이 합리적으로 이해될 수가 있습니다.

---

4 Block, *The Book of Ezekiel*, 491–93.
5 Grant R. Osborne, *Baker Exegetical Commentary on The New Testament: Revelation* (Grand Rapids: Baker Academic, 2002), 687.

2. 둘 다 큰 지진으로 멸망을 당합니다

그러나 요한이 에스겔에서 빌려온 자료는 큰 잔치에 한정된 것만은 아닙니다. 요한계시록은 곡을 대적하는 에스겔 신탁의 다른 부분들 또한 빌려 오고 있습니다. 다음의 병행 구절들을 보십시오.

곡과 마곡 전쟁(겔 38:19-22)	아마겟돈 전쟁(계 16:17-22)
이스라엘 땅에서	히브리어로 아마겟돈이라고 부르는 장소에서
그날에 큰 지진이 있을 것이다.	지진이 있어 어찌 큰지 사람이 땅에 있어 옴으로 이같이 큰 지진이 없었더라.
모든 벽들이 땅으로 무너져 내릴것이다.	만국의 성들도 무너지니
모든 산들이 던져질 것이다.	각 섬도 없어지고 산악도 간 데 없더라.
내가 또 온역과 피로 그를 국문하며 쏟아지는 폭우와 큰 우박덩이와 불과 유황으로 그와 그 모든 떼와 그 함께한 많은 백성에게 비를 내리듯 하리라.	또 중수가 한 달란트나 되는 큰 우박이 하늘로부터 사람들에게 내리매 사람들이 그 박재로 인하여 하나님을 훼방하니 그 재앙이 심히 큼이러라.

내가 투기와 맹렬한 노로 말하였거니와 그날에 큰 지진이 이스라엘 땅에 일어나서 바다의 고기들과 공중의 새들과 들의 짐승들과 땅에 기는 모든 벌레와 지면에 있는 모든 사람이 내 앞에서 떨 것이며 모든 산이 무너지며 절벽이 떨어지며 모든 성벽이 땅에 무너지리라 나 주 여호와가 말하노라 내가 내 모든 산 중에서 그를 칠 칼을 부르니 각 사람의 칼이 그 형제를 칠 것이며 내가 또 온역과 피로 그를 국문하며 쏟아지는 폭우와 큰 우박덩이와 불과 유황으로 그와 그 모든 떼와 그 함께한 많은 백성에게 비를 내리듯 하리라(겔 38:19-22).

일곱째가 그 대접을 공기 가운데 쏟으매 큰 음성이 성전에서 보좌로부터 나서 가로되 되었다 하니 번개와 음성들과 뇌성이 있고 또 지진이 있어 어찌 큰지 사람이 땅에 있어 옴으로 이같이 큰 지진이 없었더라 큰 성이 세 갈래로 갈라지고 만국의 성들도 무너지니 큰 성 바벨론이 하나님 앞에 기억하신 바 되어 그의 맹렬한 진노의 포도주 잔을 받으매 각 섬도 없어지고 산악도 간 데 없더라 또 중수가 한 달란트나 되는 큰 우박이 하늘로부터 사람들에게 내리매 사람들이 그 박재로 인하여 하나님을 훼방하니 그 재앙이 심히 큼이러라(계 16:17-21).

그러므로 주님이 곡과 적그리스도에게 심판을 행하신 그 결과 "산들"은 무너지고 온역들과 우박이 하나님의 원수들에게 쏟아집니다.

그러나 곡이 멸망당할 때 만약에 모든 산들이 무너져 내렸다면 어떻게 그것들이 몇 년 후에 다시 무너질 수가 있습니까?

이 두 구절이 같은 이야기를 말하고 있는 것이 아니라면 분명히 말이 되지 않습니다.

3. 모두 온역으로 고통을 받는다

가장 드물게 논의된 것들 중의 하나이지만 구약에서 가장 강력하게 예수님의 재림을 묘사하는 시각적 구절은 하박국에 있습니다. 하박국은 메시아가 아라비아에서 등장하여 원수들을 심판하시는 것을 묘사하고 있습니다. 이 구절 안에서 우리는 에스겔의 신탁에서 발견한 같은 주제의 많은 것을 발견할 수 있습니다.

하나님이 데만에서부터 오시며 거룩한 자가 바란 산에서부터 오시도다(셀라) 그 영광이 하늘을 덮었고 그 찬송이 세계에 가득하도다 그 광

> 명이 햇빛 같고 광선이 그 손에서 나오니 그 권능이 그 속에 감취었도
> 다 온역이 그 앞에서 행하며 불덩이가 그 발밑에서 나오도다 그가 서
> 신즉 땅이 진동하며 그가 보신즉 열국이 전율하며 영원한 산이 무너
> 지며 무궁한 작은 산이 엎드러지나니 그 행하심이 예로부터 그러하시
> 도다(합 3:3-6).

다시 한 번 "산들이" 무너진다는 주제가 반복되고 있습니다. 그러나 여기서 새로운 주제는 메시아가 온역과 흑사병을 그의 원수들에게 보내신다는 것입니다. 또 하나의 잘 알려진 적그리스도의 예언에서 스가랴 선지자도 역시 적그리스도의 군대에게 "온역"이 임할 것이라고 하였습니다.

> 예루살렘을 친 모든 백성에게 여호와께서 내리실 재앙이 이러하니 곧
> 섰을 때에 그 살이 썩으며 그 눈이 구멍 속에서 썩으며 그 혀가 입속에
> 서 썩을 것이요(슥 14:12).

그러므로 이 주제가 에스겔의 메시아 예언에서도 볼 수 있다는 것은 당연한 일입니다.

> 내가 또 온역과 피로 그를 국문하며 쏟아지는 폭우와 큰 우박덩이와
> 불과 유황으로 그와 그 모든 떼와 그 함께한 많은 백성에게 비를 내리
> 듯 하리라(겔 38:22).

예수님이 적그리스도의 군대에게 온역을 보내시는 것과 마찬가지로 주님은 그 자신이 친히 곡과 그의 군대에게 온역들을 보내실 것입니다. 이런 공통점들은 곡과 적그리스도가 같은 사람이라는 점을 인정할 때 쉽게 설명이 됩니다.

4. 두 군대가 서로를 공격한다

다니엘 2장을 살펴보았듯이 적그리스도의 마지막 왕국은 특별히 "나누어진" 것으로 정의되고 있습니다.

> 왕께서 그 발과 발가락이 얼마는 토기장이의 진흙이요 얼마는 철인 것을 보셨은즉 그 나라가 나뉠 것이며 왕께서 철과 진흙이 섞인 것을 보셨은 즉 그 나라가 철의 튼튼함이 있을 것이나(단 2:41).

물론 이것은 세계 이슬람 공동체의 완전한 그림입니다. 이것은 처음 시작할 때부터 수니와 시아파 무슬림으로 나누어져 왔습니다. 이것은 또한 아랍 백성들의 아버지인 고대 이스마엘에게 선언되었던 예언의 완전한 성취이기도 합니다. 아랍 백성들은 영원히 서로 분쟁하며 형제들까지도 분쟁하여 살게 될 것입니다.

> 그가 사람 중에 들나귀 같이 되리니 그 손이 모든 사람을 치겠고 모든 사람의 손이 그를 칠지며 그가 모든 형제의 동방에서 살리라 하니라 (창 16:12).

그러므로 이스라엘 땅에 있을 동안에 적그리스도의 군대들이 그 마지막 순간까지도 서로 싸우게 됨으로 그 잘 알려진 예언을 성취하게 되는 것은 놀랄 일이 아닙니다. 그들은 이스라엘을 공격한다는 공동의 목표를 위해 일시적으로 서로 싸우는 일을 중지할 수 있겠지만 일단 그 땅에 들어가면 그들은 고대의 파벌 간의 적대감을 억제할 수는 없습니다.

> 그날에 여호와께서 그들로 크게 요란케 하시리니 피차 손으로 붙잡으며 피차 손을 들어 칠 것이며(슥 14:13).

놀랄 필요도 없이 그러므로 에스겔은 같은 상황이 곡의 군대들 간에 일어나는 것을 정확하게 설명하고 있습니다.

> 나 주 여호와가 말하노라 내가 내 모든 산 중에서 그를 칠 칼을 부르리니 각 사람의 칼이 그 형제를 칠 것이며(겔 38:21).

그러므로 적그리스도의 군대가 이스라엘 땅에서 서로 싸우는 것을 본 것같이 곡의 군대들도 서로 죽입니다. 다시 한 번 적그리스도와 곡의 군대의 같은 특성과 행동은 두 구절들이 같은 사건을 설명하고 있다고 할 때 잘 설명되고 있습니다.

5. 두 동맹이 같은 나라들로 구성되어 있다

다니엘 11장에서 이집트를 정복한 후에 두 나라 리비아와 구스는 적그리스도에게 항복할 것이라고 말하고 있습니다.

> 그가 권세로 애굽의 금, 은과 모든 보물을 잡을 것이요 리비아 사람과 수단(구스) 사람이 그의 시종이 되리라(단 11:43).

그러나 에스겔 38장에서 우리는 이 같은 두 나라가 곡의 군사동맹의 한 부분이 되고 있음을 읽게 됩니다.

> 그들과 함께 한바 방패와 투구를 갖춘 바사와 구스(수단)와 붓(리비아)과(겔 38:5).

이것은 곡을 적그리스도와 분리시키는 일반적 입장에서 보면 심각한 문제입니다. 만약에 곡과 그의 군대가 리비아와 수단(구스)을 포함하여 모두 멸망당한다면, 어떻게 두 나라가 불과 몇 년 후에 부활하여 적그리스도의 군대와 연합할 수가 있습니까?

논리적으로 이것은 불가능한 것입니다. 다시 한 번 일반적 입장은 상식과 어긋납니다.

이 관점에 의하면, 이 두 극단적인 이슬람 나라들이 처음에 자발적으로 러시아 지도자에게 복종하고 완전히 멸망당한 후 몇 년 후에 함께 자발적으로 유럽의 인본주의적인 독재자에게 복종하게 된다는 것을 믿으라는 것입니다. 다시 한 번, 이것은 곡과 적그리스도가 하나이며 같은 자라고 간단하게 결론짓는 것이 훨씬 합리적입니다.

6. 둘 다 약탈물을 탈취하기 위하여 이스라엘을 침공한다

이사야에 의하면 이스라엘 땅을 공격하는 적그리스도의 주요 동기들 가운데 하나는 탈취물을 취하는 것입니다.

> 화 있을진저 앗수르 사람이여 그는 나의 진노의 막대기요 그 손의 몽둥이는 나의 분한이라 내가 그를 보내어 한 나라를 치게 하며 내가 그에게 명하여 나의 노한 백성을 쳐서 탈취하며 노략하게 하며 또 그들을 가로상의 진흙 같이 짓밟게 하려 하거늘(사 10:5-6).

마찬가지로 스가랴도 적그리스도와 그의 세력에 의하여 탈취당하는 것을 설명하고 있습니다.

> 여호와의 날이 이르리라 그날에 네 재물이 약탈되어 너의 중에서 나누이리라 내가 열국을 모아 예루살렘과 싸우게 하리니 성읍이 함락되

며 가옥이 약탈되며 부녀가 욕을 보며 성읍 백성이 절반이나 사로잡
혀가려니와 남은 백성은 성읍에서 끊쳐지지 아니하리라(슥 14:1-2).

다니엘도 또한 성경에서 가장 강력한 적그리스도의 모형인 안티오쿠스 에피파네스도 같은 행동을 한다고 알려주고 있습니다.

> 그가 평안한 때에 그 도의 가장 기름진 곳에 들어와서 그 열조와 열조의 조상이 행하지 못하던 것을 행할 것이요 그는 노략하며 탈취한 재물을 무리에게 흩어주며 모략을 베풀어 얼마 동안 산성들을 칠 것인데 때가 이르기까지 그리하리라(슥 14:1-2).

마지막으로 에스겔의 신탁에서 우리는 곡의 동기들이 탈취하기 위함임을 말하고 있습니다.

> 나 주 여호와가 말하노라 그날에 네 마음에서 여러가지 생각이 나서 악한 꾀를 내어 말하기를 내가 평원의 고을들로 올라가리라 성벽도 없고 문이나 빗장이 없어도 염려없이 다 평안히 거하는 백성에게 나아가서 물건을 겁탈하며 노략하리라 하고 네 손을 들어서 황무하였다가 지금 사람이 거처하는 땅과 열국 중에서 모여서 짐승과 재물을 얻고 세상 중앙에 거하는 백성을 치고자 할 때에 스바와 드단과 다시스의 상고와 그 부자들이 네게 이르기를 네가 탈취하러 왔느냐 네가 네 무리를 모아 노략하고자 하느냐 은과 금을 빼앗으며 짐승과 재물을 취하며 물건을 크게 약탈하여 가고자 하느냐 하리라 하셨다 하라
> (겔 38:10-13).

이스라엘을 공격하는 적그리스도의 동기들 중의 하나가 탈취물을 탈취하는 것처럼, 곡의 정해진 동기도 마찬가지입니다. 그와 적그리스도가

같은 자이기 때문입니다.

7. 둘 다 북쪽에서 옵니다

선지자들 전체를 통하여 더욱 공통적인 주제들 가운데 하나는 악의 군대의 공격이 북쪽에서 온다는 것입니다. 이 예언들의 몇몇은 역사적인 침략에 대한 것인 반면, 그것들의 모든 것은 결국 적그리스도의 종말의 마지막 공격에 대한 그림자들입니다. 선지자 요엘은 북쪽에서의 종말의 공격을 말하였습니다.

> 내가 북편 군대를 너희에게서 멀리 떠나게 하여 메마르고 적막한 땅으로 쫓아내리니 그 전군은 동해로 그 후군은 서해로 들어갈 것이라 상한 냄새가 일어나고 악취가 오르리니 이는 큰 일을 행하였음이니라 하시리라(욜 2:20).

북쪽에서 공격하는 군대는 예레미야의 예언들 안에서도 공통된 주제입니다.

> 여호와께서 내게 이르시되 재앙이 북방에서 일어나 이 땅의 모든 거민에게 임하리라(렘 1:14).

> 여호와께서 이같이 말씀하시되 보라 한 민족이 북방에서 오며 큰 나라가 땅 끝에서부터 떨쳐 일어나나니(렘 6:22).

그러므로 에스겔이 큰 북편 군대의 공격을 말하기 시작할 때 그의 독자들은 이미 이 주제에 대하여 친숙해진 상태이며 이것이 마지막 악한 종말의 침략을 언급하는 것으로 이해할 것입니다.

> 인자야 너는 또 예언하여 곡에게 이르기를 주 여호와의 말씀에 내 백성 이스라엘이 평안히 거하는 날에 네가 어찌 그것을 알지 못하겠느냐 네가 네 고토 극한 북방에서 많은 백성 곧 다 말을 탄 큰 떼와 능한 군대와 함께 오되 구름이 땅에 덮임 같이 내 백성 이스라엘을 치러 오리라 곡아 끝날에 내가 너를 이끌어다가 내 땅을 치게 하리니 이는 내가 너로 말미암아 이방 사람의 목전에서 내 거룩함을 나타내어 그들로 다 나를 알게 하려 함이니라(겔 38:14-16).

> 그러므로 인자야 너는 곡을 쳐서 예언하여 이르기를 주 여호와의 말씀에 로스와 메섹과 두발 왕 곡아 내가 너를 대적하여 너를 돌이켜서 이끌고 먼 북방에서부터 나와서 이스라엘 산 위에 이르러 네 활을 쳐서 네 왼손에서 떨어뜨리고 네 살을 네 오른손에서 떨어뜨리리니 (겔 39:1-3).

적그리스도의 마지막 침공에 대한 다른 선지자들의 설명이 북쪽에서 오는 것 혹은 "북편 군대"의 형태가 된 것처럼 곡도 같은 패턴을 따르고 있고 정확하게 같은 형상을 사용하고 있습니다.

8. 둘 다 이스라엘이 안전하다고 느낄 때 공격한다

다니엘에 의하면 적그리스도는 이스라엘 나라와 평화조약을 맺게 될 것입니다(단 9:27). 이사야는 이스라엘 백성들이 진정으로 적그리스도의 거짓 행태를 신뢰하고 의존(히브리어 솨한[sha "han])하기까지 할 것이라고 알려줍니다(단 10:20) 사도 바울은 거짓 안전의 속이는 성격을 경고하였습니다.

> 주의 날이 밤에 도적 같이 이를 줄을 너희 자신이 자세히 앎이라 저희가 평안하다 안전하다 할 그 때에 잉태된 여자에게 해산의 고통이 이름과 같이 멸망이 홀연히 저희에게 이르리니 결단코 피하지 못하리라
> (살전 5:2-3).

안티오쿠스 에피파네스 4세의 그림자를 통하여, 다니엘은 적그리스도에 대하여 비슷한 경고를 하였습니다.

> 그가 꾀를 베풀어 제 손으로 궤휼을 이루고 마음에 스스로 큰 체하며 또 평화한 때에 많은 무리를 멸하며 또 스스로 서서 만왕의 왕을 대적할 것이나 그가 사람의 손을 말미암지 않고 깨어지리라(단 8:25).

그리고 다니엘은 나중에 다시 경고합니다.

> 그가 평안한 때에 그 도의 가장 기름진 곳에 들어와서 그 열조와 열조의 조상이 행하지 못하던 것을 행할 것이요 그는 노략하며 탈취한 재물을 무리에게 흩어주며 모략을 베풀어 얼마 동안 산성들을 칠 것인데 때가 이르기까지 그리하리라(단 11:24).

그러므로 다시 한 번 에스겔이 아주 같은 계획을 설명하고 있는 것을 발견할 때 놀라지 않습니다. 곡은 그의 마음에서 자기 자신에게 말합니다.

> 나 주 여호와가 말하노라 그날에 네 마음에서 여러가지 생각이 나서

악한 꾀를 내어 말하기를 내가 평원의 고을들로 올라가리라 성벽도 없고 문이나 빗장이 없어도 염려 없이 다 평안히 거하는 백성에게 나아가서(겔 38:10-11).

곡이 그의 적들을 멸망시키기 위하여 거짓 평화를 창조하고 사용하는 이유는 정확하게 적그리스도의 것과 같은데 그것은 둘이 같은 자이기 때문입니다.

9. 곡과 적그리스도 사이의 공통점들 요약

① 둘 다 새와 짐승들에 의하여 하나님의 큰 잔치에서 삼켜진다
  (겔 39:17-20; 계 19:17-18).
② 둘 다 성경에서 설명된 가장 큰 지진에 의하여 멸망된다
  (겔 38:19-20; 계 16:18-20).
③ 둘 다 온역으로 공격받는다(겔 38:22; 슥 14:12; 합 3:3-6).
④ 두 군대는 서로를 공격한다(겔 38:21; 슥 14:13; 단 2:41; 창 16:12).
⑤ 둘은 모두 같은 나라들로 구성되어 있다(겔 38:5; 단 11:43).
⑥ 둘 다 약탈하러 온다(약 38:10-13; 슥 14:1-2; 사 10:5-6; 단 11:24).
⑦ 둘 다 북쪽에서 온다(겔 38:14-16; 39:1-3; 요엘 2:20; 렘 1:14; 6:22).
⑧ 둘 다 같은 지역에서 온다(겔 38:1-6; 단 11:40; 사 7:17; 10:12; 미 5:6).
⑨ 둘 다 거짓 평화를 이용하고 이스라엘이 안전하다고 느낄 때 공격한다 (겔 38:12-13; 단 8:25; 9:27; 11:24; 사 10:20; 살전 5:2-3).
⑩ 둘 다 주님의 "칼"에 의하여 죽임을 당한다(겔 38:21; 계 19:15, 21).
⑪ 둘 다 이스라엘 땅에서 멸망을 당한다(겔 36:1-6; 38:9; 39:5).
⑫ 둘 다 이스라엘에서 죽는다(겔 39:11; 사 14:13-20).
⑬ 둘 다 장사된다(겔 39:11; 사 14:13-20).

⑭ 둘 다 그들의 사망 후에는 하나님의 이름이 결코 다시 모독을 받지 않는다(겔 38:23; 39:7; 계 20:2; 21:8).

⑮ 둘 다 그들의 사망 후에, 남은 나라들은 구원에 이르는 하나님 지식을 얻게 된다(겔 39:6-7; 사 11:9; 시 22:27).

⑯ 둘 다 그들이 사망한 후에, 이스라엘의 포로들이 해방된다
(겔 39:25-28; 습 2:7; 욜 3:1; 슥 9:10-12; 사 61:1-3; 시 102:13-16; 19-21).

⑰ 둘 다 그들이 사망한 후에, 하나님은 그의 신을 이스라엘에게 부으신다(겔 39:29; 사 59:20-21; 슥 12:9-11).

⑱ 둘 다 그들이 사망한 후에, 이스라엘의 남은 자들은 주님을 영원히 알게 된다(겔 20:33-42; 39:22; 왕하 19:30-31; 욜 2:32; 미 4:7; 렘 31:34; 사 10:20; 요 17:3; 롬 9:27-28).

⑲ 둘 다 그들이 사망한 후에, 이스라엘은 그 땅에 영원히 안전하게 거하게 된다(겔 39:26; 28; 미 5; 사 60-66).

⑳ 둘 다 그들이 사망한 후에, 예수님이 그 땅에 존재하신다
(겔 38:19-20; 39:7; 계 19-21).

다른 공통점들도 분명히 인용될 수 있습니다. 그러나 에스겔 38-39장과 다른 적그리스도적인 구절들에 의하여 공유된 여러 가지 특성들이 있음에도 불구하고, 많은 사람들은 우리가 조사한 충분한 증거들을 인정하기를 거부하고 있습니다. 토마스 아이스(Thomas Ice)는 30부분으로 된 에스겔 38-39장에 대한 시리즈에서 요약하기를 왜 믿는 사람들이 요한계시록 19장의 사건과 같은 사건을 설명하는 장으로 보지 말아야 하는가를 설명하였습니다.

이 두 전쟁 간에는 폭넓은 유사점들이 있지만 그러나 그들이 같은 전

쟁인가 하는 것을 평가할 때 결정적으로 차이점들이 증명될 것이다.[6]

그러나 우리가 방금 보았듯이 여기에는 "좀 더 넓은 유사점" 이상의 것들이 있습니다. 유사점들과 공통점들이 압도적입니다. 지금 이 장의 나머지에서, 우리는 제기되고 있는 차이점들을 조사하면서 실제로는 그들이 존재 조차하지 않는다는 것을 보여 주려고 합니다.

10. 침묵에서 오는 논쟁들

에스겔 38-39장과 다른 적그리스도의 예언들과의 차이점이 존재한다는 것을 보여주려고 시도할 때 많은 사람들은 주로 침묵으로부터 오는 논쟁에 주목합니다. 예를 들면 프르크텐붐(Fruchtenbaum)은 말했습니다.

> 에스겔의 침공에서는 그 침공에 대하여 저항이 있었고 아마겟돈 전쟁
> 에서는 저항이 없었다.[7]

다시 말하면 하나의 구절은 정보를 포함하고 있고 다른 하나는 없다는 것입니다. 그러므로 이 둘은 서로 다른 두 개의 사건들이라는 것입니다. 그러나 이 논쟁은 모든 구절들이 설명에 있어서 모든 것을 완전히 포함해야 한다는 가정이 들어 있습니다. 만약에 이런 논리가 복음서들에 적용된다면 그것들은 모두가 서로 다른 이야기라고 결론을 지을 수밖에 없을 것입니다. 예를 들어 한 복음서가 포함하고 있는 이야기를 다른 복음서가 포함하지 않고 있다고 그들이 두 개의 다른 사건들이라는 것입니다. 그러

---

6 Thomas Ice, "Ezekiel 38 & 39, Part 28," http://www.pre-trib.org/articles/view/ezekiel-38-39-part-28. No longer accessible.

7 Arnold G. Fruchtenbaum, *The Footsteps of the Messiah: A Study of the Sequence of Prophetic Events*, rev. ed. (Tustin, CA: Ariel Ministries, 2003), 119.

나 그런 가정은 어리석은 것입니다. 선지서들을 통한 여러 가지 메시아 예언들이 메시아의 사역에 대한 아주 요약된 묘사로 독자들에게 제공되고 있습니다.

단순히 한 선지자가 미래의 사건에 대하여 자세한 사항들을 알려주고 있고 다른 선지자는 알려주지 않고 있다고 해서 그 둘이 서로 다른 사건들을 설명하는 것이라고 단정해서는 안 됩니다. 침묵에 의한 논쟁들은 잘못된 것이며 사려깊고 신중한 성경 학도들은 전혀 무게를 두지 않아야 합니다.

11. 둘 다 "이스라엘의 산들"에서 멸망당한다

곡과 적그리스도의 공격의 차이점을 보여주려고 시도는 하는 가운데 프러크텐붐은 썼습니다.

> 에스겔에서 침략은 이스라엘의 산들에서 멸망을 당한다. 아마겟돈 전쟁은 페트라와 예루살렘 사이에서 멸망을 당한다.[8]

그러나 이 논쟁은 프러크텐바움에 대한 존중과 그의 주장을 반복하는 사람들과 함께 진정한 심각성을 가지고 자주 제기되어 왔지만 이것은 철저히 생각을 하지 못한 어리석은 논쟁입니다.

먼저 프러크템바움은 똑같이 유명한 구절인 에스겔 39:5을 무시하였는데 거기서 하나님은 곡에게 말합니다.

---

[8] Ibid.

네가 빈들에 엎드러지리라 이는 내가 말하였음이니라 나 주 여호와의
말이니라(겔 39:5).

마찬가지로 에스겔 38:9은 말합니다.

네가 올라오되 너와 네 모든 떼와 너와 함께한 많은 백성이 광풍 같이
이르고 구름 같이 땅을 덮으리라(겔 38:9).

그러므로 곡의 군대가 이스라엘의 산들에 한정될 리가 없습니다. 곡의 군대는 온 땅을 덮습니다. 그리고 곡은 빈들에서 사망합니다. 그러나 더욱 중요한것은 "이스라엘의 산들"이 단순히 이스라엘 온 땅에 대한 관용적 표현이기 때문에 이 논쟁은 어리석은 것입니다. 이것은 에스겔 두 장에 앞서 분명하게 보여지는 것 같고 여기에서 하나님은 에스겔에게 특별히 "이스라엘 산들에게" 예언하라고 하셨습니다. 하지만 "언덕과 골짜기와 황량한 곳과 버려진 도시들"을 포함하라 하셨습니다.

인자야 너는 이스라엘 산들에게 예언하여 이르기를 이스라엘 산들아
여호와의 말씀을 들으라 주 여호와의 말씀에 대적이 네게 대하여 말
하기를 하하 옛적 높은 곳이 우리의 기업이 되었도다 하였느니라 그
러므로 너는 예언하여 이르기를 주 여호와의 말씀에 그들이 너희를
황무케 하고 너희 사방을 삼켜서 너희로 남은 이방인의 기업이 되게
하여 사람의 말거리와 백성의 비방거리가 되게 하였도다 그러므로 이
스라엘 산들아 주 여호와의 말씀을 들을지어다 주 여호와께서 산들
과 멧부리들과 시내들과 골짜기들과 황무한 사막들과 사면에 남아 있
는 이방인의 노략거리와 조롱거리가 된 버린 성읍들에게 말씀하셨느
니라 주 여호와의 말씀에 내가 진실로 내 맹렬한 투기로 남아 있는 이
방인과 에돔 온 땅을 쳐서 말하였노니 이는 그들이 심히 즐거워 하는

마음과 멸시하는 심령으로 내 땅을 빼앗아 노략하여 자기 소유를 삼
았음이니라 그러므로 너는 이스라엘 땅을 대하여 예언하되 그 산들과
멧부리들과 시내들과 골짜기들을 대하여 이르기를 주 여호와의 말씀
에 내가 내 투기와 내 분노로 말하였나니 이는 너희가 이방의 수욕을
당하였음이라(겔 36:1-6).

하나님이 "이스라엘의 산들"이라고 언급하실 때 하나님은 이스라엘 전체를 뜻하신 것입니다. 이것은 마치 "모든 열매가 풍성한 들판"이 미국을 의미하는 것과 같습니다. "열매 맺는 들판"은 단지 미국의 광활한 평지를 언급하는 것입니다. 마찬가지로 "이스라엘의 산들"은 분명히 이스라엘 전체의 땅을 언급하는 것입니다.

12. 무기들을 태움

곡의 전쟁이 예수님의 재림에서 끝난다는 것에 반대하는 또 하나의 자주 제기되는 논쟁은 승리한 이스라엘 백성들이 쓰러진 군대의 무기를 칠 년 동안 불태운다는 것인데 천년왕국 동안에는 필요 없는 일이라는 것입니다. 예를 들면 나단 존스는 말합니다.

예수님이 함께 계셔서 모든 개인의 필요를 공급하실 것이고 저주가
부분적으로 제거되며 지구는 지진으로 다시 형성될 것이며 이스라엘
은 연료로 무기를 태울 필요가 없을 것이다.[9]

그러니 이것은 다가오는 시대의 진정한 성격을 근본적으로 잘못 이해

---

9 Nathan E. Jones, "Timing Gog-Magog: When will Ezekiel 38-39 Be Fulfilled?" http://www.lamblion.com/articles/articles_tribulation2.php.

한 것입니다. 천년왕국 시대에도 수백만의 사람들은 지상의 생활을 계속 하게 될 것입니다. 주님은 지구를 멸망시켜 버리지 않으십니다. 그는 지 구를 회복시키십니다. 이 시대와 다음 시대 사이에 분명한 연속성이 있습 니다. 예를 들어 스가랴는 나라들 가운데서 믿지 않는 남은 자들이 믿는 자들처럼 천년왕국 동안에 살게 될 것을 말합니다.

> 예루살렘을 치러 왔던 열국 중에 남은 자가 해마다 올라와서 그 왕 만 군의 여호와께 숭배하며 초막절을 지킬 것이라(슥 14:16).

나중에 에스겔에서 우리는 메시아 시대에 왕성한 어업이 이루어짐을 알게 됩니다.

> 또 이 강가에 어부가 설 것이니 엔게디에서부터 에네글라임까지 그물 치는 곳이 될 것이라 그 고기가 각기 종류를 따라 큰 바다의 고기같이 심히 많으리라(겔 47:10).

아모스 선지자는 예수님의 천년통치 기간 동안에 이스라엘 백성들이 도 시들을 다시 건축하며 포도원과 과원에 다시 심는 것을 묘사하였습니다.

> 내가 내 백성 이스라엘의 사로잡힌 것을 돌이키리니 저희가 황무한 성읍을 건축하고 거하며 포도원들을 심고 그 포도주를 마시며 과원들 을 만들고 그 과실을 먹으리라(암 9:14).

어업과 농업조차도 그치지 않을 것이며 요리하고 불을 켜는데 사용 되는 연료의 필요성도 없어지지 않을 것입니다. 이 기간 동안에 단지 예 수님이 존재하신다는 이유만으로 모든 것이 기적처럼 이루어진다는 것 을 의미하지는 않습니다. 천년왕국 동안에 이사야, 미가 선지자는 지상의 사람들이 그들의 무기를 부수어 쟁기로 만들것이라는 유명한 말을 하였습니다(사 2:4; 미 4:3). 군사무기를 농경기구로 만든다는 이 예언적 시적 표현은 에스겔이 무기를 연료로 태운다는 말과 동일합니다. 이들의 묘사들 가운데서, 무기들은 가사나 농업을 위한 목적으로 한 연장으로 변화됩니다. 무기를 태우는 것이 천년왕국의 성격과 맞지 않는다는 주장은 천년왕국을 성경 전체에서 설명하고 있는 것과 다르게 이해하고 있는 데서 온 것입니다.[10]

13. 곡의 침공은 한정적이고, 아마겟돈은 모든 나라들을 포함한다

어느 분들은 아마겟돈 전쟁은 모든 나라들이 포함되지만 곡의 연합군은 한정된 나라들만 포함된다고 주장합니다. 그러나 이런 구분은 성경 말씀과 합하지 않습니다. 제3장에서 우리는 적그리스도의 연합이 주로 열 나라들로 구성되어 있고 나중에 많은 다른 나라들이 동참하게 됨을 보았습니다. 그러므로 지구상의 마지막 나라들까지 적그리스도와 연합하지는 않을 것입니다. 만약 적그리그스도가 전 세계를 통치한다면 우리는 적그리스도 하에서의 전 세계적인 평화(Pax-Antichristus)를 누리게 될 것입니다. 그러나 다니엘 9:27은 말하기를 적그리스도가 끝까지 전쟁을 하게 될 것을 밝혀주고 있습니다. 단순히 말해서 전쟁은 저항하는 군사와 정부가 있다는 말입니다. 다니엘 11장은 적그리스도와 싸우는 나라들을 말하고 있고 "그의 손에서 벗어날" 다른 사람들이 있을 것을 말하고 있습니다. 그러므로 지구상의 모든 나라들이 예루살렘을 침공하는 적그리스도

---

10 어떤 사람들은 벧후 3:7-10은 하늘과 땅이 파괴될 것을 증거하고 있다고 말한다. 그러나 이 구절은 문자적인 의미로서 피조세계의 파괴를 말하는 것이 아니다. 오히려 파괴라는 언어를 사용하여서 앞으로 다가올 세대에 있어서 신앙심이 없어질 것을 말하고 있는 것이다.

의 연합에 동참 할 것이라고 주장하는 사람들은 이런 것과 다른 관련 구절들을 무시하고 있습니다.

14. 곡/적그리스도의 장사됨

곡과 적그리스도가 같다는 사실에 반대하는 또 다른 의견은 말하기를 곡은 장사됨을 받았지만 적그리스도는 그렇지 않다는 것입니다. 먼저 곡의 시체가 장사된다는 것은 맞습니다.

> 그날에 내가 곡을 위하여 이스라엘 땅 곧 바다 동편 사람의 통행하는 골짜기를 매장지로 주리니 통행하던 것이 막힐 것이라 사람이 거기서 곡과 그 모든 무리를 장사하고 그 이름을 하몬곡의 골짜기라 일컬으리라(겔 39:11).

적그리스도에 대하여 많은 사람들은 이사야 14장을 잘못 알고 그는 결코 장사되지 않는다고 주장합니다. 이사야 14장은 적그리스도의 모형인 바벨론 왕을 대적하는 시적 예언적 애가입니다. 왕/적그리스도는 처음에 그의 왕좌를 "극한 북방의 집회의 산"에 만들 것이라고 주장합니다. 이것은 하나님의 보좌가 있는 예루살렘 성전 산을 언급하는 것입니다.

> 네가 네 마음에 이르기를 내가 하늘에 올라 하나님의 뭇별 위에 나의 보좌를 높이리라 내가 북극 집회의 산 위에 좌정하리라 가장 높은 구름에 올라 지극히 높은 자와 비기리라 하도다(사 14:13-14).

그러나 그대신 하나님은 적그리스도가 지옥의 골짜기에서 자신을 발견하게 되리라고 선언합니다.

> 그러나 이제 네가 음부 곧 구덩이의 맨 밑에 빠치우리로다(사 14:15).

이 지옥의 마지막 안식처는 그의 영혼이 내려가는 곳이며 그의 육신적 시체는 모욕적인 방법으로 장사될 것입니다. 고대의 시대에는 부유한 가족들이나 왕들은 가족의 무덤 즉 가족 산소를 공동으로 사용하였습니다. 이것은 굴 같은 무덤으로 각자의 칸막이가 무덤의 벽에 있는 것으로 현대의 납골당 같은 것입니다. 이 구절에서 적그리스도에게 수치가 주어집니다. 다른 왕이나 귀족처럼 그의 가족 묘지나 왕실의 묘에 장사되지 못하고 그의 시체가 단지 구덩이에 던져져 다른 시체들에게 덮이게 될 것이기 때문입니다.

> 열방의 왕들은 모두 각각 자기 집에서 영광 중에 자건마는 오직 너는 자기 무덤에서 내어쫓겼으니 가증한 나무가지 같고 칼에 찔려 돌구덩이에 빠진 주검에 둘러싸였으니 밟힌 시체와 같도다 네가 자기 땅을 망케 하였고 자기 백성을 죽였으므로 그들과 일반으로 안장함을 얻지 못하나니 악을 행하는 자의 후손은 영영히 이름이 나지 못하리로다 (사 14:18-20).

이 구절은 적그리스도가 결코 장사되지 않는다는 것을 말하고 있지 않습니다. 그 대신 이것은 그의 부끄러운 죽음과 묻힘의 성격을 말하고 있을 뿐입니다.

알렉 모이어(J. Alec Motyer)는 그의 특별한 『이사야 주석』(*Isaiah: The Prophecy of Isaiah: An Introduction & Commentary*)에서 말합니다.

> 그의 왕의 옷이 벗겨지고 그 왕은 전장에서 죽은 다른 시체들로 옷을 입게 될 것이며 불명예스러운 시체더미가 되고 말 것이다. 그의 무덤은 표시도 없이 무의식적으로 발 아래 밟히고 말 것이다. 그 왕

에 대하여 왕의 격식에 맞는 장사를 지내려고 아무도 관심을 갖지 않을 것이다. 그의 조상들은 가족의 묘에 옮겨졌지만 그는 그렇지 못할 것이다.[11]

그가 그의 마음에 가장 높은 자처럼 되겠다고 말한 것처럼 귀족처럼 죽기는커녕 그는 오물처럼 취급되어 죽임을 당한 자들과 같이 될 것입니다. 그는 귀족의 묘에 장사되지 않고 구덩이로 된 대량 공동 매장지에 묻히게 될 것입니다. 곡과 적그리스도 하나는 장사가 되고 하나는 장사되지 못하기 때문에 두 다른 개인이라는 주장은 문장들을 깊이 읽지 못한 것에 기초한 것입니다.

15. 곡/적그리스도의 죽음에 대하여

곡과 적그리스도가 동일인이 아니라고 주장하는 또 다른 비슷한 주장은 곡은 죽임을 당하고 장사될 것이지만 적그리스도는 "유황으로 불타는 호수에 산채로 던져진다"(계 19:20)고 되어 있기 때문입니다. 그러므로 두 개인은 같은 사람이 될 수 없다는 논쟁입니다. 그러나 이것은 적그리스도의 육신적 사망을 말하고 있는 다른 관련 구절들을 고려하지 않은 논쟁입니다. 사도 바울은 적그리스도가 예수님에 의하여 죽임을 당할 것이라고 말합니다.

> 그 때에 불법한 자가 나타나리니 주 예수께서 그 입의 기운으로 저를 죽이시고 강림하여 나타나심으로 폐하시리라(살후 2:8).

---

11 J. Alec Motyer, *Isaiah: The Prophecy of Isaiah: An Introduction & Commentary* (Downers Grove, IL.: InterVarsity Press, 1998), 145.

다니엘도 적그리스도가 멸망을 당하고 그의 시체가 불타는 연못에 던지울 것이라고 말합니다.

> 그 때에 내가 그 큰 말하는 작은 뿔의 목소리로 인하여 주목하여 보는 사이에 짐승이 죽임을 당하고 그 시체가 상한 바 되어 붙는 불에 던진 바 되었으며(단 7:11).

나중에 다니엘은 적그리스도가 이스라엘 땅에서 그의 최후를 맞이 하게 될 것이라고 말합니다.

> 그가 장막 궁전을 바다와 영화롭고 거룩한 산 사이에 베풀 것이나 그의 끝이 이르리니 도와줄 자가 없으리라(단 11:45).

그러므로 적그리스도가 다른 인간들처럼 죽임을 당하게 될 것이 분명해졌습니다. 이것은 "산채로" 지옥(헬라어 하데스[*Hades*] 혹은 히브리어 소울[*Sheol*])에 던져 진다는 말씀과 상충되지 않습니다. 모이어가 죽음 이후에 지옥에서의 "생활에" 대하여 쓴 것과 같습니다.

> 첫 번째로 지옥에서 죽은 자들이 살아난다. 성경에서는 "죽음, 결코, 끝, 마지막"이라고 말하는 것이 아니라 개인의 정체성과 연속성을 가진 장소와 상태가 바뀌는 것을 말합니다. 지옥은 죽은 자들이 사는 "장소"입니다.[12]

간단히 말해서, 적그리스도의 육신은 예수님에게 죽임을 당할 것이지만, 그의 영혼은 지옥에 "산채로" 보내져서 영원한 고통의 의식을 체험하

---

12 Ibid., 143.

게 될 것입니다.

> 또 저희를 미혹하는 마귀가 불과 유황 못에 던지우니 거기는 그 짐승
> 과 거짓 선지자들도 있어 세세토록 밤낮 괴로움을 받으리라(계 20:10)

이 구절들에 근거하여 곡이 적그리스도가 될 수 없다는 주장은 정확하지 않은 것이며 단순히 적합하지 않은 연구의 결과입니다.

16. 보편적 입장에 대한 문제: 인구분포의 문제

지금까지 조사해온 모든 것 이외에 별로 고려해 보지 않은 에스겔 38-39장의 일반적 해석에 드러난 문제들이 있습니다. 이 문제는 단순히 인구분포의 문제입니다. 많은 서구 사람들은 세계의 무슬림들이 대부분 중동 지역에 살고 있다고 믿고 있습니다. 그러나 사실은 모든 무슬림의 반수 정도가 지구상에서 인도네시아, 파키스탄, 인도, 방글라데쉬 이 네 개의 나라에 살고 있습니다(인도네시아 인구: 2억 2백만, 파키스탄 1억 7천 5백만, 인도 1억 6천 1백만, 방글라데쉬 1억 4천 5백만). 에스겔 예언은 이 나라들 어느 것도 포함하고 있지 있습니다.

대부분의 무슬림들은 사실 중동 지역 밖에 살고 있습니다. 오늘날 레바논(250만)보다 프랑스(350만) 혹은 독일(4백만)에 더 많은 무슬림들이 있습니다. 일반적 해석에 의하면, 에스겔 예언에 포함된 나라들은 러시아, 중동, 중앙아시아, 북아프리카 나라들을 포함하고 있습니다. 그러나 가장 폭 넓은 주석에 있는 모든 나라들을 포함한다고 해도 이것은 전체 무슬림 인구의 3분의 1 이하를 나타낼 뿐입니다. 만일 이 나라들에서 모든 군사들이 멸망당한다고 해도 이것은 세계 무슬림 인구 16억의 2퍼센트 이하가 줄어들 뿐입니다. 아무도 일어나리라고 기대하지는 않지만 설사

이 모든 나라들이 완전히 멸망을 당한다고 해도, 아직도 10억 이상의 무슬림들이 세상에 남아 있습니다. 이슬람은 여전히 세계적으로 광대하고 활발한 세력으로 남아 있을 것입니다. 예수님의 재림 몇 년 전에 이슬람이 지구상에서 없어질 것이라는 환상은 단순히 착각일 뿐입니다. 다음의 통계를 고려해 보십시오.[13]

나라	세계 무슬림인구 분포 비율(%)	현역 군인 숫자
투르크메니스탄	0.3	22,000
우즈베키스탄	1.7	87,000
키르키즈스탄	0.3	20,400
타지키스탄	0.4	16,300
아제르바이잔	0.6	382,000
터키	4.7	1,151,200
레바논	0.2	175,000
팔레스타인	0.1	56,000
시리아	1.3	747,000
이라크	2	578,270
이란	4.7	3,833,000
요르단	0.4	175,500
사우디아라비아	2	250,000
쿠웨이트	0.2	46,000
바레인	0.1	19,460
오만	0.2	47,000

---

13 Tracy Miller, ed., "Mapping the Global Muslim Population: A Report on the Size and Distribu\-tion of the World's Muslim Population," Pew Research Center, October 2009.

아랍에미리티연합	0.2	51,000
이집트	5	1,345,000
리비아	0.4	116,000
수단	1.9	211,800
총계	29.6%	31,213,730

17. 결론

모든 관련 문장들을 고려해보면, 적그리스도와 곡이 하나이며 같은 존재라는 점은 분명합니다. 이 관점에 반대하기 위하여 사용된 모든 논쟁들은 실패하였습니다. 이 책에서 논의하여 왔던 것처럼 에스겔 38장과 39장은 단순히 모든 다른 선지자들이 말하는 것과 같은 이야기를 다시 한 번 말하고 있는 것일 뿐입니다.

① 곡/적그리스도가 인도하는 나라들의 연합이 이스라엘을 공격하고 성도들을 핍박한다.
② 그 결과 삼 년 반 동안 이스라엘은 마지막 황폐함을 겪으며 많은 사람이 포로로 잡혀갈 것이다.
③ 메시아를 통하여 주님은 간섭하셔서 남은 자를 구원하시고 포로들을 해방 하실 것이다.
④ 이방 나라들이 주님께로 돌아온다.
⑤ 이스라엘은 영원히 주님께로 돌아온다.
⑥ 메시아가 예루살렘에서 통치하신다.

밀러(Miller)는 바르게 말합니다.

> 다른 관점에서 설명된 에스겔 38-39장의 전쟁과 다니엘 11:40-45의 전쟁은 예수님이 오시기 바로 직전에 일어나는 것으로 가장 잘 구성되며 아마겟돈 전쟁을 언급하는 것으로 볼 수 있다.[14]

그리고 마지막으로, 우리는 그리스도가 재림하시기까지, 이슬람은 없어지지 않는다는 사실을 인정해야 합니다. 몇몇 해석가들의 많은 노력들에도 불구하고, 아마도 큰 욕망까지도, 이런 인식은 희망하는 생각일 뿐입니다. 이슬람은 여기 있고 계속될 것이며 교회가 당면한 마지막 가장 큰 도전임을 빨리 인정하면 할수록, 선교적 도전에 더욱 빨리 일어나 대처하게 될 것입니다. 성경 어디에도 말하고 있지 않은 이슬람이 메시아가 오시기 전에 멸망당하는 것을 앉아서 기다리기보다는 말입니다. 지금은 교회가 전심으로 이슬람 세계에 대하여 중보와 전도와 선교에 헌신하여야 할 시간입니다.

---

14 Stephen R. Miller, Daniel: *The New American Commentary Series* (Nashville: Broadman and Holman, 1994), 310–11.

제15장

에스겔 38-39장: 곡과 마곡(3)

1. 어떤 나라들이 포함되는가?

　에스겔 38-39장의 침공이 적그리스도와 그의 마지막 시대의 이스라엘을 대적하는 공격을 말하고 있는 많은 예언들을 다시 한 번 이야기하는 것임을 파악하였습니다. 이제 우리는 어느 나라들을 이 구절이 포함하고 있는지 파악하는 것에 눈을 돌려야 합니다. 가장 인기 있는 입장은 이 두 장을 러시아 주도하의 이슬람 나라들의 공격이라고 가르치고 있다고 해석합니다. 그러나 우리가 보게 될 것과 같이 터키가 주도하는 이슬람 공격이라는 사실이 더욱 확고한 근거를 가지고 있습니다.
　이 터키냐 러시아냐 하는 논쟁은 학자들 사이에서 전혀 새로운 것이 아닙니다. 일찍이 1706년에 매튜 헨리(Matthew Henry)는 그의 전통적인 성경 주석에서 학자들 사이의 차이점을 인정하였습니다.

몇몇 사람들은 그들 즉 곡과 마곡을 멀리 스키타이(Scythia), 타타르(Tartary) 그리고 러시아(Russia)에서 발견한다. 다른 사람들은 생각하기를 시리아와 아시아 레스(Syria and Asia Less[Turkey])에서 발견한다고 생각한다.[1]

이 장의 목적은 우리가 이 종말 시대에 이스라엘 침공에 관련된 나라들을 파악하는 데 있어서 정당하고 합리적이며 책임 있는 방법으로 이 논쟁에 접근하기 위함입니다. 그래서 에스겔의 예언이 어떻게 분명하게 다른 성경의 예언들과의 관련성을 가지고 흘러 가는지를 보여주게 될 것입니다.

2. 해석 방법을 정의함

시작하기 전에 우리는 에스겔이 예언한 나라들을 파악하는 방법을 분명하게 정의하는 것이 중요합니다. 여기서 몇몇 중요한 고려 점들이 있습니다. 먼저 우리가 앞에서 상의했듯이 여러 예언들에서 고대의 백성들과 지역의 의미를 파악하는 일에 쓰이고 있는 두 가지 공통적인 방법들이 있습니다.

첫 번째는 지역적 상관관계 방법입니다. 예언 당시 고대 백성들과 살던 장소들을 파악하여 현재 그 지역을 장악하고 있는 나라들의 지역을 맞추어 보는 것입니다. 한편 조상 이동 방법(The Ancestral-Migration-Method)은 후손들의 흔적을 찾으며, 그들의 이동과 다른 백성들과의 혼합을 추적하여 결국 현재의 백성들에게 이르는 것입니다. 한 방법은 역사적 배경과 선지자의 이해를 파악하는 방법이며 다른 하나는 혈통을 추적

---

1 Henry, *Matthew Henry's Complete Commentary*, Ezekiel 38.

하는 힘든 과정에 도달하려고 노력하여 결국 현대의 나라들에 이르는 것입니다. 우리가 이전에 논의하였듯이 조상 이동 방법은 많은 어려움과 위험과 불일치하는 것들이 있기 때문에 성경의 예언을 책임 있게 해석하기를 원하는 모든 사람들은 피해야 하는 방법입니다.

조상 이동 방법을 통하여 다른 다섯 연구자들은 다섯 개의 서로 다른 결론에 도달할 수가 있습니다. 자주 있는 일입니다. 슬프게도 에스겔 38-39장의 해석을 위한 많은 노력들을 조사한 결과 많은 저명한 학자들과 교사들이 이 방법을 써 왔음이 나타났습니다. 존경받는 히브리 학자인 게제니우스(Wilhelm Gesenius)조차도 그 사람들이 에스겔 당시에 어느 특정 지역에 살고 있었는지 결정하지도 않고 그들의 후손들 일부가 1600년 후 어디에 정착하여 살게 되었는지를 파악하는 노력을 통하여 로스(Rosh) 백성을 파악하려고 하였습니다. 게제니우스의 『히브리-영어 단어사전』 (*Hebrew and English Lexicon*)에서 "로스"의 정의를 보십시오.

> 로스: 두발과 메섹과 함께 언급된 북쪽의 나라(예를 들어 겔 38, 39장). 아마도 주후 10세기의 비잔틴 작가들이 설명한 러시아인들일 것이다. 그들은 터우러스 북쪽에 거하고 있었으며 또한 같은 시대의 아라비아 작가 포스즐란(Ibn Foszlan)이 설명한 울가(Wolga) 강에 거하고 있던 러시아인들일 것이다.[2]

그러므로 게제니우스에게 있어서는 10세기의 비잔틴 작가들이 로스 백성의 후손들이라고 주장하는 사람들을 러시아에서 발견하였기 때문에 우리는 에스겔의 예언을 러시아를 언급하는 것으로 보아야 한다는 것입니다! 그러나 우리가 보게 될 것처럼 현대의 학자들은 몇몇 로스 백성들이 러시아와 멀리 떨어진 세계 여러 곳에서도 살았음을 보여 주었습니

---

[2] Wilhelm Gesenius, *A Hebrew and English Lexicon of the Old Testament, Including the Biblical Chaldee*, 955.

다. 조상과 인구 이동 방법이 게제니우스의 에스겔 예언을 해석하는 주요 기준이었기 때문에 그가 오늘날 살고 있다면 그는 그의 입장을 상당한 부분 수정해야 했을 것입니다. 이것은 단순히 이 방법을 피해야 하는 여러 이유들 중의 하나일 뿐입니다. 결국 에스겔 예언이 합당하게 이해가 되려면, 널리 쓰이고 있지만 큰 결점이 있는 이 방법은 거부되어야 합니다. 에스겔 예언을 이해하기 위한 어떤 책임 있는 노력은 역사적-문법적 방법을 써야 합니다. 이 방법은 성경 저자가 원래 의도 했던 의미와 문장의 이해를 발견하는 데 주력하는 것이며 3천년 전에 살았던 사람들의 혈통을 역사적으로 추적하는 것이 아닙니다.

이 나라들을 이해하고 해석하는 일에 우리를 안내해 줄 또 하나의 중요한 요소는 예언 자체에 근접한 배경 안에서 발견하는 실마리입니다. 우리가 지난 장에서 자세히 살펴본 것같이 하나님 자신이 곡에게 직접 말씀하셨고 분명히 그는 이전의 많은 성경의 예언자들이 말해 왔던 자라고 하셨습니다. 여러 해 동안 지금까지 나는 러시아 곡의 입장을 고수하고 있는 예언 교사들에게 마지막 날에 러시아가 이스라엘을 침공한다는 내용이 있는 이전의 예언서 구절을 하나라도 보여 줄 것을 문의하였고 도전하기도 하였습니다. 그러나 지금까지 단 하나의 구절도 제시하지 못하였습니다. 이점을 간과해서는 않됩니다.

에스겔 38-39장의 나라들을 파악하는 데 있어서 우리의 결론은 전적으로 역사적 연구 하나에만 한정되어서는 안 되고 이 구절의 좀 더 넓은 배경을 고려해야 합니다. 하나님은 곡의 침공이 이전의 성경의 예언자들에 의하여 이미 말하여져 왔다는 점을 분명히 하셨기 때문에 일반적인 러시아-곡 이론을 주장하는 사람들이 러시아 인도하의 이스라엘 침공을 말하고 있는 이전 예언자들의 구절을 하나도 발견하지 못하였다면 그들은 그 구절을 잘못 해석한 것입니다.

마지막으로 나라들 각각을 파악할 뿐만 아니라 또한 나라들의 그룹도 파악하는 시도가 중요합니다. "곡과 마곡, 그 왕, 메섹과 두발 왕"이라는 말이 마곡을 지도자 곡이 오는 지역으로 말하고 있기 때문에, 이 구절은 우리로 하여금 메섹과 두발의 지역을 파악할 것을 요구하고 있습니다. 그들 모두는 분명히 서로 관련이 있습니다. 그 구절의 단어들이 단순히 각 나라들에 따라서 해석할 것이 아니라 전체적으로 해석할 것을 요구하고 있습니다.

그러므로 요약하면 이 장은 에스겔의 예언의 나라들을 책임 있게 파악할 것이며 이 구절의 근본적이고 더 큰 배경을 고려하여 그렇게 할 것입니다.

3. 참여자들을 파악함

에스겔 38장의 처음 여섯 구절에는 여덟(혹은 아홉)개의 고대 이름들이 있는데 이들은 에스겔에서 공격하는 동맹을 파악하도록 제시된 것입니다.

> 인자야 너는 마곡 땅에 있는 곡 곧 로스와 메섹과 두발 왕에게로 얼굴을 향하고 그를 쳐서 예언하여 이르기를 주 여호와의 말씀에 로스와 메섹과 두발 왕 곡아 내가 너를 대적하여 너를 돌이켜 갈고리로 네 아가리를 꿰고 너와 말과 기병 곧 네 온 군대를 끌어내되 완전한 갑옷을 입고 큰 방패와 작은 방패를 가지며 칼을 잡은 큰 무리와 그들과 함께 한 바 방패와 투구를 갖춘 바사와 구스와 붓과 고멜과 그 모든 떼와 극한 북방의 도갈마 족속과 그 모든 떼 곧 많은 백성의 무리를 너와 함께 끌어 내리라(겔 38:2-6).

여기서 이 동맹의 지도자는 마곡 땅의 곡이라고 다시 말하고 있습니다. 이 동맹의 백성들 혹은 나라들은 메섹, 두발, 바사, 구스, 붓, 고멜,

그리고 도갈마(Beth-togarmah)입니다.

몇몇 학자들은 "두목"(chief)이라고 번역되어 있는 단어가 "로스"(rosh) 즉 고대의 한 백성이라고 번역되어야 한다고 믿고 있습니다(개역한글은 "로스"로 이미 되어 있음). 우리는 이 논쟁을 나중에 더 조사할 것입니다.

4. 곡

"곡"이라는 단어의 뜻을 파악하려는 학자들의 시도는 여러 가지입니다. 19세기의 독일 신학자이며 히브리 학자인 프란츠 델리취(Franz Delizsch)를 선두로 하여 대부분의 학자들이 "곡"이 리디아를 통치하던 한 왕을 언급하는 것으로 믿고 있습니다.

리디아는 에스겔 시대에 터키의 서부 절반 지역에 걸쳐 있었던 왕국입니다. 앗수르 사람들은 그를 구구(Gugu)라고 불렀고 그리스 사람들은 그를 가이기(Gyges)라고 불렀습니다. 몇몇 학자들은 그 증거는 결정적이지 못하다고 말합니다. 그럼에도 불구하고 모두 곡이 마곡에서 왔으며 그가 "메섹과 두발"의 왕이라는 것에는 동의를 하고 있습니다. 몇 사람들은 이 목록에 로스를 더할 것입니다. 그러므로 마곡, 메섹, 두발(아마도 로스)을 파악하는 것으로 인하여 이 동맹의 지도자가 어디로부터 등장하는지를 밝혀 줄 것입니다. 에스겔 시대의 마곡의 장소를 고려하는 것으로 시작합니다.

5. 마곡은 러시아를 언급하는 것인가?

스코필드의 관주성경이 발행된 후부터 여러 저명한 예언 교사들이 마곡을 러시아와 동일시하거나 이전의 소비에트 중앙아시아 나라들(카자흐

스탄, 트루크메니스탄, 우즈베키스탄, 타지키스탄, 그리고 키르키스스탄)과 동일시하고 있습니다. 이 관점의 주요 지지는 1세기의 유다 역사학자인 플라비우스 요세푸스의 언급에서 찾아볼 수 있습니다.

요세푸스가 무엇을 말했기에 그렇게 많은 기독교 예언 교사들과 학자들이 입장을 바꾸었을까요?

6. 플라비우스 요세푸스(Flavius Josephus)

노아의 아들 야벳의 여러 후손들을 논의 하는 가운데 요세푸스는 다음과 같이 말합니다.

> 마곡은 마곡 사람들(Magogites)이라는 데서 찾을 수 있지만 헬라말로는 시티안(Scythians)이라고 불렸다.[3]

그러나 거기에는 몇 가지 치명적인 문제가 있는데 그것은 에스겔의 마곡을 러시아와 동일시하는 데 있어서 요세푸스를 의존하는 것입니다.

먼저 역사가 크리스티안슨(K. Kristianson)은 쓰기를 시티안은 "특별한 백성들이 아니었다." 그들은 오히려 "역사상의 여러 시대에 고향이 아닌 몇몇 장소에 살던 여러 종류의 사람들이었다."[4] 다른 말로 해서 "시티안"을 하나의 백성으로 언급하는 것은 역사적으로 정확하지 않습니다. 오늘날 모든 역사가들은 "시티안"을 유전적으로는 상관없지만 비슷한 문화에서 살던 여러 부족들의 여러 그룹들을 느슨하게 일컫는 말이었다고 인정합니다.

많은 예언에 관한 책들이 계속하여 그렇게 하고 있는 것처럼 마곡을

---

3 Flavius *Josephus, Antiquities of the Jews*, bk. 6, chap. 1.
4 K. Kristiansen, *Europe before History* (Cambridge: Cambridge University Press, 1998), 193

시티안이라고 일컫는 사람들과 동일시하는 것은 마치 초기 미국의 모든 "인디언들"이 같은 사람들이라고 말하는 것과 같습니다. 마곡을 검증되지 않은 방법으로, 특정한 부족이나 부족들의 그룹을 파악하지도 않고 모든 시티안들과 동일시하려는 시도는 단호히 거부되어야 합니다. 마찬가지로 현재 점점 더 마곡을 중앙아시아 나라들과 동일시하려는 것이 보편화되고 있는데 마곡이 시티안이라는 잘못되고 넓은 공식과는 별도로 이것도 주장할만한 근거가 없습니다.

요세푸스의 언급에 대한 두 번째 문제는 그것들이 1세기에 만들어졌다는 것입니다. 에스겔은 요세푸스보다 약 700년 전에 살았습니다. 요세푸스가 여러 노아의 후손들을 파악하는 데 있어서 그는 반복하여 말하기는 "지금 그리스 사람들이 부르는" 누구 누구라고 말하고 있습니다. 다른 말로 말하자면 그의 언급은 에스겔이 마곡이라는 말에 대해서 어떻게 이해하였는가 하는 점에 대해서는 아무것도 우리에게 말하여 주고 있지 않습니다. 우리가 보게 될 것과 같이 이런 이유들과 다른 이유들에 대하여 대부분의 학자들이 마곡이 러시아라는 입장을 거부하고 현재의 터키로 보고 있습니다.

7. 필로 유다(Philo Judeaus)

몇몇 학자들은 마곡이 러시아라는 것을 증명하기로 결단을 하여 존재하지도 않는 증거에 의존하기까지 합니다. 수많은 일반적인 예언의 책들과 논문들은 러시아와 마곡의 연결이 알렉산드리아의 필로[5]에 의하여 지지를 받는다고 주장합니다. 그러나 모든 필로의 작품들 안에는 그런 언급이 존재하지 않습니다. 그는 마곡을 한 번도 언급하지 않았습니다.

5　Thomas Ice, "Ezekiel 38 and 39, part V," http://tinyurl.com/3qrcf93.

8. 헤로도토스(Herodotus)

요세푸스처럼 헤로도토스도 러시아 마곡 이론을 지지하는 것으로 인용되었습니다. 그러나 필로처럼 헤로도토스 또한 마곡을 한 번도 말한 적이 없습니다. 그는 한 번은 시티안 사람들에 대하여 말한 적이 있습니다. 그러나 비록 헤로도토스가 시티안들이라고 알고 있던 사람들이 마곡과 관련이 있다고 해도 그것이 러시아 마곡 입장을 지지해 주지는 않습니다. 시티안의 기원에 대하여 세 가지 서로 다른 이론들을 인용한 후에 헤로도토스는 자신이 믿는 의견을 표현하였는데 러시아가 아니라 터키였습니다.

> 내가 그 어느 것보다도 사실일 것이라고 생각해서 여기에서 말하고자 하는 또 다른 이야기가 있다. 유리 방황하던 시티안들은 한때 아시아(터키)에 살았다는 것이다(헬라어로는 소아시아를 그냥 아시아라고 부름).6

그러나 나중에 그들 중 일부가 이동하기도 하였습니다. 역사학자이며 펜실베니아주립대학의 교수이기도한 마이클 쿨리코우스키(Michael Kulikowski)는 헤로도토스가 자주 언급하였던 시티안들은 "불가리아와 루마니아에서 약간 발견되기도 하며 몰도바와 우크라이나의 초목지대에서 발견되기도 하지만" 러시아에서는 발견되지 않습니다.7 러시아와 마곡의 연결성을 확립하려는 사람들에 의하여 널리 인용되고 있지만 헤로도토스는 그 증거를 제공해 주지 않고 있습니다. 그 대신 그는 시티안들이 터키에서 출발하였다고 주장하고 있고 그중 일부는 동유럽이나 우크라이

---

6 Herodotus 4.11, trans., G. Rawlinson

7 Michael Kulikowski, author of *Rome's Gothic Wars from the Third Century to Alaric*, (Cambridge, Cambridge University Press, 2006) in an e-mail conversation with the author 10/25/2011.

나에서 끝나고 있음을 말하였습니다. 그러나 그는 결코 시티안들이 러시아에 거주하고 있다고 말하지 않았습니다.

9. 마곡이 터키를 언급하는 것인가?

이 장에 대한 연구를 진행하면서, 나는 많은 성경 지도들과 백과사전들과 사전들과 주석들을 참고하였고 그것들을 일반적인 성경의 예언 서적들과 골라서 비교하였습니다. 이 참고 자료들과 예언 서적들의 차이점들은 놀라운 것이었습니다. 실질적으로 에스겔을 취급하고 있는 거의 모든 일반적인 예언 서적들이나 자료들은 마곡이 러시아 안에 위치하였다고 하지만 이런 입장에 대하여는 거의 모두가 학문적인 참고 연구를 통하여 진지하게 다루어진 적이 없었습니다. 어느 사람들은 곡의 위치를 정확하게 아는 것은 불가능하다고 말하고 있는 반면에 압도적인 많은 사람들은 마곡이 현재의 터키를 언급하는 것이라고 말하고 있습니다.

터키 마곡의 입장을 지지하는 다음의 참고 서적들과 학자들의 예를 고려해 보십시오. 그러면서 왜 이 입장이 이 주제에 대한 기존의 거의 모든 일반적인 예언 서적들에서 완전히 무시되고 있는지 스스로 질문해 보시기 바랍니다.

> ① 구약학자 다니엘 블록은 그의 『새 국제 주석: 에스겔』(New International Commentary on Ezekiel)에서 말하기를 "마곡을 원래의 mat Gugi(land of Gog)의 축소형으로 보고 서부 아나톨리아의 리디아(터키) 지역으로 보는 것이 가장 좋은 해석으로 보인다."[8]
>
> ②『존더반 해설 성경 사전』(The Zondervan Illustrated Bible Dictionary)

---

8   Daniel I. Block, *The New International Commentary on the Old Testament: The Book of Ezekiel: Chapters 25–48*, vol. 2, (Grand Rapids: Wm. B. Eerdmans, 1998), 434.

에는 기록되기를 "마곡은 아마도 '곡의 땅'이라는 뜻으로 의심 없이 소아시아(터키)와 리디아를 언급하는 것으로 볼 수 있다."[9]

③ 『IVP 성경 배경 주석』(*The IVP Bible Background Commentary*)은 마곡, 메섹, 두발 그리고 도갈마를 열거하기를 "소아시아(터키)의 부분이거나 백성들"이라고 기록한다.[10]

④ 『새 엉거 성경 사전』(*The New Unger's Bible Dictionary*)은 마곡이라는 주제 밑에 쓰기를 "리디아(터키)를 뜻하는 것이 분명하며 '마곡'은 '곡의 땅'으로 이해하여야 한다."[11]

⑤ 『존더반 해설 성경 배경 주석』(*Zondervan Illustrated Bible Backgrounds Commentary*)은 마곡을 아나톨리아, 지금의 터키 지역에 위치하여 표시하고 있다.[12]

⑥ 『카톨릭 백과사전』(*Catholic Encyclpedia*)은 말하기를 "마곡을 리디아(터키)로 파악하는 것이 더 가능성이 많아 보인다. 한편 메섹과 두발은 소아시아에 속한 나라들이다. 이것은 에스겔의 문장으로 볼 때 마곡이 세계 안에서 그 지역에 있어야 한다. 다른 곳에서 요세푸스는 마곡을 시티안과 동일시하고 있지만 이것은 고대 시대에 그 이름은 막연히 북방의 인구들을 지칭하는 데 쓰였던 이름이다."[13]

⑦ 『홀만 성경 지도』(*Holman Bible Atlas*)는 마곡을 터키 안에 위치해 놓았다.[14]

⑧ 『새 무디 성경 지도』(*The New Moody Atlas Of the Bible*)도 또한 마곡

---

9   *Zondervan Illustrated Bible Dictionary* (Grand Rapids: Zondervan, 2011), s.v., "Gog."
10   *The IVP Bible Background Commentary: Old Testament* (Downers Grove, IL: IVP Academic, 2000), 40, 723.
11   *The New Unger's Bible Dictionary*, rev. ed. (Chicago: Moody, 2006), 804.
12   *The Zondervan Illustrated Bible Backgrounds Commentary*, vol. 4 (Grand Rapids: Zondervan, 2009), 484.
13   *The Catholic Encyclopedia: An International Work of Reference on the Constitution, Doctrine, Discipline, and History of the Catholic Church* (New York: Robert Appleton, 1909), 628.
14   *Holman Bible Atlas: A Complete Guide to the Expansive Geography of Biblical History* (Nashville: Holman, 1999), 16.

을 터키 안에 표시하였다.[15]

⑨ 『존더반 성경 지도』(*The Zondervan Atlas of The Bible*)는 마곡을 터키 안에 놓았다.[16]

⑩ 『IVP 성경 역사 지도』(*The IVP Atlas of Bible History*)는 마곡을 터키 안에 놓았다.[17]

지금 이 입장을 지지하는 몇몇 역사적 자료들을 고려해 봅시다.

10. 마이모니드(MAIMONIDES)

마이모니드는 히코트 테루못(Hichot Terumot)의 존경받는 유대 현자로서 람밤으로도 알려졌는데 마곡을 터키의 국경 지역에 있는 시리아 안에 있는 것으로 파악하였습니다.[18]

11. 플리니(PLINY THE ELDER)

엘더 플리니는 1세기의 로마 군대 장관이며 작가이며 자연주의자이며 철학자였습니다. 그는 "밤바이스(Bambyce) 혹은 히에라폴리스(Hierapolis)라고도 불리는 한 도시를 말하였지만 시리아 사람들에 의해서 마곡으로" 불려졌습니다.[19] 고대 히에라폴리스는 현대의 터키와 시리아 국경 지대에

---

15 *New Moody Atlas of the Bible* (Chicago: Moody, 2009), 91, 94.
16 Carl G. Rasmussen, *Zondervan Bible Atlas* (Grand Rapids: Zondervan, 2010), 83
17 *The IVP Atlas of Bible History* (Downers Grove, IL: IVP Academic, 2006), 18.
18 Maimonides, *Hilchot Terumot*, chapter. 1. sect. 9.
19 Pliny, *Natural History*, chap. 23.

놓여 있습니다. 그러므로 플리니는 마곡을 그렇게 부른 것입니다. 플리니의 언급은 요세푸스의 언급만큼 중요한 것입니다. 그러나 요세푸스의 언급은 마곡을 러시아와 동일시하기 위하여 수없이 많이 인용되었지만 플리니의 언급은 어디에도 인용되지 않았습니다. 플리니의 관점은 월터 랄레이 경(Sir Walter Raleigh)의 『세계의 역사』(History of the World)에 의하여도 지지 받고 있습니다.

> 그러나 시티안들이 옛날에 북동쪽에서 와서 아시아 레스의 많은 부분을 황폐하게 하였고 코엘레시리아를 소유하였으며 그들이 거기서 스키토폴리스와 히에라폴리스를 세웠는데 시리아 사람들은 마곡이라고 불렀다는 사실을 부인하면 안 된다. 그리고 에스겔은 이 마곡을 말하고 있고 이것은 매우 분명하다. 이 히에라폴리스 도시는 즉 마곡은 유다의 북쪽에 있고 에스겔의 말에 의하면 북쪽에서 그 나라들이 올 것이라고 되어 있다."[20]

12. 로마의 히폴리투스(Hippolytus of Rome)

로마의 히폴리투스는 초대 기독교 신학자인데 3세기 초에 쓴 그의 책 『역대기』(Chronicon)에서 요세푸스의 마곡을 시티안과 동일시하는 것을 거부하였으며 그들을 오늘의 터키에 해당하는 소아시아의 갈라디아인들과 동일시하였습니다.[21]

왜 일반적인 예언 서적들이 이런 역사적 자료들을 전혀 말하지 않고 있는 것입니까?

20　Sir Walter Raleigh, *The Works of Sir Walter Ralegh, The History of the World*, vol. 2, bk. 3 (Oxford: Oxford University Press, 1829), 264.

21　Hippolytus, *The Chronicon*, "The Sons of Japheth."

13. 마곡: 결론

모든 역사적 자료들을 검토해 본 결과 그리고 현대의 여러 학자들의 의견들을 고려해 본 결과, 마곡의 근원은 시리아와 터키의 국경인 것으로 보입니다. 터키의 국경 근처에 자신들에 의하여 이름 지어진 마곡이라는 도시를 세운 후에 시리아인들에 의하여 히에라폴리스라고 불렸습니다. 일부 마곡 사람들은 중앙 그리고 서부 터키로 이동하였으며 리디아 왕국을 세웠는데 이것은 터키의 서부 전 지역을 차지하였습니다. 그리고 그 왕국은 에스겔 시대에 왕성하였습니다. 이미 언급하였듯이 리디아의 왕은 앗시리아 사람들에게는 구구(Gugu)로 알려졌고 헬라 사람들에게는 가이기스(Gyges)로 알려졌는데, 많은 학자들에 의하여 에스겔의 곡으로 파악되었습니다. 에스겔 시대에 일부 마곡 사람들이 흑해 북쪽으로 이동하여 몰도바, 우크라이나, 그리고 러시아로 이동하였을 수도 있습니다. 이 북방 족속들이 요세푸스와 헤로도토스에 의하여 "시티안"으로 언급되었을 수도 있습니다.

그러나 일부가 에스겔 시대에 마곡으로부터 흑해의 북쪽으로 이동하여 거주하고 있을 수도 있지만 대부분의 소아시아(터키에)의 역사적인 고향에 강하게 존재하고 있었을 것입니다. 그러므로 훨씬 더 많은 학자들이 오늘날 마곡을 러시아보다는 터키 지역으로 파악하고 있습니다.

결국 그러나 우리가 말하였듯이 마곡이라는 단어를 어떻게 이해하였는가를 "마곡"이라는 단어 하나만을 가지고 분석할 수는 없습니다. 오히려 전체 구절 "곡과 마곡, 그 왕, 메섹과 두발 왕"을 가지고 분석해 보아야 해야 합니다. 곡이 마곡에서 왔고 이 두 정치 세력의 왕이기 때문에 이 구절 전체를 이해하기 위하여 우리는 에스겔 시대의 이 다른 백성의 그룹들의 위치를 계속 연구하는 것이 중요합니다.

14. 로스

더 진행하기 전에 우리는 논쟁이 되고 있는 단어 로스(rosh)를 논의 해야 합니다. 학자들 사회에서 이 단어를 둘러싼 큰 충돌이 있습니다. 몇몇 번역가들은 이 단어가 형용사 "두목"(chief)으로 이해되어야 한다고 느끼고 있습니다. 다른 사람들은 한편으로 고유명사 "로스"(Rosh)로 이해되어야 한다고 생각합니다. 로스를 고유명사를 넘어서 많은 인기 있는 예언 교사들은 현재의 러시아와 연결하려는 시도를 하고 있습니다. 이 입장을 지지하기 위하여 네 가지가 증명되어야 합니다. 처음 두 가지는 문법적인 것입니다. 다음 두 가지는 역사적인 것입니다.

① 로스는 형용사가 아닌 명사로 번역되어야 한다.
② 명사로써의 로스는 고유명사인 "Rosh"로 번역되어야 한다.
③ 로스는 에스겔 시대에 잘 알려진 백성이어야 한다.
④ 백성으로서 로스는 지금의 러시아로 알려진 지역으로 온 사람들을 언급하는 것으로 에스겔에게 잘 알려져 있어야 한다.

이 논쟁을 성립시키기 위하여 같은 네 명의 학자들이 반복하여 인용되었는데 그들은 빌헬름 게제니우스(Wilhelm Gesenius), 칼 케일(Carl Friedrich Keil), 제임스 프라이스(James Price), 클라이드 빌링톤(Clyde Billington)입니다. 그러나 이 네 명의 학자들에 의하여 제기된 많은 인상적인 지적에도 불구하고 그들의 논쟁의 전체적인 점을 고려할 때 러시아를 언급한다는 에스겔의 예언의 해석은 전적으로 실패한 것입니다. 그들이 어디서 부족하였는지 그 논쟁을 살펴보아야 합니다.

15. 빌헬름 게제니우스(Wilhelm Gesenius)

게제니우스는 로스 러시아 연결을 지지하기 위하여 지금까지 가장 많이 인용하는 학자입니다. 우리가 먼저 살펴보았듯이 그의 문법적인 논의는 고려해 보아야 하겠지만 그의 로스를 러시아와 연결시키려는 노력은 거의 전적으로 에스겔 시대보다 거의 1600년 전에 살았던 비잔틴과 아랍 작가들의 증언에 의존하고 있습니다. 게제니우스의 분명한 조상 이동 방법 의존은 역사적 문법적 방법으로 그 문장을 책임 있게 해석하려는 어느 학자에 의하여도 거부되어야 합니다.

16. 칼 케일(Carl Frederich Keil)

러시아 로스 연결의 지지를 위하여 자주 찾는 다음의 학자는 칼 케일입니다. 그러나 문법적 근거에 있어서는 케일은 게제니우스보다는 덜 독선적인데 로스를 고유명사로 번역하는 것은 오직 "가능성"이라고 인정하였습니다. 흥미 있게도 케일이 그의 『에스겔 주석』을 발행한 후 제8년에 케일의 히브리 강사인 헹스텐 버그(Ernest W. Hengstenberg)는 그 자신의 『에스겔 주석』을 발간하였는데 그의 학생과는 전혀 직접적으로 달랐습니다.

> 곡은 마곡의 왕이며, 나가서 왕의 두목이며 메섹 두발의 왕중의 왕이며 모쉬(Moschi)와 티바레니(Tibareni)(ch xxvii. 13, xxxii 26) 그들은 그들 자신의 왕을 가지고 있으면서 동시에 여기서는 곡의 대리자로 나오고 있습다. 많은 주석가들은 왕의 두목보다는 로스, 메섹, 두발의 왕이라고 표현한다. 그러나 불행한 러시아 사람들은 여기에 하나님의 백성의 대적들 가운데 하나로 잘못 열거되어 왔다. 로스는 하나의 백

성의 이름인데 구약 전체에서는 나오지 않는다.²²

역사적 근거에 대하여 케일은 게제니우스를 따르면서, 또한 그의 넓은 논쟁을 그의 비잔틴과 아랍 작가들의 증거에 근거하고 있습니다.

> 비잔틴과 아랍 작가들은 자주 Rus라고 불리는 한 백성을 언급하였는데 그들은 타우러스(Taurus) 나라에 거주하고 있었으며 시티안 족속으로 간주하였다. 그러므로 로스라고 이름하는 백성의 존재를 의심할 이유는 없다.²³

이 외에도 로스와 러시아를 동일시하는 데 있어서 독일 히브리 학자이며 『구약 주석』(Commentary on The Testament)을 케일과 공동으로 집필한 작가인 델리취(Frederick Delitzsch) 또한 마곡을 러시아가 아니라 터키라고 보는 데 그와 일치하고 있습니다.²⁴

물론 러시아와 로스의 입장을 취하고 있는 많은 예언 서적 모두를 통틀어 델리취나 헹스텐버그는 전혀 언급되고 있지 않습니다.

17. 제임스 프라이스(James Price)

제임스 프라이스도 러시아 로스 입장을 취하고 있는 사람들에 의하여 자주 언급되는 또 다른 권위자입니다.

22　Ernst Wilhelm Hengstenberg, *The Prophecies of the Prophet Ezekiel* (Edinburgh: T & T Clark, 1869), 333.
23　Keil, *Commentary on the Old Testament*, vol. 9, 330.
24　Frederick Delitzsch, *Wo Lag Das Paradies, Eine Biblisch–Assyriologische Studie: Mit Zahlreichen Assyriologischen Beiträgen Zur Biblischen Länder– Und Völkerkunde Und Einer Karte Babyloniens* (Leipzig, J. C. Hnrichs " Sche Buchandleung, 1881), 256–57.

히브리 학자인 프라이스는 「로스: 에스겔에게 알려진 고대의 땅」(*Rosh: An Ancient Land Known to Ezekiel*)이라는 논문에서, 이전의 게제니우스나 케일처럼, 로스를 하나의 장소의 이름으로 선호하는 논쟁을 하고 있습니다. 다시 프라이스의 문법적인 논쟁은 고려되어야 합니다.

프라이스는 또한 로스가 에스겔 시대에 알려졌을 수 있다고 주장합니다. 그러나 그것이 그의 주장의 모든 것입니다. 그 외에 어디에도 프라이스는 그 당시 로스 백성이 어디 살고 있는지 파악하는 시도를 하지 않았습니다. 사실 그의 논문 전체에서, 그는 반복적으로 로스 백성을 러시아가 아닌 땅에 두고 있는 다른 학자들을 인용하였습니다. 예를 들면, 그의 논문의 처음부터, 프라이스는 시몬스(Simmons)를 인용하였는데 그는 로스를 정확하게 소아시아(터키)로 위치를 정하였습니다.

> 하나 혹은 더 많은 본문들에서 그들의 고향이 소아시아인 백성들의 이름이 사실 언급 되어 있다. 이런 사실들은 전적으로 부정된 것이 아니고 같은 이름이 오직 매우 의심스럽게 다른(앗수르) 문서들에서만 파악될 수 있다는 사실로 인하여 어쨌든 가능하지 않은 것으로 간주된다.[25]

프라이스에 의하여 인용된 다른 자료들에는 로스가 이라크나 혹은 이란에 위치하고 있지만 러시아에 위치 한 것은 없습니다.

18. 클라이드 빌링톤(CLYDE BILINGTON)

클라이드 빌링톤은 러시아 로스 연결을 지지하는 데 자주 인용되는 네 번째 학자입니다. 네 명 중에 클라이드만이 이 논쟁의 역사적 관점을 해

---

[25] J. Simons, *The Geographical and Topographical Texts of the Old Testament* (Leiden: E. J. Brill, 1959), 81.

결해 보려고 진실하게 시도하였습니다. 이 문제를 연구하는 데 나는 개인적으로 빌링턴과 상의를 할 수 있었습니다. 그는 인기 있는 러시아 로스 입장을 열열히 지지하는 자인 반면 그는 인정하기를 에스겔 시대에 로스 거주민들은 다양하고 광범위한 백성들의 그룹이었으며 그들은 멀리 그리고 넓게는 현재의 러시아, 중앙아시아, 인도, 이라크, 터키 지역에 살던 사람들이었다고 하였습니다.

> Ras/ Ros/ Rosh/ Rish/ Resh는 코카서스 산맥의 북쪽 넓은 지역에 위치한 백성들의 매우 큰 그룹인 것 같다. 이 그룹의 몇몇 그룹은 [Ris] 남쪽으로 내려와 약 주전 1600년경에 인도를 점령하여 지배계층을 형성하였다. 이 그룹의 다른 멤버는 북메소포타미아 즉 미타니 왕국을 점령하여 200년 동안 주전 1580-1350년까지 통치하였다. 주전 1350년경 미타니 왕국이 히타이트에 의하여 멸망당할 때 몇 Ros/ Resh/ Ras 백성들이 블레셋이 이스라엘을 공격하는 데 연합하였다. 일부는 터키로 이동하였으며 아마도 그곳에서부터 블레셋에 합류하였을 것이다. 이집트 사람들은 이 블레셋 동맹을 "테레쉬"(Teresh)라고 불렀다. 다른 말로 하면 로스 백성들은 넓게 퍼져 있었다.[26]

빌링톤은 일부 로스 백성들이 에스겔 시대에 중국에 살았다고 언급하기까지 하였습니다.

> 일부 로스 백성들이 약 주전 500년경 동북 중국 국경 지역까지 침투하였는데 그곳에서 금발 머리카락이 영구 동토 층에 매장된 것이 발견되었다.[27]

26　Clyde Billington, in e-mail conversation with the author, 10/28/2011.
27　Ibid.

그러나 로스 백성들을 중국과 인도를 훨씬 더 넘어서 존재하였던 것으로 파악하는 이유 중에 중요한 다른 요소가 있습니다. 빌링톤(또한 이 점에 대하여 그를 따르는 많은 다른 사람들)에 의하면 로스라는 이름은 단순히 티라스(Tiras)의 다른 이름입니다. 로스 이름은 아마도 창세기 10:2의 디라스에서 온 것 같습니다. 티라스와 로스 둘 다 이 이름의 여러 별명들도 수세기 동안 로스 백성들에게 쓰여졌습니다.[28]

그러나 에스겔 시대에 티라스-로스 사람들은 러시아에서 멀리 떨어진 지역에서 살았습니다. 요세포스의 『유대 고대사』(Antiquities of the Jews)에는 마곡과 시티안에 대하여 잘 인용되고 있는 언급 외에 몇 줄이 더 있습니다. 그는 말하기를 "티라스(Thiras[Tiras])는 그가 통치하고 있는 자들을 디라시안스(Thirasians)라고 불렀는데 그리스 사람들은 트라키안스(Thracians)라고 그 이름을 바꾸었다."[29]

트라키아(Thrace)는 오늘날 터키, 불가리아, 그리스 지역에 위치하고 있습니다. 티라스는 또한 주전 6세기경에 터키의 서부 지역에 밀레투스(Miletus)라는 식민지를 창설하였습니다.[30]

다른 역사적 증거는 티라스의 후손들이 나중에 이탈리아를 정복한 소아시아의 이트로스칸들(Etrucscans 그리스 사람들은 티르세노이[Tyrsenoi]로 부름)임을 가리키고 있습니다. 이런 이유로 『맥밀란 성경 지도』와 『존더반 성경 지도』는 티라스를 그리스 아니면 이탈리아에 표시하고 있습니다. 흥미롭게도 이트로스칸 사람들은 자신들을 라스 엔나(Ras-enna)라고 부릅니다. 빌링톤은 이것이 분명한 Ras/ Ros/ Rosh 백성들과의 연결 되어 있기 때문이라고 믿고 있습니다.

다른 말로 하면, 우리가 로스를 명사로 번역하는 것을 인정하며, 이것을

---

28 Clyde Billington, "The Rosh People in Prophecy and History," *Michigan Theological Journal* 3, no. 2 (Fall 1992): 166–67.

29 Josephus, *Antiquities of the Jews*, bk. 1, chap. 6.

30 Vanessa B. Gorman, *Miletos, the Ornament of Ionia: History of the City to 400 BCE* (University of Michigan Press, 2001), 123.

한 장소로 이해한다고 해도, 이것은 절대로 러시아 한 곳만을 가르킬 수는 없다는 것입니다. 사실 대부분의 학자들의 작품들은 티라스를 터키 서부 해안 혹은 더 넓은 터키 해안의 에게 해 지역에 위치시키고 있습니다.

에스겔 시대에 여러 로스 사람들이 여러 지역에 살고 있었기 때문에 터키, 이라크, 이탈리아, 인도, 중국의 로스 사람들을 무시하고 로스를 러시아에만 국한 시키려는 어떤 노력도 단순히 솔직하지 못한 접근입니다. 교사들이 자신들의 예언적 입장들을 지지하기 위하여 역사적 정보들을 최선을 다하여 고를 때 그들은 그들의 학생들에게 잘못된 봉사를 하는 것입니다. 그러나 불행하게도 오늘날 대부분의 일반적인 예언 서적들을 고려해 볼 때 많은 교사들이 에스겔이 예언한 종말 시대의 침략의 지도자로 러시아를 계속해서 지목하고자 하는 노력을 하고 있다.

19. "모두"가 정말로 동의합니까?

러시아 로스 입장을 지지하는 오늘날의 예언 서적들의 저자들은 자주 최상급을 사용하고 있습니다. 이것은 로스를 한 장소의 이름이며 러시아와 동일한 것으로 번역하기를 거부하는 합당한 학자들은 아무도 없다는 인상을 만들기 위한 것입니다. 러시아가 이스라엘을 침공하기 위한 동맹의 우두머리가 될 것이라는 사실에 대하여 "모두 동의 한다"고 스코필드는 말하였습니다. 그러나 일부 이런 작가들이 그리는 그림은 때로는 정직하지 못함과 맞닿아 있습니다. 러시아 로스 입장을 거부하는 다른 동일한 자격을 가진 학자들의 다음의 예들을 고려해 보십시오.

다니엘 블록(Daniel I. Block)은 말합니다.

> 로스를 러시아와 동일시하는 보편적인 관점은 시대에 뒤떨어진 생각이며 잘못된 어원학에 근거를 둔 것이고 로스와 러시아가 발음상 비

숫한 것으로 전적으로 우연이다. 에스겔의 요점은 곡이 많은 아나톨리(현재의 터키 지역) 사람들의 왕들 중의 하나가 아니라 몇몇 종족/국가의 지도자라는 것이다.[31]

찰스 라이(Charles Ryrie)는 그의 『라이 스터디 바이블』(Ryrie Study Bible)에서 러시아 로스 해석을 동의하지 않고 있습니다. 그리고 말합니다.

"로스의 왕"은 "왕들의 두목"이라고 번역되어야 한다.[32]

메릴 엉거(Merrile F. Unger)는 말합니다.

로스를 러시아로 보는 언어학적 증거는 주제를 넘는 것임을 고백한다.[33]

야마우치(Yaumauchi)는 말합니다.

로스라는 단어는 현재의 "러시아"와 아무 상관없는 것일 수 있다. 이것은 전적으로 시대착오적인 것이다. 왜냐하면 현대의 그 이름은 Rus에서 왔는데 흑해 북방 키에프(Kiev) 지역으로부터 중세기에 바이킹족에 의하여 온 이름이기 때문이다. 그리고 에스겔의 로스를 러시아와 동일시하는 것은 근거 없는 것이며 불행하게도 많은 통로를 통하여 복음주의 세계에 널리 통용되고 있다.[34]

---

31 Block, *The New International Commentary on the Old Testament*, 434–35.
32 Charles C. Ryrie, *The Ryrie Study Bible* (Chicago: Moody Press, 1978), 1285.
33 Dr. Merrill Unger, *Beyond the Crystal Ball* (Chicago: Moody Press, 1974), 81
34 Edwin Yaumauchi, *Foes from the Northern Frontier* (Grand Rapids: Baker Book House, 1982), 243; "Meshech, Tubal, and Company: A Review Article," *Journal of the Evangelical Theological Society* 19 (1976)

밀라드(A.R. Milard)는 야마구치의 주장을 옹호하고 있습니다.

> 몇몇 주석가들은 그 예언을 해석할 때 문자적으로 러시아로 적용하려도 시도하였다. 그러나 이 관점은 널리 퍼졌고 많은 사람들을 설득시켰지만 야마구치는 왜 그것들이 틀린 것이며 신중하게 성경을 배우는 자들이 피해야 하는지를 보여주었다.[35]

랄프 알렉산더(Ralph Alexander)는 『엑스포지터스 성경 주석: 에스겔』(*Expositors Bible Commentary on Ezekiel*)에서 로스에 대하여 말합니다.

> 히브리 단어의 억양 조직과 리듬 조직의 구성은 강하게 "prince"와 "chief" 사이의 위치 관계를 가르키고 있다. 그러므로 두 단어가 모두 두 개의 지역 이름들 즉 메섹과 두발이 동등으로 관계되어 있다. 문법적으로 그 구절은 가장 최선을 다하여 말하자면 이런 것을 뜻하는 것으로 보인다. "메섹과 두발의 그 왕, 그 두목"이라고 말이다.[36]

데비슨(A.B. Davidson)은 그의 주석 『선지자 에스겔의 책』(*The Book Of the Prophet Ezekiel*)에서 말합니다.

> 물론 로스라는 이름과 러시아 사이의 어떤 연관성도 거부되어야 한다.[37]

---

35 Yaumauchi, *Foes*; "Meshech, Tubal and Company."
36 Alexander, *Expositors Bible Commentary on Ezekiel*, 854.
37 A. B. Davidson, *The Book of the Prophet Ezekiel* (Cambridge: Cambridge University Press, 1892), 275.

위버(I. W. Weavers)는 『새 센츄리 성경 주석: 에스겔』(*New Century Bible Commentary on Ezekiel*)에서 말합니다.

> 머리라는 단어는 고유명사로 잘못 이해되었다. 이상하게 로스는 러시아와 동일한 것으로 알려지게 되었다.[38]

월터 짐머를리(Whalter Zimmerli)는 『에스겔서 주석 25-48장』(*A Commentary on the Book of the Prophet Ezekiel 25-48*)에서 말합니다.

> 분명히 로스 "Chief"는 "prince"와 관련 있으며 지역을 말하는 것으로 해석되어서는 안 된다.[39]

챨스 페인버그(Charles Feinberg)는 『에스겔의 예언: 주님의 영광』(*The Prophecy of Ezekiel: The Glory of the Lord*)에서 말합니다.

> 로스를 러시아와 연결하는 많은 저자들이 있었지만 오늘날은 대체로 받아들여지지 않고 있다."[40]

우드(D.R.W. Wood)는 『새 성경 사전』(*New Bible Dictionary*)에서 그 어느것도 언급하지 않습니다.

로스와 러시아를 일반적으로 동일시하는 것은 해석학의 관점에서 말

---

[38] J. W. Weavers, *The New Century Bible Commentary on Ezekiel* (Grand Rapids: Eerdmans, 1982), 202.

[39] Walther Zimmerli, *A Commentary on the Book of the Prophet Ezekiel Chapters 25-48* (Philadelphia: Fortress Press, 1969), 305.

[40] Feinberg, *The Prophecy of Ezekiel*, 220.

하고 있다는 그 어느 것도 없다.⁴¹

『하나님의 왕국』(Kingdom of God)의 저자인 존 브라이트(John Bright)는 말합니다.

> 에스겔 38-39장에서 우리는 몇몇 사람들이(아주 잘못되게!) 소비에트 러시아에 의하여 현대 시대에 성취될 것이라고 믿는 예언을 가지고 있다.⁴²

오히려 반대로 많은 문서들과 많은 매우 훌륭한 자격이 있는 학자들은 일반적인 러시아 로스 입장을 거부하고 있음이 분명합니다.

20. 논쟁을 분석함

러시아 로스 논쟁의 처음 두가지 요소를 다시 살펴봅시다. 이 두 가지 입장이 자세한 조사를 통과할 수 있는지 말입니다. 앞에서 이미 언급하였듯이 처음 두가지 요점은 문법적인 것입니다.
첫째, 단어 로스는 형용사가 아니라 명사로 번역되어야 한다.
둘째, 명사로서 로스는 고유명사 "로스"로 번역되어야 한다.
이 문제에 대하여 학자들 사이의 분열에 대한 우리의 간단한 조사는 양측 모두가 정당한 점들을 제기하고 있습니다. 한편은 논쟁하기를 그 구절의 구성이 로스라는 명사로 해석되는 것을 요구하고 있다고 주장합니다. 다른 편은 주장합니다.

---

41 D. R. W. Wood et al., eds., *New Bible Dictionary* (Downers Grove: Intervarsity Press, 1996), 434.
42 John Bright, *The Kingdom of God* (Nashville: Abingdon-Cokesbury Press, 1980), 164.

첫째, 로스는 성경 어디에서도 명사로 쓰인 적이 없다.

둘째, 그 구절 안에서 다른 단어들과의 연관성이 "머리" 혹은 "두목"으로 번역될 것을 요구하고 있다.

여러 해 동안 양측은 이 분쟁을 해결하지 못하였습니다.

그러나 아주 최근 몇 세기에 걸친 이 오래된 분쟁의 모든 입장을 모두 고려해 볼 수 있으며 또한 현대의 학문의 발전을 고려해 볼 수 있는 장점을 가진 다니엘 블록은 양측이 제기한 분쟁을 모두 만족시킬 만한 해법을 제공하고 있습니다. 블록은 로스를 명사로 번역해야 하는 필요성을 인정하였습니다. 그러나 그는 또한 성경 전체에서 정상적인 용법은 물론 그 문장 안에서의 다른 이름들과의 위치적인 관계에 따라서 "두목"(chief)으로 번역되어야 함을 인정하였습니다. 블록의 번역은 다음과 같이 읽혀집니다.

> 네 얼굴을 마곡 땅에 있는 곡으로 향하라, 그 왕, 메섹과 두발의 두목
>
> (겔 38:3)

블록의 번역에 대한 더 전체적인 기술적 설명은 구약에 대한 최고의 주석으로 『주석과 참고 조사: 성경적 신학적 자료에 대한 포괄적 안내』(*The Commentary and Reference Survey; A Comprehensive Guide To Biblical and Theological Resources*)[43]에 언급된 블록의 에스겔에 관한 주석[44]을 보시기 바랍니다.

그래서 처음 두 개의 문법적인 논쟁에 있어서, 블록이 보여준 것처럼 우리는 첫 번째 요점은 타당성이 있는 것처럼 보이지만(로스가 명사로 번역되어야 한다는 주장), 그것은 고유명사로 이어지지는 않는다는 것을 보여

---

[43] John Glynn, *Commentary and Reference Survey: A Comprehensive Guide to Biblical and Theological Resources* (Grand Rapids: Kregel, 2003), 167.

[44] Block, *The New International Commentary on the Old Testament*, 434–35.

줍니다. 지금은 블록의 번역이 광범위한 주요 학자들에 의하여 넓게 받아들여지고 있지만, 대부분의 성경 교사들은 이것을 깨닫지 못하고 유효기간이 지난 관점을 고집하고 있습니다.

그러나 러시아 로스의 관점을 증명할 필요가 있는 두 가지 역사적 논쟁은 어떻습니까?

이 두 가지 중에 처음 것은 로스가 에스겔 시대에 잘 알려진 사람들이었다는 점인데 빌링톤과 다른 역사학자들에 의하여 상당히 무게 있게 증명된 것으로 보입니다. 또 하나는 이름하여 로스가 에스겔 시대에 현대의 러시아 지역에서 온 사람들일 가능성이 많다는 것인데, 그러나 빌링톤과 다른 모든 사람들은 그 주장을 견고히 하는 데 실패하였습니다. 그 시대에 그 지역의 왕들과 백성들에 의하여 잘 알려진 광대한 범위의 로스 백성들(그리고 모든 그들로 부터 나온 사람들)이기 때문에 러시아 하나만을 지적하려는 모든 노력은 헛된 것입니다.

21. 로스: 결론

그러므로 결국 에스겔의 로스가 러시아를 언급하는 것이라고 하는 것을 보여줄 필요가 있는 네 가지 요점 중에 두 가지는 성공하였고 두 가지는 실패하였습니다. 모든 정보들을 고려해 본 결과 에스겔이 로스를 고유명사로 이해하였다고 해도 거기에는 로스가 러시아보다는 터키를 가리키고 있는 훨씬 더 많은 이유들이 있습니다. 러시아 로스 입장을 지지하는 자들의 지도자인 빌링톤 자신도 인정하기를 "로스, 메섹, 두발을 소아시아와 연결시키는 학자들이 있고 세 백성들 모두가 에스겔 시대에[45] 거기에 있었다." 그러나 다시 한 번, 우리의 노력은 에스겔이 "곡과 마곡,

---

[45] Billington, e-mail conversation with author.

그 왕, 메섹과 두발 왕"이라는 전체 구절을 어떻게 전체적으로 이해하였는가 하는 것을 아는 것이기 때문에 우리는 마지막 두 지역(메섹과 두발)의 위치를 파악하는 연구를 계속해야 합니다. 감사하게도 이 두 이름을 파악하는 것은 마곡이나 로스보다는 훨씬 쉽습니다.

22. 메섹과 두발

에스겔 38장의 러시아 중심의 해석을 지키기 위하여 스코필드 성경은 메섹을 모스크바(Moscow)로 두발을 러시아 중앙에 있는 도시 토볼스크(Tobolsk)와 동일시하고 있습니다. 이런 입장은 여러 해 동안 많은 예언 서적에 의하여 계속되어 왔지만 오늘날 거의 모든 사람들에 의하여 버려진 해석입니다.

다음은 메섹과 두발을 오늘날의 터키 안에 위치하고 있는 참고 서적의 일부 목록입니다.

① 『홀만 성경 지도』(*Holman Bible Atlas*)[46]
② 『옥스포드 성경 지도』(*Oxford Bible Atlas*)[47]
③ 『IVP 새 성경 지도』(*IVP New Bible Atlas*)[48]
④ 『성경 역사에 대한 IVP 성경 지도』(*The IVP Atlas of Bible History*)[49]
⑤ 『새 무디 성경 지도』(*New Moody Atlas of the Bible*)[50]
⑥ 『존더반 성경 지도』(*Zondervan Atlas of the Bible*)[51]

---

46 *Holman Bible Atlas*, 36.
47 Adrian Curtis, *Oxford Bible Atlas* (Oxford University Press, 2009), 110–11.
48 *IVP New Bible Atlas* (Downers Grove, IL: IVP Academic, 1993), 84.
49 *The IVP Atlas of Bible History*, 18.
50 *New Moody Atlas of the Bible*, 92–93.
51 *Zondervan Atlas of the Bible*, 83.

⑦ 『존더반 해설 성경배경 주석』(Zondervan Illustrated Bible Background Commentary)[52]
⑧ 『맥밀란 성경 지도』(The Macmillan Bible Atlas)[53]
⑨ 『베이커 성경 지도』(Baker Bible Atlas)[54]

오늘날 거의 모든 학자들이 메섹과 두발을 현재의 터키와 관련이 있는 것으로 파악하고 있다는 사실을 주목하는 것이 중요합니다. 곡의 본향인 마곡을 합당하게 파악하기 위한 우리의 연구를 통하여 말하여 온 것처럼, 우리는 먼저 메섹과 두발을 파악해야 합니다. 이 두 지역이 에스겔에 의하여 현재의 터키에서 찾을 수 있다고 이해되어 왔기에 우리는 마곡이 또한 터키를 언급하는 것으로 유추할 수 있습니다. 간단히 말해서 마곡이 러시아를 말하는 것이라면 이 구절의 단어들은 절대로 말이 되지가 않습니다. 어떻게 러시아로부터 온 지도자 곡이 터키(메섹과 두발)의 왕이나 두목이라고 언급 될 수가 있겠습니까?

러시아 곡의 입장은 에스겔의 문장이 "마곡(러시아)의 곡, 로스(러시아)의 왕, 메섹(터키)과 두발(터키)"인 것으로 이해합니다. 이것은 "아메리카의 오바마, 와싱턴, 모스크바, 북경의 대통령"이라고 말하는 것과 같습니다. 이것은 말이 되지 않습니다. 에스겔 38:3을 러시아 곡의 입장에서 이해해 보아도 말이 되지 않습니다. 그러나 우리가 마곡을 터키 안에 있는 것으로 보는 대부분의 학자들의 경향을 따른다면 이것은 문법적으로 지역적으로 곡이 터키 안에 있는 메섹과 두발의 왕으로 되어 완전하게 말이 성립됩니다. 다니엘 블록은 말합니다.

---

52 *Zondervan Illustrated Bible Backgrounds Commentary: Isaiah, Jeremiah, Lamentations, Ezekiel, Daniel* (Grand Rapids: Zondervan, 2009), 464.
53 *The Macmillan Bible Atlas* (London, Websters New World, 1993), 15.
54 Charles Pfeifer, *Baker Bible Atlas* (Ada, MI: Baker Books, 2003), 36.

에스겔의 삼중적 이름들의 순서는 아나톨리아의 지역적 그리고 최근의 정치적 현실 의식을 반영하고 있다. 가장 서쪽에 위치한 곡(리디아)은 그의 동방 국경에 있는 메섹과 그리고 메섹의 동쪽에 위치한 두발과의 동맹에서 머리였다.[55]

문법적으로 지역적으로 타당함을 넘어서 터키 곡의 관점은 또한 우리가 이전에 연구한 모든 다른 예언들과도 자연스럽게 조화가 됩니다. 이 장의 처음에서 논의하였듯이 이 구절에 대한 우리들의 이해를 위하여 결정해야 하는 주요 요소들은 하나님이 선언하시기를 곡과 그의 무리들이 이미 이전의 예언적 성경 구절들에서 반복적으로 언급되어온 것들이라고 하신 점입니다.

하나님의 이 말씀이 이 구절을 러시아의 침공으로 그려보려고 하는 사람들에게는 극복할 수 없는 문제인 반면 이것은 터키가 인도하는 이슬람의 이스라엘 침공임을 확실하게 세워주는 역할을 합니다. 우리가 요엘 선지자의 북방으로부터의 군대의 침공이든지, 스가랴의 이스라엘 침공이든지, 다니엘의 멸망하게 하는 "북방 왕"이든지 혹은 다른 몇몇 종말의 문장들이든지 간에 에스겔 38-39장은 단순히 모든 선지자들이 기록한 이야기를 다시 한 번 말하고 있는 것입니다.

---

55 Block, *The New International Commentary on the Old Testament*, 436.

23. 바사, 구스, 그리고 붓

우리의 논의를 종결하기 전에, 우리가 곡의 침공에 참여한 마지막 다섯 나라들을 파악하는 것이 중요합니다. 학자들과 역사학자들과 그리고 가장 일반적인 예언 서적들이 보편적으로 모두 바사, 구스, 붓의 정체에 대하여 일치하고 있습니다. 바사는 현재의 이란을 말합니다. 고대의 구스는 자주 에디오피아로 번역되는데 사실은 이집트의 남방 근접 지역이며 수단의 북방 지역을 말하는 것입니다. 붓은 리비아이며 실제로는 북아프리카의 다른 지역을 포함할 수도 있습니다.

24. 고멜과 도갈마

마지막 두 나라들 고멜과 도갈마는 다시 한 번 현재의 터키를 말하는 것입니다. 지난 세기의 초반에는 고멜을 독일과 맞먹는 것으로 하는 것이 예언 교사들에게는 보편적이었습니다. 그러나 오늘날은 이 관점은 근본적으로 거의 모든 저명한 성경학자들과 예언 교사들에 의하여 거부되어 오고 있습니다. 거의 모든 성경 지도가 고멜을 터키에 위치시키고 있고 그중에 도갈마는 터키의 동쪽에 위치시키고 있습니다.

① 『홀만 성경 지도』(*Holman Bible Atlas*)[56]
② 『옥스포드 성경 지도』(*Oxford Bible Atlas*)[57]
③ 『IVP 성경 역사 지도』(*The IVP Atlas of Bible History*)[58]

---

56 *Holman Bible Atlas*, 36.
57 *Oxford Bible Atlas*, 110–11.
58 *The IVP Atlas of Bible History*, 18.

④ 『새 성경 지도』(New Bible Atlas)[59]
⑤ 『맥밀란 성경 지도』(The Macmillan Bible Atlas)[60]
⑥ 『존더반 성경 지도』(Zondervan Atlas of the Bible)[61]
⑥ 『존더반 해설 성경 배경 주석』(Zondervan Illustrated Bible Backgrounds Commentary)[62]
⑦ 『새 무디 성경 지도』(New Moddy Atlas of the Bible)[63]
⑧ 『베이커 성경 지도』(Baker Bible Atlas)[64]

25. 극한 북방

러시아 곡을 지지하는 이론가들에 의하여 자주 쓰이는 하나의 주장을 간략하게 논의 하는 것이 중요한데 그것은 "극한 북방"이라는 구절입니다. 에스겔 38:14-15은 말합니다.

> 인자야 너는 또 예언하여 곡에게 이르기를 주 여호와의 말씀에 내 백성 이스라엘이 평안히 거하는 날에 네가 어찌 그것을 알지 못하겠느냐 네가 네 고토 극한 북방에서 많은 백성 곧 다 말을 탄 큰 떼와 능한 군대와 함께 오되(겔 38:14-15).

곡이 "극한 북방"(히브리어 에레카 에레카 차폰[yerekah yerekah tsaphown])에서 온다고 하셨기 때문에 많은 사람들은 이것이 러시아를 뜻할 수밖에 없

---

59 *IVP New Bible Atlas*, 84.
60 *Macmillan Bible Atlas*, 15.
61 *Zondervan Atlas of the Bible*, 160.
62 *Zondervan Illustrated Bible Backgrounds Commentary*, 464, 484.
63 *New Moody Atlas of the Bible*, 92–93.
64 *Baker Bible Atlas*.

다고 말합니다. 예를 들면 예언 교사인 데이빗 레건(David Reagan)은 쓰기를 "에스겔 38장은 분명히 그 침공이 '극한 북방'(겔 38:15)으로부터 오는 로스의 왕에 의하여 인도 될 것임을 말하고 있다. 터키가 '극한 북방'에 위치한 한 나라로 고려될 수는 절대로 없다"라고 하였습니다.[65]

클라이드 빌링톤 역시 이 구절이 터키를 뜻한다고 볼 수 없다고 하였습니다. "다시 에스겔이 이 동맹이 '극한 북방'으로부터 온다고 언급한 것에 주목하라. 이것은 소아시아가 될 수 없다"고 하였습니다.[66]

요엘 로젠 버그(Joel C. Rosenberg)는 같은 식의 이유들을 따르고 있고 몇몇 극적인 결론을 내리고 있습니다.

> 에스겔 38:15은 "곡이 극한 북방 그의 고토에서" 나온다고 말한다 … 이스라엘을 대하여 극한 북방에 있는 나라는 러시아이다. 그러므로 러시아 독재자가 종말에 이스라엘을 포위하고 공격하기 위하여 정치적 군사적 동맹을 형성할 것이라고 결론을 지을 수 있다.[67]

그러나 이 주장은 철저히 생각하지 않은 것입니다. 에스겔 38장에서 같은 구절(히브리어 에레카 에레카 차폰[yerekah yerekah tsaphown])이 도갈마(6절)에게도 쓰였으며 근본적으로 거의 모든 학자들이 도갈마가 터키 동쪽 즉 아르메니아 접경 지역에 위치하고 있다고 동의하고 있습니다. 그러므로 어느 주장이든지 터키가 "'극한 북방'에 자리하고 있는 나라라고 전혀 고려할 수 없다"라고 하는 것은 전적으로 말이 되지 않습니다. 만약 터키 안에 있는 도갈마를 "극한 북방"에 있는 나라로 언급되고 있다면 정확하

---

65 David R. Reagan, "*The Antichrist: Will He Be a Muslim?*" www.tinyurl.com/76kjq2; http://www.lamblion.com/articles/articles_islam4.php.
66 Billington, e-mail.
67 Joel Rosenberg, "What Is the War of Gog and Magog?" www.tinyurl.com/3q783jo; http://flashtrafficblog.wordpress.com/2011/05/09/what-is-the-war-of-gog-and-magog-part-one/.

게 같은 구절을 러시아와 곡을 동일시하는 주장에 사용하는 것은 절대적으로 근거가 없는 것입니다. 사실 "극한 북방"이라는 말이 에스겔에서 터키를 언급하는 것에 사용되고 있기 때문에, 이것은 또한 같은 말이 곡이 자신을 터키에서 오는 자로 세울 것이라는 이유가 성립되는 것입니다. 이 주장의 약점에 대한 더욱 기술적인 설명을 폴 타너(J. Paul Tanner)가 설명하였습니다.

> 이 에스겔의 구절을 러시아와 동일시하는 사람들은 곡과 그의 연합군이 단지 "북방"에서 오는 것만 아니라 "극한 북방"(겔 38:6, 15; 39:2)에서 온다는 점을 자주 지적하여 왔다. 사실 NASB 성경 번역본은 에스겔 39:2에 "the remotest part of the north"라고 되어 있다. 그러나 NT 번역은 세 구절이 본질적으로 같은 야르크티 짜폰(yrkty spwn)으로 되어 있다. 그러므로 에스겔 39:2을 다른 두 구절과 다르게 번역할 이유는 없다. 명사 야레카(yrkh)는 "극한 부분", "극함" 등의 근본적인 생각이 들어 있다. 그러나 이 단어가 지역을 가르킬때 쓰인 예들은 그 용어가 반드시 가장 멀리 떨어져 있는 장소를 의미하지는 않는다. 미야르크티이-아레쯔(myrkty-rs. "지구의 극한 북방으로부터")라는 표현은 예레미야에서 네 번 나온다. 예레미야 6:22에서 "여호와께서 이같이 말씀하시되 보라 한 민족이 북방에서 오며 큰 나라가 땅 끝에서부터 떨쳐 일어나나니"라고 말한다. 이것은 바벨론을 언급하는 것이 보편적으로 일치하고 있다. 예레미야 5:41은 "보라 한 족속이 북방에서 오고 큰 나라와 여러 왕이 격동을 받아 땅끝에서 오나니"라고 말한다. 이 배경은 하나님의 바벨론 심판을 다루고 있고 바벨론의 대적을 하나님이 일으키신다는 것이다. 비록 침략자들이 분명하게 나타나 있지는 않지만 일반적인 맥락에서 "메대의 왕들"이라는 말이 있다(렘 51:11, 27, 28). 다른 두 구절에서(렘 25:31; 31:8) 하나님이 지구상의 멀리 떨어진 지역에서부터 나라들을 소동시키는 것으로 묘사되어

있지만 그 언급은 아주 모호하다. 에스겔서 38장과 39장 밖에서 야레카(yrkh)는 중동 지역으로 오는 나라들에 대하여 쓰여졌다. 그러므로 그 표현이 가장 먼 지점이라는 뜻으로 취급될 필요는 없다.[68]

26. 참여 국가들에 대한 결론

그러므로 결론적으로 곡과 그의 동맹의 정체에 대한 많은 주장들을 모두 고려해 본 결과, 우리는 에스겔 38장과 39장의 침공하는 동맹이 다음을 언급하는 것이라고 자신 있게 말할 수 있습니다.

고대의 이름	현재의 이름
마곡	터키
로스(국가라고 가정 시에)	터키
메섹	터키
두발	터키
바사	이란
구스	수단
붓	리비아
고멜	터키
도갈마	터키, 아르메니아

---

68 Tanner, "Daniel's 'King of the North.'"

물론 이것은 완전히 자세한 것은 아닙니다. 많은 학자들은 에스겔의 목록이 각 방향에서 단지 하나의 주요 나라들에 대한 자세한 사항이며 따라서 에스겔의 목록은 포괄적이지 않은 요약이라고 보고 있습니다. 사실 그 구절은 다른 많은 나라들이 이 침공에 포함될 것이라고 직접 말하고 있습니다(겔 38:6). 종말 시대의 침략에 러시아가 참여하는 것이 가능한 것입니까? 물론입니다. 그러나 성경 어디에서도 나타나게 표현되어 있지 않습니다. 이 책 처음에 말하였듯이 성경을 배우는 학생들로서, 우리들의 종말론적인 관점은 성경이 강조하는 것을 강조하고 성경이 침묵하는 것은 침묵하거나 지극히 조심하여야 합니다.

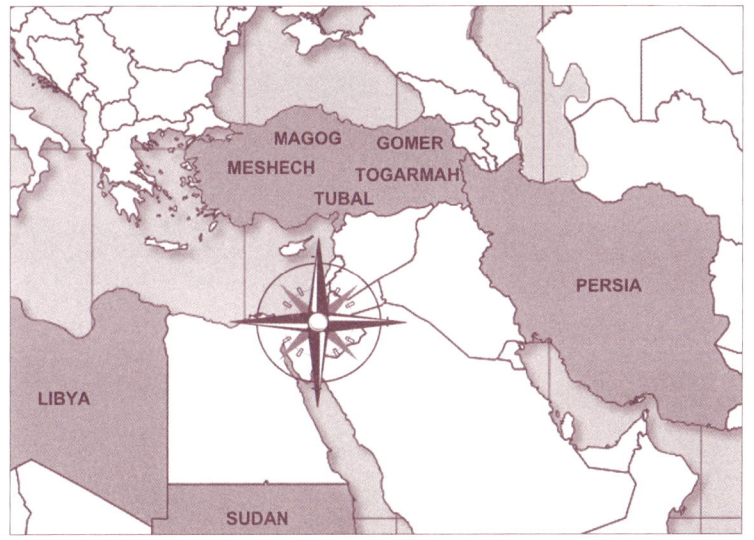

그림 14: 에스겔에 의한 곡과 동맹한 나라들의 분배[69]

---

[69] *Moody Atlas of the Bible*, 93.

이 예언 말씀이 아주 분명하게 터키를 적그리스도가 이스라엘을 침공하는 그 침략의 우두머리로 말하고 있기 때문에 성경을 배우는 학생들이 터키를 아주 주의 깊게 관찰하여야 합니다. 수천 년 동안 있었던 이런 큰 논쟁들과 이 구절을 둘러싼 폭넓은 의견들에 비추어 볼 때 계속 주시하면서 우리는 또한 겸손하게 그리고 조심스럽게 남아 있어야 합니다. 언제든지 그렇듯이 가장 잘 아시는 분은 하나님이십니다.

제16장

시편 83편

    이 장의 목적은 최근에 매우 널리 지지받고 있는 시편 83편에 대한 이론에 대하여 언급하기 위함입니다. 이 이론은 빌 살루스(Bill Salus)의 『이스라엘레스틴』(Israelestine)이라는 책에 의하여 인기를 얻게 되었습니다.
    이책에서 그는 장래에 이스라엘에 대해 특별히 최소한 세 번의 공격이 있을 것이라고 주장합니다.
    첫 번째는 시편 83편에 설명되어 있습니다.
    두 번째는 가장 널리 알려진 "곡과 마곡의 전쟁"입니다. 우리는 이미 이 공격에 대하여 아주 자세히 다루었습니다. 이 두 번의 공격에 이어 어떤 사람들은 적그리스도와 그의 군대에 의하여 세 번째의 이스라엘에 대한 큰 공격이 있을 것이라고 믿고 있습니다.
    세 번째는 아마겟돈 전쟁으로 가장 많이 알려져 있습니다.
    요약하면, 점차 힘을 얻고 있는 이 인기 있는 이론은 이스라엘을 향한 구분된 세 가지의 공격입니다.

그 공격은 다음의 순서대로 일어날 것이라고 주장합니다.

① 시편 83편의 이스라엘 침공
② 곡과 마곡이 이스라엘을 침공(겔 38, 39장)
③ 적그리스도의 이스라엘 침공(계 16, 19장)

그러나 이 등장하고 있는 이 이론은 최소한 여섯 가지의 치명적인 문제점들이 있습니다.

첫째, 대부분의 학자들이 시편 83편이 실질적인 예언이라는 생각을 거부하고 있으며 오히려 이것은 단순한 "국가적 비탄의 기도"라는 점입니다.

둘째, 이 해석이 성경 해석을 접근할 때 일관성 있게 미래주의자의 접근 방법을 사용하기보다는 역사적 접근과 미래주의의 접근의 혼합된 방법을 사용한다는 점입니다. 이것이 무엇을 뜻하는지에 대하여 더 자세히 논의할 것입니다.

셋째, 이 이론의 배경에 있는 주요 논리가 빈약한 논리와 추론에 뿌리를 두고 있다는 점입니다.

넷째, 설사 시편 83편을 예언으로 고려한다고 해도 이 이론을 지지하는 자들은 모든 참여하는 나라들과 백성들을 합당하게 파악하는 데 극적으로 실패하였습니다.

다섯째, 이 이론을 지지하는 자들은 에스겔 38-39장과 시편 83편에 포함되어 있는 구절들 사이의 여러 가지 유사점들을 간과하고 있습니다.

여섯째, 성경은 시편 83편의 몇몇 나라들이 아마겟돈 전쟁과 주의 날이 오기 몇 년 전이 아니라 바로 그때에 심판을 받는다는 사실을 분명히 하고 있습니다. 우리는 이런 문제점들을 차례로 논의할 것입니다.

1. 문제점 I : 시편 83편은 하나의 공격에 대한 예언이 아니다

시편 83편에 대하여 첫 번째 문제는 중복 침략 이론은 대부분의 보수 학자들은 시편 83편이 침공에 대한 예언을 포함하고 있다는 생각 자체를 거부하고 있다는 점입니다.

대신 마틴 테이트(Marvin Tate)는 말합니다.

> 시편 83편은 보편적으로 국가적 비탄시로 받아들여지고 있는데 이 형식의 몇몇 특성들을 나타내고 있다.[1]

토마스 아이스(Thomas Ice)는 시편 83편이 임박한 이스라엘 침공을 예측하고 있다는 점차로 인기를 얻고 있는 관점에 대하여 특별한 신학적 비통함을 나타내었습니다. 아이스가 시편 83편에 나오는 대부분의 나라들이 주의 날에 심판을 당할 것이 특별하게 밝혀졌다고 말한 것은 옳은 것입니다.

> 다른 모든 성경 말씀처럼, 시편 83편이 100% 하나님의 감동으로 된 것임에는 아무 의심도 없다. 그러나 이 시편에는 아무런 예언이 없다. 단순히 이스라엘을 대적하는 원수들을 심판하시기를 아삽이 하나님께 탄원하고 있을 뿐이다. 나는 시편 83편에서 어떤 예언적 부분이 있는지 증명해 보이라고 도전한다! 이 시편은 이스라엘 주변의 원수들을 심판해 주실 것을 아삽이 자세히 요청한 것이다. 하나님은 시편 83편에서 아삽에게 대답을 주시지 않았다. 나는 하나님이 언젠가는 시편에 언급된 원수들을 심판하실 것을 믿는다. 그러나 그 심판은 이 시편에 근거한 것은

---

[1] Marvin E. Tate, *Word Biblical Commentary: Psalms 51–100*, vol. 20 (Dallas: Word Publishing, 2002), 345.

아니라고 믿는다.²

작가이며 교사인 마크 히치코크(Mark Hitchcock)는 아이스의 의견과 일치하고 있습니다.

> 우리는 시편들이 선지자들이 예언을 쓰기 훨씬 전에 쓰여졌으며 나라들에 대한 특정한 예언들을 하기 전에 쓰여졌다는 것을 기억해야만 한다. 예언서들은 우리가 나라들에 대한 특별한 예언들과 종말의 사건들에 대한 정보를 찾을 때 보아야 하는 책들이다. 시편에는 분명히 메시아적 예언들이 있지만 종말 시대의 다른 이방 나라들에 대한 특별한 예언들이 들어 있는 것은 알지 못한다. 시편 83편으로부터 분리된 종말의 전쟁을 구성하다가 너무 깊게 문장에 들어가서 이스라엘이 항상 주변의 원수나라들에게 둘러싸여 있었고 앞으로도 둘러싸일 것이며 종말에 주님이 그들을 다루실 것이라는 것을 단순하게 말하게 되었을 것이다. 다윗의 통치 기간에 있었던 이 국가적 탄식은 국내 도처에서 왜 모든 사람들이 우리 이스라엘을 증오하는가 하는 질문을 야기하게 하는 것일 수도 있다. 언제 이것이 끝날 것인가? 하나님의 분명한 응답은 이것이다.
>
> "걱정하지 말아라. 내가 언젠가 돌아와 그들을 멸망시킬 것이며 그것을 공평하게 할 것이다."
>
> 하나님은 다윗의 통치 초기에서부터 그가 그의 원수들을 압도할 것이며 그의 백성을 멸망에서 보호하실 것이라고 그 나라를 강화하고 용기를 주신다.³

시편 83편이 종말 시대의 예언의 그림자를 포함하고 있음이 분명히 가

---

2 Ice, "Consistent Biblical Futurism."
3 Mark Hitchcock, *Middle East Burning* (Eugene, OR: Harvest House, 2012).

능한 한편, 아이스와 히치콕이 이것을 보편적인 성격으로 보아야 하며 많은 예언을 배우고 있는 사람들이 이름을 붙인 것처럼 특별하고 구별된 "시편 83편의 전쟁"으로 지정하는 것은 안 된다는 점을 강조한 것은 올바른 것입니다. 대신에 우리가 더 논의 하게 될 것과 같이 시편 83편에 열거되어 있는 나라들은 아마겟돈 전쟁과 주의 날에 심판을 받게 될 것입니다.

2. 문제점 Ⅱ : 일치하지는 않는 방법

복수침공론을 주장하고 있는 많은 사람들이 간과하고 있는 첫 번째 원칙은 모든 성경의 예언들이 메시아 중심이며 주의 날 중심이라는 사실입니다. 모든 선지자들의 주요 초점과 예언적 부담은 메시아의 재림과 그의 다시 오심을 중심으로 하여 일어나는 사건들입니다. 쉽게 이해할 수 있는 말로 말하자면, 모든 성경의 선지자들은, 그의 시대에 여러 가지 다른 상황과 사건을 통하여 각자가 말하였다고 해도, 결국은 우리에게 주의 날과 이어지는 메시아 왕국을 예언하고 가리키고 있습니다. 이 믿음이 바로 미래주의적 방법으로 알려진 해석의 중심 요소입니다. 한편으로, 성경 말씀을 범 역사적 예언의 근거가 되는 책으로 보는 접근 방법을 역사주의라고 부릅니다.

그러나 이것은 성경적 예언의 성격이 아닙니다. 몇몇 사람들은 케네디 대통령의 암살 사건이나 세계무역센터 공격 등을 성경 말씀에서 찾아보기도 하지만 이런 것들은 선지자들의 초점이 아닙니다. 많은 사람들이 성경 말씀을 노스트라다무스의 예언을 읽는 방법으로 읽고 있습니다. 이런 역사주의적 해석 방법은 오늘날 거의 모든 보수적인 예언의 학생들에 의하여 거부되고 있습니다. 시편 83편을 마지막 7년 대환란 시작 전에 위치하는 관점의 문제는 이것이 역사주의적 관점과 미래주의적 관점을 불일치하게 혼합한 형태를 나타내고 있다는 점입니다. 토마스 아이스는 이점을 잘 설명해 주고 있습니다.

미래주의자들 가운데서도 역사주의적인 방향으로 기울고 있다는 더 많은 증거는 시편 83편이 대환란과 관련되어 일어나는 것이 아니라 현재의 교회 시대에 휴거 전에 일어날 전쟁이라고 주장하는 사람들에 의하여 보여지고 있다. 역사주의자들은 구약의 예언적 구절들이 현재의 교회 시대에 성취될 수 있다고 믿고 있다. 성실한 미래주의자들은 휴거 자체에 대한 예언을 제외하고 장래의 구약의 예언이 교회의 휴거 이후에 성취되기 시작할 것으로 믿고 있다. 빌 살루스는 『이스라엘 레스틴』에서 이런 관점을 아주 잘 설명하고 있다 … 살루스는 대환란 전에, 대환란 전에 일어날 곡과 마곡의 전쟁 전에 그리고 휴거도 하기 전에, 현재의 교회 시대가 끝나가는 시점에서 이스라엘은 그 둘러싸고 있는 모든 주변 국가들에 의하여 침공을 당할 것이다. 내 항의는 이것이다. 자신을 미래주의자라고 평가하는 살루스가 해석적 오류들과 함께 시편 83편에 대하여 역사주의자의 해석방법을 시도하였다는 점이다. 살루스는 시편 83편이 휴거가 일어나기 전에 주변국들과 이스라엘의 전쟁을 가르치고 있다고 주장한다. 그래서 휴거 후에 일어날 곡과 마곡의 전쟁 그리고 대환란과 같은 일들이 일어나는 배경을 초래하게 된다고 주장한다. 나는 이 관점이 단순히 살루스의 풍부한 상상력의 산물이지 성경의 구절들에 근거한 것은 아니라고 믿는다(딤전 1:4; 딤후 4:3-5). 이런 관점은 최소한 350년 전에 오류라고 밝혀진 확실한 역사주의다.[4]

---

4 Ice, "Consistent Biblical Futurism."

3. 문제점 Ⅲ : 오류가 있는 논리

이 이론을 이렇게 많은 사람들이 믿게 된 가장 중요한 이유는 이 여러 구절들이 다른 구절들이 가지고 있지 않는 상세한 점들을 포함하고 있기 때문입니다. 예를 들면 시편 83편은 에스겔 38-39장에는 언급이 없는 몇몇 나라들을 열거하고 있습니다. 그러므로 이 두 구절들은 두 개의 서로 다른 침공들을 말하고 있다는 논리가 성립되는 것입니다. 내 의견에는 이 이론의 기초를 형성하는 논리에 깊은 결점이 있습니다. 예를 들어서 이 해석 방법이 같은 사건을 여러 가지로 다시 말하고 있으며 자주 다른 그리고 모순되는 듯한 자세한 사항들을 포함하고 있는 사복음서에 적용이 된다고 생각해 봅시다. 물론 자세한 사항들은 진정한 모순은 아닙니다. 그러나 어느 경우에는 표면적으로 볼 때 그렇게 보입니다.

우리가 "시편 83편의 전쟁" 이론을 지지하는 자들에 의하여 쓰여진 같은 논리를 복음서에 적용한다면 예수님의 사역에 대한 우리들의 이해는 완전히 혼동이 될 것입니다. 사려 깊은 성경을 배우는 학생들은 하나님의 예언적 구절이 어느 정보를 포함하고 있고 다른 구절은 포함하지 않고 있다고 해서 그것이 서로 다른 두 개의 전쟁을 말하고 있음을 증명하는 것으로 본다는 생각을 거부할 것입니다.

4. 문제점 Ⅳ : 시편 83편의 나라들을 잘못 파악함

복수공격 이론의 네 번째 문제는 그것이 관련된 나라들을 적절하게 파악하는 데 실패하였다는 것입니다. 시편 83편에 묘사되어 있는 실제 나라들을 살펴봅시다.

> 저희가 일심으로 의논하고 주를 대적하여 서로 언약하니 곧 에돔의

장막과 이스라엘인과 모압과 하갈인이며 그발과 암몬과 아말렉이며 블레셋과 두로 거민이요 앗수르도 저희와 연합하여 롯 자손의 도움이 되었나이다(셀라)(시 83:5-8).

빌 살루스는 『이스라엘레스틴』에서 말합니다.

시편 83편에서 동맹의 현대적 해석은 다음과 같다. 에돔의 장막(팔레스타인 피난민들과 남부 요르단인들), 이스마엘 사람들(사우디 아라비아인들), 모압(팔레스타인 피난민과 중앙 요르단인들), 하갈인들(이집트인들), 그발인들(북 레바논인들), 암몬인들(팔레스타인들과 북 요르단인들), 아말렉인들(이스라엘 남쪽 아말렉인들), 블레셋인들(팔레스타인 피난민들과 가자 지구의 하마스), 두로의 거주민들(히스볼라와 레바논 남방인들), 앗수르인들(시리아인들과 아마도 북 이라크인들), 그리고 롯의 자손들(위의 모압과 암몬인들).[5]

나는 대부분 살루스의 파악에 동의합니다. 그러나 나는 이들 나라들과 그룹을 넘어서 몇몇 나라들을 또한 포함 시키고 싶습니다.

5. 앗수르

살루스가 앗수르를 현대의 시리아와 이라크로 언급하였지만 그런 파악은 너무 한정적입니다. 고대 앗수르의 수도는 니느웨였는데 현재의 북부 이라크 모술 근처입니다. 그러나 앗수르는 더 큰 지역을 포함하고 있었기 때문에 북부 이라크 지역만을 언급하는 것은 너무 한정적입니다. 현

---

[5] Salus, *Israelestine*, 20.

재의 보수적인 학자들은 시편 83편이 주전 950여 년 전 다윗의 통치 기간에 쓰여졌기 때문에 우리는 이 시대의 앗수르 제국 전체 지역을 살펴볼 필요가 있습니다. 이 기간 동안에 이라크와 시리아를 넘어서 앗수르는 지금의 터키 상당 부분을 또한 차지하고 있었습니다. 그러므로 터키 또한 시편 83편에 열거된 나라들에 포함되어야 합니다. 다음의 앗수르의 지도를 참고해 보십시오.

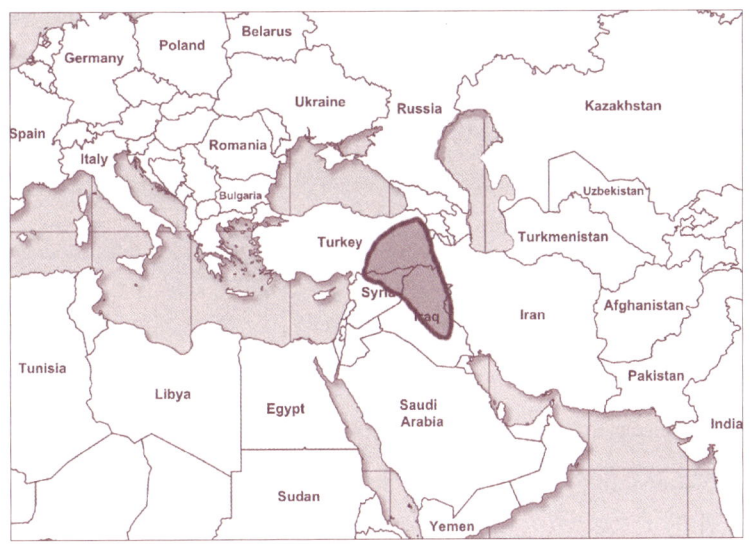

그림 15. 앗수르 제국(주전 950년경 다윗의 통치 기간)[6]

6. 이스마엘 사람들

앗수르를 넘어서 거기에는 또 다른 매우 중요한 이름이 침략자들 가운데 있는데 바로 이스마엘 사람들입니다. 이스마엘 사람들은 몇 세기를 걸

---

[6] *New Moody Atlas of the Bible*, 184.

쳐서 동일하게 유지되어온 백성이기 때문에 시편 83편이 예언적으로 이해되기 위하여는 우리는 "이스마엘 사람들"이라는 용어가 폭넓은 보편적인 아랍 사람들을 지칭하는 것이라는 점을 이해하여야 합니다.

광대하게 성장하고 확장되는 이스마엘 사람들은 창세기의 여러 구절에서 예언되어 있습니다.

> 여호와의 사자가 또 그에게 이르되 내가 네 자손으로 크게 번성하여 그 수가 많아 셀 수 없게 하리라(창 16:10).

> 이스마엘에게 이르러는 내가 네 말을 들었나니 내가 그에게 복을 주어 생육이 중다하여 그로 크게 번성케 할지라 그가 열두 방백을 낳으리니 내가 그로 큰 나라가 되게 하려니와(창 17:20).

> 일어나 아이를 일으켜 네 손으로 붙들라 그로 큰 민족을 이루게 하리라 하시니라(창 21:18).

시편 83편이 쓰여질 때 이스마엘 사람들은 아라비아 반도, 이집트 일부 지역, 요르단, 터키 등 넓은 지역에 살고 있었습니다. 오늘날은 물론 이것은 레바논과 시리아, 대부분의 아프리카까지 포함되도록 확장 되었을 것입니다.

요점은 이것입니다. 만약 우리가 앗수르와 이스마엘에 대하여 이 확장된 해석을 고려한다면, 시편 83편에 언급된 나라들과 백성들은 이스라엘의 주변 근접 지역의 나라들보다 더욱 큰 지역을 우리에게 말하고 있는 것입니다. 대신에 우리는 다음의 지도에 나와 있는 현대의 나라들을 보게 될 것입니다.

그림 16. 시편 83편에 표시되어 있는 나라들

7. 문제점 V : 에스겔 38-39장과 시편 83편의 유사점을 인식하는 데 실패하였음

시편 83편과 에스겔 38-39장은 서로 다른 사항들을 포함하고 있지만 그것들은 동시에 아주 극적인 유사한 점들을 가지고 있습니다. 한 구절이 비록 어느 나라들을 다른 나라들에 대하여 강조하고 있기는 하지만 최종 분석에는 두 구절이 모두가 같은 일반적인 지역을 말하고 있습니다. 몇몇 나라들은 이 두 예언들 안에 포함되지 않았지만 더 많은 나라들이 사실은 포함되어 있습니다. 이것을 넘어서 미완료 된 상태의 에스겔의 구절 "그리고 너와 함께 한 많은 나라들"은 시편 83편에 언급된 나라들이 참여할 문을 활짝 열어 놓았습니다.

에스겔 38-39장	시편 83편
터키	터키
시리아	시리아
리비아와 북 수단	북 아프리카
이란	아라비아
그리고 너와 함께한 많은 나라들	요르단
	이집트
	이라크
	웨스트뱅크와 가자지구의 아랍인들

    결국 이 두 구절의 구분은 서로 다른 강조점에 의하여 쉽게 설명될 수 있습니다.

    시편 83편은 우리가 이미 살펴본 것같이, 이스라엘을 둘러쌓고 있는 근접 나라들의 목록에 강조점이 있다면, 에스겔은 단지 침략의 지도자격인 나라들을 네 방향의 한 나라씩 열거하고 있습니다. 나침반의 각 방향에서 한 나라씩을 강조함으로 에스겔은 언급된 나라들 이외에도 각 방향에서 침략에 참여할 나라가 있음을 강조하고 있습니다. 에스겔의 침공에 대한 다음의 나라들을 보십시오.

    복수공격 이론의 주요 근거가 이 두 구절의 극적인 차이점에 있기 때문에 이 두 구절을 더욱 자세히 조사해 본 결과 나는 그들이 아주 다른 나른 나라들을 가리키고 있다는 주장은 정확하지 않다고 믿습니다. 시편 83편이 예언이라고 해도 이것이 에스겔 38-39장에 설명되어 있는 침공과 같은 것을 다르게 설명하고 있다고 보는 것이 타당성이 있습니다.

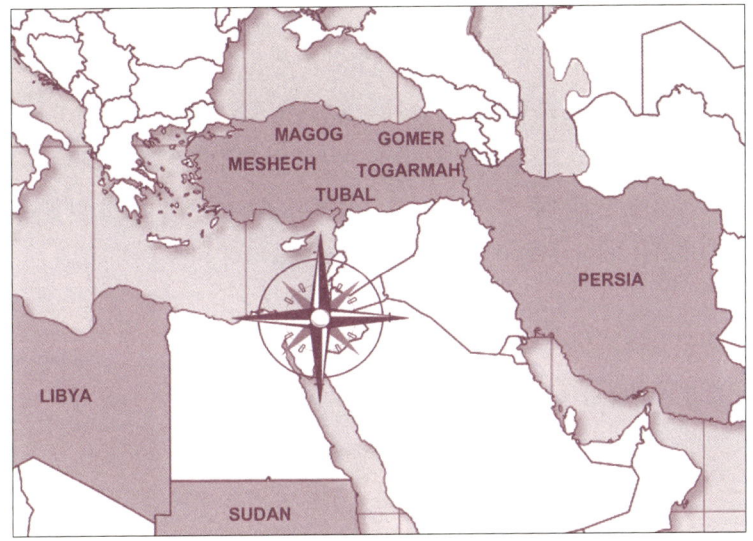

그림 17. 에스겔 38, 39장: 터키의 주도아래 이루어질
나침반의 네 방향에서의 공격

8. 문제점 Ⅵ: 시편 83편의 나라들은 주의 날에 심판을 받는다

시편 83편의 복수침공설의 마지막이며 아마도 가장 치명적인 결점은 이 시편에 기록되어 있는 몇몇 나라들이 여러 성경 구절에서 특별히 언급되기를 주의 날과 아마겟돈 전쟁에서 심판받도록 예정되어 있다는 점입니다. 우리는 2장에서 이미 몇몇 구절들을 설명하였습니다. 거기서 우리는 시편 83편에 기록되어 있는 나라들과 백성들이 주의 날에 심판 받게 되어 있음을 보았습니다. 이 나라들은 에돔(민 24장; 욥; 겔 25장; 사 34장; 63장), 모압(민 24장; 사 25장), 이집트(합 3장; 습 2장; 사 19장), 아라비아(겔 25장; 30장), 블레셋(욜 3장; 습 2장; 겔 25장), 레바논(욜 3장), 그리고 앗수르(미 5장; 습 2장)입니다.

에돔의 멸망에 대하여 오바댜 선지자는 그것이 주의 날의 배경에서 일어나게 될 것을 분명하게 하였습니다. 그러나 살루스는 이 "주의 날이 임박하다"는 구절을 실제 주의 날보다 훨씬 전에 일어난다고 주장하였습니다. 그러나 이것은 보편적으로 쓰이고 있는 표현을 근본적으로 잘못 이해한 것입니다. 그러므로 오바댜가 "주의 날이 임박하다"라고 했을 때 그는 그의 독자들에게 에돔의 멸망과 그날에 일어날 심판에 비추어 회개하라고 경고하는 것이었습니다. 아이스는 말하였습니다.

> 오바댜의 예언이 언제 성취될 것인가? 15절에서 말한다. "온 나라에 주의 날이 가까이 다가왔다. 네가 행한 것같이 네게 그것이 임할 것이다. 너의 행사한 것이 너 자신의 머리에 돌아갈 것이다." 이 구절은 그것이 "주의 날이 온 나라에 가까이 임히였을 때" 성취될 것임을 확실히 말한다. 그런 사건들은 분명히 이사야, 예레미야, 에스겔, 아모스, 그리고 다른 선지자들이 지적하였듯이 대환란 후에 나라들이 심판을 받을 아마겟돈 전쟁 기간에 일어나도록 예언되어 있다.[7]

아이스의 말은 전적으로 옳은 것입니다. 그러나 물론 그의 관찰은 에스겔 38-39장의 동맹을 구성하고 있는 다른 많은 이슬람 나라들에게도 적용이 될 수 있습니다. 이스라엘을 대적하는 모든 이슬람 나라들은 주의 날과 아마겟돈 전쟁 때에 심판을 받게 될 것입니다.

9. 시편 83편 전쟁론의 위험성들

목회자의 관점에서 보면 "시편 83편 전쟁론"은 그리스도의 공동체에 더 큰 문제를 나타내 주고 있습니다. 이 이론은 주장하기를 시편 83편의 연합

---

7 Ice, "Consistent Biblical Futurism."

군들이 패배한 후에 이스라엘이 문자적으로 주변의 모든 나라들을 정복할 것이라고 주장하기 때문에, 성경에서 가르치고 있지 않는 확실한 이스라엘의 승리주의에 집착하게 된다는 것입니다. 살루스가 설명합니다.

> 팔레스타인과 시리아와 사우디, 이집트, 레바논, 요르단 등 주변의 근접 지역의 아랍인들에 대한 이스라엘의 정복으로 인하여 이스라엘의 국경은 확대되고, 번영은 증가되며, 국가의 위상은 강화될 것이다.[8]

이스라엘이 주변국들을 패배시킨 후에 살루스는 주장하기를 이스라엘은 그 지역에서 우월한 지위를 경험하게 될 것이며 그렇지 않으면 불안한 이웃들일 것이지만 이제는 안전하게 거하게 될 것이다. 세계에 흩어져 있던 유대인들은 이제 안전한 천국이 된 이스라엘 땅으로 모여들 것이다. 이 유대인들의 인구 유입으로 유다는 정복한 아랍 지역들과 백성들로부터 자원을 착취하여 "그들의 축복을 회복"하게 됨을 경험할 것이다. 그때 이스라엘은 세계에서 가장 부요한 나라 중에 하나가 될 것이며 아마도 가장 부유한 나라가 될 것이다.[9]

이런 견해에 대하여 나의 개인적인 염려는 첫 번째로 이것이 성경이 이스라엘의 앞날에 대하여 말하고 있는 것과 적접적인 충돌이 된다는 것입니다. 살루스가 한 것은 메시아의 천년왕국 기간 동안에 성취될 이스라엘에 대한 하나님의 약속들을 가져다가 예수님이 오시기 전 매우 가까운 시기에 위치해 놓은 것입니다. 그는 예수님에 의하여 성취될 승리를 이스라엘의 방위 군사력에 그 공로를 주었습니다. 그러나 이스라엘에 대한 성경 전체의 예언들을 조사해보면 매우 어려운 날들이 앞에 놓여 있다는 것이 사실입니다. 교회는 이런 시대에 이스라엘 그리고 유대인들과 함께 같은 편에 서도록 준비해야 합니다. 개인적으로 나는 빌 살루스가 신사적이

---

8 Salus, Israelestine, 6.
9 Ibid.

며 예수님을 잘 나타내온 좋은 형제라고 생각합니다.

　여기서 나의 소원과 목적은 빌을 개인적으로 비난하려는 것이 아닙니다. 그러나 나는 진심으로 시편 83편의 복수침공설이 현저하게 비성경적이라고 믿으며 성도들로 하여금 다가오는 날들을 준비하게 하는 대신에 수동적으로 만들며 아주 실망하게 하고 큰 착각에 빠지게 부추길 수 있는 영향력이 있다고 믿습니다.

제17장

이사야와 미가 5장: 앗수르 사람

적그리스도와 관련된 또 다른 근본적인 성경의 주제는 "앗수르 백성들"입니다. 앗수르의 주제는 주로 이사야와 미가에서 발견됩니다. 이 두 선지자는 모두 메시아 예수 그리스도와 적그리스도 모두에 대하여 아주 자세하게 예언하였습니다. 우리가 보게 될 것과 같이 이사야와 미가 두 선지서에 흐르고 있는 예언의 주제는 메시아 예수 그리스도와 적그리스도입니다. 그리고 이 예언들을 통하여 적그리스도는 거듭하여 "앗수르 사람"이라고 언급되어 있습니다.

1. 이사야의 배경

간략하게 이사야서는 선지자 시대에 두 히브리 왕국 간의 분쟁과 관련이 있습니다. 하나는 북왕국이며 자주 이스라엘 혹은 에브라임이라고 불리었고 하나는 남왕국인데 유다라고 언급됩니다. 이스라엘은 다가오는 앗수르의 위협에 대항하기 위하여 아람-다마스커스와 동맹을 맺었습니다. 앗수르의 공격 위협은 항상 위협적이었습니다. 이 백성에 대한 하나님의 요구 사항은 주변 이방 왕국들과의 군사적 동맹이 아니라 하나님을 의지하라는 것이었습니다. 하나님의 약속은 군사 지도자가 다윗의 후손 가운데서 태어나서 모든 하나님의 백성들을 "앗수르 사람"의 손에서 해방하실 것이라는 것이었습니다. 그러나 문제는 이것이 역사적으로 아무 때도 일어나지 않았다는 것입니다. 앗수르 사람들은 이스라엘의 북왕국을 전멸시켜 버렸고 대부분의 주민들을 포로로 잡아갔습니다.

그러나 군사적 싸움에서 잇수르를 멸망시키도록 되어 있는 메시아에 대하여는 이것은 전적으로 앞으로 다가오게 된 예언입니다. 많은 성경학자들은 "앗수르 사람"이라는 용어를 잇수르의 역사적 여러 왕들을 언급하는 것이라고 결론짓는 한편 또한 동시에 예수님이 다시 오실 때 패배하게 될 적그리스도를 분명히 언급하고 있다고 결론지었습니다. 그리고 이사야 13-23장에서 다가오는 적그리스도에 대한 예언 다음에, 여러 나라들의 목록이 나옵니다. 이 나라들은 메시아가 와서 약속된 승리를 그의 백성들에게 가져다 줄 때 멸망, 심판을 당할 나라들입니다. 이것이 우리가 이 장에서 조사하려는 이사야서의 환경과 배경입니다.

2. 이사야의 앗수르 사람

많은 사람들은 성경에서 가장 유명한 메시아 예언들의 전체 배경이 예수님과 적그리스도의 충돌이라는 주제를 중심으로 움직이고 있다는 사실에 놀라고 있습니다. 예를 들어 다음의 이사야 구절을 생각해 보십시오. 말하지 않은 수천 개의 성탄절 카드, 연극, 설교와 설명이 이 구절을 중심으로 하고 있습니다.

> 그러므로 주께서 친히 징조로 너희에게 주실 것이라 보라 처녀가 잉태하여 아들을 낳을 것이요 그 이름을 임마누엘이라 하리라(사 7:14).

그러나 그 구절의 원래 배경을 찾아보기 위하여 계속 읽는 경우는 아주 드뭅니다. 그들이 그렇게 하였다면 그들은 이 예언이 사실을 이사야 시대에 젊은 소녀가 아이를 낳아서 그 이름을 임마누엘이라고 한 사건을 가리키고 있음을 금방 알게 될 것입니다. 이 아이는 앗수르 군대에 의하여 북왕국 이스라엘이 침공을 당하는 일이 다가오고 있다는 예언적 신호였습니다. 물론 이 예언은 두 가지 성취를 가지고 있습니다. 하나는 이사야 시대요 다른 하나는 마리아와 예수님을 통한 것입니다.

당신이 보는 것과 같이 이 예언에서 "처녀"라고 번역된 단어는 반드시 성적인 관계를 전혀 하지 않는 사람을 뜻하는 것이라고 생각할 필요는 없습니다. 오히려 여기서 쓰여진 히브리어 "알마"(*alma*)는 문자적으로 아주 어린 여자아이이며 따라서 아직 결혼하지 않았고 결과적으로 처녀라는 의미입니다. 물론 마리아의 경우는 진정한 처녀였습니다. 그러나 처음의 "알마"는 아이를 임신하였고 자연적인 수단으로 아이를 낳았습니다. 이 여자아이가 임마누엘을 낳은 후에 이사야는 어떤 징조가 따라올 것인지를 설명하였습니다.

> 그가 악을 버리며 선을 택할 줄 알 때에 미쳐 버터와 꿀을 먹을 것이라 대저 이 아이가 악을 버리며 선을 택할 줄 알기 전에 너의 미워하는 두 왕의 땅이 폐한 바 되리라 여호와께서 에브라임이 유다를 떠날 때부터 당하여 보지 못한 날을 너와 네 백성과 네 아비 집에 임하게 하시리니 곧 앗수르 왕의 오는 날이니라 그날에는 여호와께서 애굽 하수에서 먼 지경의 파리와 앗수르 땅의 벌을 부르시리니 다 와서 거친 골짜기와 바위틈과 가시나무 울타리와 모든 초장에 앉으리라 그날에는 주께서 하수 저편에서 세내어 온 삭도 곧 앗수르 왕으로 네 백성의 머리

> 털과 발털을 미실 것이요 수염도 깎으시리라(사 7:15-20).

이사야는 말하기를 이 아이가 자라나기 전에 앗수르 왕이 북왕국 이스라엘을 침공할것이라고 말합니다. 이스라엘 사람들의 머리와 수염과 발의 털을 깎는다는 것은 이스라엘에 수치가 임한다는 표현입니다. 이것은 전적으로 낮추시는 것이며 결국 하나님이 앗수르를 통하여 북이스라엘 족속들을 종으로 만드시는 것입니다. 이 구절을 인용하는 요점은 이 유명한 메시아적 임마누엘 예언이 선포되자마자 앗수르 사람, 혹은 앗수르 왕이 등장한다는 점입니다.

다시 한 번 이 구절에서 묘사되고 있는 사건들은 이사야 시대에 역사적으로 일어난 사건들입니다. 그러나 그 역사적 앗수르 왕은 단지 이스라엘의 최종 예언적 침략자인 적그리스도의 모형일 뿐이었습니다. 이사야의 예언 전체를 통하여 우리는 같은 메시아 대 앗수르의 주제가 여러 번 반복되고 있음을 보게 될 것입니다. 이사야 8장 거의 모두가 다가오는 앗수르에 의한 이스라엘 침공을 중심으로 되어 있습니다.

> 그러므로 주 내가 흉용하고 창일한 큰 하수 곧 앗수르 왕과 그의 모든 위력으로 그들 위에 덮을 것이라 그 모든 곬에 차고 모든 언덕에 넘쳐 흘러 유다에 들어와서 창일하고 목에까지 미치리라 임마누엘이여 그의 펴는 날개가 네 땅에 편만하리라 하셨느니라(사 8:7-8).

그러나 이사야 9장에서 다시 한 번 하나님의 최종적인 해결점에 대한 정보를 보게 됩니다. 그러나 이사야는 반박할 수 없는 구약에서 아주 유명한 메시아 예언을 우리에게 주고 있습니다.

> 전에 고통하던 자에게는 흑암이 없으리로다 옛적에는 여호와께서 스불론 땅과 납달리 땅으로 멸시를 당케 하셨더니 후에는 해변길과 요

단 저편 이방의 갈릴리를 영화롭게 하셨느니라 흑암에 행하던 백성이 큰 빛을 보고 사망의 그늘진 땅에 거하던 자에게 빛이 비취도다 주께서 이 나라를 창성케 하시며 그 즐거움을 더하게 하셨으므로 추수하는 즐거움과 탈취물을 나누는 때의 즐거움 같이 그들이 주의 앞에서 즐거워하오니 이는 그들의 무겁게 멘 멍에와 그 어깨의 채찍과 그 압제자의 막대기를 꺾으시되 미디안의 날과 같이 하셨음이니이다 어지러이 싸우는 군인의 갑옷과 피묻은 복장이 불에 섶 같이 살라지리니 이는 한 아기가 우리에게 났고 한 아들을 우리에게 주신바 되었는데 그 어깨에는 정사를 메었고 그 이름은 기묘자라, 모사라, 전능하신 하나님이라, 영존하시는 아버지라, 평강의 왕이라 할 것임이라 그 정사와 평강의 더함이 무궁하며 또 다윗의 위에 앉아서 그 나라를 굳게 세우고 지금 이후 영원토록 공평과 정의로 그것을 보존하실 것이라 만군의 여호와의 열심이 이를 이루시리라(사 9:1-7).

이 구절은 사사기 8장에서 기드온이 이스라엘을 미디안의 손에서 구원한 것과 같은 방법으로 메시아가 이스라엘을 앗수르에게서 해방시킬 것을 선언하고 있습니다. 여기서 종말 시대에 이슬람의 군대와의 흥미 있는 연결점을 보게 됩니다. 조금의 역사가 필요합니다. 미디안을 패배 시킨 후에 기드온의 사람들은 기드온에게 그들을 통치해 달라고 요청을 하였습니다. 그러나 기드온은 그것은 하나님께 달려있기 때문에 그 요청을 거부합니다. 기드온은 그 자신의 요구를 그들에게 하였습니다. 기드온은 이스라엘에게 패배시킨 군사들에게서 빼앗은 금 보석을 가져오라고 하였습니다.

때에 이스라엘 사람들이 기드온에게 이르되 당신이 우리를 미디안의 손에서 구원하셨으니 당신과 당신의 아들과 당신의 손자가 우리를 다스리소서 기드온이 그들에게 이르되 내가 너희를 다스리지 아니하겠고 나의 아들도 너희를 다스리지 아니할 것이요 여호와께서 너희를 다스리시리라 기드온이 또 그들에게 이르되 내가 너희에게 한 일을 청구하노니 너희는 각기 탈취한 귀고리를 내게 줄지니라 하니 그 대적은 이스마엘 사람이므로 금 귀고리가 있었음이라 (삿 8:22-24).

그러나 흥미 있는 것은 바로 이스마엘과 그들의 낙타들(21절)의 "장식들"이 반달 모양이었다는 사실입니다.

무리가 대답하되 우리가 즐거이 드리리이다 하고 겉옷을 펴고 각기 탈취한 귀고리를 그 가운데 던지니 기드온의 청한 바 금 귀고리 중 수가 금 일천칠백 세겔이요 그 외에 또 새 달 형상의 장식과 패물과 미디안 왕들의 입었던 자색 의복과 그 약대 목에 둘렀던 사슬이 있었더라 (삿 8:25-26).

그러므로 앗수르인들에 대한 메시아의 최후 승리는 기드온의 이스마엘에 대한 역사적인 승리와 비슷할 것이라고 본문은 우리에게 말하고 있습니다. 우리가 이 승리를 살펴볼 때 메시아의 모형인 기드온이 왕들로부터 새달 모양의 장식을 빼앗는 것을 보여 줍니다. 새달 모양은 물론 이슬람의 상징입니다. 무슬림의 깃발에 나타나고 있을 뿐 아니라 기본적으로 거의 세계 모든 모스크의 꼭대기에도 설치되어 있습니다. 예수님이 다시 오셔서 침략하고 핍박하는 적그리스도의 군대를 패배시킬 때 주님은 이슬람의 상징과 우상을 각 나라에서 제하여 버릴 것입니다.

또한 여기에서의 흥미 있는 연관은 새달 장식에 대하여 쓰인 히브리어 "샤하로님"(*śa.hă.rō.nîm*)에서 찾아볼 수 있습니다. 이 단어는 "샤하르"(*Šāhar*)라는 단어와 긴밀하게 관련이 있는데 나중에 이사야 14장에서 하나님이 사탄을 루시퍼, 아침 별의 아들(*Šāhar*, 13절)이라고 언급한 것입니다. 그리고 몇 구절 뒤에 주님이 "앗수르 사람을 내 땅에서 부수어 버리시며 내 산에서 밟아 버린다"고 말씀하심을 보게 됩니다. 이것은 또한 정확하게 요한계시록에서 그려진 그림과 같은 것입니다. 예수님이 적그리스도와 그의 군대를 예루살렘 밖에서 부수어 버리는 것이 묘사되어 있습니다. 그리고 또한 "큰 하나님의 큰 진노의 포도주 틀"(계 14:19; 19:15)이라고 되어 있습니다. 다른 말로 하면, 그려진 그림은 앗수르 군사들을 하나님이 한 곳에 모으시고 그들을 포도처럼 밟으실 것이라는 것입니다.

메시아가 앗수르 왕을 이스라엘 땅에서 멸망시키실 것이라는 이사야의 많은 언급에도 불구하고 이 구원은 역사적으로 아직 일어나지 않았습니다. 대신에 앗수르 왕 세나헤립(산헤립)이 유다의 많은 성읍들을 사로잡고 예루살렘을 포위하였습니다. 열왕기하 18장과 19장과 역대하 32:1-23의 구절에 의하면 주님의 천사가 앗수르의 큰 숫자의 군사를 죽이셨습니다. 이 사건은 그러나 이사야가 자주 말하던 사건이 될 수가 없습니다. 그 이유는 다음과 같습니다.

① 산헤립 "앗수르 왕"은 끝에 가서 죽지 않았다.
② 그 승리는 메시아에 의하여 실행된 것이 아니다.
③ 결국 앗수르가 유다와 이스라엘을 공격하던 것을 유다를 황폐하게 만든 느부갓네살에 의하여 이어졌다는 것이다.

산헤립 시대에는 예언되었던 구원자는 오지 않았습니다. 그 "멍에"는 부수어지지 않았습니다. 그러므로 학자들은 앗수르를 멸망시킬 메시아의 오심이라는 이사야의 주제는 미래를 말하는 것이고 메시아 예수님이 이스라엘을 침공하는 "앗수르"의 군대로부터 해방시킬 것이라는 데 동의를 하고 있습니다.

3. 이스라엘의 잘못된 신뢰

이사야의 예언을 통해 하나님은 반복하여 그의 백성들을 부르시면서 자연적인 정치적 동맹에 신뢰를 두지 말고 오히려 하나님 자신을 신뢰하라고 하셨습니다. 고대의 이스라엘처럼, 미래의 이스라엘도 또한 정치 동맹들, 조약들, 그리고 거짓 평화의 약속을 의존하게 될 것입니다. 이스라엘은 적그리스도와의 조약을 받아들일 것입니다.

> 그가 장차 많은 사람으로 더불어 한 이레 동안의 언약을 굳게 정하겠고 그가 그 이레의 절반에 제사와 예물을 금지할 것이며 또 잔포하여 미운 물건이 날개를 의지하여 설 것이며 또 이미 정한 종말까지 진노가 황폐케 하는 자에게 쏟아지리라 하였느니라(단 9:27).

그러나 적그리스도는 그의 언약을 파기하고 그 땅을 침공할 것입니다.

> 여러 날 후 곧 말년에 네가 명령을 받고 그 땅 곧 오래 황무하였던 이스라엘 산에 이르리니 그 땅 백성은 칼을 벗어나서 열국에서부터 모여 들어오며 이방에서부터 나와서 다 평안히 거하는 중이라(겔 38:8).

주님은 이사야를 통하여 그 언약을 하는 것에 대하여 "사망과의 언약"이라고 하시면서 심하게 책망하셨습니다. "시험받은 모퉁이 돌"인 메시아를 신뢰하기보다는 이스라엘은 그 평화조약을 신뢰할 것입니다. 그 결과는 앗수르에 의하여 침공당하고 매를 맞아 쓰러질 것입니다.

> 이러므로 예루살렘에 있는 이 백성을 치리하는 너희 경만한 자여 여호와의 말씀을 들을지어다 너희 말이 우리는 사망과 언약하였고 음부와 맹약하였은즉 넘치는 재앙이 유행할지라도 우리에게 미치지 못하리니

우리는 거짓으로 우리 피난처를 삼았고 허위 아래 우리를 숨겼음이라 하는도다 그러므로 주 여호와께서 가라사대 보라 내가 한 돌을 시온에 두어 기초를 삼았노니 곧 시험한 돌이요 귀하고 견고한 기초 돌이라 그것을 믿는 자는 급절하게 되지 아니하리로다 나는 공평으로 줄을 삼고 의로 추를 삼으니 우박이 거짓의 피난처를 소탕하며 물이 그 숨는 곳에 넘칠 것인즉 너희의 사망으로 더불어 세운 언약이 폐하며 음부로 더불어 맺은 맹약이 서지 못하여 넘치는 재앙이 유행할 때에 너희가 그것에게 밟힘을 당할 것이라(사 28:14-18).

이러므로 예루살렘에 있는 이 백성을 치리하는 너희 경만한 자여 여호와의 말씀을 들을지어다 너희 말이 우리는 사망과 언약하였고 음부와 맹약하였은즉 넘치는 재앙이 유행할지라도 우리에게 미치지 못하리니 우리는 거짓으로 우리 피난처를 삼았고 허위 아래 우리를 숨겼음이라 하는도다 그러므로 주 여호와께서 가라사대 보라 내가 한 돌을 시온에 두어 기초를 삼았노니 곧 시험한 돌이요 귀하고 견고한 기초 돌이라 그것을 믿는 자는 급절하게 되지 아니하리로다 나는 공평으로 줄을 삼고 의로 추를 삼으니 우박이 거짓의 피난처를 소탕하며 물이 그 숨는 곳에 넘칠 것인즉 너희의 사망으로 더불어 세운 언약이 폐하며 음부로 더불어 맺은 맹약이 서지 못하여 넘치는 재앙이 유행할 때에 너희가 그것에게 밟힘을 당할 것이라(사 28:14-18).

그의 백성에 대한 징계로 그의 구속의 일을 마치신 후에 하나님은 앗수르를 벌 주실 것입니다.

이러므로 주 내가 나의 일을 시온산과 예루살렘에 다 행한 후에 앗수르 왕의 완악한 마음의 열매와 높은 눈의 자랑을 벌하리라(사 10:12).

이 일이 이루어진 후에 이스라엘의 살아남은 자들이 주님께 돌아와서 그들이 적그리스도와 그의 거짓 약속을 의뢰하였던 것을 회개할 것입니다.

> 그날에 이스라엘의 남은 자와 야곱 족속의 피난한 자들이 다시 자기를 친 자를 의뢰치 아니하고 이스라엘의 거룩하신 자 여호와를 진실히 의뢰하리니 남은 자 곧 야곱의 남은 자가 능하신 하나님께로 돌아올 것이라 이스라엘이여 네 백성이 바다의 모래 같을지라도 남은 자만 돌아오리니 넘치는 공의로 훼멸이 작정되었음이라(사 10:20-22).

결론적으로 우리가 본 것같이 이사야 7장의 오실 임마누엘(하나님이 함께 계신다)의 예언이든지 이사야 9장의 평화의 왕이든지 이 두 구절 모두에서 더 큰 배경은 앗수르를 부수시는 메시아의 오심입니다. 그러나 이러한 이사야서 전체를 통하여 반복되고 있는 분명한 주제에도 불구하고 예수님과 앗수르와의 충돌에 대하여 미가의 예언보다 더 분명하게 잘 요약되어 설명된 곳은 없습니다.

4. 미가 5장

이제 미가 5장에서 발견된 메시아의 오심에 대한 예언들을 살펴봅시다. 다음 구절은 메시아의 태어나실 장소에 관한 유명한 예언으로 시작하고 있습니다.

> 베들레헴 에브라다야 너는 유다 족속 중에 작을지라도 이스라엘을 다스릴 자가 네게서 내게로 나올 것이라 그의 근본은 상고에 태초에니라(미 5:2).

복음서는 대제사장들과 서기관들이 메시아가 어디에서 태어나실 것인지 헤롯 왕이 그들을 함께 모이게 하고 문의하였던 바로 그 구절입니다. 그들의 대답은 일치하여 그가 유대의 베들레헴에서 나실 것이라고 하였습니다(마 2:4-5).

예수님 시대에 왜 유대인들은 이 구절을 기다리고 있었을까?

> 그러므로 임산한 여인이 해산하기까지 그들을 붙여 두시겠고 그 후에는 그 형제 남은 자가 이스라엘 자손에게로 돌아오리니(미 5:3).

오시는 메시아는 이스라엘 사람들에게 한 시대가 끝나는 것을 의미하였습니다. 더 이상 하나님께 버림받지 않게 될 것입니다. 메시아의 통치 아래 그들은 안전하게 살게 될 것입니다.

> 그가 여호와의 능력과 그 하나님 여호와의 이름의 위엄을 의지하고 서서 그 떼에게 먹여서 그들로 안연히 거하게 할 것이라 이제 그가 창대하여 땅 끝까지 미치리라(미 5:4).

사용된 언어들은 확실합니다. 이스라엘은 더 이상 원수들을 두려워하지 않아도 되었습니다. 메시아의 위대하심이 땅끝까지 이를 것입니다. 그러나 다음 구절을 상고해 보는 것이 필수입니다.

왜냐하면 그 구절에서 메시아가 침공해 오는 적그리스도 즉 그 구절에서 "앗수르 사람"이라고 언급된 자에게서 이스라엘을 해방하실 것이라고 말하고 있기 때문입니다.

> 이 사람은 우리의 평강이 될 것이라 앗수르 사람이 우리 땅에 들어와서 우리 궁들을 밟을 때에는 우리가 일곱 목자와 여덟 군왕을 일으켜 그를 치리니 그들이 칼로 앗수르 땅을 황무케 하며 니므롯 땅에 들어

와서 우리 지경을 밟을 때에는 그가 우리를 그에게서 건져 내리라
(미 5:5-6).

그 "앗수르 사람"이 이스라엘 땅을 침공할 때 메시아는 이스라엘 사람들에게 평강과 보호와 해방이 될 것입니다. 학자들은 이 구절을 예수님이 "앗수르" 제국의 세력의 침공으로부터 이스라엘을 구원하시는 날을 언급하는 것으로 보았습니다.

프레드릭 델리취(Frederich Delitzsch)는 말합니다.

> 메시아는 이사야 9:5에서 평화의 왕이라고 불린다. 그러나 어떤 방법으로 그런가? 이스라엘을 그 제국의 공격으로부터 방어함으로 그렇다. 메시아는 그가 앗수르로 대표되는 제국의 세력으로부터 이스라엘을 방어하여 구원함으로 그 백성의 평화가 되심을 증명하실 것이다.[1]

레슬리 알렌(Leslie C. Allen)은 말합니다.

> 이 귀족 영웅의 오심은 앗수르의 공격 위협과 현실에 대한 결정적인 해독제로 표현된다. 결정적인 것은 이 탄생은 미래에 대한 것이며 그의 구원사역은 아직 후에 일어날 일이기 때문이다. 앗수르의 통치의 끝은 아직 임박한 것이 아니다. 공격을 하는 이 제국주의자는 당분간 계속 존재하게 될 것이지만 이스라엘의 승리의 왕이 나타날 때 그 적수를 만나게 될 것이다. 이런 관점에서 미가는 앗수르의 위협에 대한 대답으로 이 약속된 왕과 일치하고 있다.[2]

---

[1] F. Delitzsch, *Commentary on the Old Testament: Volume 7, The Book of Isaiah* (Peabody, MA: Hendrickson, 2006), 329–30.

[2] Leslie C. Allen, *The New International Commentary on the Old Testament: The Books of Joel, Obadiah, Jonah, and Micah* (Grand Rapids: W. B. Eerdmans, 1976), 349.

카슨(D. A. Carson)은 말합니다.

> 미가는 미래에 있을 메시아 왕국에 대한 앗수르인들에 의해 자행될 공격을 언급하고 있습니다. 앗수르는 그리스도의 강림하시기 수세기 전 주전 612년에 멸망하였습니다. 선지자들은 그들의 예언 성취로부터 간격이 있는 수세기를 보지 못하고 평면에 나타난 미래의 사건들을 임박한 사건들로 본 것입니다.³

현대의 학자들뿐만 아니라 초대교회도 "앗수르 사람"을 적그리스도로 지칭하였습니다. 2세기 초대교회의 가장 중요한 신학자 로마의 히폴리투스(Hippolytus, 170-236년경)는 말합니다.

> 그래서 이런 일들은 다른 사람이 아닌 폭군이며 수치심이 없는 자며 하나님의 대적이라는 것을 이어지는 이야기에서 보여줄 것이다. 그러나 이사야는 또한 이렇게 말하였다. "주님이 시내산과 예루살렘에 대한 그 전체의 사역을 수행하셨을 때 이것은 지나갈 것이다. 그가 앗수르 왕의 완악한 마음과 자기 눈의 위대하다고 하는 것들을 심판 (visit) 할 것이다."⁴
>
> 다른 곳에서는 미가와 이사야에서 찾아볼 수 있는 "앗수르 사람"에 대한 많은 예언들을 언급할 때 히폴리투스는 아주 직접적으로 "앗수르 사람은 적그리스도의 다른 이름이다.⁵

그리스도에 대한 믿음 때문에 순교를 당한 페타우(Pettau)의 감독(28년경) 빅토리누스(Victorinus)는 우리가 소유하고 있는 요한계시록에 대한 고

---

3 *New Bible Commentary* (Downer's Grove, IVP Academic, 1994), 829.
4 Hippolytus, *On Christ and Antichrist*, 16.
5 Ibid., 57

대의 가장 완전한 주석에서 말합니다.

> "미가 5:5에 언급되어 있는 앗수르 사람은 적그리스도이다"라고 말하였다. "우리 땅에 평화가 있을 것이다. 그리고 그들은 적그리스도인들을 포위 할 것이다."[6]

또 다른 3세기의 초대교회의 작가 락탄티우스(Lactantius)는 적그리스도를 정확하게 같은 지역에서 올 것이라고 하였습니다.

> 한 왕이 수리아에서 일어날 것이며 악한 영으로 태어났으며 인류를 전복시키고 파멸시키는 자이며 이전의 악한 자가 남긴 것을 그와 함께 멸망시키는 자이다. 그러나 그 왕은 자기 자신에게 가장 수치스러울 뿐만 아니라 거짓말하는 선지자가 될 것이요 사람들을 유혹하여 자기를 숭배하게 하는 표적과 기사를 행하는 능력이 주어질 것이다. 그리고 그는 하나님의 성전을 파괴하려고 할 것이고 의로운 백성들을 핍박할 것이다.[7]

이제 말할 필요도 없이 앗수르는 유럽에 위치하지 않는 나라입니다. 그러나 적그리스도는 분명히 "앗수르 사람"이라고 언급되었습니다. 그는 "국경들"을 넘어 한 "땅"을 침공할 것입니다. 이 구절은 영적으로 해석되거나 상징적으로 해석될 수 없는 구절입니다. 메시아는 이스라엘 나라를 "앗수르 사람"의 공격으로부터 구원할 것입니다. 그리고 후에 이스라엘은 앗수르 땅을 통치할 것입니다.

분명히 이것은 역사적으로 아직 성취되지 않았습니다. 그러므로 과거주의자들(성경의 예언들이 이미 과거에 모두 성취되었다고 믿는 사람들)에게 이

---

6 Victorinus, *Commentary on the Apocalypse*, chap. 7.
7 Lactantius, *Divine Institutes* 7:17, 307.

구절은 만족하게 설명하기가 불가능한 구절입니다. 이 구절에서 우리는 이전의 앗수르 제국의 지역에서 한 통치자가 나타나서 이스라엘 땅을 침공하는 아직 미래에 있을 한 사건을 보고 있습니다.

5. 앗수르

그러므로 결론적으로 우리는 다시 한 번 성경 말씀이 고대 앗수르 제국으로부터 나오는 한 역사적인 왕을 장차 나타날 적그리스도로 사용하고 있는 것을 보고 있습니다. 이전의 앗수르 제국의 영토 안에서 어느 나라를 오늘날 지정한다고 하여도 그들은 무슬림 나라이기 때문에 이것은 사소한 일이 아닙니다.

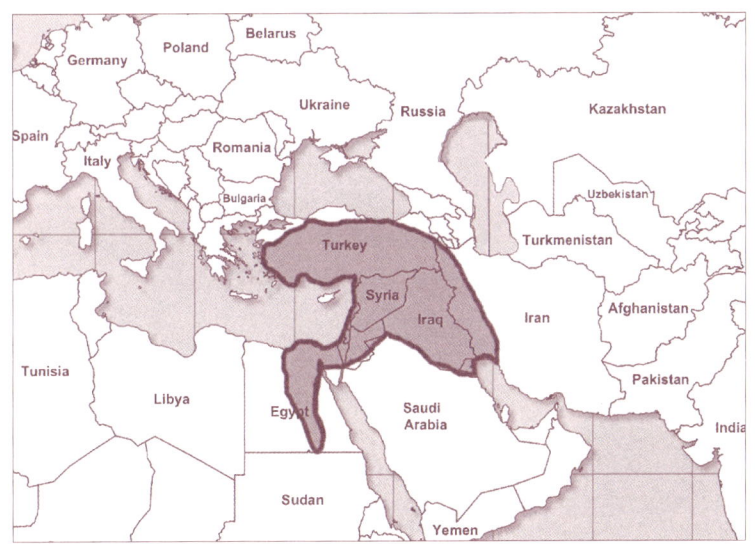

그림 18. 고대 앗수르 지도(주전 약 650년경). 적그리스도가 나올 것이라는 지역[8]

---

8 *Moody Atlas of the Bible*, 850.

이것을 넘어서 적그리스도의 명칭인 "앗수르 사람"이 바로 우리가 이전의 구절들에서 반복하여 보아 왔던 그 대략적인 지역을 확인해 주고 있기 때문입니다. 에스겔의 "곡"은 터키와 수리아 지역에서 온 통치자였습니다. 이사야의 "앗수르 사람"은 시리아와 이라크 지역뿐만 아니라 동부 터키까지도 통치하였습니다.

다니엘의 "북방 왕"은 지금의 터키, 시리아, 이라크를 포함하는 이전의 셀류시드 제국(Seleucid Empire)의 영토를 통치하였습니다. 에스겔의 "곡"이던지, 이사야의 "앗수르 사람"이던지 다니엘의 "북방 왕"이던지 이런 다른 용어들은 같은 목적을 가지고 같은 지역에서 오는 같은 한 사람을 가리키고 있습니다. 이들은 모두가 적그리스도를 말하고 있습니다.

이 지역에 대한 이렇게 반복되고 분명한 강조가 있는데도 어떻게 많은 사람들이 아직도 나타날 종말 시대의 독재자를 유럽에서 찾고 있는 것입니까?

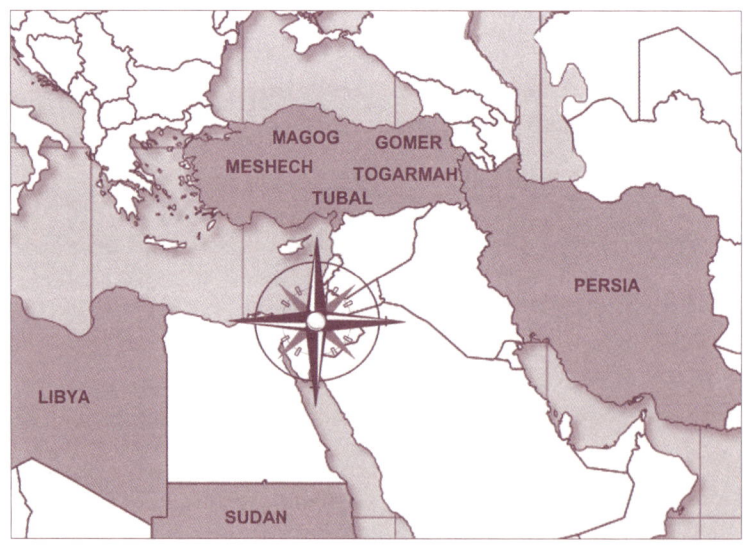

그림 19. 에스겔 38장과 39장에 따른 침공하는 나라들

다시 한 번 말씀 드리면 선지자들은 모두가 같은 이야기를 다시 말을 하고 있는 것입니다. 하나님의 은혜로, 하나님께서 이 세상의 같은 지역을 반복하여 강조하심과 같은 이야기를 다시 말씀하시고 또 말씀하심을 통하여 하나님의 백성들은 그 메시지를 깨닫게 될 것입니다.

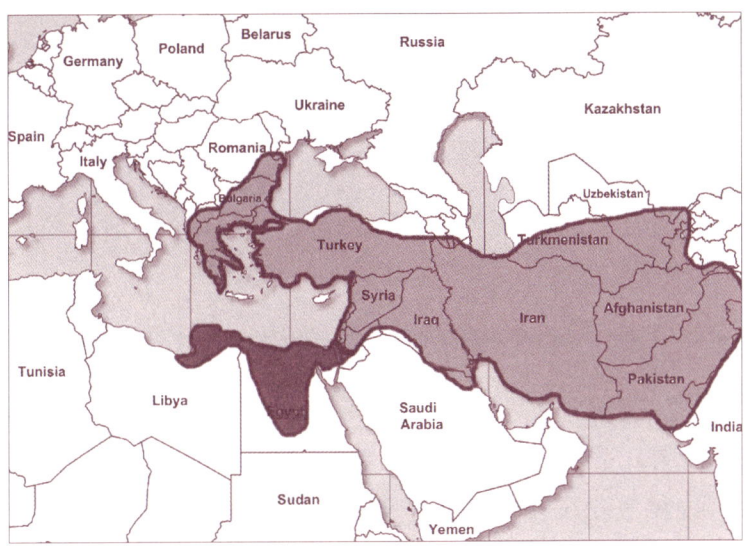

그림 20. 다니엘 11장에 의한 적그리스도의 통치 지역

제18장

무슬림들을 사랑함

　이 책을 쓰면서 나는 이 책을 읽는 독자들 가운데 이 정보를 무슬림들을 증오하고 두려워하여야 하는 "원수"로 보는 그들의 관점을 확증해 주는 데 사용될 수가 있다는 위험성을 깊이 인식하고 있습니다. 물론 이것은 정확하게 예수님이 그를 따르는 자들에게 바라시는 반응과는 정반대입니다. 그러므로 이 장에서 무슬림들을 예수님의 눈으로 보게 하고 그들을 전도하도록 용기와 능력을 가지도록 도와주는 것은 필수적입니다. 궁극적으로는 무슬림, 유대인, 그리고 기독교의 고대 분쟁의 전개는 하나님이 아브라함과 사라로 바꾸어주신 아브람과 사래의 이야기에서 시작이 되었습니다.

　그래서 창세기에서 우리는 이 역사적 충돌을 찾을 수 있습니다. 하나님은 아브람과 사래에게서 한 아이가 태어날 것인데 그를 통하여 세상 모든 나라들이 복을 받게 될 것이라고 약속하셨습니다. 그러나 그 약속의 성취는 오래 지연되었고 그들은 오래 참지를 못하였고 그들 자신의 손으로 성취하려고 하기 시작하였습니다.

사래의 아주 악한 생각은 창세기16장의 시작 부분에 포함되어 있습니다.

> 아브람의 아내 사래는 생산치 못하였고 그에게 한 여종이 있으니 애굽 사람이요 이름은 하갈이라 사래가 아브람에게 이르되 여호와께서 나의 생산을 허락지 아니하셨으니 원컨대 나의 여종과 동침하라 내가 혹 그로 말미암아 자녀를 얻을까 하노라 하매 아브람이 사래의 말을 들으니라 아브람의 아내 사래가 그 여종 애굽 사람 하갈을 가져 그 남편 아브람에게 첩으로 준 때는 아브람이 가나안 땅에 거한지 십 년 후이었더라 아브람이 하갈과 동침하였더니 하갈이 잉태하매 그가 자기의 잉태함을 깨닫고 그 여주인을 멸시한지라(창 16:1-4).

후회스럽게도 자신의 남편을 자신의 여종과 함께 동침하게 한 사래의 악한 생각은 그렇게 하겠다는 아브람의 어리석은 동의와 일치하였습니다. 놀랄 것도 없이 그들의 잘못된 선택들의 결과가 갑자기 증가하는 것을 즉시 보게 됩니다.

> 아브람이 하갈과 동침하였더니 하갈이 잉태하매 그가 자기의 잉태함을 깨닫고 그 여주인을 멸시한지라 사래가 아브람에게 이르되 나의 받는 욕은 당신이 받아야 옳도다 내가 나의 여종을 당신의 품에 두었거늘 그가 자기의 잉태함을 깨닫고 나를 멸시하니 당신과 나 사이에 여호와께서 판단하시기를 원하노라(창 16:4-5).

아브람의 반응은 자신의 행동에 대하여 책임을 회피하는 것이었습니다. 그 대신 그는 사래에게 하갈을 마음대로 처분하도록 허락하였습니다.

> 아브람이 사래에게 이르되 그대의 여종은 그대의 수중에 있으니 그대

의 눈에 좋은 대로 그에게 행하라 하매 사래가 하갈을 학대하였더니
하갈이 사래의 앞에서 도망하였더라(창 16:6).

하갈은 결국 광야에 도착하였고 그곳에서 하나님을 만나게 되었는데 하나님은 그녀의 자손들이 크게 셀 수도 없이 번성할 것이라고 약속하셨습니다.

> 여호와의 사자가 광야의 샘 곁 곧 술 길 샘물 곁에서 그를 만나 가로되 사래의 여종 하갈아 네가 어디서 왔으며 어디로 가느냐 그가 가로되 나는 나의 여주인 사래를 피하여 도망하나이다 여호와의 사자가 그에게 이르되 네 여주인에게로 돌아가서 그 수하에 복종하라 여호와의 사자가 또 그에게 이르되 내가 네 자손으로 크게 번성하여 그 수가 많아 셀 수 없게 하리라(창 16:7-10).

그 다음에 이 이야기의 중심이 되는 순간이 찾아옵니다. 하나님 자신이 하갈의 아들에게 이름을 주신 것입니다.

> 여호와의 사자가 또 그에게 이르되 네가 잉태하였은즉 아들을 낳으리니 그 이름을 이스마엘이라 하라 이는 여호와께서 네 고통을 들으셨음이니라 그가 사람 중에 들나귀 같이 되리니 그 손이 모든 사람을 치겠고 모든 사람의 손이 그를 칠지며 그가 모든 형제의 동방에서 살리라 하니라(창 16:11-12).

여기서 두 가지의 중요한 점을 고려해야 합니다. 먼저 이스마엘이라는 이름은 "하나님이 들으신다"는 뜻입니다. 성경 말씀에서 태어나기도 전에 하나님이 이름을 주신적은 몇이 안 되는데 이스마엘이 그중 하나입니다. 하나님은 그의 이름을 통하여 이스마엘에게 예언적인 약속을 전달

하셨습니다. 하나님은 그를 들으실 것입니다. 이스마엘은 모든 사람들과 싸우는 "들나귀 같은 사람"이 될 것입니다. 그리고 모든 사람들은 마찬가지로 그와 분쟁하게 될 것입니다. 오늘날 그들의 조상을 이스마엘까지 거슬러 올라가는 아랍의 무슬림들은 자주 이 구절을 가지고 유대인들이 아랍 사람들을 모독하려고 이 예언을 성경 말씀에 삽입하였다고 비방하곤 합니다. 이 장은 하갈이 집으로 돌아오는 것으로 끝납니다.

> 하갈이 자기에게 이르신 여호와의 이름을 감찰하시는 하나님이라 하였으니 이는 내가 어떻게 여기서 나를 감찰하시는 하나님을 뵈었는고 함이라 이러므로 그 샘을 브엘라해로이라 불렀으며 그것이 가데스와 베렛 사이에 있더라 하갈이 아브람의 아들을 낳으매 아브람이 하갈의 낳은 그 아들을 이름하여 이스마엘이라 하였더라 하갈이 아브람에게 이스마엘을 낳을 때에 아브람이 팔십육 세이었더라(창 16:13-16).

이제 우리는 14년을 건너뛰고 21장으로 갑니다. 아브람과 사래는 이제 아브라함과 사라가 되었습니다. 여기서 그들에게 자신을 주시겠다는 하나님의 약속이 마침내 이루어집니다.

> 여호와께서 그 말씀대로 사라를 권고하셨고 여호와께서 그 말씀대로 사라에게 행하셨으므로 사라가 잉태하고 하나님의 말씀하신 기한에 미쳐 늙은 아브라함에게 아들을 낳으니 아브라함이 그 낳은 아들 곧 사라가 자기에게 낳은 아들을 이름하여 이삭이라 하였고 그 아들 이삭이 난지 팔일만에 그가 하나님의 명대로 할례를 행하였더라 아브라함이 그 아들 이삭을 낳을 때에 백세라 사라가 가로되 하나님이 나로 웃게 하시니 듣는 자가 다 나와 함께 웃으리로다 또 가로되 사라가 자식들을 젖 먹이겠다고 누가 아브라함에게 말하였으리오 마는 아브라함 노경에 내가 아들을 낳았도다 하니라(창 21:1-7).

슬프게도 여기서 우리는 죄와 잘못된 선택들의 사이클이 계속하여 돌아와서 아브라함과 사라를 괴롭히는 것을 다시 보게 됩니다.

> 아이가 자라매 젖을 떼고 이삭의 젖을 떼는 날에 아브라함이 대연을 배설하였더라 사라가 본즉 아브라함의 아들 애굽 여인 하갈의 소생이 이삭을 희롱하는지라 그가 아브라함에게 이르되 이 여종과 그 아들을 내어 쫓으라 이 종의 아들은 내 아들 이삭과 함께 기업을 얻지 못하리라 하매(창 21:8-10).

여기서 우리는 사래가 처음에 하갈을 아브람에게 주었을 때 사래는 하갈을 아브람의 "아내"라고 불렀지만 이제 그의 질투와 미움 가운데서 그는 하갈을 "이 여종"이라고 부르고 있음을 주목해야 합니다. 사라는 아브라함에게 하갈과 이스마엘 모두를 집에서 내쫓고 가족에서 내쫓아 광야로 가게 요구하고 있습니다. 아브라함이 심히 근심한 것은 이해할 만합니다.

> 아브라함이 그 아들을 위하여 그 일이 깊이 근심이 되었더니 하나님이 아브라함에게 이르시되 네 아이나 네 여종을 위하여 근심치 말고 사라가 네게 이른 말을 다 들으라 이삭에게서 나는 자라야 네 씨라 칭할 것임이니라 그러나 여종의 아들도 네 씨니 내가 그로 한 민족을 이루게 하리라 하신지라(창 21:11-13).

이스마엘을 내 쫓으라고 하신 하나님의 이 명령은 많은 사람들에게 좀 심하게 들릴지 모릅니다. 그러나 근본적으로 하나님이 말씀하시는 것은 바로 이삭의 후손을 통하여 큰 구원의 계획을 이루실 것을 말씀하신 것입니다. 하나님의 창조의 모든 구속이 여기에 달려 있습니다. 그리고 심하게 들릴지 모르지만 이스마엘의 행복은 더 큰 선을 위하여 희생되어야 했습니다. 결국은 하나님의 약속에 대한 아브라함의 불신의 결과가 이 고통스러운 열매를 맺은 것입니다.

> 아브라함이 아침에 일찍이 일어나 떡과 물 한 가죽부대를 취하여 하갈의 어깨에 메워 주고 그 자식을 이끌고 가게 하매 하갈이 나가서 브엘세바 들에서 방황하더니 가죽부대의 물이 다한지라 그 자식을 떨기나무 아래 두며 가로되 자식의 죽는 것을 차마 보지 못하겠다 하고 살 한 바탕쯤 가서 마주 앉아 바라보며 방성대곡하니(창 21:14-16).

그러므로 한날에 이스마엘은 그의 집과 아버지와 가정을 잃어버리고 말았습니다. 이 상황이 충분히 더 악화되지 않았든지, 어머니까지 그를 탈수되어 죽도록 내 버려둘 수밖에 없었습니다. 그때 하나님이 개입하셨습니다.

1. 하나님이 이스마엘의 부르짖음을 들으심

그 다음에 일어난 일은 성경에서 하나님의 성품과 인격에 대한 예입니다. 하나님은 자신이 이스마엘에게 주신 그 예언적 이름을 통해 하나님의 사랑의 활동을 성취하십니다.

> 하나님이 그 아이의 소리를 들으시므로 하나님의 사자가 하늘에서부터 하갈을 불러 가라사대 하갈아 무슨 일이냐 두려워 말라 하나님이 거기 있는 아이의 소리를 들으셨나니 일어나 아이를 일으켜 네 손으로 붙들라 그로 큰 민족을 이루게 하리라 하시니라(창 21:17-18).

다시 한 번 하나님은 그가 이스마엘을 큰 나라로 만드시겠다고 약속하셨습니다.

이 구절은 하나님이 이스마엘을 위하여 공급하신 것으로 끝이 납니다.

> 하나님이 하갈의 눈을 밝히시매 샘물을 보고 가서 가죽부대에 물을 채워다가 그 아이에게 마시웠더라 하나님이 그 아이와 함께 계시매 그가 장성하여 광야에 거하며 활 쏘는 자가 되었더니 그가 바란 광야에 거할 때에 그 어미가 그를 위하여 애굽 땅 여인을 취하여 아내를 삼게 하였더라(창 21:19-21).

이런 이야기들은 통상적으로 단지 주일학교에서 들려준 이야기로 취급하고 지나가 버리기 쉽습니다. 그러나 사실 이것은 진짜 이야기입니다. 이 충격적인 사건이 14살 남자아이에게 실지로 일어났습니다. 이스마엘이 겪었을 이 충격을 생각해 보십시오. 하루 아침에 가족과 아버지와 어머니와 상속권을 모두 가진 행복한 아이에서 어머니도 아버지도 상속도 없이 어머니에게조차 버림받은 채 광야에서 홀로 죽도록 내버려진 아이가 되었습니다. 그는 전적으로 혼자였습니다. 한편 그의 마음속에서는 그의 아기 형제 이삭이 그의 모든 것을 빼앗아 갔다는 원망이 있었습니다. 그의 형은 그의 아버지와 그의 집과 출생권과 생명까지 강탈한 자입니다!

2. 이슬람의 탄생

나는 내 자신이 죄와 결박이 대를 이어 전달되는 영향력에 대하여 모든 것을 이해한다고 말할 수는 없습니다. 나는 아이의 생활에서 아버지의 축복이 있고 없고의 여부에 따라서 그 아이 일생의 전반적인 행복에 강력한 요소가 된다는 것을 알고 있습니다. 그러나 이 영향력이 얼마나 깊이 영향력을 미치고 있는지를 말하라고 한다면 나는 이것이 몇 세대까지만 영향력을 끼친다고 생각합니다. 그러나 여기 이스마엘과 그의 후손들의 이야기에서 우리는 한 사람의 상처와 충격과 깨어짐이 얼마나 깊이 갈 수 있는지에 대하여 놀라운 예를 보고 있습니다. 이스마엘의 일생과 사망 이후 약 2600년 후에 그의 직계 후손인 모하메드가 이슬람이라고 불리는 새로운 종교의 "선지자"로 등장하였습니다. 그러나 이슬람은 무엇을 선언하고 있습니까? 가장 중심적인 교리들은 다음과 같습니다.

① 하나님은 아버지가 아니다!
② 하나님은 아들이 없다.
③ 이삭이 아닌 이스마엘이 아브라함 언약의 상속자이다.

세대를 이어온 이스마엘의 원한이 모하메드의 가르침들을 통하여 전달되는 통로가 되고 있음을 쉽게 볼 수가 있습니다. 놀랄 필요도 없이 모하메드 자신은 고아였고 그의 성장기에 가장 가까운 보호자들을 잃어버렸습니다. 그러므로 모하메드 안에서 이스마엘의 원한이 완전한 통로가 되어 나타났습니다. 그러므로 영적인 면에서, 우리는 이슬람이 아버지 없는 고아인 이스마엘의 상하고 쓰라린 울부짖음을 기념하고 하나의 종교로 추대한 것으로 볼 수 있습니다. 이 종교는 세계가 결코 대해 본 적이 없는 가장 큰 적그리스도적 종교입니다.

3. 이슬람의 교리: 적그리스도의 교리

나는 다른 종교를 "적그리스도의 교리"를 옹호하는 종교라고 언급하는 것이 매우 강한 발언이라는 점을 이해합니다. 그러나 성경적인 관점에서 이 용어의 정의를 생각해 보면 이것은 매우 정확합니다. 사도 요한은 적그리스도의 영을 이렇게 정의하였습니다.

거짓말하는 자가 누구뇨 예수께서 그리스도이심을 부인하는 자가 아
니뇨 아버지와 아들을 부인하는 그가 적그리스도니 아들을 부인하는
자에게는 또한 아버지가 없으되 아들을 시인하는 자에게는 아버지도
있느니라(요일 2:22-23).

이제 어떤 사람들은 이슬람에서 예수님은 메시아이시면 구원자이심을 부인하지 않는다고 말하는데 그러나 이것은 요점을 잘 모르고 하는 반대입니다. 이슬람은 메시아(아랍어: Masih)라는 용어를 예수님(꾸란은 Isa라고 잘못 부르고 있다)에게 사용하지만 이것은 성경적인 모든 의미를 박탈해버린 것입니다. 이슬람의 믿음에 따르면 메시아는 긴 선지자들의 이름들 중 하나에 불과합니다. 이사(Isa)가 다른 무슬림 선지자들과 다른 점은 예수님이 처녀에게서 태어났다는 것입니다. 그러나 그를 믿고 신뢰하는 모든 사람들에게 신적인 해방자이시며 왕이시며 구원자가 되시는 메시아적 역할에 대하여는 이슬람은 전적으로 이 모든 것들을 부인하고 있습니다.

선교학자인 제프 모튼(Jeff Morton)은 "말들은 의미를 담는 상자다"라고 하였습니다. 단순히 이슬람이 예수님에게 메시아라는 명칭을 준다고 해서 이것이 성경적으로 정확한 그 메시아의 의미를 인정하는 것은 아닙니다. 그러므로 이슬람은 진정한 의미에서 예수님이 메시아이심을 부인한다고 말하는 것은 전적으로 합당합니다. 이것을 넘어서 이슬람은 또한 아버지와 아들을 분명히 부인하고 있습니다. 이제 이것이 무엇을 의미하는지 간략하게 생각해 봅시다.

4. 이슬람은 하나님의 아버지 되심을 부인함

이슬람 교리에 의하면 알라가 지상의 어느 것과 비교되면 그것은 그를 비하하는 것이라고 합니다. 그러므로 꾸란은 가르치기를 알라는 아버지

(생산하는, 발생하는)가 아니며 분명히 아들(탄생된)도 아니다라고 합니다.

> 알라는 단 한분이시고 알라는 영원하시며 성자와 성부도 두지 않았으
> 며 그분과 대등한 것은 세상에 없다(수라 112:1-4).

이슬람은 사실 기독교의 교리에 관하여 아버지와 아들이라는 용어를 오해하고 있습니다. 성경은 탄생, 아버지, 아들 등의 용어를 성적인 관계를 통한 재생산의 의미로 사용하고 있지 않으며 오히려 단지 특별한 관계를 제시하고 있습니다. 그러므로 사도 요한이 "아버지의 독생자"(요 1:14)라고 말했을 때 그는 예수님의 유일한 신성을 전달하고 있는 것입니다. 마찬가지로 사도 바울이 예수님을 "모든 창조물보다 먼저 나신 자"(골 1:15)라고 했을 때 그는 메시아의 탁월함 혹은 만물의 창조자로서의 최고의 위치를 강조하고 있는 것입니다.

이슬람이 근본적으로 성경이 가르치고 있는 하나님의 아버지 되심과 예수님의 아들 되심을 잘못 이해하고 부인하고 있지만 이슬람은 기독교 신앙의 근본적이고 가장 핵심이 되는 교리를 부인하고 사도 요한이 언급하고 있는 적그리스도의 교리를 확정하고 있는 것입니다. 이 사실은 부인할 수가 없습니다. 그러나 하나님의 아버지 되심을 부인하는 것을 넘어서서 이슬람은 아주 직접적으로 그리고 아주 공격적으로 메시아 예수님이 하나님의 아들 되심을 부인하고 있습니다.

5. 이슬람은 메시아 예수님의 아들 되심을 부인함

다음은 꾸란에서 특별하게 예수님의 아들 되심을 부인하는 두 구절입니다. 이 첫 번째 구절에서 그리스도인들은 신성모독자들이라고 공격을 받고 있습니다.

그들이 말하기를 "가장 은혜로운 분이 아들을 낳았다"고 하는데 이것은 신성모독이다! 그들이 가장 은혜로운 분이 아들을 낳았다고 주장하기 때문에 하늘들이 곧 무너질 것이며 지구도 파괴될 것이고 산들도 흔들릴 것이다. 가장 은혜로운 분이 아들을 낳는 다는 것은 맞지 않는다(수라 19:88-92).

다음으로 우리 기독교인들은 알라의 저주 아래 이방인들과 동등으로 취급되고 있습니다.

유대인이 이르길 에즈라가 하나님의 아들이라 말하고 기독교인들은 예수가 하나님의 아들이라 하니 이것이 그들의 입으로 주장하는 말이라 이는 이전에 불신한 자들의 말과 유사하니 하나님이 그들을 욕되게 하사 그들은 진실에서 멀리 현혹되어 있더라(수라 9:30).

더 이상 확실할 수가 없습니다. 꾸란은 성경적 믿음의 가장 기초적이며 필수적인 교리를 직접 공격하고 있습니다. 사실 이슬람의 교리적 선언은 샤하다(Shahada)로 알려졌는데 인류에게 알려진 가장 적그리스도적인 교리입니다.

6. 샤하다: 적그리스도의 교리

만약에 누군가 이슬람으로 개종을 하려고 하면 그는 "샤하다"를 고백해야 합니다. 이슬람 세상을 통하여 샤하다 즉 이슬람 교리는 무슬림들 사이에서 정기적으로 선포되었습니다. 이것은 또한 모든 아이들이 처음으로 그들의 귀에 아버지가 들려주어 듣게 되는 발음입니다. 아랍어로는 샤하다를 발음 그대로 하면 "La ilah ha il Allah Muhammadan Rasul-

Allah"입니다. 그 번역은 "알라 외에 다른 신이 없으며 모하메드는 그의 마지막 메신저이다"입니다.

첫 번째 요소는 바로 이슬람의 알라가 유일한 진짜 최고의 하나님이라는 것입니다. 성경 전체에서 선지자들이 사용하였고 알고 있는 여호와라는 이름이 아니라 이슬람의 신인 알라라는 것입니다.

두 번째 요소는 예수님이 아니라 모하메드가 알라가 보낸 알라의 마지막 메신저(선지자)라는 것입니다.

그러므로 이 짧고 간략한 선포에서 이슬람은 완전한 적그리스도적인 고백을 만들어 냈습니다.

7. 이슬람은 양자를 금함

적그리스도적인 영인 이스마엘의 원한으로 된 이슬람의 완전한 표현들 가운데서 이슬람이 양자 삼는 것을 금한다는 사실은 놀랄 것이 못됩니다. 사실 무슬림들은 다른 사람의 아이를 기를 수도 있고 아이의 부모를 잃었을 때 그렇게 하도록 격려도 하지만, 꾸란은 특별하게도 어느 아이를 양자 삼는 것을 금하고 있습니다. 그들의 지붕 아래 다른 아이를 데리고 올 수는 있지만 그 아이는 절대로 그 가족의 이름을 가질 수는 없습니다.

양자를 금하는 꾸란의 문장은 아래와 같습니다.

> 그는 양자로 택한 아들을 너희의 (생물학적) 아들이라고 하지 아니하도록 하셨노라. 그것은 단지 너희 입으로 하는 말일 뿐이라. 그러나 알라는 너희에게 진리를 말하고 옳은 길을 제시하여 주시노라. 그들을 부를 때는 그를 낳은 아버지의 이름으로 부르라. 그것이 알라 보시기에 더 정의로운 것이라. 그러나 너희가 그들을 낳은 아버지의 이름

을 모를 경우에는 믿음 안에서 너희의 형제 또는 신탁자라고 부르라 (수라 33:4-5).

이슬람 교리에 의하여 그 집에 데리고 온 아이는 나중에 그 집의 다른 아이와 결혼은 할 수 있지만 그는 그 가정의 이름이나 유산을 받을 수가 없습니다.

8. 복음은 양자 삼는 것

나와 내 아내는 양자를 삼는 명분에 대하여 깊이 결단하였기 때문에 개인적으로 이 문제는 특별한 압박을 주고 있습니다. 작년에 우리는 한 아들을 입양하였으며 이 글을 쓰는 동안에 다른 한 아이를 입양하는 절차 중에 있습니다. 그 경험은 정말로 기적이었으며 우리들의 삶에 가장 큰 축복을 가져다주었습니다. 우리 아들을 향한 넘치는 사랑 가운데 하나님 아버지의 우리를 향한 그 사랑을 어렴풋이나마 느낄 수가 있었습니다. 아버지로 알고 있는 하나님과의 제 개인적인 관계의 아름다움은 무슬림들이 알라를 종과 주인으로 알고 있다는 것을 생각할 때 나를 슬프게 합니다. 이 구분은 사도 바울에 의하여 아주 잘 표현되었습니다.

> 너희는 다시 무서워하는 종의 영을 받지 아니하였고 양자의 영을 받았으므로 아바 아버지라 부르짖느니라(롬 8:15).

예수님이 아버지께로 승천하시기 전에 예수님은 성령으로 항상 함께 있을 것이며 고아와 같이 버려두지 않겠다고 제자들에게 약속하셨습니다.

> 내가 아버지께 구하겠으니 그가 또 다른 보혜사를 너희에게 주사 영

> 원토록 너희와 함께 있게 하시리니 나는 진리의 영이라 세상은 능히 저를 받지 못하나니 이는 저를 보지도 못하고 알지도 못함이라 그러나 너희는 저를 아나니 나는 너희와 함께 거하심이요 또 너희 속에 계시겠음이라 내가 너희를 고아와 같이 버려두지 아니하고 너희에게로 오리라(요 14:16-18).

여기서 요점을 파악하는 것이 필수적입니다. 이 지구상에는 1830만 명의 고아들이 있습니다. 나는 말하자면 우간다 혹은 수단에서 고아들이 길가에 앉아 있는 모습을 볼 때마다 내 아들을 생각합니다. 나는 내 아들의 큰 웃음과 그의 즐겁고 에너지 넘치는 성격을 생각합니다. 나는 만약 두 세살 된 내 아들이 이 세상에서 위로를 받으러 갈 사람도 없고 의지 할 데도 없고 자기편을 들어줄 자가 없이 혼자 있다면 내가 어떻게 느낄지를 생각해 보곤 합니다.

만약에 내 아들이 이 처지에 있다면 나는 그를 구원하여 데려오기 위하여 세상을 휘젓고 다닐 것입니다. 나는 값이 얼마가 들든지 상관하지 않을 것입니다. 나는 저의 모든 것을 다 주고라도 그를 구원할 것입니다. 만약 내가 그에게 갈수 없는 상황이라면 나는 저의 진정한 친구가 되는 자들에게 말할 것이고 그들은 나를 대신하여 즉시 갈 것입니다. 그러나 이것은 하나님 아버지께서 이 세상의 모든 1830만 고아들을 향하여 가지신 그 사랑의 그림자일 뿐임을 알고 있습니다.

아버지께서는 동정심으로 불타고 계시면서 세상의 그의 백성들인 우리들이 가서 가능한 많이 그들을 구원하라고 촉구하고 계십니다. 물론 이것을 교회에서 설교하기는 쉽습니다. 순진하고 방어할 힘이 없고 귀여운 아이들에게 관한 이야기이기 때문입니다. 주님이 그의 백성들이 가서 육신적으로 고아가 된 자들을 구원하라고 하시는 것만큼이나 주님은 그의 백성들이 가서 여러면에서 영적인 고아가된 무슬림들을 구원하시기를 불타게 원하고 계십니다.

무슬림들은 대부분 하나님을 갈망하는 자들입니다. 그러나 그들은 가짜 상품권에 팔렸습니다. 그들이 만들어낸 신은 멀리 있고 함께하지 않는 종의 주인입니다. 그들의 주인은 모든 것을 요구하지만 지옥에서의 영원한 형벌 밖에는 돌려줄 것이 없는 주인입니다. 무슬림들은 "신을 찾는 자들"이지만 전적으로 잃어버린 자들입니다. 그들은 아들을 부인하고 아버지가 없습니다. 그 모든 것 위에 무슬림들은 이 세상에서 가장 크고 가장 선교가 되지 않은 백성들의 그룹입니다. 주님은 잃어버린 이스마엘의 자녀들을 구원하기 위해 모든 것을 주라고 그의 백성들을 부르고 계십니다.

9. 무슬림들을 향한 우리 그리스도인들의 의무

이스마엘의 이야기의 일부분을 살펴본 결과로 얻은 이해의 도움을 얻어서 무슬림들을 선교하기 위하여 믿는 자들이 해야 하는 몇 가지를 열거하려고 합니다.

첫째, 진리를 담대하게 말해야 한다는 것입니다. 이 세상 모든 것들은 믿는 자들은 그 믿음을 너희 자신에만 간직하고 입을 닫으라고 압박합니다. 그러나 만약에 이슬람이 수백만의 무슬림들을 지옥에 보내는 결과를 가져 온다면 그것은 영원히 우리들의 원수가 될 것입니다. 그렇습니다. 하나님은 아들을 가지고 계십니다. 그의 이름은 예수님이시며 "그에게 피하는 모든 자들이 복이 있습니다"(시 2:12). 우리가 그 진리를 담대하게 외쳐야 한다는 것에 대하여는 변명의 여지가 없습니다. 사랑은 우리들이 그것을 하기를 요구하고 있습니다.

둘째, 믿는 자들은 하나님 아버지의 놀라운 다함이 없는 사랑을 무슬림들에게 보여주어야 합니다. 이슬람 세계는 십자가의 문화가 아닙니다. 그러므로 교회가 십자가에 못박히신 메시아를 믿는 공동체로서 살아갈 때 무슬림들은 감동을 받을 것입니다. 그리고 많은 사람들이 영원히 변화를 받게 될 것입니다.

셋째, 교회가 하나님 아버지께서 이스마엘의 이름 안에 두신 예언적 약속을 붙잡고 기도해야 합니다.

> 아버지, 다시 한 번 이스마엘의 부르짖음을 들어 주옵소서!
> 우리들에게 하신 것같이 그의 자손들에게도 하시옵소서!
> 그들의 눈을 뜨게 하시옵소서!
> 그들의 눈먼 것을 제거하시고 예수님을 하나님의 아들로 나타내 주시옵소서!
> 오 하나님, 아버지 수많은 무슬림들을 구원하시옵소서!

그리고 마지막으로 하나님의 백성인 유대인들을 사랑하십시오. 슬픈 현실은 많은 무슬림들이 그리스도인이 된 후에도 계속하여 반셈족주의를 유지하고 있습니다. 그 이유는 간단히 말해서 많은 교회들이 대치신학(Replacement Theology: 이스라엘은 교회로 대치되었기 때문에 더 이상 물리적인 이스라엘은 하나님의 섭리에서 가치가 없다고 주장함-역주)을 옹호하기 때문이며 여러 가지 다른 신학 이론들이 반셈족주의를 강화하고 있기 때문입니다.

나는 담대하게 말합니다. 당신이 그런 교회를 만나면 다른 곳으로 가십시오. 주님은 결코 그런 조직적인 반셈족주의에 눈길을 주시지 않을 것입니다. 그래서 무슬림들을 아버지를 사랑하고 예수님을 신성을 가지신 하나님의 아들로 인정하도록 인도한 후에는 우리는 또한 그들이 그들의 형제 이삭을 사랑하는 자들이 되도록 제자화 과정을 통하여 가르치는 데 온 힘을 다하여야 합니다.

오직 그렇게 한 후에 만이 화해의 과정은 완성될 것이며 아브라함의 가정은 회복될 것입니다.

제19장

주님의 자비하심: 중보자들의 소망

　이 책 전체를 통하여 우리는 이스라엘을 둘러싸고 있는 주변 나라들이 나타날 적그리스도의 제국을 구성하게 될 주요 나라들임을 보여주는 많은 성경 구절들을 조사했습니다. 우리는 또한 널리 주장되고 있는 적그리스도의 왕국이 우주적이라는 믿음이 성경 말씀과 맞지 않다는 것도 논의하였습니다. 예를 들면 우리는 몇몇 나라들은 적그리스도의 통치에서 벗어날 것임을 배웠습니다. 다른 나라들은 주님이 다시 오실 때까지 그와 싸우게 될 것입니다.
　모든 성경의 자료들을 평가함으로 우리는 주님의 날에 가장 심하게 심판을 받을 나라들은 이스라엘 땅 주변의 나라들임을 결론 지을 수 있었습니다. 이 세상의 모든 나라들이 하나님의 심판에 직면하게 될 것은 의심할 여지가 없지만 메시아에 의하여 가장 엄하게 심판을 받게 될 나라들은 성경 전체를 걸쳐서 심판을 받게 됨이 강조되어 있는 나라들입니다. 사람들이 나에게 어느 나라들이 적그리스도의 동맹에 가담하게 될 것인지를 물을 때 나는 성경 말씀이 강조하고 있는 바를 반영하여 말하기를 시도합니다.

나는 간단하게 나타날 적그리스도 제국의 "창의 머리"는 이스라엘 주변의 이슬람 국가라고 말합니다. 어느 나라들이 "창의 대"를 구성할 것인지는 두고 보아야 합니다. 중동나라들과 북아프리카 나라들의 목록 외에는 성경은 어느 나라가 적그리스도를 따를 것인지는 말해 주지 않기 때문에 알 수가 없습니다.

이 책의 입장은 비전통적임을 인정하지만 널리 주장되고 있는 다른 주장 즉 지구상의 모든 나라들이 적그리스도를 따르게 된다고 하는 주장을 생각해 보십시오. 이것은 의문을 제기합니다.

예수님이 오셔서 성경의 예언서 전체에 걸쳐 표시된 나라들에 대한 심판을 행하실 때 그가 모든 사람들을 멸절해 버리실 것입니까?

그가 심판하실 모든 나라들에서 문자적으로 모든 남자, 여자, 아이들을 죽이실 것입니까?

몇몇 구절들이 그런 암울한 그림을 그리고 있는 것같이 보이지만, 성경 전체를 읽으면 다르게 말하고 있습니다. 예수님은 죄를 지은 자들에게 심판을 행하실 것이지만, 그러나 그는 분명히 그가 심판하시는 나라들 안에서 많은 사람들을 남겨두실 것입니다. 이것을 볼 수 있는 몇몇 구절들을 살펴봅시다.

1. 스가랴 14장

"스가랴" 선지자는 예루살렘을 대적하여 온 나라들 가운데서 "생존자들"에 대해 썼습니다. 이 나라들은 이스라엘을 공격할 때 적그리스도를 따르게 될 나라들입니다. 그러나 메시아의 천년왕국 동안에 이 모든 나라들 가운데서 생존자들이 주님을 예배하기 위하여 예루살렘으로 오게 될 것입니다.

> 예루살렘을 치러 왔던 열국 중에 남은 자가 해마다 올라와서 그 왕 만
> 군의 여호와께 숭배하며 초막절을 지킬 것이라(슥 14:16).

2. 스바냐 3장

스바냐의 예언 중에서 하나님은 나라들이 그들의 우상과 하나님을 거부하는 죄를 회개하라고 부르십니다. 그들의 회개하기를 싫어하는 마음 때문에 하나님은 그들을 주의 날에 그들을 예루살렘으로 데리고 와서 그의 진노를 쏟아 부으심으로 그들을 낮추시고 그들을 회개하도록 이끄실 것입니다.

> 나 여호와가 말하노라 그러므로 내가 일어나 벌할 날까지 너희는 나를 기다리라 내가 뜻을 정하고 나의 분함과 모든 진노를 쏟으려고 나라들을 소집하며 열국을 모으리라 온 땅이 나의 질투의 불에 소멸되리라 그 때에 내가 열방의 입술을 깨끗케 하여 그들로 다 나 여호와의 이름을 부르며 일심으로 섬기게 하리니(습 3:8-9).

우리는 항상 기억해야 하는 일이 있는데 나라들과 백성들에 대한 주님의 엄중한 진노하심 뒤에 있는 궁극적인 목적은 바로 그들을 깨끗하게 하시고 회개에 이르게 하시려는 것이라는 사실입니다. 여기서 우리는 예루살렘을 치러 오는 원수 나라들 가운데서도 주님은 그들이 회개하기를 심히 원하고 계심을 보게 됩니다. 결국에는 그들이 주님을 예배하는 자들이 될 것이며 그의 백성 이스라엘과 함께 주님을 섬기게 될 것입니다.

3. 이사야 19장

이사야 19장은 처음에 애굽을 향하여 쳐서 말씀하시는 예언을 나타내고 있지만 끝에는 예수님의 메시아 통치 기간에 살게 될 남은 애굽 사람들에 대한 놀라운 약속으로 끝납니다. 1절은 메시아가 심판을 실행하시기 위하여 애굽에 들어가시는 것으로 시작됩니다.

> 애굽에 관한 경고라 보라 여호와께서 빠른 구름을 타고 애굽에 임하시리니 애굽의 우상들이 그 앞에서 떨겠고 애굽인의 마음이 그 속에서 녹으리로다(사 19:1).

이사야 19:2-21에서 애굽에 임하게 될 여러 가지 재앙들을 읽게 됩니다. 그것들은 잔인한 주인에 의하여 통치를 받는 것에서부터 내란, 가뭄, 기근, 경제붕괴 등등입니다. 그러나 이 장이 끝나가면서 우리는 애굽에 대한 하나님의 엄한 심판에도 불구하고 메시아 시대에 애굽은 이스라엘과 하나가 되며 그의 백성이 됩니다.

> 여호와께서 애굽을 치실 것이라도 치시고는 고치실 것인고로 그들이 여호와께로 돌아올 것이라 여호와께서 그 간구함을 들으시고 그를 고쳐주시리라 그날에 애굽에서 앗수르로 통하는 대로가 있어 앗수르 사람은 애굽으로 가겠고 애굽 사람은 앗수르로 갈 것이며 애굽 사람이 앗수르 사람과 함께 경배하리라 그날에 이스라엘이 애굽과 앗수르로 더불어 셋이 세계 중에 복이 되리니 이는 만군의 여호와께서 복을 주어 가라사대 나의 백성 애굽이여, 나의 손으로 지은 앗수르여, 나의 산업 이스라엘이여, 복이 있을지어다 하실 것임이니라(사 19:22-25).

하나님이 분명하게 애굽을 "치실 것"임에도 불구하고 그분은 또한 애굽을 "치유"하실 것입니다. 이것이 바로 애굽을 사랑하는 자들이 애굽을 위하여 오늘 기도할 수 있는 약속들입니다! 앞으로 있을 주님의 애굽에 대한 심판은 확실하지만 그의 위대하신 긍휼하심도 똑같이 확실합니다. 넓은 이슬람 세계에 대해 다가오는 심판을 고려할 때 믿는 성도들은 그 자신과 그의 영광을 위하여 무슬림 가운데서 남은 자들을 구원하시려는 강한 열정을 잊어버리지 않도록 극히 조심해야 합니다.

우리는 성경 전체에 걸쳐서 반복되고 있는 이슬람 세계에 대한 심판의 강조를 인정할 수밖에 없지만, 이것들에 대한 우리들의 반응은 수동적인 숙명론으로 포기해서는 안 됩니다. 또한 우리는 이슬람 국가들 안에 있는 기독교 공동체들을 결코 잊어버려서는 안됩니다. 교회의 대응은 중보기도입니다! 우리는 하나님의 긍휼하심을 위하여 부르짖어야 하며 하나님께서 우리들에게 하신 것같이 무슬림들에게도 행하시기를 이슬람 세계를 위하여 기도하는 일에 헌신해야 합니다. 우리는 우리에게 보여주신 하나님의 은혜가 무슬림들에게도 계시되도록 기도해야 합니다. 그들의 가슴이 부드러워지도록, 그들의 눈이 떠지도록, 지구상에서 무슬림들에 대한 대추수가 일어나도록 기도해야 합니다. 나는 감히 오늘날 이것이 바로 교회를 향한 주님의 명령이라고 주장하고 싶습니다.

4. 이사야 60장

아마도 성경 말씀 중에서 메시아 왕국을 말하고 있는 가장 아름다운 장은 이사야 60장입니다. 이 장에서 이스라엘 땅에 와서 유대 백성과 그들의 왕을 섬기게 될 지구상의 백성들에 대한 매우 분명한 언급들을 찾아볼 수가 있습니다. 이 장은 이렇게 시작됩니다.

일어나라 빛을 발하라 이는 네 빛이 이르렀고 여호와의 영광이 네 위에 임하였음이니라(사 60:1).

그리고 나서 나라들과 열방의 왕들이 이스라엘을 향하여 그들의 부요와 화목제물을 가져올 것입니다.

보라 어두움이 땅을 덮을 것이며 캄캄함이 만민을 가리우려니와 오직 여호와께서 네 위에 임하실 것이며 그 영광이 네 위에 나타나리니 열방은 네 빛으로, 열왕은 비취는 네 광명으로 나아오리라 네 눈을 들어 사면을 보라 무리가 다 모여 네게로 오느니라 네 아들들은 원방에서 오겠고 네 딸들은 안기워 올 것이라 그 때에 네가 보고 희색을 발하며 네 마음이 놀라고 또 화창하리니 이는 바다의 풍부가 네게로 돌아오며 열방의 재물이 네게로 옴이라(사 60:2-5).

그리고 나서 구절은 어느 나라들이 나아 올 것인지를 말하고 있습니다.

허다한 약대, 미디안과 에바의 젊은 약대가 네 가운데 편만할 것이며 스바의 사람들은 다 금과 유향을 가지고 와서 여호와의 찬송을 전파할 것이며 게달의 양 무리는 다 네게로 모여지고 느바욧의 수양은 네게 공급되고 내 단에 올라 기꺼이 받음이 되리니 내가 내 영광의 집을 영화롭게 하리라(사 60:6-7).

미디안, 스바, 그리고 게달 등은 오늘날 사우디아라비아와 남쪽의 예멘까지를 말씀하는 것입니다. 이 나라들의 거민들이 무엇을 할 것인지를 보십시오.

저 구름 같이, 비둘기가 그 보금자리로 날아오는 것같이 날아오는 자들이 누구뇨 곧 섬들이 나를 앙망하고 다시스의 배들이 먼저 이르되 원방에서 네 자손과 그 은금을 아울러 싣고 와서 네 하나님 여호와의 이름에 드리려 하며 이스라엘의 거룩한 자에게 드리려 하는 자들이라 이는 내가 너를 영화롭게 하였음이니라 (사 60:8-9).

다음 구절은 이방 나라들과 그들의 기여로 이스라엘이 재건될 것을 분명하게 말합니다.

내가 노하여 너를 쳤으나 이제는 나의 은혜로 너를 긍휼히 여겼은즉 이방인들이 네 성벽을 쌓을 것이요 그 왕들이 너를 봉사할 것이며 (사 60:10).

주변 나라들에 의한 부요와 헌물들이 예루살렘으로 들여와 유대 백성과 그들의 왕이신 예수님은 높이기 위하여 이스라엘의 문들을 열어 놓았습니다.

네 성문이 항상 열려 주야로 닫히지 아니하리니 이는 사람들이 네게로 열방의 재물을 가져오며 그 왕들을 포로로 이끌어 옴이라 너를 섬기지 아니하는 백성과 나라는 파멸하리니 그 백성들은 반드시 진멸되리라 (사 60:11-12).

앞서 우리는 현대의 레바논인 두로와 시돈이 주의 날에 예수님에 의하여 심판을 받는 것을 말하고 있는 요엘 3장을 살펴보았습니다. 그러나 여기서는 레바논이 이스라엘에게 선물을 가져오는 나라들 가운데 있음을 보게 됩니다.

레바논의 영광 곧 잣나무와 소나무와 황양목이 함께 네게 이르러 내 거룩한 곳을 아름답게 할 것이며 내가 나의 발 둘 곳을 영화롭게 할 것이라 (사 60:13).

주의 날을 언급하고 있는 구절들에서 자주 나타나는 언어들은 주변 나라들에 대한 완전한 멸절을 말하는 것같이 보이나 이 나라들 가운데서 많은 사람들이 분명히 살아남아서 메시아 왕국 기간에 유대 백성들을 섬기게 될 것을 보여 줍니다.

너를 괴롭게 하던 자의 자손이 몸을 굽혀 네게 나아오며 너를 멸시하던 모든 자가 네 발 아래 엎드리어 너를 일컬어 여호와의 성읍이라 이스라엘의 거룩한 자의 시온이라 하리라 전에는 네가 버림을 입으며 미움을 당하였으므로 네게로 지나는 자가 없었으나 이제는 내가 너로 영영한 아름다움과 대대의 기쁨이 되게 하리니 네가 열방의 젖을 빨며 열왕의 유방을 빨고 나 여호와는 네 구원자, 네 구속자, 야곱의 전능자인 줄 알리라(사 60:14-16).

이 예언적 약속은 유대 백성들에게만 아니라 무슬림 나라들에게도 해당됩니다. 그들이 주님의 백성을 향한 끝없는 증오에도 불구하고, 주님은 많은 무슬림들을 아껴두시고 구원하셔서 자신의 백성으로 만드실 정도로 친절하십니다. 사도 바울이 "그러므로 하나님의 인자와 엄위를 보라"(롬 11:22)고 한 말이 생각납니다.

그러므로 결론적으로 한편으로는 이 책은 예수님의 가장 엄중한 심판이 제한된 나라들과 그 나라들 안에서 한정된 사람들에게 제한됨을 강조하였습니다. 이스라엘을 경멸하고 공격하는 자들에게까지도 긍휼하심은 보여질 것입니다. 다른 한편으로는 많은 예언을 가르치는 교수들에 의하여 주장되고 있는 입장은 예수님이 예수님을 따르는 자들과 적그리스도를 따르는 자들로 분열된 세상에 다시 오시는 것으로 보고 있습니다.

그들은 또한 주장하기를 모든 믿지 않는 자들은 예수님이 다시 오실 때 즉시 멸절되고 마는 것으로 주장하고 있습니다. 데이빗 레건(David Reagan)이 말하였듯이 예수님이 다시 오실 때 "주님은 이방인들과 유대인들의 살아 있는 모든 자들에게 심판을 행하실 것입니다. 구원받은 자들은 육신을 입은 채로 천년왕국에 들어가도록 허락될 것입니다. 구원받지 못한 자들은 사망을 당하고 지옥에 가도록 위탁될 것이다."[1]

나단 존스(Nathan Jones)는 이 분위기를 반영하고 있습니다. 예수님의 재림 직후에 일어날 일들에 대하여 이렇게 말하였습니다.

> 사탄은 무저갱에 던져질 것이며 적그리스도와 거짓 선지자 그리고 악령들 또한 지옥에 보내질 것이다. 그리고 믿지 않는 자들은 음부에서 고통가운데로 보내질 것이다.[2]

그런 놀라운 비관적인 입장은 내 의견에는, 예수님의 긍휼하심을 축소시키는 것이며 성경 말씀과도 맞지 않는 것입니다. 우리는 수많은 유대인들이 예수님이 다시 오신 후에 그를 알게 될 것입니다(겔 39:22; 슥 12:10; 롬 11:26). 성경 말씀은 이방의 믿지 많는 자들도 그가 재림하신 후에 그를 알게 될 것임을 분명히 하고 있습니다(사 60, 슥 14:16).

5. 결론

그러면 예수님은 누구에게 긍휼하심을 베푸실 것입니까?
누구든지 주님이 택하시는 자들입니다. 그리고 우리는 그의 판단을 신

---

1 David Reagan, "The Promise of Victory," http://www.crosspointechurch.co/the-promise-of-victory.
2 Nathan Jones, "*The Battle of Gog and Magog—Unfolding*," Christ in Prophecy Journal, April 27, 2010, www.lamblion.us/2010/04/gog-magog-battle-unfolding.html.

뢰할 수 있습니다. 이 시대가 끝날 때 하늘에서 성도들은 그의 과도한 엄격하심과 공정하지 못하심을 찬양하는 것이 아니라 그의 공의와 의로우심을 찬양할 것입니다(롬 15:3).

몇몇 예언을 가르치는 교수들이 성경 말씀이 장래에 일어날 모든 자세한 것들을 투명한 방법으로 말하고 있다고 암시를 하고 있습니다. 이것은 전혀 사실과 다릅니다. 그러나 사실 분명하지 않은 것도 아름다움입니다. 미래를 아는 절대적인 지식을 소유하기를 바라는 자들에게는 실망이 될 것이지만 선하심과 공의를 위하여 부르짖기만을 원하는 중보자들에게는 해방을 주는 것이며 아마도 이런 여러 가지 일들에 대하여 놀라운 결론이 될 수도 있습니다.

> 너희는 옷을 찢지 말고 마음을 찢고 너희 하나님 여호와께로 돌아올지어다 그는 은혜로우시며 자비로우시며 노하기를 더디하시며 인애가 크시사 뜻을 돌이켜 재앙을 내리지 아니하시나니 주께서 혹시 마음과 뜻을 돌이키시고 그 뒤에 복을 끼치사 너희 하나님 여호와께 소제와 전제를 드리게 하지 아니하실는지 누가 알겠느냐(요엘 2:13-14).

이 시대의 마지막이 가까워 옴에 따라서, 이스라엘과 무슬림 백성들 모두를 사랑하는 자들은 선지자 하박국처럼 우리의 입술로 부르짖어야 할 것입니다.

> 여호와여 내가 주께 대한 소문을 듣고 놀랐나이다 여호와여 주는 주의 일을 이 수년 내에 부흥케 하옵소서 이 수년 내에 나타내시옵소서 진노 중에라도 긍휼을 잊지 마옵소서(합 3:2).

아멘 그리고 아멘입니다.

참고문헌

Block, Daniel L. *The Book of Ezekiel, Chapters 25–48* (*New International Commentary on the Old Testament*). Grand Rapids: Wm. B. Eerdmans, 1998.

Dershowitz Alan. T*he Case Against Israel's Enemies: Exposing Jimmy Carter and Others Who Stand in the Way of Peace*. N.p.: Wiley, 2008.

———. *The Case for Israel*. N.p.: Wiley, 2003.

Gaebelein, Frank E., and Gleason L. Archer Jr., *The Expositor's Bible Commentary*, vol. 7: Daniel and the Minor Prophets. Grand Rapids: Zondervan, 1985.

Holman Bible Atlas: A Complete Guide to the Expansive Geography of Biblical History. Nashville: Holman, 1999.

Kaiser, Walter C., Jr. *Messiah in the Old Testament*. Grand Rapids: Zondervan, 1995.

Lifsey, Dalton. *The Controversy of Zion and the Time of Jacob's Trouble: The Final Suffering and Salvation of the Jewish People*. Tauranga, New Zealand: Maskilim Publishing, 2011.

Lingel, Joshua, Jeff Morton, and Bill Nikides. *Chrislam: How Missionaries Are Promoting an Islamized Gospel*. N.p.: I2Ministries, 2011.

Longman, Tremper, III, et al. *Jeremiah–Ezekiel* (*The Expositor's Bible*

Commentary). Grand Rapids: Zondervan, 2010.

Miller, Steven. *The New American Commentary*, vol. 18, Daniel. Nashville: Holman Reference, 1994.

Moody Atlas of the Bible. Chicago: Moody, 2009.

Motyer, J. Alec. *The Prophecy of Isaiah: An Introduction and Commentary*. Downers Grove, IL: IVP Academic, 1998.

Pawson, David. *The Challenge of Islam to Christians*. London, Hodder & Stoughton, 2003.

―――.*Come with Me through Isaiah*. N.p.: True Potential Publishing, 2011.

―――. *Come with Me through Revelation*. N.p.: True Potential Publishing, 2008.

―――. *Defending Christian Zionism*. N.p.: True Potential Publishing, 2008.

―――. *Israel in the New Testament*, N.p.: rue Potential Publishing, 2009.

―――. *When Jesus Returns*. London: Hodder & Stoughton, 2003.

Pentecost, J. Dwight. *Things to Come: A Study in Biblical Eschatology*. Grand Rapids: Zondervan, 1965.

Sliker, David. *End-Times Simplified: Preparing Your Heart for the Coming Storm*. Kansas City: Forerunner, 2005.

Steyn, Mark. *America Alone: The End of the World as We Know It*. Washington, D.C.: Regnery, 2008.

중동 짐승

Mideast Beast:
The Scriptural Case for an Islamic Antichrist

2016년 4월 30일 초판 발행

지 은 이 | 조엘 리차드슨
옮 긴 이 | 정진욱

편　　집 | 정희연 이종만
디 자 인 | 이수정
펴 낸 곳 | 사)기독교문서선교회
등　　록 | 제16-25호(1980. 1. 18)
주　　소 | 서울시 서초구 방배로 68
전　　화 | 02) 586-8761~3(본사) 031) 942-8761(영업부)
팩　　스 | 02) 523-0131(본사) 031) 942-8763(영업부)
홈페이지 | www.clcbook.com
이 메 일 | clckor@gmail.com
온 라 인 | 기업은행 073-000308-04-020, 국민은행 043-01-0379-646
　　　　　예금주: 사)기독교문서선교회

ISBN 978-89-341-1535-9 (03230)

* 낙장·파본은 교환해 드립니다.

이 도서의 국립중앙도서관 출판시 도서목록(CIP)은 서지정보유통지원시스템 홈페이지(http://seoji.nl.go.kr)와
국가자료공동목록시스템(http://www.nl.go.kr/kolisnet)에서 이용하실 수 있습니다.
(CIP제어번호: CIPCIP2016008843)